AMSTERDAMER BEITRÄGE ZUR NEUEREN GERMANISTIK

herausgegeben von

Gerd Labroisse

AMSTERDAMER BEITRÄGE ZUR NEUEREN GERMANISTIK

BAND 17-1983

LITERATURPSYCHOLOGISCHE STUDIEN UND ANALYSEN

herausgegeben von

WALTER SCHÖNAU

Amsterdam 1983

Die 1972 gegründete Reihe erscheint seit 1977 in der Form von Thema-Bänden mit jeweils verantwortlichem Herausgeber. Mit Band 8 — 1979 wurde übergegangen zu einer Publikationsfolge von zwei Bänden pro Jahr.
Die Themen der nächsten Bände sind auf der hinteren Innenseite des Einbandes angegeben.
Anfragen über Manuskripte sowie Themen-Vorschläge sind zu richten an den Herausgeber der Reihe: Prof. Dr. Gerd Labroisse, Vrije Universiteit, Subfac. Duitse taal- en letterkunde, Postbus 7161, 1007 MC AMSTERDAM / Netherlands.

*CIP-GEGEVENS

Literatur

Literatur und Psychologie / hrsg. von Walter Schönau. —
Amsterdam: Rodopi. — (Amsterdamer Beiträge zur neueren
Germanistik; Bd. 17)
ISBN 90-6203-655-4
SISO 818 UDC 82.07:159.9
Trefw.: literatuurwetenschap / psychologie.
© Editions Rodopi B.V., Amsterdam 1983
Printed in the Netherlands

VORWORT

Der vorliegende Band setzt sich zum Ziel, den Leser über die Anwendungsmöglichkeiten verschiedener literaturpsychologischer Verfahren zu informieren. Alle Beiträge versuchen, ihren Gegenstand mit Hilfe tiefenpsychologischer Einsichten zu erhellen. Die meisten beziehen sich dabei ausdrücklich auf Freuds Lehre, mit zwei Ausnahmen: Jan Terpstras Interpretation einer Novelle von Theodor Storm orientiert sich an der archetypisch-mythischen Betrachtungsweise der Schule von C.G. Jung, Bernhard Greiners Aufsatz über Anna Seghers demonstriert, welche radikal neue Sicht auf die Dichtung und den Schaffensprozeß die strukturalistische Psychoanalyse von Jacques Lacan ergibt. Aber – auch Jung und Lacan haben bekanntlich ihre Lehren in der Auseinandersetzung mit derjenigen Freuds entwickelt.

Den Anfang bilden drei Studien einführender und theoretischer Art. Peter von Matt zeigt, inwiefern die Literaturwissenschaft durch die Psychoanalyse herausgefordert wird, eine Provokation, welche im Grunde beunruhigender ist als die vielbeschworene Herausforderung durch die Rezeptionsästhetik. "Was ist das, was in uns lügt, mordet, stiehlt?" fragte Büchner und legte dieselbe Frage seinem Danton in den Mund. Aber die Antwort lautete: "Ich mag dem Gedanken nicht weiter nachgehen" (Brief vom Nov. 1833). Freud überwand seinen Widerstand und ging dem Gedanken nach. Seine Antwort war nicht als Provokation gemeint, mußte aber so wirken. – Wolf Wucherpfennig setzt sich mit einigen gängigen Einwänden gegen die Literaturpsychologie, namentlich mit denen des Reduktionismus und des Dilettantismus, auseinander und skizziert eine sozialpsychologische Methode der Literaturerklärung. Der Herausgeber versucht, im Lichte der Psychoanalyse einige theoretische Fragen zu beantworten, vor die der fiktionale Traum in der Dichtung uns stellt.

Es folgen Analysen deutscher Dichter und ihrer Werke, von Storm bis zu der in diesem Jahre verstorbenen Anna Seghers. Einige sind biographisch-literarhistorischer Art wie Irmgard Roeblings Nachweis eines bisher übersehenen, häufig wiederkehrenden Erzählmusters in Storms Werk, das sich auf die Beziehung zu der jung gestorbenen Schwester des Autors zurückführen läßt, oder Johannes Cremerius' Rekonstruktion der tieferen Ursachen für die Existenzkrisen im Leben Hermann Hesses und der Gründe für das Scheitern der wiederholten Versuche, diese Krisen in einer Psychotherapie zu überwinden. Mit den Zusammenhängen zwischen Biographie und Werk beschäftigen sich auch Oskar Sahlbergs Darstellung der unbewußten Aspekte von Benns vorübergehender Begeisterung für Hitler und den Faschismus − auch dies in gewisser Hinsicht eine "psychotherapeutische Erfahrung", wenn auch fragwürdiger Art −, und Carl Pietzckers kritische Würdigung von Brechts problematischem Verhältnis zur Psychoanalyse. Peter Dettmerings Beschreibung von Spaltungsphänomenen in Kafkas Werk versteht sich, wie die meisten anderen Analysen dieses Psychiaters, als "endopoetische" Interpretation, die sich bemüht, jedes Werkdetail im Lichte des Gesamtwerks zu sehen, ohne ausführlich auf die Lebensgeschichte des Autors einzugehen.

Während die meisten Aufsätze sich einer Wertung des literarischen Werks enthalten und sich auf eine Aufdeckung seiner verborgenen Aspekte beschränken, unterscheiden sich Frederick Wyatts Überlegungen über Werfels Lyrik dadurch, daß sie ein literaturkritisches Urteil psychoanalytisch fundieren, was selten geschieht. Schließlich sei Rose Rosenkötters Beitrag zur Märchenforschung erwähnt. An Hand einiger Märchen aus der Sammlung der Brüder Grimm und aus derjenigen Bechsteins zeigt sie die entwicklungspsychologische Relevanz, die "existentielle" Funktion dieser alten Geschichten, die man auch heute seinen Kindern nicht vorenthalten sollte. Wie Bruno Bettelheim weist auch Rose Rosenkötter überzeugend nach, daß Kinder Märchen brauchen.

Die Auswahl-Bibliographie am Schluß will Anregungen zur weiterführenden Lektüre vermitteln, über die anderen Publikationen der Autoren des vorliegenden Bandes informieren und die Entwicklung namentlich der germanistischen Literaturpsychologie seit 1945 in großen Zügen dokumentieren. Sie ist mehr als Musterkarte denn als möglichst lückenlose Bestandsaufnahme gedacht. Vollständigkeit ist in diesem Forschungsbereich, der von den germanistischen Bibliographien nur zum Teil erfaßt wird, überhaupt schwer zu erreichen.

Ich danke Herrn Prof. Dr. Gerd Labroisse und seiner Frau für ihre Hilfe bei der Vorbereitung dieses Bandes sowie meiner Frau für ihre Mitarbeit am Personenregister.

Groningen, im Herbst 1983   Walter Schönau

INHALTSVERZEICHNIS

Anschriften der Autoren

Prof. Dr. med. Johannes Cremerius
Abt. Psychotherapie und psycho-
somatische Medizin im Klinikum
der Universität Freiburg i.Br.
Habsburger Straße 62
D – 7800 Freiburg i.Br.

Dr. med. Peter Dettmering
Müllerweide 22 B
D – 2000 Hamburg 65

Prof. Dr. Bernhard Greiner
Deutsches Seminar,
Abt. für Neuere Literatur,
der Universität Freiburg i.Br.
Werthmannplatz
D – 7800 Freiburg i.Br.

Prof. Dr. Peter von Matt
Deutsches Seminar
der Universität Zürich
Zürichbergstraße 8
CH – 8028 Zürich

Prof. Dr. Carl Pietzcker
Deutsches Seminar,
Abt. für Neuere Literatur,
der Universität Freiburg i.Br.
Werthmannplatz
D – 7800 Freiburg i.Br.

Dr. phil. Irmgard Roebling
Fachbereich 7
der Universität Osnabrück
Katharinenstr. 24
D – 4500 Osnabrück

Dr. phil. Dipl.-Psych. Rose
  Rosenkötter
Rombergstraße 10
D – 6374 Steinbach/Ts.

Dr. phil. Oskar Sahlberg
Sophie-Charlotte-Straße 49
D – 1000 Berlin 19

Prof. Dr. Walter Schönau
Germanistisch Instituut
der Rijksuniversiteit Groningen
Grote Rozenstraat 15
9712 TG Groningen

Dr. Jan U. Terpstra
Molenweg 7
9301 JD Roden

PD Dr. phil. Wolf Wucherpfennig
Seminarie voor Duitse Literatuur
der Universiteit Gent
Blandijnberg 2
B – 9000 Gent

Prof. Dr. Frederick Wyatt
Sonnhalde 126
D – 7800 Freiburg i.Br.

DIE HERAUSFORDERUNG DER
LITERATURWISSENSCHAFT DURCH DIE PSYCHOANALYSE
Eine Skizze*

von

Peter von Matt

Der Verdacht ist alt. Man hat es vermutet, seit es Literatur gibt, daß nämlich der Traum und die Dichtung Schwestern seien. Es war ein Verdacht, es war eine Vermutung, vielleicht war es auch nur eine Metapher. Aber als *Die Traumdeutung* erschien, wurde aus dem alten Gedanken unverhofft der integrierende Teil einer Wissenschaft. Der Mann, der *Die Traumdeutung* schrieb, dachte jedoch überhaupt nicht daran, die Literaturwissenschaft zu verändern. Er war ein Leser, ein gebildeter Arzt, der die großen Autoren seiner Sprache liebte und aus einer gesellschaftlichen Schicht stammte, wo man von Shakespeare, von Cervantes, von Ibsen und Strindberg reden konnte, ohne Angst haben zu müssen, nicht verstanden zu werden. Wie der gebildete Arzt Sigmund Freud im gesellschaftlichen Gespräch gelegentlich auf die Dichter zu reden kam, so kam nun auch der Wissenschaftler Freud, der Verfasser der *Traumdeutung*, beim Schreiben seines Opus magnum gelegentlich auf die Dichter zu reden. Wenn er einen Gedanken verdeutlichen wollte, wenn er ein Beispiel brauchte oder eine Erläuterung für den Leser, zog er gerne einen Vergleich mit einem berühmten Buch.

So hatte er die Entdeckung gemacht, daß es "Typische Träume" gibt, Träume, die in ganz ähnlicher Form bei allen Menschen vorkommen. Es ist, zum Beispiel, der Traum, nackt zu sein in der Ge-

---

* Der vorliegende Text ist die deutsche Fassung eines Vortrags, den der Verfasser im Rahmen der Veranstaltung *Freud and his Influence on Contemporary Culture* am 26. April 1980 an der Stanford University in Kalifornien gehalten hat. Er erscheint hier erstmals im Druck.

sellschaft; es ist der Traum, eine Schulprüfung, ein altes Examen noch einmal bestehen zu müssen; es ist der Traum, geliebte Menschen sterben zu sehen. Um diese typischen Träume seinen Lesern deutlicher vorstellen zu können, zog er Vergleiche mit der Literatur. Wenn du träumst, du seist nackt unter lauter wohlangezogenen Leuten, sagte er dem Leser, dann befindest du dich in der Situation des Ulysses, als er Nausikaa begegnete. Wenn du träumst, es sterbe ein Mensch, den du mehr liebst als die meisten andern Leute, dann befindest du dich in der Situation des Hamlet, der an der Hochzeit seiner Mutter um seinen Vater trauert. Diese Seitenblicke auf die Literatur waren zunächst nicht mehr als Illustrationen innerhalb bestimmter Gedankengänge zur Psychologie des Traums. Für die Literaturwissenschaft aber und für die Geschichte der literarischen Kritik wurden diese Illustrationen zum Kern einer Revolution. *Die Logik dieser Revolution ist einfach*:

Wenn der Traum ein Geschehen ist, das nicht in chaotischer Weise abläuft, sondern nach festen Gesetzen, und wenn die Literatur ein Geschehen ist, das dem Traum seiner Natur nach verwandt ist, dann müssen die Gesetze des Traums auch die Gesetze der Literatur sein.

Und: Wenn die Gesetze des Traums auch die Gesetze der Literatur sind, dann ist Literatur nicht länger die Abbildung und kritische Kommentierung einer Wirklichkeit, sondern ein Reden in einer Sprache, die der Sprechende selber nicht versteht.

Denn: Nach den Erkenntnissen der Psychoanalyse träume ich nur so lange, als mir der wahre Sinn des Geträumten unbekannt bleibt.

Das ist die einfachste Beschreibung der Provokation, die von der Psychoanalyse für die Theorie der Literatur ausgeht. Die Diskussion über diese Provokation ist bis heute nicht abgeschlossen. Das Problem besteht darin, daß wir jene einfache Logik nicht bestreiten können, daß wir aber diese einfache Logik auch nicht einfach zu akzeptieren vermögen. Wir wissen, daß hier etwas gesagt wird, was wahr ist und doch nicht wahr sein kann. Seit der *Traumdeutung* wird die Theorie der Literatur terrorisiert durch diese einfache Logik. Und seit der *Traumdeutung* versucht sie immer wieder, dem Terror zu entkommen. Dazu gibt es zunächst zwei Möglich-

keiten: entweder ich bestreite die Wahrheit jener Aussage grundsätzlich und total; oder ich akzeptiere sie ebenso grundsätzlich und
total. Im ersten Fall verliere ich den Kontakt mit dem allgemeinen
wissenschaftlichen Bewußtsein meines Jahrhunderts; im zweiten
Fall entwerte ich die Arbeit der Dichter, indem ich sage, der Autor
unterscheide sich von allen andern Leuten nur noch dadurch, daß
er am Tage aufschreibt, was jedermann in der Nacht träumt.

Alle wichtigen Äußerungen über das Verhältnis von Literatur und
Psychoanalyse haben deshalb bis heute die Struktur: Ja — aber...
Ja: es gibt eine strukturelle Analogie zwischen Traum und Dich-
tung; aber: ich werde kein Dichter, wenn ich die Augen schließe.
Ja: es gibt in der Literatur immer wieder Geschehnisse und drama-
tische Abläufe, die übereinstimmen mit den Geschehnissen und
den dramatischen Abläufen meiner Träume; aber: wenn ich meine
Träume aufschreibe, entsteht keine Dichtung, sondern im besten
Falle eine Seite aus einem belanglosen Tagebuch.

Es ist nun aber gerade die Einfachheit der oben erwähnten Logik, was die Literaturtheorie gezwungen hat, subtilere Unterscheidungen zu machen, als sie es bisher gewohnt war. Wer die Literatur
als eine künstlerische und die Psychoanalyse als eine wissenschaftliche Produktion ernst nimmt, ist gezwungen zu sagen: Ja — aber...
Und sobald er das sagt, und sobald er sein Ja begründet und sein
Aber begründet, entdeckt er, daß für ihn die Literatur plötzlich
kein gegebenes Faktum mehr ist, über das man reden kann wie
über ein gut zubereitetes Menu, sondern ein komplizierter und fas-
zinierender Prozeß, der irgendwo in dunklen Zonen anfängt und
anderswo endet, wiederum in dunklen Zonen, und der sich doch
vor meinen Augen bewegt als ein ganz konkretes Phänomen, mit
klaren Konturen und voll Licht und Farben.

Dichtung, nicht als ein gegebenes Faktum, sondern als ein dy-
namischer Prozeß, — wo ereignet sie sich?

Das ist die Frage, zu der die Psychoanalyse die Literaturwissenschaft gezwungen hat, so diktatorisch gezwungen hat wie keine andere philosophische oder wissenschaftliche Theorie zuvor.

Dichtung: — ist es das, was sich ereignet in der Seele des Autors,
und er berichtet uns darüber in seinen Werken? Dichtung: — ist es
das, was sich ereignet im Werk selber, zwischen den Figuren, die
der Dichter erfunden hat und denen er zuschaut, während er sie
beschreibt? Dichtung: — ist es eine Eigenschaft der Sprache, nur
und ganz allein der menschlichen Sprache, die hier verwandelt

wird von einem Werkzeug des Alltags zu einem Medium, das teils wahnsinnig, teils königlich, teils infantil ist? Dichtung: – ist es das, was sich ereignet im Leser des Werks, in der Seele des Lesers, ganz allein dort (denn der Buchstabe ist ja tot, eine Menge schwarzer Figuren auf einem weißen Papier, und der Dichter selber ist weit weg oder längst gestorben)?

Und jede dieser *drei Dimensionen der Literatur*: der Prozeß der Produktion; der Prozeß im Werk drin selber; der Prozeß der Rezeption – ist wiederum so kompliziert wie das Ganze.

Es gibt eine Psychologie des Autors; es gibt eine Psychologie der literarischen Gestalt und ihrer Sprache; und es gibt eine Psychologie des Lesers. Es gibt eine Psychologie Shakespeares, es gibt eine Psychologie Hamlets und es gibt eine Psychologie jedes einzelnen, der fasziniert ist von Hamlet. Und es genügt nicht, jede dieser drei Dimensionen der Literatur klar zu unterscheiden. Es genügt nicht, jede dieser drei Dimensionen als eine eigene wissenschaftliche Disziplin zu erkennen. Denn sobald ich die Unterschiede so deutlich wie möglich herausgearbeitet habe, stehe ich vor der neuen Frage, wie die drei Dimensionen sich zueinander verhalten, wie sie aufeinander einwirken und voneinander abhängig sind.

Der Dichter, das erfindende und schreibende Wesen, kann nicht erfinden und schreiben, ohne an den Leser zu denken, der sein Buch lesen wird. Der Leser, das hörende und schauende Wesen, kann nicht lesen, ohne an den Autor zu denken, der das Buch geschrieben hat. Und beide glauben sie, sie denken allein an die erfundene Figur und deren Schicksal.

Der Leser, lange bevor er geboren wird, lebt bereits zur Seite des schreibenden Autors. Und der Autor, lange nachdem er gestorben ist, lebt noch immer zur Seite des Lesers.

Die Literaturwissenschaft unseres Jahrhunderts kann gesehen werden als eine große Bewegung, die – nicht zuletzt wegen des terrorisierenden Effekts der Psychoanalyse – diese Unterscheidungen Jahr für Jahr schärfer gezogen und innerhalb der einzelnen Dimensionen Jahr für Jahr präziser zu arbeiten gesucht hat.

Es ist aber wichtig festzustellen, daß dies nicht etwa ein unmittelbares persönliches Verdienst Sigmund Freuds ist. Der Verfasser der *Traumdeutung* selber hat hier durchaus nicht so klar gesehen, wie er uns mit der Zeit gezwungen hat zu sehen. Nach dem berühmten Abschnitt über Hamlet in der *Traumdeutung* sagt er: "Es kann natürlich nur das eigene Seelenleben des Dichters gewesen sein, das uns im Hamlet entgegentritt." Dieser Satz zeigt, daß Freud selbst keine klare Vorstellung hatte von der notwendigen Unterscheidung und der teilweisen Selbständigkeit der Literatur als Produktionsprozeß, als fertiges Werk und als Rezeptionsprozeß.

Es ist natürlich auch nicht so, daß die Literaturwissenschaft und die Autoren selbst in den Jahren und Jahrhunderten vor Sigmund Freud nichts gewußt hätten von diesen drei Dimensionen der Literatur. Dennoch ist es eine Tatsache, daß vor der Ausbreitung der Psychoanalyse als einer neuen und radikalen Wissenschaft vom Menschen diese Unterscheidungen nie konsequent gezogen und präzise erforscht worden sind. Der russische Formalismus beispielsweise, der in offener Feindschaft stand zu aller psychologischen Erforschung der Literatur, konnte erst durch die Existenz einer neuen Literaturpsychologie zu seiner klaren Grenzziehung kommen. Was ist nun aber das Neue, das die Psychoanalyse gebracht hat für jede dieser drei Dimensionen des dynamischen Prozesses, den wir Literatur nennen?

Ich kann hier nur je einen Gesichtspunkt anführen und umschreiben. Was den schreibenden Autor angeht, ist mit den Haupterkenntnissen der Psychoanalyse eine der ältesten Regeln der literarischen Kritik erschüttert worden: die Frage nach der Intention des Verfassers. "Was wollte der Dichter, als er sein Buch schrieb?" – "Was wollte er sagen?" – "Ist es ihm gelungen, das zu sagen, was er sagen wollte?" – "Hat er das, was er sagen wollte, in einer angenehmen und überzeugenden Art gesagt?" – Alle diese Fragen, die noch heute für das naive Verständnis von Literatur charakteristisch sind, sind für die ernsthafte Forschung sekundär, nebensächlich, zweitrangig geworden. Wir wissen heute, daß jene Dinge am interessantesten sind in einem literarischen Text, von denen der Verfasser keine Ahnung hatte. Und wir haben oft genug die Erfahrung gemacht, daß die Dinge, die der Autor sagen wollte, das Langweiligste an seinem Werk sind. Auch das war schon vor Sigmund Freud nicht ganz unbekannt, aber die Psychoanalyse hat uns die Mittel zur Hand gegeben, dieses Faktum wissenschaftlich zu erklären. Das Faktum: die Hand des kreativen Menschen weiß mehr als der Kopf. Die Konsequenz: es mag ganz interessant sein, herauszufinden, was der Kopf dachte, als die Hand schrieb; aber die Hauptaufgabe von Kritik und Wissenschaft ist, herauszufinden, was das von dieser Hand Geschriebene bewirkt und bedeutet. Stellen wir uns das sensationellste Ereignis vor, das es im Bereich der Weltliteratur geben kann: jemand findet im Dachstock eines englischen Schlosses einen Essay über *Hamlet*, geschrieben von Shakespeare selbst. Ich muß gestehen, ich würde eine ganze Bibliothek von klugen Abhandlungen geben, um jenen einzigen Essay Shakespeares zu bekommen. Aber: keines der vielen Rätsel der unvergleichlichen Tragödie vom dänischen Prinzen wäre dadurch gelöst. Selbst wenn Shakespeare in diesem Aufsatz schreiben würde: "Hamlet liebt Ophelia, wie er in seinem Leben nie einen Menschen geliebt hat", oder: "Hamlet hat Ophelia nie ausstehen können", — es wären interessante Informationen über Shakespeare, über Shakespeares Bewußtsein, über die Gedanken, die in seinem Kopf sich bewegten, als er jene Tragödie schrieb, aber es wäre nicht die Wahrheit über Hamlet und Ophelia. Die Wahrheit: das ist das, was Shakespeares Hand gemacht hat. Und was diese Hand gemacht hat, ist: ein Rätsel ohne Lösung. Das Rätsel selber ist die Lösung, selbst wenn Shakespeare sich eine Lösung ausgedacht haben sollte.

Auch dies ist etwas, das die Dichter selber immer gewußt oder geahnt haben, auch wenn sie es nicht gerne eingestehen mochten. Der Schweizer Erzähler Conrad Ferdinand Meyer, einer der großen Autoren des 19. Jahrhunderts (nebenbei: der erste Dichter, über den sich Freud im Zusammenhang mit seiner jungen Wissenschaft geäußert hat, im Briefwechsel mit W. Fließ, Juni/Juli 1898), dieser Autor schreibt einmal, wenn er an einer schwierigen Stelle in einer Erzählung angekommen sei, dann mache er es wie der Mann, der in den Bergen, auf einem gefährlichen Pfad am Abgrund, auf einem Maultier reitet: er schließt die Augen, läßt die Zügel hängen, und das Tier tut ohne Führung die richtigen Schritte. Das heißt: an den entscheidenden Stellen seines Werks weiß der Dichter selber nicht, was er sagen will mit seinem Text, er weiß nur, daß er den Text will. Deshalb ist es falsch zu meinen, die Aufgabe des Kritikers sei es, herauszufinden, was der Autor gewollt hat. Das Ziel der Arbeit des Verstehens ist nicht die Intention des schreibenden Autors, sondern die Bedeutung, die vielen Bedeutungen des geschriebenen Werks. Und für diese seltsame und irritierende Tatsache hat die Psychoanalyse erstmals eine kohärente Theorie gegeben. Wie genau oder ungenau auch immer die strukturelle Analogie zwischen Traum und Dichtung ist: das Faktum kann nicht bestritten werden, daß die Psychoanalyse im Traum eine Sprache entdeckt hat, die der Mensch spricht, ohne sie selber zu verstehen; eine Sprache, in der er zu sich selber spricht, ohne zu wissen, was er da erzählt;

eine Sprache, die er Nacht für Nacht hören muß, von sich selber hören muß, weil er sonst sterben müßte. Denn ohne dieses Gespräch, das der Träumende mit sich selbst führt, gibt es keinen stundenlangen Schlaf. Und der Mensch, der nicht schläft, muß sterben, so wie der Mensch sterben muß, der nicht geliebt wird von irgendjemandem. Hinsichtlich der Literatur aber heißt das: *so wie der Traum das Gespräch des einzelnen schlafenden Menschen mit sich selbst ist, ist die Literatur das Gespräch der träumenden Menschheit mit sich selbst.*

Es ist hier nicht der Ort, die Theorie des Unbewußten zusammenzufassen, zu erläutern und in ihren Veränderungen bei Freud selbst und im Verlauf der Entwicklung der späteren Psychoanalyse darzustellen. Was ich hier sagen kann und sagen möchte ist allein: daß die Theorie vom Unbewußten der Literaturwissenschaft die Möglichkeit gegeben hat, die Intention des Autors beim Schreiben zu definieren als *einen* partiellen, begrenzten und relativen Faktor innerhalb der Gesamtheit aller determinierenden Faktoren, die bei der Entstehung eines literarischen Werks wirksam sind.

Soviel über den Beitrag der Psychoanalyse zu unserem Wissen über den schreibenden Autor und die Geheimnisse der künstlerischen Produktion.

Wie ist es nun mit dem Beitrag der Psychoanalyse zu unserem Wissen über die Geheimnisse des literarischen Werks selber? Ich greife wiederum nur einen Punkt heraus: die Theorie des literarischen Symbols.

Jedermann weiß, daß die Dichter mit Bildern und Zeichen arbeiten, die etwas anderes bedeuten, als sie darstellen. Die älteste Theorie der Literatur, die klassische Rhetorik, hat ein genaues System der Beziehungen erarbeitet, die möglich sind zwischen einem Bild und seiner Bedeutung. Metapher, Metonymie, Allegorie, Symbol etc. – alle diese Termini meinen eine je bestimmte Form des Redens in Bildern und Zeichen. Und so wie der Redende den Sinn seiner Rede in ein Bild hineinsteckt, so löst der Hörer dieses Bild wieder auf und zieht den Sinn daraus hervor. Das ist ein geistvolles Spiel; es macht einen wesentlichen Reiz der Literatur, des Schreibens wie des Lesens aus. Schon das Mittelalter hatte eine Theorie entwickelt vom mehrfachen Sinn eines literarischen Bildes, genauer: von den vier Bedeutungen, die ein einziges Zeichen haben könne, entsprechend den vier wichtigsten Bereichen des mittelalterlichen theologischen Denkens. Und es gibt eine romantische Theorie des Symbols. Sie geht aus von der Annahme, daß die Sprache, unsere menschliche Sprache, die Wahrheit über die sichtbare und die unsichtbare Welt, in der der Mensch lebt, nie ganz ausdrücken könne. Das Bild hingegen, das romantische Symbol, vermittelt diese Wahrheit, indem es die Sprache überspringt. Von der Romantik an gibt es die Überzeugung, das Symbol in der Kunst sei wesentlich dadurch bestimmt, daß es nicht voll und ganz in die Sprache zurückübersetzt werden könne. Während die antike Rhetorik und die mittelalterliche theologische Poetik darüber Auskunft gaben, wie man aus dem Bild die formulierte Bedeutung zu gewinnen habe, gibt die romantische Poetik Auskunft darüber, daß man die Bedeutung des literarischen Symbols immer nur in der Form der endlosen Annäherung gewinnen könne. Das Bild existiert hier vor meinen Augen; die ganze Bedeutung ist im Unendlichen.

Sigmund Freud hat nun eine merkwürdige und faszinierende Verbindung von klassischen und romantischen Verfahren der Symboldechiffrierung entwickelt. Einerseits hat er Listen von Symbolen mit festgelegten Bedeutungen aufgestellt, ganz ähnlich wie in den altmodischen Traumbüchern. Es sind seine wohlbekannten Thesen z.B. über die phallische Bedeutung von Schirmen, Bleistiften und Zeppelinen. Sie sind heute etwa so interessant wie Schirme, Bleistifte und Zeppeline. In einem zweiten Zusammenhang hat Freud die Vorgänge der Bildung symbolischer Zeichen beschrieben, sei es im Traum, sei es im Witz, sei es in der Literatur. Es sind die sogenannten Traummechanismen, insbesondere Verdichtung und Verschiebung. Auch hier ist er noch der klassischen Rhetorik verwandt, insofern als er grundsätzlich von der Verwandlung einer bestimmten Bedeutung in ein bestimmtes Zeichen ausgeht und die Regeln dieser Verwandlung beschreibt. Der romantischen Theorie des Symbols hingegen nähert er sich am meisten mit seinen Aussagen über die "Überdeterminierung" einzelner Bilder des Traums oder einzelner Wörter im Witz oder im literarischen Text. Hier tritt das konkrete Zeichen in Relation zu einer neuen Art von Unendlichkeit: es ist nicht die transzendente, göttliche Unendlichkeit der Romantik, es ist eine Unendlichkeit der Tiefe, jene Unendlichkeit, die dem bewußten Menschen vor die Augen tritt, wenn er mit dem Unbewußten konfrontiert wird, seinem eigenen Unbewußten oder dem kollektiven Unbewußten, das die Basis der Geschichte der ganzen Menschheit ausmacht. Das eine und einzige Bild kann, wie ein Knoten aus vielen Schnüren, gleichzeitig ganz verschiedene Bedeutungen haben, Bedeutungen, die sich für ein logisches Denken sogar gegenseitig ausschließen. Unter dem Prinzip der Überdeterminierung des Traumbildes kann der Akt der Interpretation dieses Bildes nie zu Ende sein, oder genauer: wer diese Bilder interpretiert, kann nie sicher sein, daß seine Arbeit fertig ist.

Übertragen auf das Verstehen der Bilder und Zeichen in der Literatur heißt das: der Weg führt nicht mehr vom Bild zu seiner Bedeutung, sondern er führt vom Bild in einen Urwald von unterschiedlichen, ja gegensätzlichen Bedeutungen. *Die* Bedeutung des weißen Wals Moby Dick zu finden, ist ebenso unmöglich, wie den weißen Wal zu töten. Die Psychoanalyse zwingt den literarischen Kopf nicht, sich in dieser Weise auf die Literatur einzustellen, aber der literarische Kopf kann diese Art von Arbeit von der Psychoanalyse lernen. Wenn ich zum Beispiel feststelle, daß Hamlet Wort und Dolch immer wieder in eine seltsame Beziehung bringt, daß die Wörter für ihn ein ähnliches Zeichen und ein ähnliches Problem darstellen wie die Dolche, daß er mit den Wörtern wie mit den Dolchen sehr gut umgehen kann und doch offenbar mit beiden falsch umgeht, dann *kann* ich sagen: die Wörter bedeuten das Zögern und die Dolche bedeuten die Tat. Ich kann sagen: das ist der Sinn dieser kleinen literarischen Zeichen innerhalb des ganzen Zeichenkomplexes *Hamlet*. Und ich kann für diese Erklärung viele Beweise im ganzen Stück finden, ich kann diese Beweise sammeln und vorstellen und zuletzt erklären: das ist die Lösung, die Arbeit ist fertig.

Aber wenn ich den Begriff der Überdeterminierung ernst nehme, den ich bei Freud gelernt habe, dann ist für mich das Finden einer ausreichenden Erklärung gleichzeitig das Signal für den Beginn einer weiteren Runde der Interpretation. Im Falle Hamlets muß ich dann im zweiten Durchgang z.B. fragen: Darf ich von der wohlbekannten phallischen Bedeutung der Dolche auch auf eine bisher nicht bekannte sexuelle Symbolik der Wörter schließen? Und was immer die Antwort sein wird: sie wird die Basis abgeben für wiederum eine weitere Runde der Interpretationsarbeit an diesem einzigen literarischen Faktum: der Zeichenhaftigkeit von Dolchen und Wörtern in der Hamlet-Tragödie.

Was ich damit, zusammengefaßt, sagen möchte, ist: für die Literatur und das Verstehen der Literatur, für das Begreifen der Symbole der Dichter sind die einzelnen Aussagen der Psychoanalyse über das Unbewußte, über die Verdrängung und über die Sublimierung vielleicht weniger wichtig als das Modell einer Interpretationsarbeit, die nie zu Ende sein kann. Während der professionelle Psychoanalytiker beim Lesen eines Romans die Konflikte dieser Geschichte ohne weiteres und ausschließlich als Spiegel der Konflikte in der Lebensgeschichte des Autors betrachtet und vielleicht sogar denkt, er habe das Buch als erster richtig verstanden, wird der professionelle Literaturwissenschaftler, der etwas gelernt hat von der Psychoanalyse, diesen Bezug zu den biographischen Konflikten aus der frühen Kindheit des Dichters auch erkennen, auch untersuchen, aber er wird das Ergebnis als *eine* Gruppe von Bedeutungen betrachten im Urwald von Bedeutungen, in den ihn das Werk führt.

Die psychopathologische Diagnose, die ich von einem Text aus auf den Autor hin aufstellen kann und aufstellen darf, ist nur *eine* Harpune für den weißen Wal. Ich bin glücklich, ihn getroffen zu haben, und dann sehe ich ihn wieder verschwinden in der tiefen See.

Wie ist es nun mit dem Beitrag der Psychoanalyse zu unserem Wissen über die dritte Dimension der Literatur: die Erfahrung des Lesers? Hier ist es wichtig, auf Freuds grundsätzliches Verständnis der Kultur zurückzugreifen. Der Mensch ist für Freud nicht das denkende Wesen, wie für die klassischen Philosophen, er ist nicht das Werkzeuge fabrizierende Wesen, wie für Marx, er ist nicht das in Schlauheit kämpfende Wesen, wie für Darwin, sondern er ist *das wünschende Wesen in einer Welt von Verboten*, die er selber aufgestellt hat. Jede Epoche in der Geschichte der Menschheit und jede Epoche in der Geschichte des einzelnen Menschen beginnt mit dem Verbot früherer Lust und früherer Vergnügen. Das Verbot der alten Lust ermöglicht die subtileren, zivilisierteren Vergnügen der jeweils neuen Ära. Der Verzicht auf das Vergnügen, meinen Feind zu töten, gibt mir das angenehme Gefühl, in einer sicheren Gesellschaft zu leben. Und in der Pflicht zu Sauberkeit und Ordnung steckt noch immer die Erinnerung an die alte Lust am Spiel mit deren Gegenteil, eine Lust, auf die ich verzichtet habe, um das zu gewinnen, was ich Zivilisation nenne. Auf dem Hintergrund dieser Theorie hat Freud nun sein Konzept von ästhetischer Erfahrung skizziert. Er erfaßt es mit dem Begriff des *Festes*. Der Mensch, der in einer Welt von Verboten lebt, die er selber aufgerichtet hat, um überleben zu können, leidet gleichzeitig unter diesen Verboten. Er leidet darunter, auch wenn er es nicht weiß. Und weil er darunter leidet, hat er eine Menge von kleinen Ritualen entwickelt, mit denen er einzelne Verbote zeitweise und spielerisch außer Kraft setzen kann, ohne in Gefahr zu geraten. Denn grundsätzlich ist ja die

Lust von gestern die Gefahr von heute. Eines dieser Rituale ist das kollektive Fest der ganzen Gesellschaft oder einer gesellschaftlichen Gruppe. Ein anderes dieser Rituale ist das kleine Fest, das der Mensch erfährt in der Konfrontation mit einem Kunstwerk: die ästhetische Erfahrung. Jahrhundertelang haben die Philosophen erklärt, im Kunstwerk, auch in der Literatur, begegne der Mensch den Ideen, die höher und besser seien als er selbst. Der skandalisierende Punkt in Freuds Ästhetik besteht darin, daß er die göttliche Idee im Kunstwerk als die Maske erklärt, hinter der die vergessene Erinnerung an alte, archaische, unzivilisierte Lust in mein wohlgeordnetes, wohlzivilisiertes Leben tritt und sagt: "Es gibt mich immer noch, aber nenne mich nicht beim Namen!"

Seit den Anfängen der Psychoanalyse hat sich die Diskussion zwischen der Literaturwissenschaft und Freud (und seinen Schülern) auf dessen Aussagen über die Dichter und über die Genese des Kunstwerks konzentriert (auf Dinge wie die These, der Dichter sei ein erfolgreicher Neurotiker etc.). Tatsächlich aber ist die Theorie des Lesers, die Freud in Konturen skizziert hat, ebenso interessant, wenn nicht interessanter. – Denn: Es gibt Dichter, weil es Leser gibt. Die Meinung, es gäbe Leser, weil es Dichter gibt, ist falsch. – Die Schwierigkeit und die Attraktivität dieses Konzepts liegt in der Gedankenfolge, daß der Leser, der von einem literarischen Werk fasziniert ist, eine aufregende und stimulierende Erfahrung macht, daß er diese Erfahrung ganz bewußt erlebt, daß er aber die eigentliche und tiefste Ursache dieses seines Zustandes nicht kennen darf. Wie der Träumer erwacht, wenn die Wahrheit, die hinter den Traumbildern liegt, sichtbar zu werden beginnt, so wendet sich der Leser verärgert oder enttäuscht ab, wenn die unzivilisierte Basis des Kunstwerks sich zu zeigen beginnt.

Was ich hier mit wenigen Worten beschrieben habe, ist sicher nur *eine* Funktion des Kunstwerks, nur *eine* Funktion der Dichtung im innern Leben des einzelnen Menschen und im kollektiven Leben der Gesellschaft. Aber es ist jene Funktion, für die uns Freud erstmals die Augen geöffnet hat. Man kann dazu in zweifacher Weise Stellung nehmen. Man kann sagen, Freud mache damit den Leser zu einem versteckten Barbaren, der das Kunstwerk zum Anlaß nehme, Dinge imaginär zu vollführen, die er zu feige sei, in Wirklichkeit zu betreiben. Und das sei nicht nur ein im tiefsten misanthropischer Gedanke, sondern er widerstreite auch allen jenen Erfahrungen, die mir sagen, daß ich selbst als Leser durch das bedeutende Kunstwerk zu einem reicheren, einem reiferen, vielleicht sogar zu einem besseren Menschen werde.

Man kann aber auch umgekehrt argumentieren. Das Kunstwerk wird von Freud erkannt als ein Gebilde, das nicht nur in Beziehung steht zu den ewigen und göttlichen Ideen, sondern auch zu den dunkeln, schrecklichen und tragischen Konflikten im Entwicklungsgang der Menschheit und des einzelnen Menschen. (Denn für Freud ist jeder einzelne Mensch ein Wesen, das durch furchtbare Konflikte hindurchgegangen ist.) In der Erfahrung, in der Belebung des Kunstwerks im Akt des Lesens kehre ich aber nicht nur für kurze Zeit und ahnungslos in jene Tiefe zurück, sondern ich rekapituliere damit auch, spielerisch, graziös, leicht wie ein Stück Musik, den schweren Weg unserer Zivilisation, und ich gewinne damit vielleicht auch die Fähigkeiten, diesen Weg ein Stück weiter voranzutreiben.

Die Worte Mephistos zu Faust: "Versinke denn! Ich könnt' auch sagen: steige!" gelten in ihrer ganzen paradoxen und ambivalenten Bedeutung auch vom Menschen, der sich auf das Kunstwerk einläßt.

Was aber, und das ist die letzte Frage, die ich hier stellen und beantworten möchte, was aber hat die Psychoanalyse den Dichtern selber für ihre Arbeit, für ihr tägliches Schreiben gebracht? Ist sie ihnen eine Hilfe oder eine Last?

Es gab eine Zeit, da einige wichtige Autoren versuchten, die zentralen Theorien der Psychoanalyse planvoll in ihre Werke einzubauen. Das waren interessante Experimente, aber wenn sie geglückt sind, sind sie nicht geglückt, weil die Autoren das versucht haben, sondern obwohl sie es versucht haben. Der Konflikt z.B., den wir seit Sigmund Freud mit dem Namen Ödipus-Komplex zu benennen pflegen, ist, wenn man ihn ganz direkt als Plot für eine Tragödie nimmt, eine ziemlich langweilige Angelegenheit, und es braucht Autoren wie Sophokles, Shakespeare und Dostojewskij, um daraus das zu machen, was wir ein notwendiges Kunstwerk nennen. Für den produzierenden Künstler ist die schriftstellerische Arbeit durch die Psychoanalyse eher schwieriger geworden. Er muß, wenn er gute Kunst hervorbringen will, den wissenschaftlichen Kenntnisstand seiner Zeit halten. Er muß die Einsichten der Psychoanalyse aufgenommen haben, nicht als trockenes System, sondern als eine neue Art, den Menschen und die Gesellschaft zu begreifen. Und dann muß er alles wieder vergessen, wenn er für sich und die andern in jener Sprache reden will, die wir so gerne hören, weil wir sie nicht verstehen.

DILETTANTISCHES REDUZIEREN?
Für eine sozialpsychologische Literaturerklärung

von

Wolf Wucherpfennig

Als die Psychoanalyse zuerst die Hörsäle betrat, in denen Leben und Werke der Dichter und Denker gefeiert, ausgelegt oder nacherzählt wurden, empfingen die Erstgekommenen sie mit gereizter oder herablassender Ablehnung. Die Ablehnung äußerte sich in vielfacher Einzelkritik, richtete sich im Grunde aber immer gegen den Erklärungsanspruch der Psychoanalyse, gegen den Anspruch, das angeblich Höhere, die Kunst, aus dem angeblich Niederen, den psychischen Konflikten, zu erklären. Demgegenüber blieben die Vertreter der neuen Richtung, Freud zuerst,[1] fast immer defensiv; sie stellten die Kritik nicht in Frage, sondern suchten sich ihr durch Vorbehalte und Einschränkungen zu entziehen. So kam es, daß sie ihre Erklärungsversuche Stück um Stück zurücknehmen mußten. Ihr Vokabular freilich ging nicht verloren; die Universität, süchtig nach jedem neuen Jargon, hat es inzwischen geschluckt und ihren schöngeistigen Körperteilen auf gefahrlose Weise einverleibt.

1. Wenn Freud und Marx den Erklärungsanspruch, den sie anderen Phänomenen gegenüber verfochten, gegenüber den Künsten aufgaben oder nur inkonsequent und widersprüchlich vertraten, so liegt das nicht nur daran, daß beide noch ganz im Kunstverständnis der deutschen Klassik erzogen waren, sondern natürlich auch am tatsächlichen Unterschied zwischen den Künsten und anderen Phänomenen der Geschichte. Die aber, denen die ganze Richtung nicht paßt, pflegen die skeptischen Äußerungen beider nicht zu zitieren, um den eigentümlichen Charakter des Kunstwerks durch Weiterentwicklung der historischen Analyse besser zu erkennen, sondern um ihn zu mystifizieren. Sie, die Freud und Marx sonst eher als Ketzer betrachten, behandeln sie in diesem Fall als Kirchenväter.

Die Überlegungen zu einer sozialpsychologischen Literaturerklärung, die im folgenden entwickelt werden sollen, beruhen auf der Überzeugung, daß dieser psychoanalytische Rückzug der wissenschaftlichen Erkenntnis schadete. Sie gehen daher von einer Neubetrachtung der alten, auch heute immer wieder vorgebrachten Einwände gegen psychoanalytische Literaturerklärung aus, von einer Kritik der Kritik.

Eine Reihe von Vorwürfen brauchen wir freilich nicht weiter zu beachten, vor allem diejenigen nicht, die vermeintlicher Taktlosigkeit gelten, ungehöriger Neugierde, überhaupt dem allzugroßen Interesse an der (bekanntlich schmutzigen) Sexualität. Es ließe sich zeigen, daß sie der Verachtung des Menschen als eines materiellen Wesens entspringen und ihm seine mögliche Selbstbestimmung verwehren sollen. Hier mag es genügen festzustellen, daß auf diese Weise Erkenntnis von vorneherein durch ein Tabu vermieden werden soll.

Auch die beschwörenden Warnungen, Dichtung reiche in irrationale Tiefen und sei daher grundsätzlich unfaßbar, können wir getrost vergessen. Ist die Dichtung das, so wird es sich zeigen. Mögen andere das Unsagbare berufen, dem Wissenschaftler gebührt es, das Erkennbare zu erkennen. Ehrfurcht vor dem Kunstwerk zeigt jedenfalls, wer es seiner ganzen Erkenntniskraft für würdig hält, nicht wer es benutzt, um es zu umraunen und zu bemurmeln oder im Jargon höherer Unverständlichkeit zu besprechen. Dadurch kann man sich freilich als Eingeweihter präsentieren und die Zuhörer in den Status unmündiger Kinder versetzen, die den unverständlichen Reden ihrer Eltern lauschen, aber eine Wissenschaft, die von einem Erklärungsverbot ausgeht, ist keine.

Ernster ist allerdings die Behauptung zu nehmen, Literaturwissenschaftler könnten die Psychoanalyse nur auf dilettantische Weise anwenden, auch wenn diese Kritik nicht in der Sache gründet, sondern sich auf die immer beliebigere Einteilung der universitären Lehrfächer stützt. Vielleicht macht man es sich zu einfach, wenn man demgegenüber nach den psychoanalytischen Kenntnissen der Psychologieprofessoren fragt oder auf die Möglichkeit fächerübergreifender Zusammenarbeit verweist, der es schließlich doch gelingen müßte, auch die nebensächlichsten Ergebnisse aller betroffenen Disziplinen einzubringen.

Die Literaturwissenschaftler freilich, die ihren psychoanalytisch interessierten Kollegen gegenüber den Dilettantismus-Vorwurf so leicht in den Mund nehmen, müssen sich fragen lassen, ob ihre Wissenschaft denn nicht dilettantisch ist. Ist sie nicht über weite Strecken eine einzige Rede von der Psyche, wenn nicht des Autors, so doch seiner Figuren, eine Rede von Stimmungen und Gefühlen in Text und Lesern? Ist sie nicht fleißig dabei, Gefühle oder dargestellte Handlungen zu bewerten aufgrund moralischer, religiöser und politischer Grundsätze, die sie nicht oder kaum reflektiert? Ist die unreflektierte Verwendung von Alltagspsychologie weniger dilettantisch als der bewußte Gebrauch der Psychoanalyse?

Dagegen ließe sich freilich einwenden, Richtungen der Literaturkritik wie Formalismus, New Criticism und Werkimmanenz hätten solch ein unreflektiertes Vorgehen vermieden, weil sie sich ausschließlich auf die Betrachtung der künstlerischen Form beschränkten. Dieses Argument erfordert eine grundsätzliche Diskussion. Das geschieht am besten, wenn wir uns mit der ernsthaftesten Begründung textimmanenten Vorgehens, mit der Ästhetik Roman Ingardens, auseinandersetzen.[2]

Für ihn, den Phänomenologen, ist das Kunstwerk ein "intentionaler Gegenstand", das heißt ein solcher, der nicht unabhängig vom wahrnehmenden Subjekt existiert, vielmehr vom Betrachter, Leser, Hörer erst entworfen wird, allerdings aufgrund einer realen, vorgegebenen Gegenständlichkeit. Diese letztere, also etwa der einzelne Text, ist eine Vorlage für den Leser, den vom Dichter als erstem geschaffenen "intentionalen Gegenstand" zu rekonstruieren. Das ist möglich, weil der Text aus verschiedenen Schichten besteht, die von derjenigen der Wortlaute bis zu derjenigen der künstlerischen Werte reichen; in ihnen ist das Kunstwerk als Möglichkeit enthalten. Der Leser aktualisiert nun die potentiellen Momente — er verleiht z.B. den Wortlauten ihre Bedeutungen — und er objektiviert die Sachverhalte, die er im Laufe der Lektüre erfährt, derart, daß aus ihnen allmählich eine ganze dargestellte Welt wird.

Nun enthält die Vorlage auch Unbestimmtheitsstellen — keine Personenbeschreibung z.B. ist in allen Einzelheiten vollständig —, die vom Leser ausgefüllt werden müssen. Tut der Leser auch dies noch und konkretisiert somit das vom Text mitgeteilte Schema, so geht er über die bloße Rekonstruktion hinaus und stellt eine "Kon-

2. Er gehört ebenfalls zu denen, die psychologische Textuntersuchungen mit dem Dilettantismus-Vorwurf belegen. Vgl. Roman Ingarden: *Vom Erkennen des literarischen Kunstwerks*. Tübingen 1968, 81.

kretisation" her. Allerdings dürfen nicht alle Unbestimmtheitsstellen ausgefüllt werden, weil sonst die künstlerische Wirkung leiden würde; zum Teil lassen sie auch verschiedenartige Festlegungen zu. Daher sind unterschiedliche Konkretisationen möglich, aber nicht beliebige; man kann sie bewerten.

Zum Kunstwerk als Schema gehören insbesondere auch die künstlerischen Werte. Sie rufen eine emotionale Antwort im Leser hervor, aufgrund derer in der Konkretisation die ästhetischen Werte erscheinen:

> Er [der ästhetische Wert] ist in seiner Erscheinungsgegenwart auf doppelte Weise fundiert: in dem entsprechenden Kunstwerk, das mit entsprechenden künstlerischen Werten ausgestattet ist, und in dem Betrachter, der ihn an der Konkretisation unter Mithilfe des Kunstwerks und insbesondere seiner künstlerischen Werte zur phänomenalen Selbstgegenwart bringt. Während der künstlerische Wert ein ausgesprochen relationaler Wert ist, dessen Wertigkeit eben darin liegt, daß dasjenige, zu dessen Aktualisierung er ein unentbehrliches Mittel ist, in sich selbst und für sich selbst — also in diesem Sinn absolut — werthaft ist und dem ihn Mitbedingenden als solchem einen Wert verleiht. Dieser in sich absolute Wert ist eben der ästhetische Wert, dessen Materie (Wertqualität) seinem Wesen nach nur "zu schauen" ist, sich also in einer erscheinungsmäßigen Selbstgegenwart erschöpft.[3]

Viele Worte, um zu sagen, daß der ästhetische Wert ebenso absolut wie unerklärlich ist.

Wer sich durch Ingardens Abhandlungen hindurchbeißt, wird alsbald ein eigentümliches Schwanken im Vorgehen des Philosophen bemerken. Einerseits läßt er die Konkretisation aus einer Art schöpferischer Wahrnehmung des Lesers hervorgehen. Auf dieser Ebene redet er in Kategorien einer Psychologie ("ästhetisches Erlebnis"), die, dilettantisch genug, allein auf Introspektion beruht. Andererseits sollen in der Konkretisation die ästhetischen Werte erscheinen, die ganz den Charakter platonischer Ideen haben. Von ihnen erfahren wir lediglich, daß sie absolut sind und daß ihre Erscheinungen in polyphoner Harmonie zusammen die ebenfalls werthafte Idee des Kunstwerks bilden. Da sie nur der unmittelbar intuitiven Schau zugänglich sind, lassen sich für sie auch keine Kriterien angeben. Ingarden verbindet also einen subjektivistischen Relativismus, demgemäß jeder Leser letztlich seinen eigenen Text erlebt, mit einer nie begründeten formalen Norm, vor deren konservati-

---

3. *Vom Erkennen des literarischen Kunstwerks* (Anm. 2), 306.

vem Charakter übrigens die wenig harmonische moderne Literatur zumeist nicht bestehen kann.

Diesen Widerspruch sucht er dadurch der Kritik zu entziehen, daß er ihn in den Bereich eines subjektiven Erlebens verlegt, das wissenschaftlicher Analyse prinzipiell nicht zugänglich sein soll. Der Wahrnehmungsprozeß des Rezipienten, den Ingarden mit dem Entstehungsprozeß des Werkes identifiziert, geht die Literaturwissenschaft nichts an. Sie muß das Erlebnis der ästhetischen Werte dem intuitiven Schauen des einzelnen überlassen, sie hat sich darauf zu beschränken, die künstlerischen Werte der Rekonstruktion, das heißt im wesentlichen die polyphone Harmonie der Textelemente, zu betrachten. Damit wird eine theorielose Textinterpretation theoretisch begründet.

Auf diese Weise schuf Ingarden eine wissenschaftliche Atmosphäre, in welcher Interpretationslehren wie die von Wolfgang Kayser und Emil Staiger entstanden, die unter Berufung auf unterschiedliche philosophische Autoritäten das Kunstwerk als etwas bestimmten, dessen Entstehung unerforschlich bleiben mußte. Der Wert dieser Interpretationslehren liegt nicht in ihren tabuisierenden Selbstbegründungen, sondern in den praktischen Anleitungen, die polyphone Harmonie nachzuweisen.

Der linguistische Strukturalismus hat diese handwerklichen Techniken verfeinert. Er zeigt in seinen konsequentesten Beispielen aber auch, wohin der Versuch schließlich führt, angeblich dilettantisches Reden über die außertextliche Wirklichkeit zu vermeiden. Denn da das sprachliche Gebilde seine Bedeutung gerade im Verweis auf die Realität des von ihm Bezeichneten besitzt, nimmt ihm jede Untersuchung um so mehr von seiner Bedeutung, je stärker sie diesen Verweisungscharakter vernachlässigt, am meisten dort, wo sie den Text auf eine mathematische Sprache hin zu formalisieren sucht.[4] Die Untersuchung wird dann ebenfalls bedeutungslos, das heißt banal oder nichtssagend. Dieses Prinzip, mit großem methodischen Aufwand keine Ergebnisse zu erzielen, wurde mit der Interpretation von Baudelaires Gedicht *Les Chats* durch Jakobson und Lévi-Strauss in die Literaturwissenschaft eingeführt.

Wer das Bezeichnete verflüchtigt, tut auch dem Bezeichnenden

4. Schon Ingarden selbst wählt nur banale Beispiele, wie Wolfgang Iser zu Recht kritisiert: *Der Akt des Lesens. Theorie der ästhetischen Wirkung* (UTB 636). München 1976, 276f.

Gewalt an; er verkürzt es um seinen Verweisungscharakter. Ausschließlich vom Ästhetischen zu reden, ist also gar nicht möglich, solange man unter ihm die "reine", vom Bereich des Bezeichneten abgelöste Form versteht.[5] Man hat dann in letzter Konsequenz nur die Wahl zwischen dem Unsagbaren und dem Unbedeutenden. Daß der künstlerische Text nicht *nur* Dokument ist, ist noch kein Grund, seinen Dokumentcharakter überhaupt nicht mehr zu beachten und den Text somit letztlich um seine Bedeutung zu bringen. Die Anwendung der textimmanenten und strukturalistischen Handwerkslehren wird hingegen um so ergiebiger, je mehr "fremdes" Wissen man verarbeitet; üblicherweise geschieht das allerdings nur insgeheim und unreflektiert.

Dilettantismus, wenn es denn einer ist, ist also unvermeidlich, falls man überhaupt einigermaßen ergiebig über Dichtung reden will. So grundsätzlich allerdings, wie wir ihn eben aufgefaßt haben,

5. Deutlicher als der linguistische Strukturalismus setzt sich die Rezeptionstheorie von Iser und Jauss von den traditionellen Interpretationslehren ab, nicht weil sie deren Erkenntnistabu und unreflektierten Dilettantismus scheute, sondern weil die Norm der polyphonen Harmonie gegenüber moderner Literatur weitgehend unbrauchbar ist. Angesichts des oben genannten Widerspruchs in Ingardens Theorie, den auch Iser bemerkt (*Der Akt des Lesens* [Anm. 4], 267ff.), entscheiden sich beide gegen die Norm und für den Relativismus. Sie gehen ebenfalls von einer beschreibenden Wahrnehmungspsychologie aus, die sie dann freilich dadurch entsubjektivieren, daß sie eine Kommunikation zwischen Text und Leser annehmen, die bestimmt wird durch den Erwartungshorizont, den sich der einzelne Leser bzw. die Leserschaft einer Epoche aufgrund des ihnen bekannten literarischen Systems gebildet haben, sowie durch bestimmte Eigenschaften des Textes, vor allem Leerstellen, die diesen Eigenschaften nicht entsprechen. Der Relativismus bleibt dann als historistische Beschreibung von Lesererwartungen und Werturteilen bestehen, denn wenn beide Autoren auch nicht leugnen, daß die Text-Leser-Kommunikation auch außerliterarische Elemente einschließt, so wird gerade dieser Zusammenhang nicht weiter reflektiert. Der Erwartungshorizont wird faktisch doch nur am "System Literatur" festgemacht; eine Theorie des realen geschichtlichen Zusammenhangs und Wandels fehlt ebenso wie bei den Formalisten, auf welche sich insbesondere Jauss bezieht. Hier wie dort sind die literarischen Neuerungen grundsätzlich beliebig. Daß die Einheit des künstlerischen Textes nicht von der Rezeption, sondern nur von der Produktion her zu verstehen ist, soll im folgenden gezeigt werden. Rezeptionsgeschichte wird deswegen nicht gleichgültig; sie ist wichtig, weil die Publikumserwartung die Textproduktion wesentlich mitbestimmt.

war der Dilettantismus-Vorwurf in Wirklichkeit nie gemeint. Gegenüber dem Rückgriff etwa auf die Theologie- oder Philosophiegeschichte wurde er nie erhoben, obwohl auch dieser von einer konsequent textimmanenten Position aus abgelehnt wird. Tatsächlich geht es im Grund um die Art des Wissens, das mit psychoanalytischer Literaturerklärung ins Spiel kommt, um das gern verdrängte Wissen von den sinnlichen Bedürfnissen der Menschen. Es geht auch hier um ein Erkenntnistabu.

Ähnlich inkonsequent ist auch der beliebte Einwand des Reduktionismus, der Vorwurf also, psychoanalytische oder soziologische Interpretationen nähmen dem Text seine Individualität, indem sie ihn auf ein Schema reduzierten. Dieser Einwand ist um so verwunderlicher, als gerade die immanenten Interpretationen jeglicher Art mit nichts anderem beschäftigt sind, als Texte auf eine abstrakte Form zu reduzieren. Die handwerklichen Anleitungen führen vor, wie man Textelemente (z.B. Figurentypen, Konstellationen, Erzählperspektiven, Räume, Handlungsabschnitte und -abläufe, Motive) isoliert, wie man sie nach Zusammenhängen (insbesondere nach Analogien) und nach Gegensätzen ordnet, wie man dann eine oder mehrere alternative Weisen bestimmt, nach denen die Elemente und ihre Kombinationen im Ablauf der Lektüre oder des Vortrages auftauchen.

Dagegen ist, solange die Textbedeutung nicht einfach ausgeblendet wird, sicherlich nichts einzuwenden. Die Alternative dazu wäre letztlich die Tautologie, das heißt die mehr oder weniger mystifizierende Nacherzählung des Textes. Schließlich beruht alles Begreifen auf Reduktion, also darauf, eine komplexe Erscheinung auf einen einfacheren Zusammenhang zurückzuführen. Es ist auch durchaus möglich, Reduktionen zu bewerten. Sie sind um so zutreffender, je weniger Textelemente sie ausblenden, je vollständiger sie diese in die gefundene Ordnung einbeziehen, so daß im Idealfall der funktionale Ort jeder Einzelheit im Zusammenspiel aller Textelemente deutlich wird.[6] Das ist nur möglich, wenn die Reduktion

6. Über die ästhetische Qualität ist damit noch nichts gesagt. Es liegt zunächst einmal an der Interpretation und nicht am Text, ob es gelingt, scheinbar nicht integrierte Momente in das funktionale Ganze des Textes einzuordnen. Über die ästhetische Qualität des ganzen, nicht auf die bedeutungslose Form verkürzten Textes läßt sich überhaupt erst im Zusammenhang mit seinem historischen Bezug reden.

nichts Wesentliches verfehlt; verfehlt sie es, so ist sie eben falsch. Es kommt also nicht darauf an, ob überhaupt reduziert wird, sondern darauf, wie reduziert wird, ob auf Wesentliches oder Unwesentliches, wobei das Wesentliche übrigens nichts Einfaches, eine Grundaussage oder ähnliches, sondern der leitende innere Widerspruch des Textes sein wird. Auf jeden Fall ist das richtige Verstehen der Bedeutung für diese handwerkliche Aufbereitung des Textes schon vorausgesetzt.

Nun ist freilich zuzugeben, daß der Text durch solche Bearbeitung nur auf ein ihm immanentes Prinzip reduziert wird, zumindest solange man ihn nicht in ein allgemeinverbindliches Strukturschema zwängt. Der Reduktionsvorwurf richtet sich aber, ohne daß das immer deutlich würde, gegen die Reduktion auf ein Andres: auf psychische oder soziale Strukturen. Doch gerade die Frage nach der Individualität des Textes, die angeblich durch solche Reduktion zerstört wird, macht diese nötig. Das zeigt sich dort, wo man nach dem richtigen Verstehen der Bedeutung fragt, nämlich in der Hermeneutik. Ihr müssen wir uns nun zuwenden.

Die moderne Hermeneutik begann bekanntlich als Reaktion auf die Bibelkritik. Die Einheit des maßgeblichen Textes, der Bibel, war nicht mehr gesichert, so daß sich der alte Auslegungsgrundsatz von der Erhellung des Textdetails durch das Textganze nicht mehr auf eine selbstverständliche Bedeutung des Ganzen stützen ließ. Nun war man in Zweifelsfällen schon früher auf ein anderes Ganzes, auf die Meinung des Autors, zurückgegangen. Schleiermacher verwandelte dieses Hilfsmittel in eine methodische Regel, die für alle Texte gelten sollte, soweit ihnen künstlerische Züge eigneten, die kein fraglos-naives Verstehen erlaubten.

Allerdings, so erkannte er, konnte richtiges Verstehen dann nicht nur im Verknüpfen der einzelnen Textstelle mit der expliziten Meinung des Autors bestehen, denn der Autor teilt uns mehr als diese, er teilt auch ihm selbst Unbewußtes mit. Die Textstelle muß daher auf seine gesamte Individualität bezogen werden. Diese ist uns zugänglich im hermeneutischen Zirkel, das heißt in einem fiktiven Gespräch, in dem wesentlich gleichartige Individualitäten, die des Lesers und die des Autors, einander wechselseitig erhellen. Durch wiederholte Identifizierung mit dem Autor kann sich der Leser schließlich mit jenem gleichsetzen und den Produktionsprozeß des Textes bewußt reproduzieren.

Schleiermacher setzt somit voraus, daß die Individualität des künstlerischen Textes die Individualität seines Schöpfers ausdrückt. Die individuelle Einheit des Textes ist erst verstanden, wenn man weiß, wie sie entstanden ist. Wollen wir nicht darauf verzichten, das Verständnisproblem überhaupt zu reflektieren, wollen wir den Text nicht einfach als irgendeinen Ausschnitt aus einem in sich gänzlich bestimmten sprachlichen Code bestimmen (den es so nicht gibt), so werden wir Schleiermacher hier folgen müssen. Aber müssen wir damit auch annehmen, daß das individuelle Prinzip, das die jeweilige sprachliche Einheit erst schafft, darum selbst etwas Unsagbares sei?[7] Vielleicht beantwortet sich die Frage, wenn wir einen weiteren Blick auf die Geschichte der Hermeneutik werfen.

Wie läßt sich das unüberprüfbare Erraten fremder Individualität in eine wissenschaftliche Methode verwandeln? Von diesem Problem, wie nämlich das "Nachverständnis des Singularen zur Objektivität erhoben werden könne",[8] ging Wilhelm Dilthey aus. Das setzte voraus zu bestimmen, was Individualität sei.

Einerseits sieht Dilthey, daß sich Individualität in der Auseinandersetzung mit den realen Umweltbezügen bildet, daß sie also aus dem Zusammenhang der geschichtlich-gesellschaftlichen Welt zu begreifen sein muß. Andererseits hält er an Schleiermachers Überzeugung fest, daß das Individuum ein *Ineffabile* sei. Beides verbindet er durch eine Petitio principii: Er sucht das Individuum als Ausdruck einer Geschichte zu begreifen, die er vorher schon vom Individuum her begriffen hat. Der individuelle Text wird auf ein geschichtlich Anderes reduzierbar, weil Geschichte vorher schon auf Individualität reduziert wurde, sei es, daß historische Bezüge den frühen Dilthey nur interessieren, soweit sie vom einzelnen Menschen erlebt werden, sei es, daß der spätere Dilthey überpersonale, zweck- und wertsetzende Individuen statuiert; als solche nämlich behandelt er Generationen, Staaten, Epochen usw. Daher kann er dann jegliches historisches Erkennen auf den hermeneutischen Zirkel verpflichten; es besteht darin, daß eine Individualität

---

7. Zu diesem Schluß kommt neuerdings wieder Manfred Frank: *Der Text und sein Stil. Schleiermachers Sprachtheorie.* In: M.F.: *Das Sagbare und das Unsagbare. Studien zur neuesten französischen Hermeneutik und Texttheorie* (stw 317). Frankfurt a.M. 1980, 13-35.
8. Wilhelm Dilthey: *Gesammelte Schriften*, Bd. 5. Stuttgart u. Göttingen, 6. Aufl. 1974, 371.

eine jeweilige historische Erscheinung als Ausdruck einer anderen Individualität versteht, wobei jetzt nicht mehr nur an die Begegnung von Leser und Autor zu denken ist, sondern letztlich an die von Forscher und jener subjektivierten, nun Leben genannten Geschichte.

Damit hat Dilthey freilich nicht "das Singulare zur Objektivität erhoben", sondern nur einen widersprüchlichen Ansatz weitergeführt. Hierin gründet auch seine berühmte Gegenüberstellung vom naturwissenschaftlichen Erklären und dem geisteswissenschaftlichen Verstehen. Einerseits wird im Verstehen historischer Gegenstände der naturwissenschaftliche Objektivitätsanspruch des Erklärens durchaus bewahrt. Andererseits aber soll er verbunden werden mit der Voraussetzung einer unableitbaren und somit unerklärbaren Ganzheit, die von der personalen Individualität auf die Geschichte übertragen wurde. Im Begriff des Verstehens ist das *Individuum ineffabile* versteckt, das doch erklärt werden soll, in dem des Erklärens nicht.[9]

Daß Dilthey beim Versuch scheitert, die Individualität des Autors aus dessen Auseinandersetzung mit der Geschichte zu begreifen, ist die Folge eines Erkenntnistabus. Erklärende, allgemeine Gesetzmäßigkeiten aufsuchende Psychologie verstößt seiner Meinung nach gegen die "Würde" der individuellen Existenz.[10] Dilthey schei-

---

9. Vgl. auch: "Wenn wir nun den ganzen Vorgang der Erkenntnis des Singularen als Einen Zusammenhang begreifen *müssen*, so entsteht die Frage, ob man im Sprachgebrauch *Verstehen und Erklären* sondern könne. Dies ist unmöglich, da allgemeine Einsichten durch ein der Deduktion analoges Verfahren, nur ungelöst, als Sachkenntnis in jedem Verstehen mitwirken, nicht bloß psychologische, sondern auch usw. Sonach haben wir es mit einer *Stufenfolge* zu tun. Da, wo bewußt und *methodisch die allgemeinen Einsichten angewandt werden, um das Singulare zu allseitiger Erkenntnis zu bringen*, erhält der *Ausdruck Erklären für die Art der Erkenntnis des Singularen seinen Ort*. Er ist aber nur berechtigt, sofern wir uns bewußt halten, daß von einer vollen Auflösung des Singularen in das Allgemeine nicht die Rede sein kann." Dilthey: *Gesammelte Schriften*, Bd. 5 (Anm. 8), 337.

10. Wilhelm Dilthey: *Gesammelte Schriften*, Bd. 1. Leipzig u. Berlin 1922, 33. Dilthey argumentiert hier für eine Geschichtsschreibung, die von der Biographik ausgeht, von einer Biographik, die den Willen des Individuums "in seiner Würde als Selbstzweck" (ebd.) erfaßt, um dieses "sub specie aeterni" (ebd.) darzustellen. Diesem Ausgehen vom isolierten, unerklärbaren Individuum wird die erklärende Wissenschaft gegenübergestellt.

tert somit an Halbherzigkeit, er will Individualität zugleich erklären und nicht erklären. Dennoch hat er die hermeneutische Fragestellung um einen entscheidenden Schritt weiter geführt, nämlich
bis hin zur Dialektik von Einzelnem und Allgemeinem. Der einzelne Autor wäre derart auf den allgemeinen Geschichtsprozeß zu beziehen, daß ihm seine Besonderheit dadurch nicht genommen, sondern gerade erst verliehen wird. Ein solcher Bezug läßt sich nur als
dialektischer denken.

Es hat allerdings seine Gründe, daß Dilthey sich immer gegen
das Begriffsarsenal der Dialektik sträubte. In ihrer marxistischen
Form mußte der nationalliberale kaiserliche Professor sie ablehnen,
nen, falls er sie überhaupt zur Kenntnis genommen hatte. In ihrer
hegelschen Form war sie nicht mehr brauchbar; der Verlust des
Glaubens an den fortschreitenden und schließlich zu sich selbst ge-
kommenen Weltgeist liegt schließlich Diltheys ganzem Philosophie-
ren zugrunde, das auf die Erfahrung von 1848 und die neuen sozialen Bewegungen antwortete:

Hegel konstruiert metaphysisch; wir analysieren das Gegebene. Und die
heutige Analyse der menschlichen Existenz erfüllt uns alle mit dem Gefühl
der Gebrechlichkeit, der Macht des dunklen Triebes, des Leidens an den
Dunkelheiten und den Illusionen, der Endlichkeit in allem, was Leben ist,
auch wo die höchsten Gebilde des Gemeinschaftslebens aus ihm entstehen.
So können wir den objektiven Geist nicht aus der Vernunft verstehen,
sondern müssen auf den Strukturzusammenhang der Lebenseinheiten, der
sich in den Gemeinschaften fortsetzt, zurückgehen.[11]

---

11. Wilhelm Dilthey: *Der Aufbau der geschichtlichen Welt in den Geisteswissenschaften*. Hrsg. von M. Riedel. Frankfurt a.M. 1970, 183. Wäre Geschichte rational zu begreifen, dann müßte man von Erklären sprechen und die Kluft
zwischen dem Singularen und dem Allgemeinen durch die Dialektik schließen;
an deren Stelle setzt Dilthey, wie die Lebensphilosophie überhaupt, den Le-
bensbegriff; das Leben ist der irrationale Klebstoff zwischen den Individual-
bausteinen der Geschichte: "Es war Hegels Verdienst, daß er in seiner Logik
den rastlosen Strom des Geschehens zum Ausdruck zu bringen suchte. Aber
es war sein Irrtum, daß diese Anforderung ihm nun unvereinbar erschien mit
dem Satze des Widerspruchs: unauflösliche Widersprüche entstehen erst, wenn
man die Tatsache des Flusses im Leben *erklären* will" (ebd., 192). Hier wie im
obigen Zitat (Anm. 9) zeigt sich, daß das Fortschreiten zur Dialektik des Einzelnen und Allgemeinen, das den Gegensatz zwischen Erklären und Verstehen
überwinden würde, an einem Erklärungstabu scheitert. Da Dilthey trotzdem
am Erklärungsansatz festhält, bleibt er stecken in dem von Gadamer bemerk-

Bei diesem Rückgang zerfällt die Geschichte freilich wieder in disparate Einheiten.

Die Widersprüche in Diltheys Theorie lassen sich nicht dadurch überwinden, daß man mit Gadamer Geschichte bis auf die Zeitlichkeit, Gesellschaft bis auf die Sprache entleert, um das Problem der Hermeneutik wieder auf der Ebene des Gespräches behandeln zu können.[12] Dadurch wird der Text wieder einmal um den Bezug zum realen Bezeichneten und dessen Umfeld verkürzt. Dementsprechend liegt der Theorie Gadamers auch ein Sprachverständnis zugrunde, für welches der pragmatische Aspekt der Sprache nicht existiert.[13] Ein Verbot jeglicher Reduktion wie auch der Versuch,

---

ten "Zwiespalt von Wissenschaft und Lebensphilosophie" (Hans-Georg Gadamer: *Wahrheit und Methode. Grundzüge einer philosophischen Hermeneutik*. Tübingen 1960, 218).

12. Das Gespräch steht bei Gadamer dort, wo bei Dilthey Erlebnis stand. So wie bei diesem das Erlebnis, konstituiert bei jenem Sprache allererst Welt. Mit dieser Voraussetzung ist Gadamer der Lehre vom göttlichen Wort ebenso nahe wie die geläufigen idealistischen Literaturtheorien bis hin zum Poststrukturalismus. Im Bereich der psychoanalytischen Literaturtheorien ist die von Lacan vertretene strukturalistische Richtung auf die gleiche Linie eingeschwenkt. Das sichert ihr ihre Beliebtheit.

13. Wenn Gadamer die Möglichkeit systematisch verzerrter Kommunikation nicht reflektiert, wie Habermas kritisiert (Jürgen Habermas: *Der Universalitätsanspruch der Hermeneutik*. In: *Hermeneutik und Dialektik*. 2 Bde. Hrsg. von Bubner, Cramer, Wiehl. Bd. 1. Tübingen 1970, 73-103), so liegt das daran, daß über Verzerrung von Kommunikation letztlich nur der Rekurs auf das Verhältnis von Sprache und zugrunde liegender Realität geredet werden kann. Habermas allerdings versperrt sich diesen Rekurs selbst, da er zumindest einem Teil des gesellschaftlichen Geschehens ebenfalls ein Gesprächsmodell zugrunde legt. Dieses Modell liefert aber kein Kriterium zur Beurteilung gesellschaftlicher Praxis. Habermas ist daher gezwungen, die aufklärerische Haltung als moralisches Kriterium von irgendwo herbeizuholen und sie Gadamer entgegenzuhalten. Das ist ehrenwert, aber methodisch gegenüber Gadamer nicht überzeugend, wie Habermas implizit zugeben muß: "Die Aufklärung, die ein radikales Verstehen bewirkt, ist stets politisch. Freilich bleibt auch Kritik an den Überlieferungszusammenhang, den sie reflektiert, gebunden. Gegenüber einer monologischen Selbstgewißheit, die Kritik sich bloß anmaßt, behält Gadamers hermeneutischer Einwand recht. Für die tiefenhermeneutische Deutung gibt es keine Bestätigung außer der im Dialog gelingenden, vollzogenen Selbstreflexion aller Beteiligten" (ebd., 103).

sie zu umgehen, indem man die Welt auf Sprache reduziert, werden der Eigentümlichkeit der Texte nicht gerecht. Was also zeigt uns Diltheys gescheiterter Versuch, Literaturkunde in den Rang einer Wissenschaft zu erheben? Will man den ganzen, um keine seiner Dimensionen verkürzten Text als individuelle künstlerische Einheit verstehen, und will man das tun, ohne von vorneherein die Unmöglichkeit vollständigen Erkennens vorauszusetzen, also Erkenntnis grundsätzlich sowohl zu fordern als auch zu verbieten: dann muß der Text dialektisch über seinen Produzenten auf den in sich zusammenhängenden Geschichtsprozeß bezogen werden.[14] Und wenn Hegels Teleologie heute nicht mehr überzeugen kann, weil das Wirkliche offensichtlich nicht zur Vernunft gekommen ist, dann bleibt uns nur noch eine materialistisch-dialektische Theorie, wollen wir die Geschichte in ihrem Zusammenhang begreifen.[15] Das historische Subjekt wird dann freilich nicht mehr das transzendentale, von Diltheys Historismus zu Recht aufgelöste sein, sondern die materielle menschliche Natur. Diese Geschichtstheorie wird aber, da wir auch die unbewußten Momente im dichterischen Produktionsprozeß nicht ausblenden wollen, um psychoanalytische Erkenntnisse zu erweitern sein. Die Grundzüge einer hiervon ausgehenden sozialpsychologischen Literaturerklärung seien im folgenden thesenhaft skizziert.

14. Das schließt aus, daß lediglich isolierte Textelemente mit einzelnen Fakten, etwa aus der Autorbiographie oder der politischen Geschichte, kurzgeschlossen werden. Die Forderung, sich auf den geschichtlichen Zusammenhang zu beziehen, wird faktisch sogar von der Hermeneutik Gadamers vorausgesetzt, insofern er nämlich Geschichte auf den einzigen, ihm noch faßbaren Zusammenhang reduziert, auf den formalen des Gesprächs.

15. Es scheinen heute zwei Alternativen zu einer materialistisch-dialektisch begründeten Literaturtheorie zu bestehen. Entweder setzt man voraus, ausgesprochen oder nicht, daß ein historischer Gesamtzusammenhang unerkennbar, der hermeneutische Rückbezug auf das Ganze in letzter Konsequenz nicht durchführbar sei. Oder man reduziert den historischen Zusammenhang idealistisch auf einen sprachlichen, so wie es von Gadamer bis zum Poststrukturalismus üblich ist. Eine Variante des erstgenannten Vorgehens ist die Erklärung aus Teilbereichen, etwa die Rückführung der Dichtung allein auf die Psyche des Autors oder seine primäre Sozialisation; aber auch die Rückführung allein auf seine Klasseninteressen ist eine solche Verkürzung, die sich nicht dadurch rechtfertigen läßt, daß die Klasseninteressen das letztlich treibende Moment der Geschichte sind.

Es scheint nicht überflüssig, den thesenhaften Charakter eigens zu betonen. Ein umfangreiches Programm läßt sich auf wenigen Seiten nur darlegen, wenn man im Grundsätzlichen verharrt. Die theoretischen Voraussetzungen können nicht im einzelnen erläutert werden, der Diskussionszusammenhang läßt sich nur hier und da andeuten, die differenzierende interpretatorische Anwendung der Grundsätze muß unterbleiben. Eine Ausführung des Programms in Form einer sozialpsychologischen Darstellung der Literatur um 1900 wird der Verfasser in einer hoffentlich nicht mehr allzu fernen Zukunft abgeschlossen haben.

Auszugehen ist dann vom Menschen als einem Naturwesen, das triebhaft und bedürftig auf seine Umwelt gerichtet ist und die Fähigkeit besitzt, sich über diese wie über sich selbst zu informieren und sich mit seinesgleichen zu gemeinsamer Arbeit zusammenzuschließen. Im historischen Prozeß verwandelt die Menschheit dann teilweise die materielle Realität, ohne daß diese, letztlich die Naturgesetze, ihr deswegen weniger vorgegeben wäre. Insofern die Menschen selber Materie, Natur sind, nimmt im Laufe dieses Prozesses die Möglichkeit zu, allerdings auch nur die Möglichkeit, daß die Natur durch eine sich selbst bestimmende Menschheit hindurch zur Erkenntnis ihrer selbst kommt. Die Vollendung der Geschichte als Selbstbewegung der Natur ist der Menschheit aufgegeben.[16]

Individualität läßt sich von hier aus prozeßhaft verstehen. Jedes Individuum muß in seiner Lebensgeschichte den Widerspruch austragen zwischen sich als einem gesellschaftlich organisierten Naturwesen, das sich zu sich selbst verhält, und seiner geschichtlichen, natürlichen und gesellschaftlichen Umwelt. Es ist also in einem beständigen Prozeß begriffen, in dem Konflikte entstehen, gelöst oder vorläufig und teilweise stabilisiert werden. Dadurch entwickelt es sich zur Individualität als zum Besonderen, in dem die allgemeine Geschichte, wie begrenzt und gebrochen auch immer, erscheint. Zugleich besitzt es schon Individualität, soweit es durch diesen

16. Anders als Stalinismus und westliche Marx-Kritik gemeinsam unterstellen, gibt es auch bei Marx und Engels keinen teleologischen Determinismus. Zwar liefert die ökonomische Entwicklung jeweils die "materiellen Bedingungen" (MEW 13,9) zur Lösung gesellschaftlicher Antagonismen. Ob die Bedingungen aber auch realisiert werden, ob die Antagonismen im Sinn der menschlichen Freiheit und Selbstbestimmung oder in dem der Barbarei gelöst werden, hängt von Einsicht und Handeln der Menschen ab.

29

lebensgeschichtlichen Prozeß bereits geprägt wurde.

Der Individualisierungsprozeß, in dem der einzelne sich der Geschichte einverwebt und sie weiterspinnt, besteht darin, daß er eine oder mehrere der Möglichkeiten des Verhaltens, des Selbst- und Weltverständnisses verwirklicht, die ihm zu Gebote stehen. Er ist dabei nicht völlig frei, er hat nur die Wahl unter einer zeit- und gesellschaftstypisch beschränkten Anzahl von Möglichkeiten. Welche von ihnen er ergreift, läßt sich zwar mit einer gewissen Wahrscheinlichkeit voraussagen, ist grundsätzlich aber zufällig. Doch welche er nun auch in seiner Existenz verwirklicht, es ist eine zeittypische Möglichkeit und in diesem Sinn eine historisch notwendige.[17] Keine der Möglichkeiten ist frei von den gesellschaftlichen Konflikten, frei also von den Folgen der Herrschaft. Individualität trägt deren Male; sie ist geprägt durch die emotionale Bereitschaft, Herrschaft überhaupt zu akzeptieren, sowie durch die zeit- und gesellschaftsspezifischen Formen der Herrschaft, sei sie nun erlitten oder ausgeübt.

Die Bereitschaft, Herrschaft grundsätzlich zu akzeptieren, wird durch eine Erziehung hergestellt, die bestimmte, an Sexualität, Erkenntnis und Selbstbestimmung geknüpfte Denk- und Vorstellungsinhalte tabuisiert. (Unter anderem wird die Bereitschaft, nach der Genese zu fragen, sei es auch nur die Genese der Dichtung, dadurch stark beeinträchtigt.) Dieser tabuisierende Grundzug ist allen bisherigen Erziehungspraktiken gemeinsam, von denen vereinzelter matristischer Gruppen vielleicht abgesehen.[18] Er erzeugt im Individuum eine emotionale Disposition, unterschiedliche Ideologien der Herrschaftslegitimation auch einigermaßen problemlos zu glauben.[19] In dieser Erziehungssituation werden die ödipalen Wunsch-,

17. Hier und gelegentlich auch im folgenden gehe ich zurück auf Überlegungen von Erich Köhler: *Einige Thesen zur Literatursoziologie*. In: E.K.: *Vermittlungen. Romanistische Beiträge zu einer historisch-soziologischen Literaturwissenschaft*. München 1976, 8-15. Ders.: *Der literarische Zufall, das Mögliche und die Notwendigkeit*. München 1973 (bes. Kap. 5).

18. Den Begriff des Matristischen gebrauche ich im Sinne Ernest Bornemans: *Das Patriarchat. Ursprung und Zukunft unseres Gesellschaftssystems*. Frankfurt a.M. 1976.

19. Da keine Herrschaft lange dauert, wenn die Herrschenden selbst nicht mehr von ihrer Legitimationsideologie überzeugt sind, ist die Erziehung, die zu solchen Überzeugungen den Grund legt, auch für sie selbst, nicht nur für die Beherrschten erforderlich.

Rache- und Angstvorstellungen sowohl erzeugt als auch verdrängt. Sie stellen nun den überhistorischen Grundbestand – bisher zumindest sind sie noch überhistorisch – aller unbewußten Phantasien dar.[20] Da er unbewußt ist, nur psychoanalytisch nachweisbar, gilt dieser Grundbestand als das Eigenste, das niemand sich und anderen gerne zugibt. Er ist aber das allen Gemeinsame.

Je nach konkreter Erziehungssituation wird das Grundproblem anders verarbeitet, so daß Individuen mit unterschiedlicher Charakterdisposition entstehen, mit immer wieder anderer Mischung hysterischer, narzißtischer, zwanghafter, sadomasochistischer Züge. Das Vorherrschen bestimmter, einander ähnelnder Charaktertypen ergibt sich aus der zeit-, gesellschafts- und geschlechtsspezifischen Erziehungspraxis. Welche Charakterdisposition jemand erwirbt, ist bei aller sozialstatistischen Wahrscheinlichkeit im Einzelfall gesamtgesellschaftlich zufällig, das heißt, es hängt von der jeweiligen Familiensituation ab. Der Begriff der Charakterdisposition soll andeuten, daß wir damit noch keineswegs alle Züge der Individualität beisammen haben, sondern nur einen persönlichen

20. Dazu gehören auch die heute so gerne hervorgehobenen narzißtischen Phantasien. Sie sind postödipaler Herkunft, beziehen sich aber auf präödipale Zustände. Ihre Funktion besteht darin, die schmerzhafte Auseinandersetzung mit Konflikten zu vermeiden, die im ödipalen Stadium erfahren wurden. Sie tun das, indem sie ein phantastisches Selbst schaffen, das sich so sehr vergrößert, daß es sich schließlich im All auflöst, ohne sich jemals mit Objekten wirklich auseinandersetzen zu müssen; so wird ein Raum phantastischer Konfliktfreiheit geschaffen. – Der häufige Vorwurf, daß bei psychoanalytischen Untersuchungen immer nur der Ödipuskomplex herauskomme, ein Vorwurf, der heute nur noch die orthodoxe Freudianische Analyse trifft, müßte sich an die Realität wenden. Sicherlich werden die Menschen durch das ödipale Schema einer (vermeintlichen) Einzigartigkeit beraubt. Die Psychoanalyse beschreibt und erklärt zwanghaftes Handeln und schafft damit Voraussetzungen, es zu überwinden. Sie kann aber nichts dafür, daß Menschen sich zwanghaft verhalten. Schließlich ist anzumerken, daß der Begriff des Ödipuskomplexes, ebenso wie bestimmte marxistische Begriffe, etwa die des Klassenkampfes und des Tauschwerts, nicht auf der Erscheinungsebene liegt. Er bezeichnet, was unbewußt zugrunde liegt, ist mithin kein Sammelbegriff für empirisches Material, sondern, ganz wie die genannten marxistischen Begriffe, eine Realabstraktion. In der Psychoanalyse wie in historischen Untersuchungen besteht der Erkenntnisgewinn nicht im Sprung zu den Realabstraktionen, sondern im Aufzeigen der Wege, *wie* sie zur Erscheinung kommen.

Spielraum irrationaler emotionaler Möglichkeiten.[21] Sie bestimmen die Art und Weise, wie die schließlich ergriffenen Möglichkeiten des Verhaltens, der Selbst- und Weltdeutung emotional besetzt werden; dem jeweiligen Gefühl ist dabei immer ein Stück irrationaler, häufig unbewußter Angst beigegeben. Diese vom Über-Ich erzeugte Angst führt nicht selten dazu, daß die Individuen solche Möglichkeiten verwirklichen, mit denen sie ihren eigenen Interessen schaden.

Es scheint vielleicht so, als würden hier einzelne Bausteine aus dem Theoriegebäude Freuds wie aus dem von Marx und Engels herausgenommen und willkürlich zusammengestellt. Darum seien einige Bemerkungen über das Verhältnis von Marxismus und Psychoanalyse eingeschaltet, das zumeist mit dogmatischen Verzerrungen diskutiert wird. Die Psychoanalyse erklärt erstens die bislang allen gemeinsame psychische Deformation samt den daraus hervorgehenden kollektiven Phantasien wie Mythen und Religionen und den kollektiven Grundbeständen solcher Phantasien in den Träumen und Dichtungen. Zweitens erklärt sie Persönliches: die unbewußten Motive der einzelnen, auf irrationale bzw. unökonomische Weise zu denken und zu handeln, die Ursachen derjenigen ihrer Vorstellungen und Empfindungen, die ohne Not ihre Selbständigkeit oder Glücksfähigkeit einschränken, schließlich die unbewußten Antriebe und die unbewußte Struktur ihres Phantasierens, somit auch ihres Träumens und Dichtens. Marx und Engels hingegen fragen nach den Kräften, die den allgemeinen Gang der Geschichte vorwärts treiben, weder nach dem (bislang) Überhistorischen, noch nach den Absichten und Motiven der einzelnen; diese sind, für sich betrachtet, uninteressant, da sie im Gang der Geschichte von den treibenden Kräften, den Klasseninteressen, in Dienst genommen, funktionalisiert werden.[22]

Diese Konzentration auf die treibenden Kräfte läßt einiges im Dunkeln. Zwar kann die gesellschaftliche Funktion von Religionen wie von persönlichen Charakterdispositionen sozioökonomisch erklärt werden; für die Entstehung sowohl des Grundbestands reli-

21. Zum Begriff der Charakterdisposition vgl. Wolf Wucherpfennig: *Kindheitskult und Irrationalismus in der Literatur um 1900. Friedrich Huch und seine Zeit.* München 1980, 13, 52f.

22. Vgl. Friedrich Engels: *Ludwig Feuerbach und der Ausgang der klassischen deutschen Philosophie*, Kap. 4 (MEW 21, 291ff.).

giöser Phantasien wie persönlicher Charakterdispositionen und Phantasiestrukturen ist aber allein die Psychoanalyse zuständig. Wichtiger vielleicht noch ist dies: Wenngleich die Psyche einzelner, etwa die eines Hitler, von den bestehenden sozialen Interessen in Dienst genommen wird, so daß sich aus ihr keineswegs die Tatsache historischer Konflikte erklären läßt,[23] so bestimmt sie doch den Ausschlag dieser Konflikte mit. Auch die kollektive psychische Deformation wirkt auf das Wie, nicht auf das Daß der sozialen Konflikte ein, sofern sie nämlich die Beherrschten mehr oder weniger stark hemmt, ihre Interessen durchzusetzen.

Wenn daher schon der Historiker die Psychoanalyse berücksichtigen müßte, dann um so mehr der Literaturwissenschaftler. Ihm kann eine Theorie der gesamthistorischen Entwicklung zwar helfen, die Funktion eines Werkes im Ganzen der Sozialgeschichte, nicht aber, seine künstlerische Individualität zu bestimmen. Dazu bedarf es einer Analyse, die auch den einzelnen samt seinen bewußten und unbewußten Motiven erfaßt. Dann aber kann man sich nicht damit begnügen, nach dem notwendigen Gang des Ganzen zu fragen, dann muß man die psychoanalytischen Erkenntnisse einbringen in eine Analyse der Dialektik des Einzelnen und Allgemeinen, die sowohl Zufall als auch Ursache einschließt.

Damit kehren wir zurück zum Versuch, Individualität gesamthistorisch zu bestimmen. Die Frage, welche Möglichkeiten des Verhaltens, des Selbst- und Weltverständnisses in der jeweiligen geschichtlichen Situation vorgegeben sind, muß durch empirische Untersuchungen im einzelnen beantwortet werden. Zwar gibt die Erkenntnis, daß Geschichte letztlich von Klasseninteressen bestimmt wird, einen Leitfaden zur Hand, der es erlaubt, die Materialien zu ordnen und in die gesamthistorische Entwicklung einzubeziehen. Die erwähnte Tatsache, daß die Menschen oft genug zum Schaden ihrer eigenen Interessen handeln, entwertet den Leitfaden auch nicht; in solchen Fällen siegen eben die Interessen der anderen. Erkannt aber ist die historische Situation als Ganzes erst dann, wenn deutlich wird, *wie* es vom Grundkonflikt über weitere Konflikte und Allianzen zu den möglichen Positionen kommt. Auch hier geht es, diesmal in bezug auf die gesamte historische Situation, um eine

23. Im großen und ganzen wird sich jeweils diejenige Erziehungspraxis durchsetzen, die eine Charakterdisposition erzeugt, welche sich am konfliktlosesten in die sozialhistorische Situation einpaßt.

Reduktion auf das Wesentliche, die um so richtiger ist, je weniger Momente sie aus dem Gesamtzusammenhang ausklammert.

Das setzt voraus, daß man die relative Eigendynamik einzelner Traditionsstränge beachtet. Eine sozialpsychologische Literaturerklärung wird dabei vor allem die Geschichte der Erziehung, der Bildung, der Religion und Philosophie, der Wissenschaften und Künste, innerhalb letzterer wieder die Geschichte der Gattungen, Stile, Motive usw. beachten müssen. Sie stellen sozusagen ineinander oder nebeneinander liegende Röhren dar. Ein synchroner Schnitt zeigt, daß das Material in jedem dabei entstandenen Kreis vom Grundkonflikt der Epoche strukturiert wird; es ist aber zugleich von seiner immanenten Tradition bestimmt. Die Kreise sind nicht identisch, weisen aber Analogien auf. Ein solches dreidimensionales Schema wird der vielberufenen "Gleichzeitigkeit des Ungleichzeitigen" gerecht.

Strukturelle Analogien zwischen den synchronen Schnittflächen müssen dadurch erklärbar sein, daß wir es immer mit Tätigkeiten und Produkten zu tun haben, mit denen die Individuen ihre Erfahrungen ausdrücken und ihre Interessen verfolgen. In diesen Tätigkeiten und Produkten schlagen sich dementsprechend immer Konflikte und Kenntnisstand der jeweiligen historischen Situation nieder. Nur die begleitende Frage nach der gesellschaftlichen Praxis kann verhindern, daß die Analogiensuche in willkürliche, quasitheologische Spekulationen umschlägt, die alles mit allem verbinden, etwa das Vokaldreieck mit verschiedenen Weisen der Nahrungszubereitung, wie Lévi-Strauss es tat.

Auf der anderen Seite führen widersprüchliche Interessen innerhalb von Klassen und Gruppen auch zu widersprüchlichem Verhalten in den einzelnen Bereichen und dementsprechend zu widersprüchlichen Befunden bei einem synchronen Schnitt durch verschiedene Stränge; neben der Ursachenerklärung in den Naturwissenschaften kann z.B. deren Verbot in anderen Wissenschaften stehen, zumindest in deren Theorie. Das entspricht einem Interesse, das technischen Fortschritt will, auch um den Preis der Grundlagenforschung, im Bereich der Gesellschaft und der Psyche dagegen strebt, Techniken der Manipulation und Dressur zu beherrschen, Ursachenerkenntnis aber zu vermeiden.

Innerhalb der hier skizzierten Geschichtsauffassung stellt sich Individualität nicht als unsagbarer Wesenskern dar, sondern als widersprüchliche Einheit eines lebensgeschichtlichen Prozesses, in welchem der einzelne, frei innerhalb eines sich verändernden begrenzten Spielraums, bedingt durch das, was er schon geworden, seine Möglichkeiten unbewußt erwirbt und bewußt ergreift und sich somit handelnd, fühlend, erkennend verwirklicht. (Die Entstehung des sogenannten bürgerlichen Individuums verdankte sich dann einer sozioökonomisch zu erklärenden Erweiterung des Möglichkeitsspielraums von völlig ungewohntem Umfang, eine Erweiterung, die zumindest in Deutschland zwar von nur relativ wenigen wirklich realisiert, von anderen dann aber mitphantasiert werden konnte. Die allgemeine Formulierung des Individualitätsprozesses müßte aber auch für frühere Epochen gelten.) Seit Freud lassen sich die unbewußt-irrationalen Momente dieses Prozesses grundsätzlich vermeiden bzw. wieder auflösen. Zumindest die verinnerlichte Herrschaft, die den realen Zwängen noch zuvor kommt, wäre seitdem vermeidbar, ein Stück Freiheit und Selbstbestimmung ließe sich gewinnen. Die Angst, erkennbar zu werden, steht dem entgegen.[24]

24. Die Angst, sich vielleicht nicht mehr als unerkennbare Einzigartigkeit verstehen zu können, ist verbunden mit der anderen, sich im Prozeß der Selbsterkenntnis eigenen aggressiven Tendenzen stellen zu müssen. (Die aggressiven Tendenzen sind im allgemeinen viel peinlicher als die sexuellen Wünsche.) Beide Ängste bestimmen die gegenwärtige Mode des Poststrukturalismus, auch wenn dieser so gerne gegen den traditionellen, positiven Begriff der Individualität polemisiert, also gerade nicht auf dem *Individuum ineffabile* zu bestehen scheint. Im sprachlichen Code, auf den er die Wirklichkeit reduziert, ist kein Platz für Individualität, ihm gegenüber erscheint sie notwendig als das ganz Andere und Unsagbare. Die Freude Foucaults und seiner Jünger am Funktionieren der Strukturen und Systeme kann nicht die tiefe Sehnsucht nach dem ganz Anderen, nach den Bruchstellen verdecken. Im chimärischen Reich des Murmelns und Schweigens suchen sie die "Anarchie des Individuums" zu bewahren (Manfred Frank: *Das Sagbare und das Unsagbare* [Anm. 7], 10). Es ist von paradoxer Folgerichtigkeit, wenn der poststrukturalistische Narzißmus dem Individuum schließlich auch noch die Selbstreflexion auszutreiben sucht (vgl. Friedrich Adolf Kittler: Einleitung zu *Austreibung des Geistes aus den Geisteswissenschaften. Programme des Poststrukturalismus* (UTB 1054). Paderborn, München, Wien, Zürich 1980, 7-14). So kann man sich als Unsagbaren bewahren in der Lust narzißtischer Selbstauflösung; ihr Versprechen klingt herüber aus dem anderen Bereich, in den sich das Individuum als sprachlicher Taschenspieler flüchtet, um sich dort frei dem Funktionieren der Maschinen und Computer anzugleichen, denn das ganz Andere ist nur die chimärische Form dessen, was sowieso geschieht.

Verstehen wir Dichtung mit Schleiermacher als Ausdruck der Autorindividualität, so müssen wir sie eben damit als Ausdruck eines komplexen und konflikthaften geschichtlichen Prozesses verstehen, als Objektivation der Geschichte, aber in einem umfassenderen und faßbareren Sinn als bei Dilthey. Sie ist allgemein und individuell, insofern sie ausdrückt, wie der Autor sich im Möglichkeitsspielraum verwirklicht, den die bisherige Geschichte ihm bietet. Er tut das nicht zuletzt dadurch, daß er Texte verfaßt, mit denen er auf seine Erfahrungen antwortet und bestätigend, verändernd in die Geschichte eingreift. Sinnvoller, als den mißverständlichen Begriff des Abbilds retten zu wollen, scheint es daher, Dichtung als die besondere Antwort auf die allgemeine Geschichte zu bestimmen.

Die Antwort ist mitbedingt von ihrem Medium, etwa von Stil- und Gattungstraditionen. Es wäre zu fragen, wie weit sich die Unterschiede zwischen Gattungen oder Gattungsstilen (im Gegensatz zu Epochenstilen) wieder aus den unterschiedlichen möglichen Haltungen verstehen ließen, die gegenüber der Geschichte eingenommen werden können. Welche Möglichkeiten etwa gesteht einer der vorgegebenen historischen Situation noch zu? Texte aufgeklärter Tradition z.B. suchen im Schlechten, das sich verwirklicht hat, die aufgehäufte Summe des realisierbaren Möglichen zu zeigen, das zu befreien wäre, um zur Entfaltung aller menschlichen Möglichkeiten zu gelangen. Oder für die Richtung des Absurden: "Das Werk Kafkas, wie dasjenige Becketts, zeigt die Welt so, wie sie aussehen würde, erfüllte sich die immerhin vorhandene Möglichkeit, daß sie so weitergeht, wie sie ist, und ihre anderen Möglichkeiten nicht entbindet."[25] Zu welcher Zeit ein bestimmter Stil vorherrscht, ja überhaupt erst entstehen kann, das wäre dann wieder ein Problem konkreter historischer Untersuchung.

Weiterhin beruft die dichterische Antwort Utopisches. Dichtung weist über die historische Situation hinaus, sofern sie, wie die Psychoanalyse es uns gelehrt hat, das Reich ist, in dem die unerfüllten Wünsche aufgehoben werden. Dieses Reich ist nicht ganz leicht zugänglich, denn das Verdrängte wird hier nur in individueller Ausgestaltung und in verfremdeter, dadurch gesellschaftlich eher legiti-

---

25. Erich Köhler: *Der literarische Zufall, das Mögliche und die Notwendigkeit* (Anm. 17), 118. Auf den folgenden Seiten finden sich Beispiele für eine entsprechende Bestimmung der Gattungen.

mierter Form dargestellt. Indem sie so die unerfüllten Wünsche bewahrt, hält Dichtung zugleich am allgemeinen Leiden daran fest, daß die geschichtlichen Möglichkeiten des Menschseins noch nicht verwirklicht sind. Denn auch die jeweils Herrschenden, mögen ihre Genuß- und Erkenntnismöglichkeiten die der Beherrschten noch so sehr übersteigen, sind durch das Herrschaftsverhältnis selbst deformiert, sind weniger Mensch, als sie auf ihrer historischen Stufe sein könnten. Dichtung hält demgegenüber den Weg zum Möglichen offen, das realisierbar, aber nicht realisiert wurde. Sie tut das nicht in abstrakter Phrase, sondern in einem Bezug zur historischen Situation, der konkret ist, weil er durch die Lebenserfahrung der Autoren hindurchläuft.

Es läßt sich nun mit aller Vorsicht auch etwas über den Reiz sagen, den Texte vergangener Epochen noch immer auf uns ausüben. Er besteht sicher nicht nur in einer polyphonen Harmonie, angesichts derer jeder Inhalt gleichgültig wäre. Ganz allgemein können wir ihn darin suchen, daß die alten Texte Unbewußtes, verbotene Wünsche und uneingestandenes Leiden, auch noch in uns ansprechen. Für die ästhetische Wirkung kommt es im einzelnen darauf an, mit welcher Folgerichtigkeit das realisierbare Mögliche im historisch Wirklichen erfaßt, wie dicht beide miteinander und mit den unbewußten Grundphantasien verbunden werden. Daran ermißt sich, wie weit Dichtung zum Typischen vorstößt und eine eigene fiktionale Totalität schafft. Die Folgerichtigkeit zeigt sich gerade auch im Festhalten an den Widersprüchen zwischen dem Wirklichen und den ihm eigenen Möglichkeiten. Der ästhetische Reiz besteht sicher nicht zuletzt im Gegensatz zwischen dieser inneren Widersprüchlichkeit und formaler Geschlossenheit. Es ist jedenfalls nicht die formale Harmonie, es sind Fülle und innere Widersprüchlichkeit, die trivialer Literatur mangeln. Schlechter Literatur fehlt es an Dichte, ihr fehlt die unmittelbare Einheit ihrer Bedeutungsdimensionen.

Als Antwort auf die historische Veränderung müssen die dichterischen Werke immer wieder Neues einer fiktionalen Totalität integrieren und haben daher auch innovatorische, traditionsverwandelnde Züge. Diese Integration ist eine schöpferische Leistung des Autors. Der auf C.G. Jung zurückgehende Vorwurf, die Psychoanalyse könne zum schöpferischen Prozeß nichts sagen, ist unberechtigt; wenn überhaupt, läßt er sich nur mit Hilfe der Psychoanalyse

erhellen, es sei denn, man führt ihn mit Jung auf das Wirken über-
persönlicher Mächte zurück, deren Mundstück der Dichter ist. Sicherlich ist die Erforschung der Kunstarbeit noch nicht weit gedie-
hen, aber es gibt doch schon bedenkenswerte Ansätze.[26]

Es ist klar, daß einer sozialpsychologischen Literaturerklärung,
wie das eben skizzierte Dichtungsverständnis sie fordert, nur ein
"synthetisches Interpretieren" (Hermand) gerecht werden kann,
und zwar eines, welches das Verhältnis der einzelnen Methoden
zueinander reflektiert. Der historischen Dialektik des Einzelnen
und des Allgemeinen wird dabei eine Dialektik von textimmanen-
ter Interpretation und allgemeiner Geschichtsschreibung entsprechen. Die allgemeine Geschichtsschreibung, die Texte nur als Dokumente behandelt, spricht ihnen ihre Individualität ab; die textim-
manente Interpretation erkennt nur diese letztere an. Zugleich setzt
aber die Interpretation den Verweis des Textes auf die Geschichte
voraus, ohne den er keine Bedeutung hätte, über die sie reden
könnte, während die allgemeine Geschichtsschreibung letztlich
sich darin bewähren muß, daß sie die einzelnen Texte besser zu
verstehen hilft. Dieser Dialektik entspricht am besten ein doppel-
ter methodischer Ansatz.

Einerseits ist von einer synchronen und diachronen Untersuchung der historischen Situation auszugehen, welche die "Gleichzeitigkeit des Ungleichzeitigen" berücksichtigt. Sie muß insbesondere feststellen, wie die gesellschaftlichen Konflikte von der litera-
risch-künstlerischen Intelligenz erfahren und verarbeitet wurden,
um schließlich die weltanschaulich-künstlerischen Positionen, die
dieser zu Gebote standen, zu bestimmen und nach dem Verhältnis
zum gesamten Geschichtsprozeß ideologiekritisch zu bewerten.[27]
Dabei ist auch zu klären, aufgrund welcher sozialer Interessen und

---

26. Vgl. Carl Pietzcker: *Zur Psychoanalyse der literarischen Form*. In: *Perspektiven psychoanalytischer Literaturkritik*. Hrsg. von S. Goeppert. Freiburg
i.B. 1978, 124-157. Peter von Matt: *Die Opus-Phantasie. Das phantasierte
Werk als Metaphantasie im kreativen Prozeß*. In: *Psyche* 33 (1979), 193-212.
27. Es ist auch für die ästhetische Wertung wichtig zu wissen, ob ein Text
in den gesamthistorischen Prozeß hineinführt und sich seinen Widersprüchen
stellt, sei es auch in der Verweigerung, oder ob er zum Unwesentlichen führt,
so daß die herrschenden Widersprüche gegen die innere Tendenz des Textes einfach durchschlagen, wie es in der Trivialliteratur der Fall ist. Daher ist die Ideo-
logiekritik auch für die ästhetische Wertung eine notwendige Voraussetzung.

Erfahrungen einzelne Gruppen unterschiedliche Ausschnitte aus dem gegebenen Positionsspektrum verwirklichten. Von hier aus geht es nun aber nicht geradewegs weiter zur Erklärung des Einzelnen. Wohl lassen sich noch die Unterschiede zwischen Gruppen, etwa zwischen dem Jungen Wien und den Berliner Naturalisten, literatursoziologisch erklären, aber nicht mehr die zwischen, sagen wir, Hofmannsthal und Schnitzler.

An dieser Stelle wird der methodische Sprung zum Einzelnen erforderlich. Jetzt ist auszugehen vom einzelnen Text, der mit den Mitteln des Handwerks auf seine Struktur reduziert wird. Der so bearbeitete Text ist dann als Ausdruck der sozialen Erfahrungen, der weltanschaulich-künstlerischen Auffassungen und der unbewußten Phantasiestruktur des Autors zu erklären. Die Phantasiestruktur ist psychoanalytisch mit Hilfe weiterer biographischer Zeugnisse rekonstruierbar und auf die Charakterdisposition des Autors, diese wieder auf seine primäre Sozialisation zurückführbar, deren spezifische Momente die allerdings sehr langsamen und oberflächlichen Veränderungen der Erziehungsgeschichte repräsentieren. Keiner besonderen Wissenschaft, jedoch philologischer Sorgfalt und historischer Kenntnisse bedarf es, um die Auffassungen, Kenntnisse und Erfahrungen des Autors zusammenzustellen und ihren Ort in der Literatur-, Bildungs- und Sozialgeschichte zu bestimmen. Auf diese Weise gelangen wir von der Struktur eines Textes über seine Genese zu einzelnen historischen Strängen. Inwiefern der Text das Ganze enthält, wird dann aber erst erkennbar, wenn wir wieder von der anderen Seite, vom Ganzen der historischen Situation herkommen.

In dieser Wechselbewegung erhellt sich die Individualität des Autors als die widersprüchliche Einheit des Prozesses, in dem er seine begrenzten Möglichkeiten in seine Wirklichkeit verwandelt. Auch die Kunstarbeit gehört zu dieser verwandelnden Tätigkeit, verdankt sich erworbener Charakterdisposition und ihr entsprechender Phantasiestruktur, erlernter Kenntnisse und Techniken, wird mitbestimmt von den Traditionen literarischer Techniken und Medien und von der Publikumserwartung. Auch sie muß sozialpsychologisch erklärt werden, wenn deutlich werden soll, *wie* sie den Prozeß der Individualität ausdrückt, wie sie dessen Elemente auswählt und aufeinander bezieht, wie sie die Einheit eines lebensgeschichtlichen Prozesses durchsichtig macht für den gesamthistorischen Prozeß, wie sie Mögliches und Verwirklichtes miteinander verbindet. Je deutlicher das ist, desto fundierter läßt sich schließlich auch ästhetisch werten.

Die hier vorgeschlagene sozialpsychologische Literaturerklärung wird, der zugrunde gelegten Geschichtsauffassung entsprechend, sich bewußt bleiben, daß sie immer nur vorläufig am Ende der Geschichte steht. Ihre Erkenntnis des geschichtlichen Ganges, aus dem heraus sie das Werk erklärt, als notwendiger Gang zur Gegenwart hin, bleibt daher ebenfalls vorläufig. Das heißt nicht, Texterklärung sei unvermeidbar subjektiv und willkürlich oder von einem Erwartungshorizont abhängig, dessen Veränderung grundsätzlich unverständlich bleibt. Wohl aber ist sie überholbar, integrierbar in ein späteres, weiteres, vertiefteres, zusammenhängenderes und detaillierteres Geschichtsbild. Beschränkter als notwendig wird sie freilich in dem Maß, in dem sie sich dem Zwang zu ideologischer Verzerrung oder zu einem Erkenntnistabu unterwirft. Die Gewalt dieses Zwanges sollte man nicht unterschätzen.

ERDICHTETE TRÄUME
Zu ihrer Produktion, Interpretation und Rezeption

von

Walter Schönau

I

> Träume und Dichtergebilde sind
> nah miteinander verschwistert.
> Friedrich Hebbel

Zwei Fragen verschiedener Art drängen sich immer auf, wenn man über den Traum nachdenkt: welche Funktion(en) und welchen Sinn mag er haben? Umstritten sind bis heute fast alle Antworten geblieben, ja sogar die Berechtigung dieser Fragen wird geleugnet: hat der Traum überhaupt eine Funktion und bedeutet er überhaupt etwas? Die Erforschung der Funktion(en) ist Aufgabe der Biologie, der Physiologie und der Medizin; sie stellt seit 1953 eine eigene, empirisch verfahrende Disziplin dar, die der experimentellen Schlafforschung (N. Kleitman, W. Dement u.a.).[1] Sie hat uns viele neue Einsichten über den Phasen-Verlauf des Schlafprozesses, über Frequenz und Ursachen der REM-Phasen, in denen besonders viel geträumt wird, gebracht, – aber sie hat die Frage nach den Funktionen des Traums noch nicht endgültig beantworten können.

Über den Sinn der Trauminhalte hat sie zwar auch Hypothesen aufgestellt, ohne aber bisher zu allgemein befriedigenden Ergebnissen gekommen zu sein. Dieser Bereich ist das bevorzugte For-

---

1. Vgl. für einen Forschungsbericht über diese Materie die Artikelserie von Dieter E. Zimmer: *Schlaf, der sanfte Tyrann.* In: *Zeit-Magazin* Nr. 13, 25.3. 1983, 24-36; Nr. 14, 1.4.1983, 36-53; Nr. 15, 8.4.1983, 40-48; Nr. 16, 15.4. 1983, 54-69. Der 4. und letzte Aufsatz *Träume: das absurde Nachttheater* beschäftigt sich kritisch mit Freuds Traumlehre.

schungsgebiet der tiefenpsychologischen Schulen, die auf hermeneutischem Wege, meist im Rahmen der therapeutischen Kommunikation, den verborgenen Bedeutungen des Traums nachspüren.

Die Rätselhaftigkeit des Naturphänomens Traum hat das Kulturphänomen Traumdeutung geschaffen, deren Geschichte in archaische Zeiten zurückreicht, aber erst mit Freud in ihr wissenschaftliches Stadium eingetreten ist. An irgendeinen Sinn des Traums haben wohl alle Kulturen in allen Epochen der Geschichte geglaubt. Sein manchmal absurder Charakter führte allerdings auch zu einer seit Homers Zeiten recht allgemeinen Zweiteilung in sinnvolle und bedeutungslose Träume. Erst die positivistische Wissenschaft in der 2. Hälfte des 19. Jahrhunderts hat diesen Sinn bezweifelt, eine Position, die dann von Sigmund Freud, obwohl dieser selber durch die positivistische Schule gegangen war, in brillanter Argumentation widerlegt wurde. Das geschah bekanntlich in seiner *Traumdeutung* (1900), dem ersten großen Werk der Psychoanalyse.

Auch *der erdichtete Traum*, der artifizielle Traum in einem fiktionalen Kontext, hat eine lange Geschichte. Bereits im Gilgamesch-Epos, in den griechischen Tragödien, in Homers Epen, in der Bibel, in Mythen, Märchen, Sagen und Legenden treten viele Träume auf, von denen einige uns jetzt authentisch traumhaft anmuten, viele andere aber sich offenbar bloß der äußeren literarischen Darbietungsform 'Traum' zu bedienen scheinen und stark von unseren eigenen Traumerfahrungen abweichen.

Als Kunstfehler sind solche unauthentischen Träume, oft allegorischer oder metaphorischer Art, nur dann zu verurteilen, wenn sie in Werken mit psychologisch-realistischem Anspruch vorkommen. Beispiele für Werke, die keine realitätsgerechte Wiedergabe des Traumerlebens anstreben, sondern die künstlerischen Möglichkeiten der Darbietungsform (größere dichterische Freiheit, Aufhebung gewisser Wahrscheinlichkeitsgesetze u.a.) für andere Intentionen benutzen, sind etwa Grillparzers Schauspiel *Der Traum ein Leben* oder Strindbergs *Traumspiel*. Das heißt nicht, daß solche Werke charakteristische Traummerkmale ganz entbehren, sogar nicht, daß sie sich einer analytischen Entschlüsselung verschließen, wie Heinz Politzer für *Der Traum ein Leben* nachwies.[2]

---

2. Heinz Politzer: *Franz Grillparzer oder Das abgründige Biedermeier* Wien 1972, 230-251: *Verdrängter Vormärz: Der Traum ein Leben*.

43

Heinar Kipphardt vermutete als Grund dafür, daß die meisten Träume der Weltliteratur sich nur einiger Eigentümlichkeiten des realen Traums bedienen,

> daß dem tatsächlichen Traum wenig Bedeutung beigemessen wird, man traut ihm die Gestaltungsprinzipien von Literatur nicht zu und glaubt, daß wegen der enormen Subjektivität des Traumes und der Unreinheit seiner Mittel wenig über die Welt zu erfahren sei. Das ist nach meiner Wahrnehmung ein Irrtum, denn auch der ganz subjektive Traum vollzieht sich in einem sozialen Umfeld mit sozialen Haltungen in einer jeweils spezifischen Welt.[3]

Und er sprach wohl stellvertretend für viele Autoren der Moderne, als er bekannte:

> Was mich angeht, so ließen mich die meisten der literarisch erfundenen Träume gleichgültig, sie kamen mir geschönt und veredelt vor, es fehlte mir die Authentizität, die jedes literarische Produkt braucht. Erst die neuere Literatur (u.a. Joyce, Kafka, Robert Walser, die Surrealisten) hat entdeckt, daß große ästhetische Bereicherungen aus der tatsächlichen Traumarbeit zu beziehen sind.[4]

Die zur Beurteilung ihres authentischen (d.h. glaubhaft mimetischen) Charakters entscheidende Frage, ob Menschen früher nicht nur *von anderem*, sondern auch *anders* träumten, ist umstritten und sehr schwer zu beantworten. In seiner kürzlich in deutscher Übersetzung erschienenen ethnopsychoanalytischen Studie *Träume in der griechischen Tragödie* vertritt Georges Devereux die These, daß die meisten Träume in den Trauerspielen von Aischylos, Sophokles und Euripides authentisch traumhaft, das heißt bei ihm: psychologisch "korrekt" und psychoanalytisch deutbar seien, während u.a. einige Träume bei Homer "inkorrekt", das heißt bei ihm: als echter Traum unglaubwürdig seien.[5]

Läßt sich die Frage der historischen Bedingtheit des quasi-authentischen Traums, die Frage also, ob nicht nur das Traummaterial, sondern auch die Art der Traumarbeit (im Sinne Freuds) sich im Lauf der Zeit geändert hat, schwer beantworten, einfacher steht es um die Frage der Wandelbarkeit der soziokulturellen Einschätzung des Traums. Die Antike, die im Traum eine orakelähnliche

3. Heinar Kipphardt: *Traumprotokolle*. München 1981, 8.
4. Ebd.
5. Georges Devereux: *Dreams in Greek Tragedy. An ethno-psychoanalytical study*. Oxford 1976. Deutsche Übers. von K. Staudt: *Träume in der griechischen Tragödie*. Frankfurt a.M. 1982.

Götterbotschaft sah, kannte eine völlig andere Einstellung dem Traum und seiner Deutung gegenüber als etwa unser Jahrhundert, das den Traum doch in erster Linie als Ausdruck des Unbewußten des Träumers betrachtet.

Die Romantiker haben die existentielle Bedeutung des Traums wiederentdeckt und haben ihn in ihrer Kunst als Motiv und Inspirationsquelle sehr hoch geschätzt. Sie waren aber mehr an seiner tiefsinnigen Symbolsprache als an der wirklichkeitsgetreuen Nachahmung des Traumlebens im Alltag interessiert. In der Sprache Freuds formuliert: es ging ihnen mehr um die Gestaltung des latenten Traumgedankens als um die Darstellung des manifesten Trauminhalts.

Beschränken wir uns auf die Traumdarstellung in der Literatur unseres Zeitalters, so können wir mit Elisabeth Frenzel feststellen, daß der Traum in der Dichtung heute meistens der "Erhellung der Seelenlage des Träumers" dient, daß er meist "charakterenthüllend" sein soll, während er in früheren Zeiten überwiegend prophetischen Charakter hatte und damit auch "charakterbeeinflussend" war.[6]

In erzählerischer Hinsicht ergeben sich für die Darstellung des Traums grundsätzlich zwei verschiedene Möglichkeiten. Er kann als *Traumbericht* dargeboten werden, welcher dann entweder vom Erzähler oder von einer Figur erstattet wird, oder als *Traumerlebnis*, an dem (in der personalen Erzählsituation) mittels der Innensicht dann der Leser unmittelbar teilnehmen kann. Beide Darbietungsformen können eine explizite Thematisierung des Traums oder seiner Deutung in Gang setzen, wie das etwa in Schnitzlers *Traumnovelle* der Fall ist. Der Text kann sich aber auch auf die bloße Mitteilung des Traums beschränken und die Frage seiner (Be-)Deutung ganz dem Leser überlassen.

Lange Zeit war, literarhistorisch betrachtet, der prophetische Traum der beliebteste Typus in der Dichtung. Zu diesem Ergebnis kommt auch Elisabeth Frenzel in ihrer motivgeschichtlichen Darstellung des Themas.[7] Er hatte, in seiner Funktion einer zukunftsungewissen Vorausdeutung (im Sinne Eberhard Lämmerts)[8], eine

6. Elisabeth Frenzel: *Motive der Weltliteratur*. Lemma: *Weissagung, Vision, vorausdeutender Traum*. Stuttgart 1976, 765-793, bes. 768.
7. Ebd.
8. Eberhard Lämmert: *Bauformen des Erzählens*. Stuttgart 1955, 175-189.

spezifisch ästhetische Aufgabe im Aufbau des Werkes. Als typisches Beispiel wäre Kriemhilds Traum am Anfang des *Nibelungenlieds* zu betrachten. Kriemhild träumt, daß zwei Adler einen von ihr abgerichteten Falken zerreißen. Ihre Mutter Ute deutet den Traum so, daß einem von ihrer Tochter geliebten Mann ein früher Tod drohe – also als eine Prophezeiung. Durch seine Stelle am Anfang des Epos erweist sich dieser Traum später als eine Vorausdeutung auf Siegfrieds Ermordung durch Hagen und Gunther. Er hat also eine eminent narrative und nur sehr bedingt eine tiefenpsychologische Funktion.[9]

Mit der fortschreitenden Verwissenschaftlichung scheint dieser Typus oder jedenfalls seine "naive" Verwendung aus der modernen Dichtung verschwunden zu sein. Diese strebt statt dessen häufig nach einer mimetisch getreuen Wiedergabe der authentischen Traumerfahrung mit ihren eigentümlichen Sprüngen in Raum und Zeit, ihren logischen Widersprüchen, mit ihren typischen Motiven des Fliegens und Fallens, des Schwebens und des Gelähmtseins, des Kriechens durch schmale Öffnungen, mit ihren Ekstasen und Höllenängsten.

In psychologischen Romanen, die als Biographie angelegt sind, ist die erzählerische Funktion des Traums als Spannungsmedium, als Mittel zur Lenkung der Erwartungen des Lesers und als eine Möglichkeit zum Spiel mit dessen Mehrwissen meistens zugunsten seiner Eignung als Aussage über unbewußte Motivationen und Konflikte des Träumers zurückgetreten.

Neuere Entwicklungen, sowohl auf dem Gebiete der Literaturpsychologie und der literarischen Rezeptionstheorie, wie im Bereich der wissenschaftstheoretischen Fundierung der Traumdeutung, ermöglichen heute eine Präzisierung einiger Fragen, die das Studium des artifiziellen Traums aufwirft, sowie eine thesenhafte Neuformulierung der Antworten, welche die psychoanalytisch orientierte Literaturtheorie vorschlagen kann.

Wenn ich mich im folgenden mit diesen Fragen auseinanderzusetzen versuche, so beschränke ich mich dabei auf die authentisch anmutenden, analytisch zugänglichen Träume in dichterischen Werken psychologisch-realistischer Art, Träume also vom Typus derjenigen, die Freud 1907 in seiner Analyse einer Novelle von

---

9. Im Prinzip brauchen sich beide Funktionen nicht auszuschließen.

Wilhelm Jensen, *Gradiva*, deutete.[10] Auch muß ich auf einen Vergleich mit der Traumdarstellung in anderen Künsten, den dramatischen (Theater, Film) oder den bildenden Künsten (Malerei, Grafik) verzichten, obwohl er aufschlußreiche Übereinstimmungen und Unterschiede erbringen würde.[11]

II

In den Dichtern träumt die Menschheit.

Friedrich Hebbel

Als Freud die Träume Norbert Hanolds, der Hauptperson in Wilhelm Jensens Novelle *Gradiva* (1903), einer Analyse unterzog, stellte er nicht ohne Erstaunen fest,

> daß erdichtete Träume dieselben Deutungen zulassen wie reale, daß also in der Produktion des Dichters die uns aus der Traumarbeit bekannten Mechanismen des Unbewußten wirksam sind. (G.W. XIV, 91)

Georges Devereux wies darauf hin, daß es bereits Cicero aufgefallen war, daß literarische Träume einen realistischen Eindruck machen können: "Haec, etiam si ficta sunt a poeta, non absunt tamen a consuetudine somniorum".[12] Das Ergebnis von Freuds Interpretation, daß die von Jensen erdichteten Träume

> vollkommen korrekt gebildet waren und sich deuten ließen, als wären sie nicht erfunden, sondern von realen Personen geträumt worden (G.W. II/III, 101),

zwang ihn also zu schaffenspsychologischen Hypothesen über die *Produktion* solcher Träume authentischer Art. Wenden wir uns zunächst dieser Frage zu. Wie soll man sich den Entstehungsprozeß eines psychologisch glaubwürdigen artifiziellen Traums vorstellen?

10. *Der Wahn und die Träume in W. Jensens "Gradiva"*. In: G.W. VII, 31-125. Mit dem Novellen-Text und einem Kommentar ist der Aufsatz auch leicht zugänglich in der Taschenbuchausgabe hrsg. von Bernd Urban und Johannes Cremerius. Frankfurt a.M. 1973 (Fischer Taschenbuch 6172).
11. Zum Traum in der dramatischen Kunst vgl. u.a. E. Sartorius: *Der Traum und das Drama*. Diss. Bonn 1963 und R. Stern: *Der Traum im modernen Drama*. Diss. Wien 1955. Zum Traum in der bildenden Kunst vgl. Ingrid Schuster-Schirmer: *Traumbilder von 1770-1900. Von der Traumallegorie zur traumhaften Darstellung*. Diss. Bonn 1975.
12. Cic. *de divin*. 1.42. Nach G. Devereux (Anm. 5), xvii.

Wie schafft der Dichter es, seiner literarischen Erfindung, dem Artefakt, diesem intentionalen Gebilde in einem ästhetischen Kontext, das ganz auf Kommunikation angelegt ist, das Aussehen einer spontanen Lebensäußerung, einer Naturerscheinung, zu geben, die in Wirklichkeit keineswegs kommunikativ ist, sondern häufig verworren, rätselhaft, ja absurd erscheint? "Der Traum will niemandem etwas sagen, er ist kein Vehikel der Mitteilung, er ist im Gegenteil darauf angelegt, unverstanden zu bleiben," betonte Freud in den *Vorlesungen zur Einführung in die Psychoanalyse* (G.W. XI, 238). Für den artifiziellen Traum, auch wenn dieser sich authentisch, d.h. nicht in durchsichtiger Metaphorik oder in konventionell-literarischer Symbolsprache präsentiert, kann dies nur scheinbar zutreffen. Er muß zwar "dunkel" sein, um authentisch zu wirken, aber im Prinzip verständlich sein, um als Strukturelement eines literarischen Textes überhaupt eine Wirkung ausüben zu können.

Ein ähnliches schriftstellerisches Problem ist die Konzeption eines authentisch anmutenden *stream of consciousness*, ein Problem, wie Schnitzler es in *Leutnant Gustl* oder in *Fräulein Else* so mustergültig gelöst hat. Hier soll der Eindruck eines spontan-chaotischen, wenig zensurierten Bewußtseinsstroms entstehen, dessen "Konstruktion" vom Autor freilich ein Höchstmaß an Übersicht und kompositorischer Technik erfordert, so daß der Leser in diesem Quasi-Chaos von Assoziationen doch die latente Struktur, die psychologische Konsistenz, die höhere Ordnung entdecken kann.

Wie löst der Autor dieses Problem? Die Annahme, daß er die Authentizität der Traumerfahrung, die *consuetudo somniorum*, durch ein Studium traumtheoretischer Literatur und eine bewußte Anwendung ihrer Ergebnisse in der künstlerischen Arbeit erreiche, ist psychologisch naiv und sicher zu verwerfen. Es mag zutreffen, daß moderne Schriftsteller ihre Träume mit einem höheren Grad von Bewußtheit und mehr im Bewußtsein ihrer vielfältigen Aussagemöglichkeiten gestalten als Dichter früherer Zeiten, an eine bewußte "Fabrikation" ist nicht zu denken. "*Spricht* die Seele, so spricht, Ach! schon die *Seele* nicht mehr." (Schiller)[13] Jensens Antwort auf Freuds Erkundigungen nach dem Schaffensprozeß der *Gradiva* steht hier wohl stellvertretend für die Antwort der meisten Autoren. Jensen schlug vor, seine "korrekte" Schilderung der komplizierten psychischen Vorgänge, die das Thema der No-

13. Distichon *Sprache* in den *Votivtafeln*.

48

velle bilden, "dichterischer Intuition zuzumessen" und er betonte den spontanen Verlauf der Entstehung: "Ich geriet nie dabei ins Stocken, fand immer alles, wiederum anscheinend ohne Nachdenken – fertig vor."[14]

Die Lösung ist vielmehr in den unbewußten Anteilen des Schaffensprozesses zu suchen. "Wir neigen wahrscheinlich in viel zu hohem Maße zur Überschätzung des bewußten Charakters auch der intellektuellen und künstlerischen Produktion", warnte Freud schon in der *Traumdeutung* (G.W. II/III, 618).[15] Erklärungsbedürftig ist vor allem die Tatsache der "korrekten" Gestaltung der Träume, ihre Übereinstimmung mit den in der klinischen Erfahrung entdeckten und sich dort immer wieder bestätigenden Gesetzen der Traumarbeit, der Verschiebung und Verdichtung, der Dramatisierung und Symbolisierung, Gesetze, welche dem Dichter in den meisten Fällen nicht bekannt waren oder sind.

Wenn (analytische) Wissenschaftler und Dichter hier mit denselben Gesetzmäßigkeiten arbeiten, so gibt es offenbar verschiedene Arten des "Wissens" und verschiedene Methoden, dazu zu gelangen. Freud folgerte aus seinen Deutungsergebnissen bei der *Gradiva* in bezug auf das Verhältnis von Wissenschaftlern und Dichtern:

> Wir schöpfen wahrscheinlich aus der gleichen Quelle, bearbeiten das nämliche Objekt, ein jeder von uns mit einer anderen Methode, und die Übereinstimmung im Ergebnis scheint dafür zu bürgen, daß beide richtig gearbeitet haben. (G.W. VII, 120)

Während der Analytiker seelische Vorgänge bewußt beobachte, gehe der Dichter anders vor:

> er richtet seine Aufmerksamkeit auf das Unbewußte in seiner eigenen Seele, lauscht den Entwicklungsmöglichkeiten desselben und gestattet ihnen den künstlerischen Ausdruck, anstatt sie mit bewußter Kritik zu unterdrücken. (Ebd.)

Die Fähigkeit zur Erschaffung authentischer Träume erweist sich also als Teilaspekt des künstlerischen Schaffens überhaupt und ist davon nicht zu trennen. Die von der Psychoanalyse angenommene Analogie zwischen der Traumarbeit und dem kreativen Prozeß, in dem dieselben unbewußten Mechanismen der Verdichtung, der

14. Aus Briefen vom 13.5.1907 und 25.5.1907 an Freud, zit. nach der Ausg. hrsg. von B. Urban und J. Cremerius (Anm. 10), 12, 14.

15. Vgl. ebd.: "es ist das viel mißbrauchte Vorrecht der bewußten Tätigkeit, daß sie uns alle anderen verdecken darf, wo immer sie mittut."

Verschiebung usw. wirksam sind, drängt sich als Erklärungshypo-
these für unser Problem auf.[16]

Wie so oft handelt es sich dabei um eine Wiederentdeckung und
Neuformulierung von Einsichten, die den Dichtern in anderer
Form immer schon geläufig waren und die besonders seit dem
Sturm und Drang (Herder) und der Romantik (Novalis) auch poe-
tologisch Bedeutung gewannen. Jean Paul nannte den Traum "eine
unwillkürliche Dichtung", Friedrich Hebbel, der sehr viel über das
Thema nachgedacht hat, meinte sogar überspitzt, "daß Traum und
Poesie identisch sind" und Paul Heyse schrieb sehr treffend: "Nun
vollzieht sich freilich der bessere Teil aller künstlerischen Empfindung in einer geheimnisvollen unbewußten Erregung, die mit dem
eigentlichen Traumzustand nah verwandt ist."[17] Dieselbe Ansicht,
freilich aus entgegengesetzter Blickrichtung, vertrat Heinar Kipphardt:

> Der Träumende wird für kurze Zeit zu einer Art von Künstler, der Geschich-
> ten, Bilder, Filme produziert, die mit ihm, mit seinem Leben zu tun haben.
> Er wird eine ungekannte Produktivität gewahr, die mit seinen Wünschen,
> seinen verloren gegangenen Entwürfen zu tun hat, [...].[18]

Der von Freud beschriebene Unterschied der Methoden, deren sich
der Künstler und der Wissenschaftler in ihrem Umgang mit dem
Seelischen bedienen, wird, so füge ich hinzu, durch einen Unter-

16. Vgl. dazu Carl Pietzcker: *Zum Verhältnis von Traum und literarischem
Kunstwerk.* In: J. Cremerius (Hrsg.): *Psychoanalytische Textinterpretation.*
Hamburg 1974, 57-68.

17. Zit. nach Martin Kiessig (Hrsg.): *Dichter erzählen ihre Träume. Selbst-
zeugnisse deutscher Dichter aus zwei Jahrhunderten.* Düsseldorf und Köln
1964, 277f. Diese Sammlung enthält viel interessantes Material, macht aber
leider keinen Unterschied zwischen Aufzeichnungen realer Dichterträume und
authentisch anmutenden Träumen in fiktionalem Zusammenhang, mit der Begründung, daß beide Arten von Traumberichten letzten Endes stilisiert seien.
Darin unterschätzt Kiessig die entscheidende Bedeutung des Kontextes für die
Rezeption wie die Interpretation des einzelnen Traums. Eine ähnliche Sammlung, die sich aber nicht auf die Träume von Dichtern beschränkt, ist *Das Buch
der Träume* von Ignaz Ježower, Berlin 1928. Vgl. auch *Das Insel-Buch der
Träume.* Ausgew. von Elisabeth Borchers. Frankfurt a.M. 1975. Aufzeichnungen realer Dichterträume enthalten Wolfgang Bächlers *Traumprotokolle. Ein
Nachtbuch*, München 1972 und Heinar Kipphardts *Traumprotokolle*, München 1981.

18. *Traumprotokolle* (Anm. 17), *Zur Traumarbeit* (Vorwort), 7.

schied in der Intention bedingt. Der Künstler will "fühlbar", der Forscher "begreiflich" machen, wie Robert Musil bemerkte.[19] Der Künstler suggeriert mit Bildern, der Forscher analysiert mit Begriffen. Dieser zergliedert, jener gestaltet Seelisches. Diese methodische Differenz ist so fundamental, daß sie Musils radikales Diktum "Denn was an einer Dichtung für Psychologie gilt, ist etwas anderes als Psychologie"[20] fast berechtigt erscheinen läßt.

Im Gegensatz zum forschenden Analytiker, der sie aus der klinischen Erfahrung wie aus den Dichtungen herausfindet, braucht der Dichter also die Gesetze des Unbewußten nicht klar zu erkennen, "sie sind infolge der Duldung seiner Intelligenz in seinen Schöpfungen verkörpert enthalten", meinte Freud (G.W. VII, 121). Dieser Duldung der Intelligenz entspricht die spezifische Durchlässigkeit der Zensurschranke für unbewußtes Material beim Künstler, seine Toleranz, ja seine Empfänglichkeit für die Abkömmlinge des Unbewußten, sowie die *willing suspension of disbelief* (Coleridge) beim Leser im Zustand der intensiven Lektüre. Rezeption ist, literaturpsychologisch betrachtet, eine Art Re-Produktion.

Die künstlerische Fähigkeit, glaubwürdige Traumgebilde zu erschaffen, ist ein Aspekt des Vermögens, eine psychologisch konsistente literarische Figur zu erfinden, einschließlich ihrer Tiefendimension. Diese Konsistenz des *round character* (E.M. Forster),[21] vom Leser als "Stimmigkeit" erfahren, kann erst in einer genauen Analyse jeweils demonstriert werden.[22] Sie ist nur zum Teil das Ergebnis bewußter Anstrengung und nur sehr bedingt das Resultat bewußter Menschenbeobachtung: "Wie der Träumer weiß der Künstler nicht um die Dinge, die er zwar dem Analytiker, aber nicht dem Publikum enthüllt" (Oscar Mannoni).[23] Das bedeutet

19. Robert Musil: *Prosa. Dramen. Späte Briefe*. Hrsg. von Adolf Frisé. Hamburg 1957, 723f.

20. *Tagebücher. Aphorismen. Essays und Reden*. Hrsg. von Adolf Frisé. Hamburg 1955, 808.

21. E.M. Forster: *Ansichten des Romans*. Frankfurt a.M. 1962, 74-84.

22. Vgl. zu diesem Problem der Kohärenz der Figur und für ein Demonstrationsbeispiel eines solchen Nachweises Wolfram Mauser: *Max Frischs 'Homo faber'*. In: *Freiburger literaturpsychologische Gespräche*. Hrsg. von J. Cremerius u.a. Erste Folge bes. von F. Wyatt. Frankfurt a.M. und Bern 1981, 79-96.

23. Oscar Mannoni: *Sigmund Freud in Selbstzeugnissen und Bilddokumenten*. Reinbek 1971, 96.

aber keineswegs, daß diese "Dinge" nicht ihre unterschwellige Wirkung auf den Leser ausüben.

Vielleicht kann ein Vergleich mit einer Gesetzmäßigkeit in der bildenden Kunst hier etwas verdeutlichen. Ich meine die ästhetischen Proportionsregeln des *Goldenen Schnitts*, zu deren Aufstellung man natürlich auch auf induktivem Wege gelangte: längst bevor man sie entdeckte und bewußt anwenden konnte, wurden diese Regeln in der Architektur und der Malerei auf intuitive Weise befolgt. Für den Betrachter des Werkes ist die *bewußte* Kenntnis des Goldenen Schnitts keine Vorbedingung für den ästhetischen Genuß. Auch die vor allem von der Schule C.G. Jungs erforschten archetypisch-mythischen Symbole und Strukturen im Kunstwerk üben ihre Wirkung aus, ohne daß Schöpfer oder Publikum dieser Wirkung im allgemeinen bewußt gewahr werden. So ist, möchte ich vorwegnehmen, für den Leser eines erdichteten Traums die bewußte Kenntnis etwa der psychoanalytischen Traumlehre keineswegs eine notwendige Voraussetzung für eine adäquate Lektüre.[24]

Auch Devereux erklärt die Authentizität der von ihm erforschten Träume nicht mit der Anwendung einer Traumlehre, sondern mit der Vertrautheit der griechischen Dichter mit ihrem eigenen Traumleben:

> Since all men dream, we need *not* suppose that Aischylos, Sophokles, Euripides had to read Freud in order to *devise* plausible dreams. But *I* had to read Freud in order to *demonstrate* their plausibility.[25]

Und für die Überschätzung der Theorie in ihrer Bedeutung für die Praxis des Traumlebens fand er diese Analogie: die Zirbeldrüse funktionierte angemessen, lange bevor sie entdeckt wurde — und sie funktionierte nach wie vor weiter, auch als Descartes glaubte, sie wäre der Sitz der Seele.[26]

---

24. Der Ausdruck für die hier ins Auge gefaßte, nicht-bemühte, spontane Einsicht in unbewußte Vorgänge, der sich sofort aufdrängt, ist *Intuition*. Es fällt auf, daß dieser Begriff bei Freud selten vorkommt; und wenn er in seinem Werk auftritt, dann meistens nur in der Bedeutung einer abzulehnenden Erkenntnisquelle für weltanschauliche oder religiöse Fragen, kaum als Bezeichnung für unbewußte Erkenntnis. Vgl. u.a. G.W. XIII, 64 und XV, 171ff. Bei C.G. Jung dagegen ist die Intuition eine der vier psychischen Funktionen.

25. G. Devereux (Anm. 5), xix.

26. Ebd.

Traumarbeit und "Kunstarbeit", in psychoanalytischer Sicht als analoge Prozesse aufgefaßt, scheinen sich in der künstlerischen Gestaltung des Traums zu nähern oder zu überschneiden. Dichter können gewissermaßen "mit offenen Augen träumen", das heißt: über die Mechanismen der Verschiebung, Verdichtung usw. in produktiver Weise verfügen, wobei unbewußte, vorbewußte und hochbewußte Vorgänge im kreativen Prozeß kooperieren.[27] Anders formuliert: ohne die Annahme einer spezifischen Zusammenarbeit zwischen dem seelischen Primär- und Sekundärvorgang, zwischen der prälogisch-archaischen und der realitätsgerecht-vernünftigen Funktionsweise der Psyche[28] lassen sich die der dichterischen Phantasie entstammenden authentischen Träume wohl nicht erklären.

Ohne Zweifel werden Dichter bei der Gestaltung fiktiver Träume auch reale, eigene oder fremde Träume als Vorbild oder als Rohmaterial benutzt haben und bei der Mimesis des Traums diese eigenen Traumerfahrungen einer "sekundären Bearbeitung"[29] für künstlerische Zwecke unterworfen haben. Darauf weist auch Devereux hin.[30] Kafka hat bekanntlich in seinem Traumleben seine reichste Inspirationsquelle gefunden.

Wichtiger für die Erklärung der Tatsache "korrekter" mimetischer Traumproduktion scheint aber das Konzept einer Analogie zwischen der Traumgenese und der Entstehung einer Dichtung, eine Analogie von zwei Prozessen, die sich in der Genese des dichterischen Traums sehr eng berühren.

---

27. Vgl. zu dieser Materie u.a. Ernst Kris: *Die ästhetische Illusion. Phänomene der Kunst in der Sicht der Psychoanalyse.* Frankfurt a.M. 1977 (edition suhrkamp 867) und Mechthild Curtius (Hrsg.): *Seminar: Theorien der künstlerischen Produktivität.* Frankfurt a.M. 1976 (suhrkamp taschenbuch wissenschaft 166).

28. Vgl. J. Laplanche/J.-B. Pontalis: *Das Vokabular der Psychoanalyse.* Bd. 2, 2. Aufl. Frankfurt a.M. 1975 (suhrkamp taschenbuch wissenschaft 7), 396-399.

29. Vgl. dazu Freuds *Traumdeutung*, G.W. II/III, 492-512, und J. Laplanche/J.-B. Pontalis: *Das Vokabular der Psychoanalyse* (Anm. 28), Bd. 2, 2. Aufl., 460f.

30. G. Devereux (Anm. 5), xxvi.

III

> Der Traum ist auf eine übertriebene
> Weise der Poesie ganz nahe und dem
> Wahnsinn.
>
> Heinar Kipphardt

Nach den Fragen der Produktion wenden wir uns nun denjenigen der *Interpretation* artifizieller Träume zu. Wie lassen sie sich angemessen deuten und welche methodischen Probleme ergeben sich dabei? Zunächst gilt es zu unterscheiden zwischen der formalästhetischen Deutung der strukturellen Funktion des Traums als Element im Aufbau des Werkes, also etwa des erzähltechnischen Aspekts einerseits, und der psychologischen Auslotung der "Tiefendimension" dieses Textelements andererseits. Ihr Verhältnis ließe sich im Bild einer horizontalen (strukturellen) und einer vertikalen (psychologischen) Achse des Leseprozesses darstellen.[31] Auf der horizontalen Achse handelt es sich um den Stellenwert des Traumtextes in der Sukzession der Textelemente, auf der vertikalen geht es um die Möglichkeit eines Einblicks in die seelische Tiefendimension einer Figur, welche Möglichkeit vom jeweiligen Leser in wechselndem Ausmaß genützt wird, je nachdem, ob er diese Tiefe intuitiv erahnt oder analytisch erforscht. Uns geht es hier um letztere Form der Interpretation, die psychologische.

Wir gehen wieder von der *Gradiva*-Deutung aus. Darin wies Freud also nach, daß sein Verfahren der Traumdeutung auch mit Erfolg auf fiktionale Träume angewandt werden konnte. Er verwertete

---

31. Frederick Wyatt unterscheidet zwischen der "Oberflächenstruktur" einer Geschichte, die als linearer Prozeß erscheint, und der radialen oder zyklischen "Tiefenstruktur". Letztere "zeigt sich in bestimmten Themen an, zu denen die Bilder und Metaphern der "Geschichte" immer wieder zurückkehren. Sie stellt sich dann als eine Wiederholung von zentralen thematischen Elementen vor, die sich über den Verlauf der "Geschichte" hin zu einem oder mehreren Themen gehörig darstellen. Diese thematischen Elemente führen immer wieder, wie einer geheimen Anziehung folgend, zu ihrem unbewußten Themenkern zurück, nachdem sie erst von ihm in verschiedene Richtungen ausgegangen sind wie Radspeichen von der Nabe." Frederick Wyatt: *Anwendung der Psychoanalyse auf die Literatur. Phantasie, Deutung, klinische Erfahrung*. In: M. Curtius (Hrsg.): *Seminar: Theorien der künstlerischen Produktivität* (Anm. 27), 335-357, bes. 351f.

diesen Nachweis als Beweis für die Richtigkeit seiner Traumanaly-sen,[32] aber zwingend war dieser Schluß nicht. Henri Michaux wies auf die prinzipielle Polyinterpretabilität der Träume hin:

Die Möglichkeiten, Träume zu deuten, sind unbegrenzt. Was für ein De-chiffrierungssystem man auch anwendet, es antwortet immer und scheint sich so einzurichten, daß es immer im Sinne der Frage antwortet.[33]

So ist es nicht verwunderlich, daß die verschiedenen tiefenpsycho-logischen und psychotherapeutischen Schulen fast alle ihre eigenen Traumlehren entwickelten, die meistens als Variationen, als mehr oder weniger plausible Modifikationen von Freuds Theorien über Entstehung und Deutung des Traums erscheinen.[34] Als umstrittene Punkte sind vor allem die (metapsychologische) Wunscherfül-lungsthese und die (hermeneutische) Frage der Bewertung des ma-nifesten Trauminhalts in seinem Verhältnis zum latenten "Traum-gedanken" zu betrachten: als bloße Fassade oder als eigentlicher Traum?[35]

Die Frage der adäquaten Interpretation *artifizieller* Träume kann offenbar nicht gelöst werden, wenn nicht vorher die Frage der Deutung *realer* Träume gelöst ist. Die Deutungssituation ist bei den erfundenen Träumen einfacher, weil es sich bei den erfundenen Träumen um intentionale Gebilde handelt, die auf Deutung angelegt und angewiesen sind – komplizierter, weil sich diese intentionalen Gebilde als nicht-intentionale spontane Phäno-mene zu präsentieren haben und weil bei ihrer Deutung sowohl die Regeln des psychologischen Verstehens als diejenigen der literari-schen Hermeneutik angewandt werden müssen.

In gebotener Kürze muß ich also zunächst auf die schwierige Frage der Deutung realer Träume eingehen. Ich beschränke mich

32. Vgl. z.B. G.W. II/III, 101.

33. Henri Michaux: *Zwischen Tag und Traum*. Zit. nach Martin Walser: *Über Traumprosa*. Nachwort zu Wolfgang Bächlers *Traumprotokolle* (Anm. 17), 121.

34. Vgl. Dieter Wyss: *Die tiefenpsychologischen Schulen von den Anfängen bis zur Gegenwart. Entwicklung, Probleme, Krisen.* 5. Aufl. Göttingen 1977, 478f.

35. Zu der Kontroverse um die Frage, ob der manifeste Trauminhalt nur eine Fassade oder das Wesen des Traums sei, nahm Freud in einer Neuauflage der *Traumdeutung* Stellung, indem er die Traumarbeit das Wesentliche am Traum nannte. Vgl. G.W. II/III, 510f.

dabei auf diejenigen Aspekte, die für unsere Überlegungen relevant sind.

Wenn wir im folgenden von Traumdeutung sprechen, ist damit nicht die sogen. Chiffriermethode der alten Traumbücher gemeint, bei der jedes Traumelement nach einem festen Schlüssel aus der "Geheimsprache" des Traums in den Klartext der Alltagssprache übersetzt wird. Diese Methode wies Freud begreiflicherweise als unzuverlässig ab, weil sie die subjektive Bedeutung eines Traumelements nicht berücksichtigt.

Es gibt allerdings Träume, die sich in der Hauptsache oder zur Gänze jener überindividuellen kollektiven Symbolik bedienen, welche in Märchen und Mythen, im Folklore, im Sprachgebrauch und in der dichterischen Phantasie vorkommt. Solche Träume lassen sich im Prinzip ohne die Einfälle des Träumers deuten. Kennt man diese Symbolsprache und es handelt sich um einen Traum, der sich ausschließlich dieser Symbole bedient, dann "ist man oft in der Lage, einen Traum ohne weiteres zu deuten, ihn gleichsam vom Blatt weg zu übersetzen" (Freud, G.W. XI, 152).

Freud war der Ansicht, daß die meisten artifiziellen Träume für solche (literarisch-)symbolische Deutung bestimmt seien (G.W. II/III, 101). Dabei dachte er wohl nicht an die moderne Dichtung mit ihren neuen Techniken zur Darstellung des persönlichen Innenlebens, sondern an die klassischen Werke der Weltliteratur, mit denen er vertraut war.[36] Er betrachtete diese symbolische Deutung, wie sie etwa der biblische Joseph beim Pharao-Traum vornahm,[37] als "in ihrer Anwendung beschränkt und keiner allgemeinen Darstellung fähig" (G.W. II/III, 104). Es bleibt festzuhalten, daß er die vor-analytische Symboldeutung, wie sie etwa Joseph praktizierte, nicht als unrichtig ablehnt, sondern deshalb beiseite schiebt, weil sie ihm angesichts seines eigenen Verfahrens zu unsystematisch erscheint: "Das Gelingen bleibt Sache des witzigen Einfalls, der unvermittelten Intuition" (G.W. II/III, 102).

In Freuds Psychoanalyse ist das Vokabular dieser kollektiven Symbolsprache leicht überschaubar. Es handelt sich um eine be-

---

36. Vgl. dazu Peter Brückner: *Sigmund Freuds Privatlektüre*. Köln 1975 und Walter Schönau: *Sigmund Freuds Prosa. Literarische Elemente seines Stils*. Stuttgart 1968, 15-17.

37. I. Mos. 41, 1-8. Vgl. dazu Werner Kemper: *Der Traum und seine Bedeutung*. Hamburg 1955 (rowohlts deutsche enzyklopädie 4), 8ff.

schränkte Anzahl von Zeichen für Eltern, Kinder, Geschwister, für Geburt und Tod, für den Körper und die Körperteile und vor allem für Sexualorgane und Sexualvorgänge.[38] Man kann sich, als mit Symboldeutung vertrauter Literaturwissenschaftler, dem Eindruck nicht entziehen, daß Freuds Aufzählung solcher allgemeingültigen Symbole nur eine begrenzte und einseitige Auswahl aus einer größeren Menge darstellt. Kein Wunder, daß gerade ein Schriftsteller (Martin Walser) diese Traumsymbolik "die ärmlichste von allen Errungenschaften der psychoanalytischen Beschäftigung mit dem Traum" nannte.[39] Die ungleich differenziertere und reichhaltigere archetypisch-mythische Symbollehre von C.G. Jung z.B. hat denn auch in der Literaturdeutung (namentlich in der anglo-amerikanischen) begreiflicherweise mehr Anklang gefunden, was übrigens noch nichts über ihren wissenschaftstheoretischen Status besagt.

Wenn die psychoanalytische (Traum-)Deutung im Bereich der Literaturwissenschaft einen schlechten Ruf hat, dann hängt das nicht zuletzt mit der gängigen Symboldeutung dieser Art zusammen, einer Deutung, welche nicht selten gerade dem Traum, "jenem so beliebten Jagdgrund des psychoanalytischen Sonntagsjägers" (Wyatt)[40], zuteil wird. Daß Stöcke, Schirme, Stangen, Bäume, Messer, Dolche, Lanzen, Säbel, Gewehre, Pistolen, Wasserhähne, Gießkannen, Bleistifte, Federstiele, Nagelfeilen und Hämmer das männliche Genitale symbolisieren können und daß Schachte, Gruben, Höhlen, Gefäße, Flaschen, Schachteln, Dosen, Koffer, Büchsen, Kisten, Taschen, Schiffe, Schränke, Öfen und Zimmer für das weibliche Genitale stehen können, besagt recht wenig, wenn es, wie so oft, bei einer *partialen*, isolierten Deutung dieser Symbole bleibt. Relevant und einleuchtend werden diese Deutungen erst im Rahmen einer *integrativen* Interpretation,[41] welche einen sinnvollen Zusammenhang der Themen eines ganzen Textes zu erkennen versucht, einschließlich seiner "Tiefenstruktur".

Daneben gibt es also diejenigen Traumelemente, die nur durch den Rückgang auf das individuelle Unbewußte des Träumers zu

38. Ein Register dieser festen Symbole findet man im Registerband XVIII der Gesammelten Werke Freuds, G.W. XVIII, 845-869.
39. Martin Walser: *Über Traumprosa* (Anm. 33), 120.
40. Frederick Wyatt (Anm. 31), 336.
41. Vgl. Frederick Wyatt (Anm. 31), 354f.

deuten sind. Dieser Art der Traumdeutung gelten die folgenden Überlegungen.

Ist dieses Verfahren, wie es mit gewissen Modifikationen, aber in seinen Hauptzügen unverändert, seit nunmehr gut 80 Jahren in zahllosen Analysen angewandt wird, das einzig richtige? Diese Frage läßt sich durch den unbestimmten und vieldeutigen Charakter ihres Gegenstandes, der niemals einen einzigen eindeutigen "Sinn" enthält, sondern wie das Kunstwerk ein Sinnpotential birgt (psychoanalytisch formuliert: dessen Komponenten alle überdeterminiert sind), nicht eindeutig beantworten.

Wohl beantworten läßt sich die Frage, ob die Freudsche Traumdeutung wissenschaftstheoretisch akzeptabel erscheint, d.h. ob ihre Gesamttheorie wie ihre Einzeldeutungen falsifizierbar sind und daher *im Prinzip* (abgesehen von möglichen einzelnen Fehldeutungen) wissenschaftliche Geltung beanspruchen dürfen.

Die verschiedenen Positionen in dieser umstrittenen Frage lassen sich in drei Gruppen einteilen:
— die extrem positivistische, die der Traumdeutung jede wissenschaftliche Gültigkeit abspricht und sie mit Orakeldeutungen oder astrologischen Aussagen gleichsetzt;[42]
— die extrem hermeneutische, die als einziges Kriterium zur Überprüfung psychoanalytischer Deutungen ihre Applizierbarkeit, d.h. ihre Anwendbarkeit auf die Lebensganzheit des Analysanden/Träumers anerkennt und andere Auffassungen dem "szientistischen Selbstmißverständnis" (Habermas)[43] der Psychoanalyse zurechnet;[44]

42. Nach Ernst Konrad Specht: *Der wissenschaftstheoretische Status der Psychoanalyse. Das Problem der Traumdeutung.* In: *Psyche* 35 (1981) 9, 761-787. Dort auch ausführliche Literaturhinweise zum Thema. Als Vertreter der positivistischen Kritik nennt Specht E. Nagel: *Methodological issues in psychoanalytic theory.* In: S. Hook (Hrsg.): *Psychoanalysis, Scientific Method and Philosophy.* New York 1959, 39-55. Und C.G. Hempel: *Aspects of Scientific Explanation.* New York 1965.

43. Jürgen Habermas: *Erkenntnis und Interesse.* Frankfurt a.M. 1968, 300.

44. Als Vertreter der hermeneutischen Kritik nennt Specht Martin Bartels: *Ist der Traum eine Wunscherfüllung? Überlegungen zum Verhältnis von Hermeneutik und Theorie in Freuds Traumdeutung.* In: *Psyche* 33 (1979) 2, 97-131. Vgl. zum Thema Psychoanalyse und Hermeneutik, abgesehen von J. Habermas (Anm. 43), Paul Ricoeur: *Die Interpretation. Ein Versuch über Freud.* Frankfurt a.M. 1969 und P.C. Kuiper: *Verborgen betekenissen. Psychoanalyse, fenomenologie, hermeneutiek.* Deventer 1980.

– die dritte Gruppe, die die Psychoanalyse als ein Gebilde aus erklärenden und verstehenden Komponenten betrachtet, und als Theorie mit Falsifizierungsmöglichkeiten.[45]

Martin Bartels nennt in seiner hermeneutischen Kritik an Freuds Traumtheorie die Wunscherfüllungshypothese als Interpretationsgesichtspunkt für das Traumverständnis irrelevant und für das "natürliche" Traumverständnis, zu dessen Wortführer er sich macht, unberechtigt.[46] Freuds Entwertung des manifesten Trauminhalts als einer bloßen Fassade, als Entstellung des Eigentlichen, führe einen Doppelsinn ein, der den Traum unberechtigterweise zu einer Art Allegorie mache. Die Mißachtung des Traumgefühls als eines natürlichen Zugangs zur Traumbedeutung sei ein Verstoß gegen die hermeneutische Grundregel: *sensus non est inferendus sed efferendus*, das Verbot also des Hineininterpretierens.

Es ist hier nicht der Ort, diesen interessanten Versuch, das psychoanalytische Deutungsverfahren rein hermeneutisch zu begründen und das angestrebte Sinnverstehen reinlich von den metapsychologischen Funktionserklärungen (der Traum sei eine Wunscherfüllung) zu trennen, ausführlich zu diskutieren. Ich beschränke mich auf einige Anmerkungen dazu.

1. Bartels widerlegt die Wunscherfüllungsthese nicht, er erklärt sie nur für hermeneutisch irrelevant. Damit bleibt die Frage nach einer Hypothese über die Genese des Traums bestehen. Ungeklärt bleibt auch die Frage, inwiefern die Genese Gesichtspunkte für Deutungsregeln enthalten könnte.

2. Der Begriff des "natürlichen" Traumverständnisses berücksichtigt nicht die Kraft des *Widerstands*, den Einfluß der Gegenmotive, die *verdrängte* Wünsche, z.B. Todes- oder Inzestwünsche, für das bewußte Ich höchst unerwünscht erscheinen lassen.

3. Auf die Trennung von manifestem Trauminhalt und latentem Traumgedanken, die Bartels als Einführung eines vermeintlichen Doppelsinns ablehnt, kann er selbst auch nicht verzichten; bei ihm erscheint die Trennung, vielleicht maskiert, als Unterscheidung zwischen dem *Was* der befremdlichen Traumsituation und dem *Warum*

---

45. Vgl. abgesehen von Specht (Anm. 42) dazu auch David Rapaport: *Die Struktur der psychoanalytischen Theorie*. Stuttgart 1959, M. Sherwood: *The Logic of Explanation in Psychoanalysis*. New York, London 1969 und Meinrad Perrez: *Ist die Psychoanalyse eine Wissenschaft?* Bern usw. 1972.

46. Martin Bartels: *Ist der Traum eine Wunscherfüllung?* (Anm. 44), 114f.

dieser Situation, die sich zunächst nicht in die Lebensganzheit des Träumers einfügen läßt.

4. Die sprachliche Verständigung über den Sinn des Traums an Hand des Traumberichts im analytischen Diskurs, eine Verständigung über einen *Text* und damit hermeneutischen Regeln unterworfen, ist m.E. doch zu trennen von der vorsprachlichen Erfahrung des Traumgeschehens, dem vorgängigen Erlebnis, für das die tiefenpsychologischen Deutungsregeln ihre Gültigkeit im Prinzip behalten können.

5. Fruchtbar und zutreffend scheinen mir Bartels' Ausführungen über den Deutungsprozeß in hermeneutischer Sicht: Der Traum, als eigene Lebensäußerung (und nicht als Einwirkung einer göttlichen Macht) verstanden, geht aus unserer eigenen Lebensganzheit hervor und muß in diesen Sinnhorizont wieder eingefügt werden. Voraussetzung dafür ist eine Änderung der Sinnperspektive (Nietzsche), unter der wir unseren eigenen Lebenszusammenhang bisher interpretierten. Das Verständnis der Traumaussage ist also erst möglich, wenn ich mein Selbstverständnis ändere, meine Identität neu definiere. Im hermeneutischen Zirkel der Traumdeutung gehen wir also vom Verständnis unserer Lebensganzheit aus und wir kehren dazu zurück, wenn wir, nach einer Änderung der Sinnperspektive, den zunächst befremdlichen Traum nun in diesen gewandelten Sinnhorizont einfügen können.

6. Wenn Bartels nicht darauf bestehen würde, daß in der *Applikation* der einzelnen Deutung auf die Lebenspraxis des Träumers das einzige Überprüfungskriterium liege, wäre sein hermeneutisches Konzept der Traumdeutung gut mit dem psychoanalytischen Verständnis derselben zu vereinbaren. Für die Praxis auch der literarischen Traumdeutung sind seine Überlegungen jedenfalls sehr erhellend.

Als einen Vertreter der mittleren Position in der Frage des wissenschaftstheoretischen Status nenne ich Ernst Konrad Specht, dessen Aufsatz *Der wissenschaftstheoretische Status der Psychoanalyse. Das Problem der Traumdeutung*, der sich, wenn leider auch nicht in extenso, mit Bartels' Thesen auseinandersetzt, ich hier vor allem referiere.[47]

Specht führt aus, daß Freuds Wunscherfüllungshypothese, das Kernstück seiner Traumdeutung, wissenschaftstheoretisch akzep-

47. Vgl. Anm. 42.

tabel genannt werden kann. Die hypothetisch erschlossenen Wünsche des Träumers lassen sich im Rückgang auf die "Antezedenskonstellation", in der ein Wunsch angelegt war, überprüfen. Die Anzahl der möglichen Wünsche, die sich im Traum verbergen, ist begrenzt, ebenso wie die Zahl der Wünsche, die in einer bestimmten Antezedenskonstellation angelegt sein können.

Der oft beklagte Mangel an Präzision, die Unschärfe der psychoanalytischen Traumdeutung, sei nicht als Schwäche der Theorie anzusehen, sondern sei eine Eigenschaft ihres Gegenstandsbereichs, so schreibt Specht.[48] Ein Begriff wie "unerfüllter Wunsch" hat nun einmal einen Horizont von Unbestimmtheit, den eine gegenstandsadäquate Forschungsmethode nicht ändern kann. Diese hat sich im Gegenteil darauf einzustellen, sie kann und soll ihr Forschungsobjekt nicht ändern.

Wichtig für unsere Fragestellung ist nun vor allem folgende Überlegung von Specht über die erkenntnistheoretische Lage des Traumdeuters:

> wir fassen das Traumgeschehen zwar nach Analogie eines intentional gebildeten Tagtraums auf, supponieren dem Traum also einen Vorgang, in dem ein quasi-intentionales Agens von der Art eines Wunsches eine Befriedigungshalluzination erzeugt. Aber dieser Vorgang vollzieht sich außerhalb des Bewußtseins und kann daher auch nicht durch Befragen des Träumers über seine Bewußtseinsabläufe überprüft werden. [...] Wir können einen Traum also hinsichtlich des Wunsches, der ihm zugrunde liegt, interpretieren, aber wir können unsere Interpretation niemals durch Befragung des Träumers verifizieren.[49]

Specht weist darauf hin, daß die meisten literarischen Deutungen, insofern sie nicht durch Befragung des Autors über seine bewußte Intention eindeutig verifiziert werden können, sich in genau derselben hermeneutischen Problemlage, der der mangelnden Verifikationsmöglichkeit befinden.

Er versucht dann den logischen Status dieser Art Deutungen (Beispiel: die Deutung des *Zauberberg* als "Quester Legend", als Gralssuche-Roman, welche Deutung Thomas Mann akzeptierte, aber nicht intendiert hatte) zu bestimmen, indem er sie als Deutung einer supponierten *Textintention*, als Aktualisierung einer Möglichkeit des Verstehens auffaßt. Weil Deutungen dieser Art (auch die meisten literaturpsychologischen Deutungen gehören da-

48. Specht (Anm. 42), 764f.
49. Specht (Anm. 42), 776f.

zu) nicht als deskriptive Aussagesätze mißzuverstehen seien, sondern auch ein konstruktives Moment enthalten, und sich in sprachphilosophischer Hinsicht mit Vorschlägen vergleichen lassen, über deren Annahme der Leser selber entscheiden soll, nennt Specht — nach dem Vorbild von Stevenson und Weitz[50] — diese Deutungen *konstruktiv* oder *rekommendativ*.

Die Tatsache, daß es sich dabei nicht um beweisbare Hypothesen im streng-logischen Sinne handelt, sondern um mehr oder weniger gut begründete Vorschläge, um mehr oder weniger plausible Empfehlungen für eine bestimmte Lesart, bedeutet nicht, daß die Literaturwissenschaft (und die Traumdeutung) darauf verzichten sollten. Im Gegenteil, die Konstruktion solcher Deutungen, falls gut fundiert, gehört zu den Hauptaufgaben der Literaturwissenschaft.

Was bedeutet dies nun für unser Problem der Interpretation des artifiziellen Traums? Auch hier kann es sich nur um rekommendative Deutungen handeln, deren Akzeptabilität von der Plausibilität der begründenden Argumentation abhängig ist und wobei es zwar keine sichere Entscheidungsmöglichkeit über die Kategorien richtig/falsch gibt, wohl aber eine Skala von überzeugenden (evidenten) bis unakzeptablen Argumenten.

Der größte Unterschied in der Deutungssituation, verglichen mit der beim realen Traum, liegt wohl darin, daß nicht die freien Assoziationen des Träumers, sondern die des Lesers ein Beziehungsnetz zwischen den Traumelementen und der Antezedenskonstellation zu knüpfen haben. Im vergleichsweise begrenzten Rahmen der Werkwelt, die nur in "schematisierten Ansichten" (Ingarden)[51] die Realität repräsentiert, die eine vorgeprägte und gedeutete Welt ist, sind diese Beziehungen übrigens leichter zu erraten als in der Realität. In dem fiktionalen Bereich der Dichtung kann es außerdem den völlig absurden, unverständlichen Traum nicht geben. "Träume haben in der Dichtung grundsätzlich immer 'Bedeutung'" (E. Frenzel).[52] Zu entscheiden ist hier niemals, *ob* der Traum eine Bedeutung hat, sondern immer nur: *welche* er haben könnte.

50. C.L. Stevenson: *Interpretation and evaluation in aesthetics*. In: M. Black (Hrsg.): *Philosophical Analysis*. Ithaca, New York 1950, 341-383. M. Weitz: *Hamlet and the Philosophy of Literary Criticism*. London 1972.

51. Roman Ingarden: *Das literarische Kunstwerk*. Tübingen 1972, 270-307.

52. Elisabeth Frenzel: *Motive der Weltliteratur* (Anm. 6), 768.

Einerseits ist also beim erdichteten Traum die Deutungssituation tatsächlich viel komplizierter als beim wirklichen, weil der
eigentliche "Produzent" des Traums der Autor ist und weil der
Leser eine "Fremddeutung" des Traums vornimmt. Andererseits
ist die Deutung auch wieder einfacher, weil ein intentionales Gebilde, ein Element der gesamten virtuellen Textintention interpretiert wird, dessen Sinnhaftigkeit a priori vorausgesetzt werden
kann. Der artifizielle Traum ist insofern auch leichter deutbar als
der reale, weil ersterer meistens Teil eines größeren Sinnganzen
(des Kunstwerkes) ist, auf den sich die Interpretation des einzelnen Traums beziehen kann und soll, während der Traum in der
Wirklichkeit dieser Einbettung in einen sinnvollen konstruierten
ästhetischen Kontext entbehrt.

Im Lichte der neueren Literaturpsychologie läßt sich nun folgendes Traumdeutungskonzept thesenhaft skizzieren: auf Grund
der (der literarischen Rezeption inhärenten) introjektiven Prozesse,
auf Grund der zeitweiligen Identifizierung des Lesers mit der Ro-
manfigur, auf Grund der Absorption des Werkes bei der intensiven
Lektüre[53] (welche die Psychoanalyse als *hypnoiden Zustand* betrachtet, u.a. weil alle Aufmerksamkeit dabei von der Außenwelt
abgezogen ist)[54], verarbeitet der Leser den Traum in der Dichtung
sicher nicht bloß kognitiv. Er "träumt" ihn sozusagen selbst, indem er ihn auch unbewußt rezipiert, indem das Traumerlebnis
auch an das eigene Traumerleben appelliert, wodurch bis zu einem
gewissen Grade der Charakter der "Fremddeutung" verringert wird
und eine Annäherung an eine "Selbstdeutung" stattfindet.

Norbert Groeben hat dargelegt, wie in der psychoanalytischen
Methodik der Literaturinterpretation, entsprechend der Funktions-
analogie zwischen Produktion und Rezeption, der Leser die Auf-

---

53. Vgl. zur Psychoanalyse der Lese-Situation James Strachey: *Some Unconscious Factors in Reading*. In: *International Journal of Psychoanalysis* 11
(1930), 322-331. Michael Rutschky: *Lektüre der Seele. Eine historische Studie
über die Psychoanalyse der Literatur*. Frankfurt a.M. usw. 1981, 146. Peter
Schneider: *Illusion und Grundstörung. Psychoanalytische Überlegungen zum
Lesen*. In: *Psyche* 36 (1982) 4, 327-342. Eine ausgearbeitete psychoanalytische Theorie der Rezeption bietet Norman N. Holland: *5 Readers Reading*.
New Haven and London 1975. Zur Absorption vgl. u.a. Norman N. Holland:
The Dynamics of Literary Response. New York 1968, 64-66.

54. Vgl. M. Rutschky: *Lektüre der Seele* (Anm. 53), 206.

gabe übernehmen kann, freie Assoziationen zur Erschließung der unbewußten Symbolbedeutungen zu produzieren.[55] Die Plausibilität der Ergebnisse, zu denen man auf der *via regia* der Assoziationen gelangt, könnte allerdings erheblich gesteigert werden, wenn die einzelnen Assoziationsreihen expliziert würden. Der Preis dieser größeren literaturwissenschaftlichen Relevanz wäre allerdings die Preisgabe intimster persönlicher Angelegenheiten.

Die wissenschaftstheoretisch erwünschte Verifizierung der Deutungen durch direkte Autor-Befragung ist nur ganz selten praktisch möglich und auch dann meistens unergiebig, wie die oben erwähnte Korrespondenz zwischen Freud und Jensen paradigmatisch zeigt.[56] Vom Schöpfer des artifiziellen Traums gilt dasselbe, was Freud in seinen *Vorlesungen zur Einführung in die Psychoanalyse* vom Träumer sagte. Dieser wisse schon, was sein Traum bedeutet, "nur weiß er nicht, daß er es weiß, und glaubt darum, daß er es nicht weiß" (G.W. XI, 98).

Wie verhält sich nun die psychoanalytische Deutung des literarischen Traums zu derjenigen des Textganzen? Die Literaturpsychologie geht bei allen seelischen Produkten von der Existenz einer "Tiefenstruktur" (Wyatt), einem psychodynamischen Substrat unbewußter Phantasien und Konflikte, aus und betrachtet die Erforschung dieser Dimension als ihre erste Aufgabe. Dieses Substrat, das Peter von Matt "psychodramatisch" nannte,[57] verbirgt sich sowohl unter einer sinnvollen Oberfläche, z.B. in der Dichtung, wie unter einer scheinbar absurden, z.T. im Traum. Der Unterschied ist dann der, daß der befremdliche Charakter des manifesten Traums erst durch eine Aufdeckung seines latenten Gehalts verschwindet, während die Dichtung einen eigenen Sinn *sui generis* beanspruchen darf, sich nur selten mit der Absurdität des manifesten Traums präsentiert, und damit eine psychologische Auslotung ihrer "Tiefe" als möglich, aber nicht als (hermeneutisch) notwendig erscheinen läßt. Weil die "Oberschicht" des Werkes Sinn vermittelt, ist man nicht gezwungen, die Tiefenschicht zu erkunden. (Das ist einer der Gründe, tiefenpsychologische Deutungen literarischer Werke nicht

55. Norbert Groeben: *Literaturpsychologie*. Stuttgart usw. 1972, 112.
56. Vgl. Anm. 10.
57. Peter von Matt: *Literaturwissenschaft und Psychoanalyse. Eine Einführung*. Freiburg 1972, 56.

zu berücksichtigen.) Der ganze Text ruht auf demselben konsisten-
ten psychodynamischen Substrat, aber der Wunsch nach einer Be-
rücksichtigung dieses Substrats läßt sich erst dann nicht mehr von
der Hand weisen, wenn eine Lücke im literarischen Sinngefüge in
Gestalt eines unverständlichen Traums auftritt. Erst eine spontan-
intuitive oder eine rational-bemühte Kontaktaufnahme mit der
"Tiefenstruktur" des Werkes vermag die Lücke zu schließen und
kann den (scheinbaren) Fremdkörper in der Oberschicht des Text-
gefüges in eine Gesamtdeutung integrieren. Denn hier gibt es eine
Lücke im Sinn-Angebot des manifesten Inhalts, die uns zwingt,
in die Unterwelt hinabzusteigen, um den fehlenden Sinn dort zu
suchen.

IV

> Der Träumende wird für kurze Zeit
> zu einer Art von Künstler.
>
> Heinar Kipphardt

Von den Problemen der Interpretation kommen wir nun schließlich zu den Fragen der *Rezeption* des erdichteten Traums. Was
fängt der Durchschnittsleser ohne besondere psychologische Kenntnisse mit den Träumen seiner Romanfiguren an? Wie verarbeitet er
sie, wenn er sie nicht einer bemühten (z.B. psychoanalytischen)
Deutung mit Hilfe freier Assoziationen und unter Anwendung verschiedener Regeln unterwirft und − so müssen wir hinzufügen −
wenn der Text nicht in Form eines Erzählerkommentars oder in
Gestalt der Personenrede die (eine) Deutung enthält? Ist eine solche nicht-interpretierende Lektüre immer defizient? Bleiben diese
Träume dann unverstanden und sind sie damit − nach dem Tal-
mud-Satz "Ein unverstandener Traum ist wie ein uneröffneter
Brief" − tatsächlich uneröffneten Briefen zu vergleichen? Das trifft
offenbar nicht zu, denn die manifeste Bedeutung verarbeitet der
Leser kognitiv im Akt des Lesens und die latente tiefere Bedeutung
wird ihm in der Regel durch Beziehungen zwischen Elementen des
Traums und Entsprechungen in der fiktiven Antezedenskonstellation zumindest suggeriert.

Die Antwort kann nur lauten, daß im Leser etwas vor sich gehen
muß, was als ein Analogon zu den unbewußten Prozessen der Produktion verstanden werden soll. Ohne die Annahme einer unter-

schwelligen Wirkung der Traumelemente, ohne — etwas weiter gefaßt — das Konzept einer *unbewußten Kommunikation* bliebe der authentisch-artifizielle Traum in der Dichtung ein sinnloser Fremdkörper in einem sinnbezogenen Ganzen. Der Begriff einer unbewußten Kommunikation, der hermeneutische *missing link* im Modell der Rezeption dieser fiktionalen Träume, ist der Psychoanalyse durchaus geläufig. Freud spricht an mehreren Stellen über ein unbewußtes Verständnis, das in der therapeutischen Situation eine wichtige Rolle spielt, das aber im Prinzip jeder Mensch besitzt:

> Die Psychoanalyse hat uns nämlich gelehrt, daß jeder Mensch in seiner unbewußten Geistestätigkeit einen Apparat besitzt, der ihm gestattet, die Reaktionen anderer Menschen zu deuten, das heißt die Entstellungen wieder rückgängig zu machen, welche der andere an dem Ausdruck seiner Gefühlsregungen vorgenommen hat. (G.W. IX, 191)[58]

Der Psychoanalytiker Theodor Reik nannte die eine Seite dieser besonderen Art der Kommunikation mit einem von Nietzsche geprägten Ausdruck "Hören mit dem dritten Ohr".[59] Der Analytiker Werner Kemper hat in bezug auf den realen Traum darauf aufmerksam gemacht, daß wir diesen auf zweierlei Weise "erfassen" können: es gibt "eine in vielen Spielarten variierende 'naive' [Erfassung], die sogar oft nahezu unbemerkt und nur beiläufig erfolgt, sowie eine wissenschaftlich systematische."[60] Von dieser Möglichkeit einer spontanen Erfassung, welche an Wirksamkeit der systematischen und "bemühten" Deutung in nichts nachsteht, meint Kemper, sie geschehe unbemerkt *pathisch*, und zwar durch kontemplative Versenkung oder durch "Hingabe an die Anschaulichkeit der Traumbilder".[61] Es liegt nahe, die Vermutung auszuspre-

58. Vgl. auch G.W. VIII, 381f. und 445.

59. Theodor Reik: *Listening with the third ear*. New York 1948. Deutsche Übers. Hamburg 1977.

60. Werner Kemper: *Der Traum und seine Be-Deutung* (Anm. 37), 163.

61. Kemper (Anm. 37), 166. Wie nahe Freud im Grunde diesem Gedanken stand, zeigt seine Bemerkung über die Rezeption des Dramas: "Aber es scheint als Bedingung der Kunstform, daß die zum Bewußtsein ringende Regung, so sicher sie kenntlich ist, so wenig mit deutlichem Namen genannt wird, so daß sich der Vorgang im Hörer wieder mit abgewandter Aufmerksamkeit vollzieht und er von Gefühlen ergriffen wird, anstatt sich Rechenschaft zu geben." (*Psychopathische Personen auf der Bühne*. In: Studienausgabe Bd. X. *Bildende Kunst und Literatur*. 3. Aufl. Frankfurt a.M. 1970, 161-168, Zitat:

chen, daß diese sich spontan vollziehende Traumerfassung, deren Möglichkeit man nach Kemper niemals außer acht lassen sollte, ein häufig anzunehmender Rezeptionsmodus bei erdichteten Träumen in literarischen Werken ist, welche Träume dann "in einer Art unterschwellig verlaufender innerer Erkenntnis erfaßt werden."[62]

Vielleicht, so möchte ich hinzufügen, läßt sich dieses Phänomen auch als eine Sonderform der *Gegenübertragung* des Lesers verstehen, wie überhaupt dieses psychoanalytische Konzept für "die Gesamtheit der unbewußten Reaktionen des Analytikers auf die Person des Analysanden", "die oft in den Emotionen enthalten sind, welche der Analytiker spürt",[63] für die Theorie der literarischen Rezeption fruchtbar erscheint und einer näheren Ausarbeitung bedarf.[64]

Es scheint, so hatten wir festgestellt, als mobilisiere der gelesene Traum, besonders wenn es sich um einen typischen, den meisten Menschen vertrauten Traum handelt,[65] eigene Traumerfahrungen, was wiederum ihr spontanes Verstehen im hypnoiden Zustand der intensiven Lektüre begünstigt. Durch die Interaktion zwischen Text und Leser, also u.a. durch introjektive und projektive Prozesse, ist eine Aufhebung oder Verwischung der Ich-Grenzen zustande ge-

---

167.) Daß er der Möglichkeit einer spontanen Erfassung wenig Beachtung schenkte und dadurch einer Form der Traum*rezeption* nicht ganz gerecht wurde, hängt sicher damit zusammen, daß er sich ganz auf die Konzeption einer Lehre der Traum*interpretation* konzentriert hat.

62. W. Kemper (Anm. 37), 168.

63. J. Laplanche/J.-B. Pontalis: *Das Vokabular der Psychoanalyse* (Anm. 28), Bd. 1, 2. Aufl., 164f.

64. Erste theoretische Ansätze bietet Sebastian Goeppert: *Über einige Schwierigkeiten der psychoanalytischen Kunst- und Literaturkritik.* In: S. Goeppert (Hrsg.): *Perspektiven psychoanalytischer Literaturkritik.* Freiburg i.Br. 1978, 42-53. Ein Beispiel für die Fruchtbarkeit dieses Ansatzes in der Interpretation einer Dichtung ist Hermann Beland: *Hinterm Berg, hinterm Berg brennt's. Ein Beitrag zur Interpretation von Mörikes Feuerreiter.* In: *Humanität und Technik in der Psychoanalyse.* Jahrbuch der Psychoanalyse, Beiheft Nr. 6. Hrsg. von U. Ehebald und F.-W. Eickhoff. Bern usw. 1981, 217-236.

65. Freud nennt als Beispiele den Verlegenheitstraum der Nacktheit, die Träume vom Tod teurer Personen und den Prüfungstraum. G.W. II/III, 246-282.

kommen, was der spontanen Erfassung latenter Bedeutungen Vor-schub leistet.[66]

Die Vorbedingung für die Versenkung in die Lektüre, *the willing suspension of disbelief* beim Leser, entspricht, wie gesagt, der "Dul-dung der Intelligenz" beim Dichter (Freud, G.W. VII, 121), der Herabsetzung der bewußten Kritik, also der *Zensur*, von der Freud im Hinblick auf das Schaffen des Dichters sprach.

Ob man nun diese Illusionierung im Leseprozeß mit Peter Schnei-der auf eine phantasierte Rückkehr in die Dualunion von Mutter und Kind, also auf eine Regression in die Phase vor der Trennung von Subjekt und Objekt zurückführt und somit in gewissem Sinne als zeitweilige Aufhebung der *Grundstörung* (des *basic fault* im Sinne von Michael Balint)[67] erklärt oder mit Norman N. Holland als eine Art der *Absorption*,[68] der Verschmelzung mit der Welt des Buches, betrachtet, es handelt sich jedenfalls bei der faszinierten Lektüre um eine Erweiterung der Innenwahrnehmung,[69] also um günstige Voraussetzungen für das Wahrnehmen latenter Bedeu-tungen.

Wie verbreitet diese Fähigkeit zur inneren Erkenntnis der Traum-bedeutung ist, läßt sich schwer sagen. Man kann nur feststellen, daß Schriftsteller sie bei ihren Lesern regelmäßig voraussetzen, sonst würden sie keine (ungedeuteten) Träume ihrer erfundenen Figuren mitteilen.

Aus diesen Überlegungen geht auch hervor, daß die Interpreta-tion eines Traums, richtig verstanden, die bewußte Explizierung einer bestimmten Aktualisierung seines Sinnpotentials darstellt; In-terpretation, anders gesagt, ist ins Bewußtsein gehobene und der

66. Vgl. zur psychoanalytischen Rezeptionstheorie N.N. Holland: *The Dynamics of Literary Response* (Anm. 53) und Walter Schönau: *Zur Wirkung der "Blechtrommel" von Günter Grass.* In: *Psyche* 28 (1974) 7, 573-599.

67. Peter Schneider: *Illusion und Grundstörung* (Anm. 53). Michael Balint: *Therapeutische Aspekte der Regression. Die Theorie der Grundstörung.* Rein-bek 1973.

68. Vgl. Anm. 53.

69. Vgl. dazu Norman N. Holland: "the reader responding favorably feels no difference between what he perceives as going on 'in the work' and what goes on between himself and the work. If the work pleases him, events 'out there' become events between 'out there' and 'in here'. The reader merges with the book, and the events of the book become as real as anything in his mind [...]". (*5 Readers Reading* [Anm. 53], 114f.)

Kontrolle der Reflexion unterworfene explizierte Rezeption.[70] Das sich in Sekundenschnelle konstituierende Beziehungsgewebe zwischen Traum und Wachbewußtsein ist, wenn es nicht expliziert wird, meines Erachtens als spontanes Traumverständnis zu bezeichnen. Eine Traumdeutung ist dann sozusagen die Fortsetzung dieser primären Rezeption mit anderen Mitteln, denen des Intellekts, der kritisch-rationalen Bearbeitung.

Der Eindruck des Gekünstelten, Gesuchten und Ausgefallenen vieler psychoanalytischer Deutungsvorschläge könnte erheblich gemildert werden, wenn die Interpreten ihre Gegenübertragungsreaktionen und ihre spontanen Assoziationsverläufe mitteilen würden, was, wie gesagt, aus Gründen der Diskretion nicht immer möglich ist. Die sowohl aus methodischen wie aus expositorischen Gründen erwünschte Explizierung der einzelnen Deutungsschritte, die Einbeziehung der Phase der *inventio* in die Begründung, könnte unnötigen Widerstand abbauen und eine Brücke schlagen zwischen der intuitiv-spontanen Rezeption und der kritisch-rationalen (rekommendativen) Interpretation.[71]

Solche Berichte über den Entstehungsprozeß einer Interpretation sind bisher genauso selten wie ihre Entsprechung im Bereich der Produktionsforschung, nämlich Darstellungen des Schaffensprozesses durch den Dichter selbst.[72] Voraussetzungen dazu sind allerdings das Vermögen zur Introspektion und die Bereitschaft zur öffentlichen Mitteilung der "privaten" Aspekte der Genese einer Dichtung.

70. Vgl. für einen Forschungsbericht über das gesamte Problemfeld Bernd Urban und Winfried Kudszus: *Kritische Überlegungen und neue Perspektiven zur psychoanalytischen und psychopathologischen Literaturinterpretation.* In: B. Urban und W. Kudszus (Hrsg.): *Psychoanalytische und psychopathologische Literaturinterpretation.* Darmstadt 1981, 1-22.

71. Vgl. dazu Reinhold Wolff: *Baudelaires "Chant d'Automne". Überprüfungsprobleme des traumdeutend-psychoanalytischen Verfahrens.* In: B. Urban und W. Kudszus: *Psychoanalytische und psychopathologische Literaturinterpretation* (Anm. 70), 47-71.

72. Als lesenswertes Beispiel dafür nenne ich Dieter Wellershoffs Darstellung der Entstehung eines Gedichts, in der besonders auch die traumähnlichen Aspekte des Schaffensprozesses beschrieben werden: *Träumerischer Grenzverkehr. Über die Entstehung eines Gedichtes.* In: D.W.: *Das Verschwinden im Bild. Essays.* Köln 1980, 127-142. Auch in: *Der Deutschunterricht* 34 (1982) 5, 38-45.

KINDHEITSKONFLIKTE UND REIFUNGSERLEBEN IM MÄRCHEN

von

Rose Rosenkötter

Was hat es für einen Sinn, Kindern Märchen zu erzählen, die ein veraltetes Weltbild, eine überwundene Gesellschaftsform spiegeln, in denen nicht vorbildliche mitmenschliche Beziehungen vermittelt werden, sondern in denen unentwickelte Triebwesen ihre archaischen Affekte ausleben?

Die Frage würde sich von selbst beantworten, stünde ihr nicht die große Anziehungskraft entgegen, die die jahrtausendelang tradierten Märchen auf jede neue Generation wieder ausüben. In diesem Widerspruch liegt die Herausforderung zu eingehender Beschäftigung mit den Inhalten, die immer noch interessieren, obwohl die Lebensbedingungen, in denen sie entstanden, längst überholt sind. Was ist vergleichbar geblieben? – Die Antwort heißt: Alles, was als Niederschlag grundsätzlicher menschlicher Erfahrung anzusehen ist.

In der vorliegenden Arbeit wird mit dem Instrumentarium einer psychoanalytisch orientierten Entwicklungspsychologie dem Sinngehalt der alten Geschichten für uns Heutige und unsere Kinder nachgespürt. An zwei Beispielen wird aufgezeigt, wie in ihnen Wünsche und Ängste, Bedürfnisse und ihre Versagung oder Befriedigung, Krisen und Entwicklungsanforderungen, die in jedem Leben eine Rolle spielen, unmittelbar oder symbolhaft beschrieben sind. Bei der Lektüre einer Märchensammlung, beispielsweise der *Kinder- und Hausmärchen* der Brüder Grimm[1], drängt sich die Beobachtung auf, daß es Märchen gibt, die den frühen Entwicklungsstufen entsprechen, während andere sich mit der Zeit des Heranwach-

---

1. Im folgenden mit KHM und zugehöriger Nummer bezeichnet. Vgl. u.a. Brüder Grimm: *Kinder- und Hausmärchen*. Berlin und Weimar 1977.

sens befassen; daß es sich bei den einen um die für den kleinen oder größeren Jungen typische Thematik dreht, in anderen sich um ausgesprochen weibliche Erlebnisformen handelt. Die Auswahl der hier vorgestellten Beispiele berücksichtigt diese beiden Gesichtspunkte.

Der kleine Däumling ist ein typisches Jungen-Märchen. Die einzige Frauengestalt, die darin vorkommt, ist die Frau des Korbmachers, mit der zusammen er sieben Kinder hat, bzw. die Frau des Menschenfressers, die ihm sieben Töchter gebar; ihre Rolle bleibt eine untergeordnete, wenngleich zugegebenermaßen notwendig zur Lebenserhaltung. Ausführlichen Raum hingegen nehmen die äußeren und inneren Erlebnisse des Sohnes ein, der durch die Reihe der Brüder vervielfacht erscheint, was seine Bedeutung erhöht. Geboren als nur daumengroß, wächst er im Verlauf der Geschichte zu einem souveränen Erwachsenen heran, der mit seinen Siebenmeilenstiefeln alles erreichen kann, was ihm erstrebenswert erscheint. Von dieser Erfolgslinie her gesehen, müßte das Märchen eigentlich zu den beliebtesten Geschichten kleiner Jungen gehören. Dem steht offenbar entgegen, daß es zu den berüchtigten grausamen Märchen gehört. Die Frage ist, auf wen diese Tatsache besonders abschreckend wirkt, ob auf die Kinder oder vielmehr auf die erwachsenen Erzähler; immerhin hat Ludwig Richter es für würdig befunden, es in die Reihe seiner Illustrationen aufzunehmen.

Im Märchen *Das Nußzweiglein* wird das Heranreifen des jungen Mädchens, seine erste Begegnung mit dem anderen Geschlecht, sein Erschrecken vor der hereinbrechenden Sexualität und schließlich das Hinfinden zu echter Partnerschaft in einer stark symbolhaltigen Sprache geschildert, die noch heute nichts von ihrer fesselnden und mitreißenden Wirkung eingebüßt hat.

I

Kindheitskonflikte im Leben des Jungen: Der kleine Däumling[2]

Es war einmal ein armer Korbmacher, der hatte mit seiner Frau sieben Jungen, da war immer einer kleiner als der andere, und der jüngste war bei seiner Geburt nicht viel über Fingers Länge, daher nannte man ihn Däumling. Zwar ist er hernach noch etwas gewachsen, doch nicht gar zu sehr, und den

2. Der Text ist in der ursprünglichen Fassung und Orthographie von 1845 wiedergegeben nach Ludwig Bechstein: *Sämtliche Märchen.* Hrsg. von Walter Scherf. Darmstadt 1980, Nr. 34.

Namen Däumling hat er behalten. Doch war er ein gar kluger und pfiffiger kleiner Knirps, der an Gewandtheit und Schlauheit seine Brüder alle in den Sack steckte.

Den Eltern ging es erst gar übel, denn Korbmachen und Strohflechten ist keine so nahrhafte Profession, wie Semmelbacken und Kälberschlachten, und als vollends eine teure Zeit kam, wurde dem armen Korbmacher und seiner Frau himmelangst, wie sie ihre sieben Würmer satt machen sollten, die alle mit äußerst gutem Appetit gesegnet waren. Da beratschlagten eines Abends, als die Kinder zu Bette waren, die beiden Eltern miteinander, was sie anfangen wollten, und wurden Rates, die Kinder mit in den Wald zu nehmen, wo die Weiden wachsen, aus denen man Körbe flicht, und sie heimlich zu verlassen. Das alles hörte der Däumling an, der nicht schlief, wie seine Brüder, und schrieb sich der Eltern übeln Ratschlag hinter die Ohren. Simulierte auch die ganze Nacht, da er vor Sorge doch kein Auge zutun konnte, wie er es machen sollte, sich und seinen Brüdern zu helfen.

Früh morgens lief der Däumling an den Bach, suchte die kleinen Taschen voll weiße Kiesel, und ging wieder heim. Seinen Brüdern sagte er von dem, was er erhorcht hatte, kein Sterbenswörtchen. Nun machten sich die Eltern auf in den Wald, hießen die Kinder folgen, und der Däumling ließ ein Kieselsteinchen nach dem andern auf den Weg fallen, das sah niemand, weil er, als der jüngste, kleinste und schwächste, stets hintennach trottelte. Das wußten die Alten schon nicht anders.

Im Wald machten sich die Alten unvermerkt von den Kindern fort, und auf einmal waren sie weg. Als das die Kinder merkten, erhoben sie allzumal, Däumling ausgenommen, ein Zetergeschrei. Däumling lachte und sprach zu seinen Brüdern: "Heult und schreit nicht so jämmerlich! Wollen den Weg schon allein finden." Und nun ging der Däumling voran und nicht hinterdrein, und richtete sich genau nach den weißen Kieselsteinchen, fand auch den Weg ohne alle Mühe.

Als die Eltern heim kamen, bescherte ihnen Gott Geld ins Haus; eine alte Schuld, auf die sie nicht mehr gehofft hatten, wurde von einem Nachbar an sie abbezahlt, und nun wurden Eßwaren gekauft, daß sich der Tisch bog. Aber nun kam auch das Reuelein, daß die Kinder verstoßen worden waren, und die Frau begann erbärmlich zu lamentieren: "Ach du lieber, allerliebster Gott! Wenn wir doch die Kinder nicht im Wald gelassen hätten! Ach, jetzt könnten sie sich dicksatt essen, und so haben die Wölfe sie vielleicht schon im Magen! Ach, wären nur unsre liebsten Kinder da!" — "Mutter, da sind wir ja!" sprach ganz geruhig der kleine Däumling, der bereits mit seinen Brüdern vor der Türe angelangt war, und die Wehklage gehört hatte; öffnete die Türe und herein trippelten die kleinen Korbmacher — eins, zwei, drei, vier, fünf, sechs, sieben. Ihren guten Appetit hatten sie wieder mitgebracht, und daß der Tisch so reichlich gedeckt war, war ihnen ein gefundenes Essen. Die Herrlichkeit war groß, daß die Kinder wieder da waren, und es wurde, so lange das Geld reichte, in Freuden gelebt, dies ist armer Handarbeiter Gewohnheit.

Nicht gar lange währte es, so war in des Korbmachers Hütte Schmalhans wieder Küchenmeister und ein Kellermeister mangelte ohnehin, und es er-

Ludwig Richter stellt im Bild die Beziehungsverhältnisse dar: Im Elternhaus steht die helle Gestalt der Mutter im Mittelpunkt, wie sie den eintretenden Kindern freundlich entgegenblickt. Der Vater steht als Schatten im Hintergrund.
(Aus: F.U. Fahlen [Hrsg.]: *Ludwig-Richter-Hausbuch*. Leipzig o.J.)

wachte aufs neue der Vorsatz, die Kinder im Walde ihrem Schicksal zu überlassen. Da der Plan wieder als lautes Abendgespräch zwischen Vater und Mutter verhandelt wurde, so hörte auch der kleine Däumling alles, das ganze Gespräch, Wort für Wort und nahm sich's zu Herzen.

Am andern Morgen wollte Däumling abermals aus dem Häuschen schlüpfen, Kieselsteine aufzulesen, aber o weh, da war's verriegelt, und Däumling war viel zu klein, als daß er den Riegel hätte erreichen können, da gedachte er sich anders zu helfen. Wie es fort ging zum Walde, steckte Däumling Brot ein, und streute davon Krümchen auf den Weg, meinte, ihn dadurch wieder zu finden.

Alles begab sich wie das erstemal, nur mit dem Unterschied, daß Däumling den Heimweg nicht fand, dieweil die Vögel alle Krümchen rein aufgefressen hatten. Nun war guter Rat teuer, und die Brüder machten ein Geheul in dem Walde, daß es zum Steinerbarmen war. Dabei tappten sie durch den Wald, bis es ganz finster wurde, und fürchteten sich über die Maßen, bis auf Däumling, der schrie nicht und fürchtete sich nicht. Unter dem schirmenden Laubdach eines Baumes auf weichem Moos schliefen die sieben Brüder, und als es Tag war, stieg Däumling auf einen Baum, die Gegend zu erkunden. Erst sah er nichts als eitel Waldbäume, dann aber entdeckte er das Dach eines kleinen Häuschens, merkte sich die Richtung,

Im Waldhaus wird die Kehrseite gezeigt: Der größte Raum wird von der feisten Gestalt des Menschenfressers eingenommen, wie er mit dem Messer zwischen den Zähnen gierig auf den kleinen Jungen in seiner Hand stiert. Seine Frau versucht, ihn mit ängstlicher Gebärde zurückzuhalten, indem sie ihn von hinten am Rock zupft.
(Aus: F.U. Fahlen [Hrsg.]: *Ludwig-Richter-Hausbuch*. Leipzig o.J.)

rutschte vom Baume herab und ging seinen Brüdern tapfer voran. Nach manchem Kampf mit Dickicht, Dornen und Disteln sahen alle das Häuschen durch die Büsche blicken, und schritten guten Mutes darauf los, klopften auch ganz bescheidentlich an der Türe an. Da trat eine Frau heraus, und Däumling bat gar schön, sie doch einzulassen, sie hätten sich verirrt, und wüßten nicht wohin? Die Frau sagte: "Ach, ihr armen Kinder!" und ließ den Däumling mit seinen Brüdern eintreten, sagte ihnen aber auch gleich, daß sie im Hause des Menschenfressers wären, der besonders gern die kleinen Kinder fräße. Das war eine schöne Zuversicht! Die Kinder zitterten wie Espenlaub, als sie dies hörten, hätten gern lieber selbst etwas zu essen gehabt, und sollten nun statt dessen gegessen werden. Doch die Frau war gut und mitleidig, verbarg die Kinder und gab ihnen auch etwas zu essen. Bald darauf hörte man Tritte und es klopfte stark an der Türe; das war kein andrer, als der heimkehrende Menschenfresser. Dieser setzte sich an den Tisch zur Mahlzeit, ließ Wein auftragen, und schnüffelte, als wenn er etwas röche, dann rief er seiner Frau zu: "Ich wittre Menschenfleisch!" Die Frau wollte es ihm ausreden, aber er ging seinem Geruch nach, und fand die Kinder. Die waren ganz hin vor Entsetzen. Schon wetzte er sein langes Messer, die Kinder zu schlachten, und nur allmählich gab er den Bitten seiner Frau nach, sie noch ein wenig am Leben zu lassen, und aufzufüttern, weil sie doch gar zu dürr seien, besonders der kleine Däumling. So ließ der böse Mann und Kinderfresser sich endlich beschwichtigen. Die Kinder wurden zu Bette gebracht, und zwar in derselben Kammer, wo ebenfalls in einem großen Bette Menschenfressers sieben Töchter schliefen, die so alt waren, wie die sieben Brüder. Sie waren von Angesicht sehr häßlich, jede hatte aber ein goldenes Krönlein auf dem Haupte. Das alles war der Däumling gewahr worden, machte sich ganz still aus dem Bette, nahm seine und seiner Brüder Nachtmützen, setzte diese Menschenfressers Töchtern auf, und deren Krönlein sich und seinen Brüdern.

Der Menschenfresser trank vielen Wein, und da kam ihm seine böse Lust wieder an, die Kinder zu morden, nahm sein Messer und schlich sich in die Schlafkammer, wo sie schliefen, willens, ihnen die Hälse abzuschneiden. Es war aber stockdunkel in der Kammer, und der Menschenfresser tappte blind umher, bis er an ein Bett stieß, und fühlte nach den Köpfen der darin Schlafenden. Da fühlte er die Krönchen, und sprach: "Halt da! Das sind deine Töchter. Bald hättest du betrunkenes Schaf einen Eselsstreich gemacht!"

Nun tappte er nach dem andern Bette, fühlte da die Nachtmützen, und schnitt seinen sieben Töchtern die Hälse ab, einer nach der andern. Dann legte er sich nieder und schlief seinen Rausch aus. Wie der Däumling ihn schnarchen hörte, weckte er seine Brüder, schlich sich mit ihnen aus dem Hause und suchte das Weite. Aber wie sehr sie auch eilten, so wußten sie doch weder Weg noch Steg, und liefen in der Irre herum voll Angst und Sorge, nach wie vor.

Als der Morgen kam, erwachte der Menschenfresser, und sprach zu seiner Frau: "Geh und richte die Krabben zu, die gestrigen!" Sie meinte, sie sollte die Kinder nun wecken, und ging voll Angst hinauf in die Kammer. Welch ein Schrecken für die Frau, als sie nun sah, was geschehen war; sie fiel gleich in Ohnmacht, über diesen schrecklichen Anblick, den sie da hatte. Als sie nun dem Menschenfresser zu lange blieb, ging er selbst hinauf, und da sah er, was er angerichtet. Seine Wut, in die er geriet, ist nicht zu beschreiben. Jetzt zog er die Siebenmeilenstiefel an, die er hatte, das waren Stiefeln, wenn man damit sieben Schritte tat, so war man eine Meile gegangen, das war nicht kleines.

Nicht lange, so sahen die sieben Brüder ihn von weitem über Berg und Tal schreiten und waren sehr in Sorgen, doch Däumling versteckte sich mit ihnen in die Höhlung eines großen Felsens. Als der Menschenfresser an diesen Felsen kam, setzte er sich darauf, um ein wenig zu ruhen, weil er müde geworden war, und bald schlief er ein, und schnarchte, daß es war, als brause ein Sturmwind. Wie der Menschenfresser so schlief und schnarchte, schlich sich Däumling hervor wie ein Mäuschen aus seinem Loch und zog ihm die Meilenstiefel aus, und zog sie selber an. Zum Glück hatten diese Stiefeln die Eigenschaft, an jeden Fuß zu passen, wie angemessen und angegossen. Nun nahm er an jede Hand einen seiner Brüder, diese faßten wieder einander an den Händen, und so ging es, hast du nicht gesehen, mit Siebenmeilenstiefeln nach Hause. Da waren sie alle willkommen, Däumling empfahl seinen Eltern ein sorglich Auge auf die Brüder zu haben, er wolle nun mit Hülfe der Stiefeln schon selbst für sein Fortkommen sorgen, und als er das kaum gesagt, so tat er einen Schritt und er war schon weit fort, noch einen, und er stand über eine halbe Stunde auf einem Berge, noch einen, und er war den Eltern und Brüdern aus den Augen.

Nach der Hand hat der Däumling mit seinen Stiefeln sein Glück gemacht, und viele große und weite Reisen, hat vielen Herren gedient, und wenn es ihm wo nicht gefallen hat, ist er spornstreichs weiter gegangen. Kein Verfolger zu Fuß noch zu Pferd konnte ihn einholen, und seine Abenteuer, die er mit Hülfe seiner Stiefeln bestand, sind nicht zu beschreiben.

Im ersten Abschnitt wird Däumling vorgestellt. Er gewinnt gleich unsere Sympathie, denn obwohl der kleinste von sieben Jungen, wird er als so gewandt und schlau geschildert, daß er alle seine Brüder in den Sack stecken kann. Dies bewirkt, daß er sich schon in der ursprünglichen Gruppe ein Ansehen verschaffen kann, wie es jüngeren Kindern den älteren Geschwistern gegenüber eigentlich nie gelingt, was sie sich aber sehnlichst wünschen. Als die Eltern die Kinder im Wald verlassen, ist er derjenige, der einen Rettungsplan entwickelt hat und ihn durchführt, ganz entsprechend wie Hänsel es für sich und sein Schwesterchen Gretel tut (KHM 15), wobei wir uns Hänsel aber immer als den großen Bruder vorstellen. Sehr geschickt nutzt er seine Situation des Kleinsten, von dem man es gewohnt ist, daß er hinterher trottet, und dessen spielerisches Tun keinen Verdacht erweckt. So kann er unbemerkt die Steine auf den Weg streuen, die das Zurückfinden garantieren. Als die Geschwister zu heulen beginnen, weil sie sich verlassen fühlen, übernimmt er die Rolle des Anführers, kann die Älteren als jämmerlich bezeichnen und ihnen aus der Verzweiflung helfen. Er, der noch am nächsten bei der Mutter liegt und die elterlichen Sorgen erlauschen konnte, hat sich in der schlaflosen Nacht damit beschäftigt, sich das Getrenntwerden von den Eltern auszuphantasieren und ein Stück Angstbewältigung vorweg zu leisten. Das ermöglicht ihm eine realitätsgerechte Einschätzung der Situation. Zum Tun ist es nun ein kleiner Schritt. Während die Brüder, die von den Absichten der Eltern nichts gewußt hatten und von der Trennung überrascht werden, weinen und jammern, kann Däumling zielgerichtet handeln und erreicht, daß die Trennung aufgehoben wird.

Die Beobachtung, wie kleine Kinder allmählich lernen, kurze Trennungen hinzunehmen, zeigt einen analogen Vorgang. Wenn sie oft genug erlebt haben, daß die Mutter, die sie verlassen hat, bald wiederkommt, lassen sie sie ruhig gehen − man denke an die sieben Geißlein, die sich gerade darin üben, eine Weile auf die Mutter zu verzichten, aber noch nicht angstfrei damit umgehen können. Der nächste Schritt ist, selbständig kleine Ablösungsversuche zu unternehmen, nämlich selbst wegzugehen und zurückzukommen, das Spiel von Trennung und Aufhebung des Getrenntseins selbst in die Hand zu nehmen. In der Geschichte bedeutet dies, den Rückweg zu kennen.

Es folgt die Wiedervereinigung mit der Mutter, die ihrerseits die Kinder schwer vermißt hat, und wird entsprechend als vollkommenes Glück geschildert. Von einem Schuldvorwurf ist nichts zu spüren, die Atmosphäre gleicht vielmehr der Heimkehr nach einem gut überstandenen Abenteuer. Die Erwähnung, "das Reuelein sei gekommen", dient vielmehr dazu, die Liebe der Mutter zu ihren Kindern zu betonen, die es ihr unmöglich macht, sich allein an den lebenserhaltenden Gaben zu freuen, die den Korbmacherleuten inzwischen beschert worden sind. Bei *Hänsel und Gretel* vermissen wir eine solche Szene glücklicher Wiedervereinigung mit der Mutter. Es gibt dort auch sonst keine Hinweise darauf, daß Hänsel der Lieblingssohn seiner Mutter gewesen sei. Es ist gerade der Mangel an Mütterlichkeit, der es Erwachsenen schwer macht, *Hänsel und Gretel* für erzählenswert zu halten. Die Art und Weise, wie der kleine Däumling in allen Gefahren erfolgreich und im Grunde unverletzlich bleibt, ist ein deutlicher Hinweis auf eine ursprünglich sehr gute Mutterbeziehung.

Freilich hält "die Herrlichkeit" nicht lange an; Armut und Hunger lassen Wunscherfüllungen nur wenig Raum. In vielen Märchen begegnet uns die bittere Realität, daß das Leben besonders der Kinder ständig schwer bedroht ist. Wir wissen leider, daß dies der historischen Wahrheit entspricht.[3] Nicht selten wurden Kinder wirklich ausgesetzt. Noch heute leben Kinder mit uns, die gefunden

---

3. Vgl. dazu Lloyd deMause (Hrsg.): *Hört ihr die Kinder weinen. Eine psychogenetische Geschichte der Kindheit*. Frankfurt a.M. 1977, 50ff.

und adoptiert werden konnten, wenn auch meist nicht auf deutschem Boden ausgesetzt. In unserem Text wird das erneute Verstoßen der Kinder durch die Eltern als schicksalhaft hingenommen, nicht moralisch beurteilt; sie kehren später zurück. Wir werden aber sehen, daß dies nur der bewußten Einstellung entspricht; im nächsten Abschnitt treffen wir auf die ins Unbewußte verdrängte andere Seite der Wahrnehmung. Wie Hänsel, so wird auch der kleine Däumling beim zweiten Mal gehindert, seinem Plan entsprechend Kieselsteine aufzulesen. Der Notbehelf, den Weg mit Brotbröckchen zu markieren, mißlingt auch ihm. Offenbar hat sich die Angst gesteigert, denn es hätte bessere Möglichkeiten einer Wegmarkierung gegeben als die von Hänsel und dem kleinen Däumling gewählten Krumen. Not macht nicht immer erfinderisch. Sie kann das Denken auch auf den einmal benutzten Ausweg einengen und die Umstellung auf notwendige Neuorientierung erschweren. Oder handelt es sich um einen tieferen Sinn, nämlich um das Opfer der letzten Speise?

Immerhin hebt Däumling sich von den Brüdern ab, er schreit nicht und fürchtet sich nicht, obwohl er der Kleinste und Jüngste ist. Die Ruhe der Nacht läßt ihn zu der erforderlichen Neuorientierung finden. Er überwindet seine Kleinheit, indem er einen Baum besteigt, von dem aus er Überblick gewinnt und ein neues Ziel entdeckt in Gestalt eines Hausdaches. Es gelingt ihm auch, die Richtung zu behalten, in der das neue Ziel zu sehen war, und seine Brüder hinzuführen.

Was sie in dem Häuschen finden, wirkt wie ein Negativbild des Elternhauses. Die ins Groteske verzerrte Analogie zu der oben beschriebenen Heimkehr zeigt einseitig die Gefühlskälte von "Ersatzeltern": Die Frau, selbst siebenfache Mutter, will zwar versorgen, kann aber nicht schützen vor dem Mann, der ihre Kommunikation mit den Kindern nicht nur stört, sondern die um Speise Bittenden gar selbst verspeisen will. Aus dem Vater, der sein Brot nicht mit ihnen teilt, ist der Kinderfresser geworden. Kaum hat der Däumling das Interesse der Mutter auf sich konzentriert, kommt der Mann und beansprucht alles für sich.

Die Bedrohung erscheint vom Erleben des Kindes her als Gefressenwerden. Das ist mehrfach begründet. Zum einen entspricht es der oralen Vorstellungswelt des kleinen Kindes, Lebenserhaltung mit Fressen und Lebensvernichtung mit Gefressenwerden gleichzusetzen. Der ungestillte Hunger wird in der Phantasie zur Gier des Angstbildes. So frißt der böse Wolf gleich sechs Geißlein nacheinander, Rotkäppchen gelangt in den Bauch des Wolfes und Jonas in den Leib des Fisches. In diesem Alter ist offensichtlich der Tod als etwas Endgültiges noch nicht als Vorstellung faßbar, wie es jeweils aus dem Ende der Geschichte hervorgeht: Der Gefressene kann aus dem Bauch wiedergeboren werden; das Denken bewegt sich in einem Zirkel um das Herauskommen aus dem Bauch und das Wiederhineingelangen. Aber orale Erlebniswelt und Projektion des eigenen Triebes auf einen Bedroher reichen zur Erfassung des Phänomens Menschenfresser noch nicht aus. Die individuelle Psychologie muß ergänzt werden durch einen menschheitsgeschichtlichen Aspekt.

Auf frühen Kulturstufen spielt die Menschenfresserei eine große Rolle. Nach Peuckert[4] war sie auf Neuguinea noch in der Mitte unseres Jahrhunderts anzutreffen. Vor seiner Ablösung durch das Tieropfer galt das Menschenopfer als magisch besonders wirksam und war weit verbreitet. Die Kommunion, das gemeinsame Mahl, ist ein wesentlicher Bestandteil dieses Rituals. Durch die Einverleibung des Geopferten wird man seiner Kräfte und Fähigkeiten teilhaftig. Der Menschenfresser beseitigt also nicht nur seine Rivalen, er eignet sich auch die Kräfte an, die im heranwachsenden Knaben schlummern, und er steigert so seine Potenz. Deshalb kann es der Frau des Menschenfressers nicht gelingen, ihn wirklich zum Aufschub zu überreden, wenn auch ihr Argument, die Kinder müßten erst aufgefüttert werden, um verzehrenswert zu sein, sich seinen Gedankengängen anzupassen sucht (vgl. Hänsels Fingerprobe, ob er dick genug geworden sei, um von der Hexe gefressen zu werden).

Sehen wir uns um, wo das Menschenfresserthema noch auftaucht, so stoßen wir auf das Märchen von *Prinz Schwan*. Da dieses Märchen in den späteren Sammlungen nicht enthalten ist, fügen wir hier den für unsere Fragestellung wichtigen Teil der Geschichte nach dem Text *Die Kinder- und Hausmärchen der Brüder Grimm in ihrer Urgestalt* (1812)[5] ein:

> Es war ein Mädchen mitten in einem großen Wald, da kam ein Schwan auf es zugegangen, der hatte einen Knauel Garn, und sprach zu ihm: "ich bin

4. Will-Erich Peuckert: *Geheimkulte*. Heidelberg 1951, 168.

5. Friedrich Panzer (Hrsg.): *Die Kinder- und Hausmärchen der Brüder Grimm in der Urfassung*. Hamburg-Bergedorf 1948, Nr. 59.

kein Schwan, sondern ein verzauberter Prinz, aber du kannst mich erlösen, wenn du den Knauel Garn abwickelst, an dem ich fortfliege; doch hüte dich, daß du den Faden nicht entzwei brichst, sonst komm' ich nicht bis in mein Königreich, und werde nicht erlöst; wickelst du aber den Knauel ganz ab, dann bist du meine Braut." Das Mädchen nahm den Knauel und der Schwan stieg auf in die Luft, und das Garn wickelte sich leichtlich ab. Es wickelte und wickelte den ganzen Tag, und am Abend war schon das Ende des Fadens zu sehen, da blieb er unglücklicherweise an einem Dornstrauch hängen und brach ab. Das Mädchen war sehr betrübt und weinte, es wollt' auch Nacht werden, der Wind ging so laut in dem Wald, daß ihm Angst ward, und es anfing zu laufen, was es nur konnte. Und als es lang gelaufen war, sah es ein kleines Licht, darauf eilte es zu, und fand ein Haus und klopfte an. Ein altes Mütterchen kam heraus, das verwunderte sich, wie es sah, daß ein Mädchen vor der Thüre war: "ei mein Kind, wo kommst du so spät her?" – "Gebt mir doch heut Nacht eine Herberg, sprach es, ich habe mich in dem Wald verirrt; auch ein wenig Brod zu essen." – "Das ist ein schweres Ding, sagte die Alte, ich gäbe dirs gern, aber mein Mann ist ein Menschenfresser, wenn der dich findet, so frißt er dich auf, da ist keine Gnade; doch, wenn du draußen bleibst, fressen dich die wilden Thiere, ich will sehen, ob ich dir durchhelfen kann." Da ließ sie es herein, und gab ihm ein wenig Brod zu essen, und versteckte es dann unter das Bett. Der Menschenfresser aber kam allemal vor Mitternacht, wenn die Sonne ganz untergegangen ist, nach Haus, und ging Morgens, ehe sie aufsteigt, wieder fort. Es dauerte nicht lang, so kam er herein; "ich wittre, ich wittre Menschenfleisch!" sprach er und suchte in der Stube, endlich griff er auch unter das Bett und zog das Mädchen hervor: "das ist noch ein guter Bissen!" Die Frau aber bat und bat, bis er versprach, die Nacht über es noch leben zu lassen, und morgen erst zum Frühstück zu essen. Vor Sonnenaufgang aber weckte die Alte das Mädchen: "eil dich, daß du fortkommst, eh mein Mann aufwacht, da schenk ich dir ein golden Spinnrädchen, das halt in Ehren: ich heiße S o n n e." Das Mädchen ging fort und kam Abends an ein Haus, da war alles, wie am vorigen Abend, und die zweite Alte gab ihm beim Abschied eine goldene Spindel und sprach: "ich heiße M o n d." Und am dritten Abend kam es an ein drittes Haus, da schenkte ihm die Alte einen goldenen Haspel und sagte: "ich heiße S t e r n, und der Prinz Schwan, obgleich der Faden noch nicht ganz abgewickelt war, war doch schon so weit, daß er in sein Reich gelangen konnte, dort ist er König und hat sich schon verheirathet, und wohnt in großer Herrlichkeit auf dem Glasberg; du wirst heute Abend hinkommen, aber ein Drache und ein Löwe liegen davor und bewahren ihn, darum nimm das Brod und den Speck und besänftige sie damit."

Die Geschichte fährt nun fort mit der Wiedereroberung des Bräutigams, wie wir es kennen aus *Das singende, springende Löweneckerchen* (KHM 88) oder *Der Eisenofen* (KHM 127).

Kürzer gefaßt, aber inhaltlich analog, wird in den *Sieben Raben* (KHM 25) die Wanderung des Schwesterchens beschrieben:

Nun ging es immerzu, weit weit, bis an der Welt Ende. Da kam es zur Sonne, aber die war zu heiß und fürchterlich und fraß die kleinen Kinder. Eilig lief es weg und lief hin zu dem Mond, aber der war gar zu kalt und auch grausig und bös, und als er das Kind merkte, sprach er: "Ich rieche, rieche Menschenfleisch". Da machte es sich geschwind fort und kam zu den Sternen, die waren ihm freundlich und gut, und jeder saß auf seinem besonderen Stühlchen. Der Morgenstern aber stand auf, gab ihm ein Hinkelbeinchen und sprach: "Wenn du das Beinchen nicht hast, kannst du den Glasberg nicht aufschließen, und in dem Glasberg, da sind deine Brüder."
Das Mädchen nahm das Beinchen, wickelte es wohl in ein Tüchlein und ging wieder fort, so lange, bis es an den Glasberg kam.

Also ist auch in diesem uns so geläufigen Märchen das Motiv enthalten, vom Menschenfresser bedroht zu sein, nur ein wenig verhüllter. Der Kannibalismus als besonders schwerwiegender Vorwurf begegnet uns in jener Episode aus *Die sechs Schwäne* (KHM 49), in der die Mutter des Königs der jungen Königin ihr neugeborenes Kind wegnimmt und ihr den Mund mit Blut beschmiert, um sie dem Feuertod zuführen zu lassen.

Der historische Verhaltensforscher August Nitschke konnte in seinem Buch *Soziale Ordnungen im Spiegel der Märchen*[6] überzeugend nachweisen, daß *Die sieben Raben* und *Die sechs Schwäne* der Kultur der Jäger und Hirten nach der letzten Eiszeit zuzuordnen sind. Die Vorstellung vom Menschenfresser gehört also zu den ältesten Anteilen der Überlieferung.

Nach diesem Exkurs wenden wir uns wieder dem Verlauf der Geschichte zu. Die Frau des Menschenfressers bringt die Jungen in derselben Kammer unter, in der die sieben Menschenfresser-Töchter schlafen, die gleichaltrig sind mit den Brüdern. Es heißt: "Sie waren von Angesicht sehr häßlich, jede hatte aber ein goldenes Krönlein auf dem Haupte". So wenig ansprechend die Mädchen dem Betrachter erscheinen, sind sie doch alle Trägerinnen einer besonderen Auszeichnung. Das goldene Krönlein ist sonst der Königstochter vorbehalten. Offenbar genießen diese Töchter die besondere Wertschätzung des Menschenfressers: sie sind die bevorzugten Kinder. Däumling hatte schon erkennen müssen, daß der Wunsch nach Unterschlupf die Verführung in sich birgt, zu wenig eigene Wachsamkeit aufzuwenden gegenüber den Gefahren, die dem Heranwachsenden auflauern. Er kommt auf den Gedanken, zu seiner

6. August Nitschke: *Soziale Ordnungen im Spiegel der Märchen*. Bd. 1. Stuttgart-Bad Cannstatt 1976, 61ff.

und der Brüder Rettung die auf dem Kopf befindlichen Merkmale auszutauschen — Nachtmützchen gegen Krönchen —, und beraubt damit die Mädchen ihres wertvollsten Attributs. Die Frage mancher Hörer, wie die im Wald verirrten Jungen plötzlich zu Nachtmützen gelangt sein könnten, löst sich in unserer Betrachtung dahingehend auf, daß sie ein Kennzeichen für das Geschlecht sind, also tatsächlich von den Jungen immer mitgeführt werden. Der Umtausch der Kopfbedeckungen bedeutet also einen Rollentausch; aus den Mädchen sind Jungen, aus den Jungen sind Mädchen geworden. So ziehen die Brüder jetzt das Wohlgefallen des Menschenfressers auf sich, seine Rachsucht gegen die möglichen Rivalen ist abgeleitet. Dies soll sich noch in derselben Nacht beweisen. Der gierige Alte schneidet seinen Töchtern die Hälse durch. Während er seinen Rausch ausschläft, können die Brüder fliehen. Aber noch sind sie nicht außerhalb der Gefahrenzone. In rasender Wut rennt ihnen der betrogene Alte mit seinen Siebenmeilenstiefeln nach. Die Brüder, die vor Angst planlos herumgeirrt waren, sehen ihn von weitem kommen. Diesmal ist es die rettende Felshöhlung, die Däumling den nötigen Aufschub verschafft, in dem er seine Kräfte sammeln kann zu neuem planvollem Handeln: Dem Riesen, der sich die Potenz der Kinder aneignen wollte, zieht er im Schlaf die Siebenmeilenstiefel aus, d.h. er nimmt ihm seine übergroße Kraft und legt sie sich selbst zu. Die Glücksstiefel passen sich jedem Fuß an, und mit ihrer Hilfe können die Brüder schnell und zielgerichtet nach Hause laufen. Dort gibt Däumling seine Trabanten in die Obhut der Eltern ab. Seine neu erworbenen Kräfte machen ihn unabhängig, so daß er allein sein Fortkommen findet, überall hingelangen und überall da, wo es ihm mißfällt, weggehen kann, ohne daß ihn einer zurückhält.

Dieser Schluß der Geschichte, in dem Däumling volle Autonomie erreicht und der Versuchung zur Rückkehr ins elterliche Nest widersteht, wird von Bechstein summarisch beschrieben im Vergleich zu anderen Erzählern, wie wir noch sehen werden. Zunächst ist aber noch einiges nachzutragen über die Geschichte der mitmenschlichen Beziehungen, wie das Märchen sie abbildet. Es war die Rede davon, daß die Töchter die Lieblinge des Vaters sind und daß Däumling sie ihres wertvollen Attributs beraubt. Die Mädchen treten genauso wenig individuell in Erscheinung wie Däumlings Brüder. Wir können also vereinfachend auch von dem Konflikt zwischen der

Lieblingstochter des Vaters und dem Lieblingssohn der Mutter sprechen. Die Situation hat viel Ähnlichkeit mit der Eifersucht des Bruders auf die Schwester, weil sie den Vater lieben kann und nicht zu fürchten braucht. Im Märchen gelingt es, für einen Augenblick die Situation umzukehren und sich gründlich an ihr zu rächen. Die Rivalin wird beseitigt, ohne daß von Reue oder Schuldgefühl die Rede wäre; lediglich Mitgefühl für die vom Verlust schwer betroffene Mutter folgt der Schilderung des Töchtermords. Statt des zu erwartenden Schuldgefühls beherrscht die Jungen die Angst vor der Raserei des Vaters, den sie durch die Aneignung der Krönchen verständlicherweise doch nicht für sich gewinnen konnten. Die Rivalität ist in dieser Geschichte unverhüllt archaisch und total, wie es dem Haßerleben des jüngeren Kindes entspricht.

Dies ist ein besonderer Stein des Anstoßes, zumindest für jede Hörerin. Auch die Märchenerzähler haben dies empfunden und versucht, es begreiflicher zu machen. So schildert Perrault (1697) die Töchter des Menschenfressers wie folgt:

Diese kleinen Menschenfresserinnen hatten samt und sonders eine sehr schöne Gesichtsfarbe, weil sie, wie ihr Vater, rohes Fleisch aßen; sie hatten aber kleine, graue Augen, kugelrunde, eine krumme Nase und einen mächtigen großen Mund mit langen, sehr spitzen und sehr weit auseinanderstehenden Zähnen. Sie waren noch nicht gar so schlimm, aber doch vielversprechend, denn sie bissen gern die kleinen Kinder, um ihnen das Blut auszusaugen.[7]

In der Nacherzählung von Moritz Hartmann (1977) lesen wir:

In derselben Stube in einem großen breiten Bette schliefen die sieben Töchter des Riesen, junge, ebenfalls zum Menschenfleisch essen geborene Riesinnen. Sie sahen sehr wohlgenährt, hübsch und frisch aus, wie alle, die von anderen leben. Ihre Vorderzähne waren sehr lang und gingen breit auseinander, was ihre Bestimmung und Nahrungsweise verriet. Noch waren sie nicht sehr bösartig, aber sie berechtigten zu den schönsten Hoffnungen, denn wo sie ein Kind erwischen konnten, bissen sie drein.[8]

So gesehen, gereicht es dem Däumling geradezu zum Verdienst, die Menschheit von dieser zu erwartenden Plage befreit zu haben. An ihrem Untergang ursächlichen Anteil zu haben, braucht jetzt im Hörer keine Beunruhigung mehr hervorzurufen, ob man sich vom Geschwisterhaß habe hinreißen lassen. Offenbar ist es den Erzäh-

7. Charles Perrault: *Feenmärchen aus alter Zeit*. München o.J., 146ff.

8. Moritz Hartmann/Charles Perrault: *Der kleine Däumling und andere Märchen*. (Ost-)Berlin 1977, 14.

lern dabei aber entgangen, daß sie sich damit dem männlichen Blickwinkel anschließen und die Geschichte für Hörerinnen kaum annehmbarer machen.

Fassen wir zusammen, was sich an psychologischen Aussagen aus der Betrachtung des Märchens ergibt und welche typischen Konflikte der Kleinkindzeit darin anschaulich gemacht werden. Die Ausgangssituation ist bei *Hänsel und Gretel* vergleichbar mit der des kleinen Däumling: Die Kinder werden in einer Notzeit von den Eltern im Wald ausgesetzt. Aber während in *Hänsel und Gretel* das orale Thema – Armut als Hunger, Wunscherfüllung als orale Befriedigung, der glückliche Ausgang als Behebung der Hungersituation – durchgängig bestimmend bleibt, schildert *Der kleine Däumling* hauptsächlich die Entwicklung eines besonders kleinen und schwachen Jungen zu einem besonders leistungsfähigen und autarken Mann. Um dies zu erreichen, muß das faktische Kleinsein wie in jedem Menschenleben überwunden werden und der innere Wunsch nach Rückkehr in die Geborgenheit muß aufgegeben werden, denn jede Regression, die mehr als eine Ruhepause zu neuem Kräftesammeln darstellt, ist der Entwicklung und der Progression hinderlich. Das schließt ein, daß die beherrschende Angst der Kindheit, die Trennungsangst, möglichst vollständig überwunden wird.

Die Beziehung zu den wichtigsten Personen spiegelt sich in verschiedenen Episoden. Zu Beginn werden die Eltern als diejenigen erlebt, die die Kinder aus dem Nest stoßen und damit die Entwicklung antreiben. Die Klagen der Mutter und der Ausruf: "Mutter, da sind wir ja schon!" bei der Heimkehrszene verraten, daß es ursprünglich eine gute und nahe Mutterbeziehung gab – die beste Grundlage für den Lebenserfolg. Der Vater tritt unter zwei Aspekten auf, einmal als der wilde und gierige Tyrann, der wie Herodes den Rivalen ausschalten will, später als der beneidenswerte Starke, dem gleichzukommen erstrebt wird, dessen Potenz man sich aneignen muß, um selbst Mann werden zu können. Auch das Geschwisterthema hat zweierlei Gestalt. Die Brüder werden als Verstärker der eigenen Situation erlebt, durch ihre Vielzahl wird die Bedeutung des eigenen Erlebens und Selbstwertes unterstrichen. In der Geschichte stellen die Brüder die passiven Anteile eines Organismus dar, dessen aktiver Teil Däumling ist. Dem anderen Geschlecht gegenüber herrscht ein Mißtrauen vor. Die Mädchen werden mit phallischen Attributen ausgestattet – mit großen Zähnen – und dann zu Recht kastriert. M.a.W. sie werden als fremdartig und verunsichernd erlebt. Man muß sich klar werden über die eigene Identität; der Versuch, die Rollen zu tauschen, erscheint gefährlich, und die Rivalinnen um die Zuwendung der Mutter und die Gunst des Vaters erscheinen hassenswert. Erst nach der wiedergewonnenen Stabilisierung der eigenen Identität durch den Zustrom männlicher Kraft, die man sich gern vom Vater holen möchte, kann das eigentliche Ziel angesteuert werden, nämlich die Eroberung der Welt. Das Märchen vom kleinen Däumling faßt also sechs verschiedene Problembereiche zusammen, deren Bewältigung die Voraussetzung dafür ist, daß der Junge in die Welt hinausziehen kann, d.h. daß er die Reifestufe des etwa 12-Jährigen erreicht:

1. Die Überwindung des Kleinseins und der Trennungsangst.
2. Die Auseinandersetzung mit den Eltern, von der Begegnung mit ihrer negativen archaischen Seite angefangen bis zum Wiederfinden der Objektkonstanz, d.h. zur Erkenntnis, daß es dieselben Personen sind, die einmal liebevoll und ein andermal streng erscheinen.
3. Die Entdeckung des Geschlechtsunterschiedes und die damit verbundene Angst vor Kastration.
4. Die Eifersucht auf das vom gleichgeschlechtlichen Elternteil bevorzugte Geschwister − ein Ausblick darauf, daß sich die Entwicklung der ödipalen Phase annähert; die Liebe zwischen den Töchtern und dem fremden Vater wird schon wahrgenommen, die eigene Liebesfähigkeit ist aber noch in kindlicher Angst eingeengt.
5. Das Sicherwerden in der eigenen Geschlechtsrolle bzw. das Hinfinden zur eigenen Identität.
6. Der Erwerb von Potenz und männlicher Lebenstüchtigkeit.

Die nächste große Lebensaufgabe, nämlich liebesfähig zu werden und eine glückliche Partnerschaft eingehen zu können, wird im Märchen vom kleinen Däumling noch nicht berührt; damit wird sich der zweite Teil der Arbeit anhand eines typischen Reifungsmärchens beschäftigen.

Hier sei noch ein Nebenaspekt erwähnt, der beim Vergleich verschiedener Märchenberichte immer wieder auffällt, nämlich die verschiedenartige zeit- oder kulturbedingte Ausgestaltung des Grundmotivs. So behandelt Bechstein den Schluß des Märchens vom Grundsätzlichen her, indem er die erreichte Selbständigkeit und Selbstsicherheit des ehemals kleinen Däumling mit wenigen Strichen skizziert. Viel ausführlicher verbreitet sich Perrault darüber, der als Oberaufseher der königlichen Bauten am französischen Hof in einem Milieu lebte, das für Bechsteins Leser bereits zu einer le-

85

gendären Vergangenheit gehörte; wir müssen aber annehmen, daß Bechstein seine *Feenmärchen aus alter Zeit* kannte. Zunächst macht er eine Einfügung, die noch einmal eine Analogie zu *Hänsel und Gretel* darstellt. In seiner Version schickt Däumling die verängstigten Brüder allein nach Hause, zieht dem schnarchenden Riesen die Siebenmeilenstiefel aus, geht mit ihnen zurück ins Menschenfresserhaus und erpreßt die alte Frau, alle Barschaft herauszugeben, ihr Mann brauche sie als Lösegeld, denn er sei in die Hände einer Diebesbande gefallen; er, der Däumling, solle das Geld schleunigst überbringen, wozu der Riese ihm die Siebenmeilenstiefel gegeben habe. Mit den so erbeuteten Schätzen kehrt Däumling ins Elternhaus zurück. Perrault fährt fort:

Es gibt viele Leute, die lassen diesen letzten Umstand nicht gelten und behaupten, der kleine Däumling habe jenen Diebstahl am Menschenfresser gar nicht verübt, allerdings habe er sich kein Gewissen daraus gemacht, ihm seine Siebenmeilenstiefel wegzunehmen, weil er sich ihrer nur dazu bediente, um den kleinen Kindern nachzujagen. Selbige Leute versichern, es aus guter Quelle zu wissen, und obendrein weil sie im Hause des Holzhackers ein und aus gingen. Sie versichern, daß der kleine Däumling, als er sich die Stiefel des Menschenfressers angezogen hatte, damit zu Hofe ging, wo man, wie er wußte, in großer Sorge war um ein Kriegsheer, das zweihundert Meilen weit entfernt stand, und auch um den Ausgang einer kürzlich gelieferten Schlacht. Dort suchte er, sagen sie, den König auf und erklärte ihm, daß, falls er es wünsche, er ihm noch vor Schluß des Tages Botschaft vom Heere bringen würde. Der König versprach ihm eine große Summe Geldes, wenn er damit zustande käme. Der kleine Däumling überbrachte ihm noch am selbigen Abend Botschaft, und, nachdem ihn dieser erste Botengang allgemein bekannt gemacht hatte, verdiente er sich so viel, wie er nur wollte; denn der König bezahlte ihn glänzend dafür, daß er dem Kriegsheer seine Befehle brachte, und unzählige Damen gaben ihm, was er nur wollte, um von ihren Liebhabern Botschaft zu erhalten, und dies war sein reichster Verdienst. Es fanden sich einige Ehefrauen, die ihn mit Briefen für ihre Ehemänner betrauten, aber die bezahlten ihn so schlecht, und dies brachte so wenig ein, daß er es nicht für der Mühe wert hielt, das, was er von dieser Seite her verdiente, in Anschlag zu bringen. Nachdem er so eine Zeitlang das Geschäft eines Eilboten betrieben und sich dabei ein großes Vermögen gemacht hatte, kehrte er zu seinem Vater zurück, wo man sich unmöglich die Freude des Wiedersehens vorstellen kann. Er verhalf seiner ganzen Familie zum Wohlstand. Er kaufte neugeschaffene Ämter für seinen Vater und für seine Brüder; und dadurch versorgte er sie alle und machte selber dabei ein ganz erstaunliches Glück.[9]

9. Vgl. Anm. 7, 155.

In der Nacherzählung von Moritz Hartmann klingt es so:

> Die gute Frau besann sich nicht lange und gab alles her, und mit den Schätzen beladen, eilte der Däumling heim zu Vater, Mutter und Brüdern, und das war wieder einmal eine Freude des Wiedersehens, daß es nicht zu sagen ist. Mit den Schätzen des Riesen konnten nun die armen Leute trotz aller Hungersnot herrlich und in Freuden leben, und das taten sie auch gewissenhaft und luden alle armen Leute und Nachbarn dazu ein. Aber der Däumling sagte: "Ich bin keine Schnecke, die immer das Haus auf dem Buckel hat, und wenn man Siebenmeilenstiefel hat, muß man seinen Weg machen. Das ist nur recht und billig. Ich gehe zum König und werde Kurier!" Der König war über die Maßen froh, einen solchen Kurier zu haben, der ihm täglich einigemale Nachricht von seiner Armee, die fern im Felde stand, bringen konnte, denn schon damals waren die Leute so dumm, Kriege zu führen. Es war für den König sehr bequem, seine Soldaten von seiner Stube aus kommandieren zu können, vor den Kugeln sicher, nichts von Regen und Kälte und Ermüdung zu leiden und doch ein großer Feldherr zu sein. Dafür war er dem Däumling sehr dankbar und bezahlte ihm jeden Weg aufs beste. Als endlich der Friede geschlossen und der König vor die Stadt geritten war, um einen feierlichen Einzug in die Stadt zu halten, ernannte er den Däumling zum Gesandten. So war der kleine Däumling ein großer Herr geworden, und in seinem Wappen standen in goldenen gotischen Lettern die Worte: Selbst ist der Mann![10]

Mühelos erkennen wir in Perraults Fassung die Spuren der Feudalgesellschaft, in der Nacherzählung deren Ironisierung und die Betonung des sozialen Gesichtspunkts. So amüsant beide Fassungen sich anhören, finden wir doch bei Bechstein den wesentlichen Gehalt in eindeutigerer Aussage. Hartmanns Schluß mit dem Wappenspruch "Selbst ist der Mann" stellt auch klar, um welches Thema das ganze Märchen kreist, nämlich Ichentwicklung und Selbstwerdung. Die Geschichte von *Hänsel und Gretel* verharrt in der oralen Modalität, wie schon Bettelheim[11] ausgeführt hat. Für die des kleinen Däumling ist der Gewinn der Schätze des Riesen, die den Hunger stillen können, nicht wesentlich; wesentlich hingegen ist der Erwerb der Siebenmeilenstiefel, die ihn in die Lage versetzen, autark zu sein. Die Form der Wunscherfüllung ist narzißtisch, es geht um die eigene Grandiosität, während bei *Hänsel und Gretel* durchgehend die Beziehung das Wichtigste bleibt.

10. Vgl. Anm. 8, 16ff.
11. Bruno Bettelheim: *Kinder brauchen Märchen*. Stuttgart 1977, 151f.

II

Das Ende der Kindheit im Reifungserleben

Mit dem Märchen vom *Nußzweiglein* (Bechstein Nr. 16) treten
wir in eine neue Entwicklungsphase ein, in der die Eroberung der
Außenwelt zweitrangig wird und das innere Erleben das Interesse
auf sich konzentriert. Idealbildung, Kritik und Selbstkritik spielen
eine Rolle, die ödipale Beziehung lebt neu auf und die erwachende
eigene Sexualität beunruhigt. Lassen wir zunächst den Text des
Märchens auf uns wirken:

Es war einmal ein reicher Kaufmann, der mußte in seinen Geschäften in
fremde Länder reisen. Da er nun Abschied nahm, sprach er zu seinen drei
Töchtern: "Liebe Töchter, ich möchte euch gerne bei meiner Rückkehr eine Freude bereiten, sagt mir daher, was ich euch mitbringen soll?" Die Älteste sprach: "Lieber Vater, mir eine schöne Perlenhalskette!" Die andere
sprach: "Ich wünsche mir einen Fingerring mit einem Demantstein." Die
Jüngste schmiegte sich an des Vaters Herz und flüsterte: "Mir ein schönes,
grünes Nußzweiglein, Väterchen." – "Gut, meine lieben Töchter!" sprach
der Kaufmann, "ich will mir's aufmerken und dann lebet wohl."

Weit fort reisete der Kaufmann, und machte große Einkäufe, gedachte
aber auch getreulich der Wünsche seiner Töchter. Eine kostbare Perlenhalskette hatte er bereits in seinen Reisekoffer gepackt, um seine Älteste damit
zu erfreuen, und einen gleich wertvollen Demantring hatte er für die mittlere Tochter eingekauft. Einen grünen Nußzweig aber konnte er nirgend
gewahren, wie er sich auch darum bemühte. Auf der Heimreise ging er deshalb große Strecken zu Fuß, und hoffte, da sein Weg ihn vielfach durch
Wälder führte, endlich einen Nußbaum anzutreffen; doch dies war lange
vergeblich, und der gute Vater fing an betrübt zu werden, daß er die harmlose Bitte seines jüngsten und liebsten Kindes nicht zu erfüllen vermöchte.

Endlich, als er so betrübt seines Weges dahinzog, der ihn just durch einen dunkeln Wald, und an dichtem Gebüsch vorüberführte, stieß er mit seinem Hut an einen Zweig, und es raschelte, als fielen Schossen darauf; wie
er aufsah, war's ein schöner, grüner Nußzweig, daran eine Traube goldner
Nüsse hing. Da war der Mann sehr erfreut, langte mit der Hand empor und
brach den herrlichen Zweig ab. Aber in demselben Augenblicke schoß ein
wilder Bär aus dem Dickicht und stellte sich grimmig brummend auf die Hin-
tertatzen, als wollte er den Kaufmann gleich zerreißen. Und mit furchtbarer
Stimme brüllte er: "Warum hast du meinen Nußzweig abgebrochen, du? Warum? Ich werde dich auffressen." Bebend vor Schreck und zitternd sprach
der Kaufmann: "O lieber Bär, friß mich nicht, und laß mich mit dem Nußzweiglein meines Weges ziehen, ich will dir auch einen großen Schinken
und viele Würste dafür geben!" Aber der Bär brüllte wieder: "Behalte deinen Schinken und deine Würste! Nur wenn du mir versprichst, mir dasjenige zu geben, was dir zu Hause am ersten begegnet, so will ich dich nicht
fressen." Dies ging der Kaufmann gerne ein, denn er gedachte, wie sein Pu-

del gewöhnlich ihm entgegenlaufe, und diesen wollte er, um sich das Leben zu retten, gerne opfern. Nach derbem Handschlag tappte der Bär ruhig ins Dickicht zurück; und der Kaufmann schritt, aufatmend, rasch und fröhlich von dannen.

Der goldne Nußzweig prangte herrlich am Hut des Kaufmanns, als er seiner Heimat zueilte. Freudig hüpfte das jüngste Mägdlein ihrem Vater entgegen; mit tollen Sprüngen kam der Pudel hinterdrein, und die älteren Töchter und die Mutter schritten etwas weniger schnell aus der Haustüre, um den Ankommenden zu begrüßen. Wie erschrak nun der Kaufmann, als seine jüngste Tochter die erste war, die ihm entgegenflog! Bekümmert und betrübt entzog er sich der Umarmung des glücklichen Kindes und teilte nach den ersten Grüßen den Seinigen mit, was ihm mit dem Nußzweig widerfahren. Da weinten nun alle und wurden betrübt, doch zeigte die jüngste Tochter den meisten Mut und nahm sich vor, des Vaters Versprechen zu erfüllen. Auch ersann die Mutter bald einen guten Rat und sprach: "Ängstigen wir uns nicht, meine Lieben, sollte ja der Bär kommen und dich, mein lieber Mann, an dein Versprechen erinnern, so geben wir ihm, anstatt unserer Jüngsten, die Hirtentochter, mit dieser wird er auch zufrieden sein." Dieser Vorschlag galt und die Töchter waren wieder fröhlich, und freuten sich recht über diese schönen Geschenke. Die Jüngste trug ihren Nußzweig immer bei sich; sie gedachten bald gar nicht mehr an den Bären und an das Versprechen ihres Vaters.

Aber eines Tages rasselte ein dunkler Wagen durch die Straße vor das Haus des Kaufmanns, und der häßliche Bär stieg heraus und trat brummend in das Haus und vor den erschrockenen Mann, die Erfüllung seines Versprechens begehrend. Schnell und heimlich wurde die Hirtentochter, die sehr häßlich war, herbeigeholt, schön geputzt und in den Wagen des Bären gesetzt. Und die Reise ging fort. Draußen legte der Bär sein wildes zotteliges Haupt auf den Schoß der Hirtin und brummte:

"Graue mich, grabble mich,
Hinter den Ohren zart und fein,
Oder ich freß dich mit Haut und Bein!"

Und das Mädchen fing an zu grabbeln; aber sie machte es dem Bären nicht recht, und er merkte, daß er betrogen wurde; da wollte er die geputzte Hirtin fressen, doch diese sprang rasch in ihrer Todesangst aus dem Wagen.

Darauf fuhr der Bär abermals vor das Haus des Kaufmanns, und forderte furchtbar drohend die rechte Braut. So mußte denn das liebliche Mägdlein herbei, um nach schwerem bittern Abschied mit dem häßlichen Bräutigam fortzufahren. Draußen brummte er wieder, seinen rauhen Kopf auf des Mädchens Schoß legend:

"Graue mich, grabble mich,
Hinter den Ohren zart und fein,
Oder ich freß dich mit Haut und Bein!"

Und das Mädchen grabbelte, und so sanft, daß es ihm behagte, und daß sein furchtbarer Bärenblick freundlich wurde, so daß allmählich die arme Bärenbraut einiges Vertrauen zu ihm gewann. Die Reise dauerte gar nicht lange, denn der Wagen fuhr ungeheuer schnell, als brause ein Sturmwind durch die Luft. Bald kamen sie in einen sehr dunkeln Wald, und dort hielt plötzlich der Wagen vor einer finstergähnenden Höhle. Diese war die Wohnung des Bären. O wie zitterte das Mädchen! Und zumal da der Bär sie mit seinen furchtbaren Klauenarmen umschlang und zu ihr freundlich brummend sprach: "Hier sollst du wohnen, Bräutchen, und glücklich sein, so du drinnen dich brav benimmst, daß mein wildes Getier dich nicht zerreißt." Und er schloß, als beide in der dunkeln Höhle einige Schritte getan, eine eiserne Türe auf, und trat mit der Braut in ein Zimmer, das voll von giftigem Gewürm angefüllt war, welches ihnen gierig entgegenzüngelte. Und der Bär brummte seinem Bräutchen ins Ohr:

"Seh dich nicht um!
Nicht rechts, nicht links;
Gerade zu, so hast du Ruh!"

Da ging auch das Mädchen, ohne sich umzublicken, durch das Zimmer und es regte und bewegte sich so lange kein Wurm. Und so ging es noch durch zehn Zimmer, und das letzte war von den scheußlichsten Kreaturen angefüllt, Drachen und Schlangen, giftgeschwollenen Kröten, Basilisken und Lindwürmern. Und der Bär brummte in jedem Zimmer:

"Seh dich nicht um!
Nicht rechts, nicht links;
Gerade zu, so hast du Ruh!"

Das Mädchen zitterte und bebte vor Angst und Bangigkeit, wie ein Espenlaub, doch blieb sie standhaft, sah sich nicht um, nicht rechts, nicht links. Als sich aber das zwölfte Zimmer öffnete, strahlte beiden ein glänzender Lichtschimmer entgegen, es erschallte drinnen eine liebliche Musik und es jauchzte überall wie Freudengeschrei, wie Jubel. Ehe sich die Braut nur ein wenig besinnen konnte, noch zitternd vom Schauen des Entsetzlichen, und nun wieder dieser überraschenden Lieblichkeit – tat es einen furchtbaren Donnerschlag, also daß sie dachte, es breche Erde und Himmel zusammen. Aber bald ward es wieder ruhig. Der Wald, die Höhle, die Gifttiere, der Bär – waren verschwunden; ein prächtiges Schloß, mit goldgeschmückten Zimmern, und schön gekleideter Dienerschaft stand dafür da, und der Bär war ein schöner junger Mann geworden, war der Fürst des herrlichen Schlosses, der nun sein liebes Bräutchen an das Herz drückte, und ihr tausendmal dankte, daß sie ihn und seine Diener, das Getier, so liebreich aus seiner Verzauberung erlöset.

Die nun so hohe, reiche Fürstin trug aber noch immer ihren schönen Nußzweig am Busen, der die Eigenschaft hatte, nie zu verwelken, und trug ihn jetzt nur noch um so lieber, da er der Schlüssel ihres holden Glückes geworden. Bald wurden ihre Eltern und ihre Geschwister von diesem freundlichen Geschick benachrichtigt, und wurden für immer, zu einem herrlichen Wohlleben, von dem Bärenfürsten auf das Schloß genommen.

Die Atmosphäre, in der sich diese Erzählung abspielt, berührt uns völlig anders als die der ersten Geschichte. Sie entstammt einer anderen Zeit, einer anderen Schicht, hat eine andere Thematik. Dies bedingt auch eine andere Sprache. Die menschlichen Beziehungen erscheinen sublimer, kultivierter.

Der Vater muß sich vorübergehend von seiner Familie trennen. Durch die Vorbereitung der Freude, die er seinen Töchtern bei seiner Rückkehr in Aussicht stellt, wird die Trennungszeit als etwas Überschaubares, die Entbehrung als nur vorübergehend dargestellt. Jede der Töchter darf einen Wunsch äußern, und aus der Art des Wunsches der beiden älteren geht hervor, daß sie sich des Wertes bewußt sind, den sie in den Augen des Vaters verkörpern. Dies soll nun auch nach außen sichtbar gemacht werden; die Perlenhalskette für die Älteste, der Fingerring aus Diamantstein für die mittlere Tochter lassen sie auch in den Augen anderer Männer begehrenswert erscheinen. "Die Jüngste aber schmiegte sich an des Vaters Herz und flüsterte: 'Mir ein schönes, grünes Nußzweiglein, Väterchen!' " In ihrem Wunsch erkennen wir noch nichts, was über die Bindung an den Vater hinaus auf andere Männer hin orientiert wäre. Er wirkt im Vergleich zu dem der Schwestern kindlich, verspielt, bescheiden. Es wird auch nicht näher erklärt, wozu der Nußzweig dienen sollte. Offenbar ist dies dem Mädchen selbst nicht klar bewußt. Daß eine tiefere Bedeutung darin verborgen sein muß, geht jedoch aus dem Fortgang der Geschichte hervor. Den Nußzweig zu beschaffen, ist die weitaus schwierigste der dem Vater gestellten drei Aufgaben.

Wir müssen die Symbolforschung zu Hilfe nehmen, um den ins Unbewußte abgesunkenen Bedeutungshintergrund zu verstehen. Wir können davon ausgehen, daß mit Nuß die Haselnuß gemeint ist. Dazu lesen wir bei Schliephacke:

Noch ehe Eiche, Esche und Fichte sich ansiedelten, gaben Haselwälder der Landschaft der mittleren Steinzeit das Gepräge. Es ist daher verständlich, wenn die Hasel auf ältestes Brauchtum zurückführt [...]. Der Gabelzweig der Hasel war schon früh ein Glückszweig, die bekannte Wünschelrute. Da die Hasel bereits am Ausgang des Winters zur "Faselzeit" blüht, wurde sie zu einem hervorragenden Lebens-, Liebes- und Fruchtbarkeitssymbol — wozu nicht zuletzt der ebenso reiche wie zarte Goldstaub der vielen Kätzchen beitrug. Als Sinnbild unerschöpflichen Lebens sprießen aus ihren Wurzeltiefen immer wieder neue Triebe und bieten damit jeder Vernichtung Trotz [...]. Schlagen mit Haselzweigen (Ruten) bewirkte bei Menschen und Tieren Fruchtbarkeit [...]. Die Hasel wurde zu einem uralten, mütterlichen Heilszeichen ("Frau Haselin").[12]

12. Bruno P. Schliephacke: *Bildersprache der Seele*. Berlin 1979, 30/31.

Die Fortsetzung der Geschichte zeigt, daß wir auf der richtigen Spur nach Verständnis suchen, denn was der Vater endlich nach langer Bemühung findet, ist ein Zweig mit einer goldenen Traube von Nüssen daran. Unmißverständlich geht es also um eine Symbolik wachsenden Lebens und der Fruchtbarkeit. Er macht den Fund nicht durch seine wachsame Wahrnehmung, vielmehr war er, schon resigniert, unversehens mit dem Hut daran gestoßen. Auch dies ist ein Hinweis, daß etwas normalerweise Unbemerktes in die bewußte Wahrnehmung zu heben sei. Offenbar gilt es, in seiner Beziehung zu seiner jüngsten Tochter eine Veränderung wahrzunehmen. Er hat sie bisher als Kind gesehen, und sie hat sich als Kind gefühlt. Aber in ihrem Wunsch an den Vater kommt wie in einem Traumbild zum Ausdruck, daß in ihr etwas heranreift; beide müßten dies zur Kenntnis nehmen. Weshalb diese Erkenntnis bisher abgewehrt worden war, wird aus dem Folgenden verständlich.

In dem Augenblick, in dem der Vater sich den Nußzweig abbricht, schießt ein wilder Bär aus dem Dickicht und brüllt ihn an: "Warum hast du meinen Nußzweig abgebrochen, du? Warum?" Jetzt wird klar: Was als harmlose Bitte der Tochter erschienen war und was sich der Vater naiv zu eigen machen wollte, steht ihm nicht zu; ein anderer erhebt Anspruch darauf. Diese Erkenntnis ist so erschreckend, daß der Kaufmann glaubt, die Situation nicht überleben zu können. Sie trifft ihn wie ein Blitzstrahl. Der Rivale, der mit ihm sprechen kann wie ein Mensch, erscheint ihm als reißendes wildes Tier. Er kann nicht einmal in die Waagschale werfen, für wen er so viel Mühe auf sich genommen und sich in so große Gefahr begeben hat. Es gilt, um jeden Preis den andern zu beschwichtigen. Der aber hat sein Ziel klar vor Augen und fordert dasjenige, was dem Kaufmann bei seiner Heimkehr zuerst entgegenlaufe. Dieser hat schon wieder verdrängt, worum es eigentlich geht, denkt an den Pudel statt an seine Tochter, und nimmt den Handel an. Es kommt, wie es kommen muß. Das jüngste Mägdlein fliegt dem Vater entgegen, wieder erschrickt er, wieder gelingt es der Familie, das Thema zu verdrängen. Die Mutter weiß einen klugen Rat, wie man die Unannehmlichkeit auf eine andere Tochter verschieben und die eigene bewahren kann. Hier tritt die Mutter erstmals in Erscheinung; sie wird auch später nicht weiter erwähnt. Offenbar hat sie auch früher ihrer Aufgabe als Hüterin der Familie genügt und ist in dem jetzigen Zusammenhang in der Vater-Tochter-Beziehung nicht weiter wichtig.

Bald zeigt sich, daß es nicht angeht, einen fälligen Entwicklungs-schritt für längere Dauer aufzuschieben. Der Bär kommt, das Ver-drängte dringt wieder ins Bewußtsein, der Vater erschrickt wie vor-dem. Die schlaue List der Mutter kann der Tochter nicht ersparen, die Krise selbst durchzuerleben. Vielmehr wird in der Beobachtung des Schicksals eines anderen Mädchens, der Stellvertreterin, die große Gefahr offenkundig, der sie sich aussetzen muß. "Graue mich, grabble mich, hinter den Ohren zart und fein, oder ich freß dich mit Haut und Bein!" – wenn man es ihm nun nicht recht macht? Ob es ihr gelingt, wie die Hirtentochter aus dem Wagen zu sprin-gen? Immerhin ist inzwischen die Situation für das Mädchen selbst erkennbar geworden. Sie kann sie einsehen, kann sich anpassen. Es gelingt ihr, den Bären so sanft zu grabbeln, daß sein fürchterlicher Bärenblick freundlich wird und sie allmählich Vertrauen gewinnt. Dazu gehört Mut; es ist ein Erleben, als ob man im brausenden Sturmwind dahinführe, besinnungsraubend. Von den Klauenarmen des häßlichen Bären umschlungen, tritt sie in die dunkle Höhle ein, in der sie von nun an wohnen und glücklich sein soll, wenn sie sich brav benimmt, daß sein wildes Getier sie nicht zerreißt – was heißt, sich brav benehmen in einer so unheimlichen Atmosphäre bisher nicht gekannter triebhafter Lebendigkeit? Die Anweisung lautet: "Seh dich nicht um! Nicht rechts, nicht links; gerade zu, so hast du Ruh!" Trotz aller Angst vor der auf sie gerichteten Lüsternheit und Gier, die jetzt in ihre Wahrnehmung tritt, soll sie sich den Ar-men anvertrauen, die sie umschließen, soll sich darauf verlassen, daß die Stimme freundlich klingt, die ihr Grauenerregendes ange-droht hatte. Sie läßt sich darauf ein und erlebt, daß sie unbescha-det bleibt. Aber hinter dem ersten Raum der Bewährung öffnet sich eine zweite Tür, eine dritte, vierte, fünfte, der elfte Raum ist der schrecklichste, mit furchtbaren Drachen und Giftschlangen, ge-schwollenen Kröten und Lindwürmern angefüllt; alles bisher Ge-miedene und Verpönte drängt sich in ihr Bewußtsein.

Deutlich wird darauf hingewiesen, daß die Konfrontation viele Male durchlebt werden muß, es braucht Zeit, durch elf Zimmer bis ins zwölfte zu gelangen – vielleicht elf Stunden, vielleicht elf Tage, vielleicht elf Monate? Es ist unerträglich geworden, die Angst hat ihren Höhepunkt erreicht, da kehrt sich die Situation um: Es ist strahlend hell geworden, alles ist von lieblicher Musik erfüllt, sie er-lebt einen Donnerschlag, als brächen Himmel und Erde zusammen, und auf einmal nimmt sie ihre Umgebung vollständig verändert

93

wahr. Die dunkle Höhle ist ein prächtiges Schloß, der Bär ein liebenswerter Mann, das wilde Getier seine Diener, die sich seinem Willen unterordnen. Nun erlebt sie sich selbst als glückliche Braut des Fürsten, reich durch seine Liebe. Was war geschehen?

Der Symbolsprache des Märchens gelingt es, die unendlich vielen Empfindungen, Stimmungen, Ängste, Hoffnungen, alles psychische und körperliche Erleben in wenige Bilder zu bannen. Wenn wir sagen, im Augenblick der Defloration ist der Bann der Abwehr gebrochen, kann sie die Ambivalenz bewältigen, lernt sie den Mann zu lieben, der ihr erst tierisch vorkam, ihr nun aber den Zugang zu neuem Erleben eröffnet hat, so klingt dies alles recht banal. Noch so gut gemeinte Aufklärungsliteratur erreicht die tieferen Schichten der Seele niemals so gut wie beispielsweise dieses Märchen.

Der letzte kleine Abschnitt der Erzählung soll aber nicht übersehen werden. Die nun so reich gewordene Fürstin trägt ihren goldenen Nußzweig immer am Busen, denn sie erkennt in ihm den Schlüssel zu ihrem Glück. Damit wird wieder an ihre Vaterbeziehung erinnert. Der Vater hatte die in ihrem Wunsch enthaltene Mitteilung, daß sie nun heranwachse, halbbewußt verstanden und keine Mühe gescheut, sie zu unterstützen. Das ist tatsächlich die wichtigste Voraussetzung für ein Mädchen, einen Mann liebend annehmen zu können. Im nächsten Satz wird auch mitgeteilt, daß der Bärenfürst die Familie seiner Frau zu einem herrlichen Wohlleben auf sein Schloß holt. Mit anderen Worten, die Vaterbeziehung muß eine Umwandlung erfahren, es muß eine Ablösung stattfinden, aber das bedeutet psychisch nicht den Tod des Vaters für die Tochter, wie es der Kaufmann in seinem Erschrecken befürchtet hatte. Dieses Thema ist in einem mit dem *Nußzweiglein* sehr verwandten Märchen aus Bechsteins Sammlung näher bearbeitet, dem *Besenstielchen* (Nr. 69a).[13]

Besenstielchen hat eine ähnliche Rolle wie die Hirtentochter. Als beste Freundin der jüngsten Tochter wird ihm von der Familie die Rolle der Stellvertreterin zugeschoben. Das Ungetüm merkt aber den Betrug und bringt Besenstielchen zurück. Der Wunsch der jüngsten Tochter, die in dieser Geschichte Nettchen heißt, an den Vater sind drei Rosen an einem Zweig; er erscheint ihr unerfüllbar, da es Winterszeit ist, während der Vater seine Jüngste für ihre Be-

13. Vgl. auch *Von dem Sommer- und Wintergarten* in Panzer (Anm. 5), Nr. 68.

scheidenheit küßt. Als er auf dem Nachhauseweg an sie denkt und ihren Wunsch erfüllen möchte, sieht er sich plötzlich vor einem grünen Gehege und tritt durch die Toreinfahrt in einen herrlich blühenden Garten, obwohl draußen Schnee liegt. An einem Rosenstrauch bricht er einen Zweig mit drei halb aufgebrochenen Knospen ab. Da steht ein schreckliches Untier mit langem Rüssel, zottigem Fell und buschigem Schweif vor ihm und bedroht ihn für seinen Frevel am Leben. In seiner Angst verrät er, wem er den Zweig bringen wollte, und muß dem Untier direkt seine Tochter versprechen, wenn er sein Leben retten will.

Wir sehen in dieser Version unser Thema vom *Nußzweiglein* viel unmittelbarer, weniger verschlüsselt. Es heißt, daß die Jahreszeit schon vorgerückt war, als der Kaufmann seine Reise antrat. Wir könnten für "Jahreszeit" auch "Lebenszeit" setzen. Als er auf dem Nachhauseweg seinen Gedanken an die jüngste Tochter nachhängt, taucht eine Vision auf, die ihn aus dem fallenden Schnee mitten in den blühenden Mai versetzt. Und er ist derjenige, der die eben aufbrechenden Rosenknospen abbrechen darf. Oder doch nicht? Wäre es ein Frevel, seine Hand danach auszustrecken? Wenn er diesen Gedanken zuläßt, muß er tief innen erschrecken vor seinen inzestuösen Wünschen, die sicherlich aufs Schwerste bestraft würden. Er fühlt sich ertappt und muß einem Wesen nachgeben, das aus lauter Merkmalen kraftvoller Potenz zu bestehen scheint: langer Rüssel, buschiger Schwanz, zottiges Haar. Mit so geballter Manneskraft kann er es nicht mehr aufnehmen. Aber bedeutet sein Verzicht nicht auch seinen Tod? Kann er denn ohne seinen Liebling überhaupt leben? Diese Frage bleibt längere Zeit offen und wird sehr ernst genommen. Während die Geschichte vom *Nußzweiglein* mit der baldigen Wiedervereinigung des jungen Paares mit der Ursprungsfamilie schließt, wird im *Besenstielchen* Genaueres ausgesagt über den Prozeß, den die Vater-Tochter-Beziehung durchlaufen muß:

> Dem jungen Weibe war aber die Bedingung gestellt worden, binnen Jahresfrist sich nicht nach dem väterlichen Hause zurückzusehnen; doch erhielt sie einen Spiegel, in dem sie alles sehen konnte, was im Kreise der Ihrigen vorging. Nettchen sah fleißig in den Spiegel und sah den Vater in Bekümmernis, die Schwestern dagegen heiter und guter Dinge. Auch das Besenstielchen sah sie, wie es Leid trug um die verlorene Freundin. Endlich aber versäumte sie es eine Zeitlang, in den Spiegel zu sehen, und als sie wieder hineinblickte, sah sie den Vater auf dem Sterbelager [...]. Da war die gute Tochter traurig und vertraute ihr Leid ihrem Gatten, der aber tröstete sie und sprach: "Dein Vater wird nicht sterben; in meinem Garten wächst eine

Pflanze, deren Saft ruft die entfliehenden Lebensgeister zurück. Bald ist das Jahr zu Ende, dann holen wir Deinen Vater und Du sollst Dich nicht mehr von ihm trennen." Darüber freute sich Nettchen und als das Jahr um war, fuhren die Gatten mit glänzendem Gefolge nach Nettchens Vaterstadt. [...] Der Vater aber ward schon vor Entzücken gesund, daß das Böse sich zum Guten gewendet hatte. Der bewußte Saft machte ihn vollends kräftig und genesen [...]. Auch das Besenstielchen freute sich sehr, und Nettchen war gegen sie die alte Freundin. Sie und der Kaufmann begleiteten sie nach dem Schlosse des Prinzen.

Hier ist genau gesagt, wie lange es dauert, bis die erste Liebe, nämlich die zum Vater, eine Form gefunden hat, die die Partnerbeziehung nicht stört: Einen vollen Jahreslauf müssen die beiden jungen Gatten für sich zur Verfügung haben, bis die Tochter dem Vater wieder begegnen darf. Nur im Spiegel der Gedanken und Erinnerungen kann er ihr in der Zwischenzeit nahe kommen. Für den Vater erscheint diese Zeit des Trauerjahres unüberschaubar lang, er wähnt sich auf dem Sterbelager, glaubt, für die Tochter tot zu sein; da wird die strenge Trennung aufgehoben, und beide akzeptieren jetzt, was nach der Eheschließung Vater und Tochter für einander bedeuten dürfen.

Daß auch Jugendfreundschaften auf eine Bewährungsprobe gestellt werden und eine Veränderung erfahren, wenn das andere Geschlecht wichtig wird, betont das Märchen anhand der Gestalt des Besenstielchen, das der Geschichte sogar den Namen gibt. Auf die Geschwisterthematik der neidischen älteren Schwestern soll hier nicht eingegangen werden; unser Märchen bringt dazu wenig Besonderes, dürfte dieses Motiv vielmehr von anderen übernommen haben. Besonders ist aber die sehr einfühlsame Schilderung, wie es dem geraubten Mädchen mit dem Untier ergeht:

Nettchen war wohl sehr erschrocken, aber sie faßte sich bald wieder und als sie in dem fremden schönen Schlosse ehrerbietig, obwohl mit stummer Geberde empfangen wurde, ließ sie ihre Bekümmernis fahren. Stumme Diener brachten ihr die köstlichsten Speisen und wiesen ihr ein Schlafgemach an, wo ein blendend weißes Himmelbett sie zur Ruhe einlud. Sie überließ sich bald den Armen des Schlafes, nachdem sie ihr Gebet verrichtet; als sie jedoch erwachte, sah sie mit Schrecken, daß ein abscheuliches zottiges Untier neben ihr lag; da es aber stille und ruhig war, ließ sie es gewähren; es entfernte sich und Nettchen hatte Zeit, über ihr Abenteuer nachzudenken. Das häßliche Tier war nun allmählich ihr Schlafgesell, aber sie fürchtete sich immer weniger vor ihm; es schmiegte sich vertraulich an sie, Nettchen streichelte sein zottiges Fell und duldete es selbst, wenn es mit seinem langen kalten Rüssel ihre Lippen berührte.

Dies dauerte vier Wochen lang, als das Tier in einer Nacht nicht kam. Nettchen konnte nicht schlafen vor Sorge und Betrübnis, was aus dem Tier, das sie liebgewonnen hatte, geworden sein möchte. Als sie am Morgen im Garten spazieren ging, sah sie am Ufer des Bassins, das als Bad diente, das Tier ausgestreckt liegen; es rührte kein Glied und trug alle Spuren des Todes an sich. Da zuckte ein so bittrer Schmerz durch ihre Brust, daß sie um den Tod des armen Tieres weinte. Kaum aber waren ihre Tränen geflossen, als das Untier sich in einen wunderschönen Jüngling verwandelte, der sich vor ihr erhob, ihre Hand an seine Brust drückte und sprach: "Du hast mich aus einem furchtbaren Zauber erlöst. Ich sollte nach dem Willen meines Vaters eine Gattin freien, die ich nicht liebte; ich weigerte mich standhaft und im Zorn ließ mein Vater mich durch eine Zauberin in ein Ungeheuer verwandeln, das ich so lange bleiben sollte, bis eine reine Jungfrau mich trotz meiner häßlichen Gestalt lieben und Tränen um mich weinen werde. Du mit deinem Engelsherzen hast es getan, ich kann dir nicht genügend dafür danken; willst du aber meine Gattin werden, so will ich durch Liebe vergelten, was du an mir getan hast." Nettchen reichte ihm die Hand und er ließ sich mit ihr trauen; nun erwachte das totenstille Schloß zu regem Leben. Es war Freude überall und die jungen Gatten lebten in seligem Glück.

Der Text bedarf wohl keiner näheren Erläuterung und Deutung; die Entwicklung ist mühelos einfühlbar. Erleichternd für das Verstehen wirkt sicher, daß die Aufmerksamkeit nicht einseitig auf die große Sexualangst des Mädchens hin gerichtet wird, sondern auch die Situation des noch kaum liebesfähigen jungen Mannes, der erst entzaubert und zur Liebe erlöst werden muß, mit ins Bild kommt. Es ist hier eine wechselseitige Entwicklung dargestellt, wie es ja auch der Wirklichkeit entspricht. *Besenstielchen* ist demnach kein ausschließliches Mädchen-Märchen, wir könnten es bezeichnen als das ursprüngliche Paar-Märchen. Unter den deutschsprachigen ist es dasjenige, das der alten Geschichte von *Amor und Psyche*, wie Apulejus sie aufzeichnete, am meisten entspricht.[14]

In zwei Märchen, die nach Inhalt, Form und Atmosphäre ganz verschieden sind, fanden wir entwicklungstypische seelische Erfahrungen, die begründen können, weshalb die alten Geschichten nach wie vor aktuell sind. "Kinder brauchen Märchen", sagt Bettelheim im Titel seines Buches, aber sie brauchen kein Hilfsmittel zum besseren Verstehen wie wir Erwachsenen, und sei es nur die Hinzuziehung verwandter Erzählungen oder die eingehende Beschäftigung

---

14. Apuleius (geb. 125 n.Chr.): *Metamorphosen.* – Vgl. dazu Bettelheim (Anm. 11), 278ff. u. 294ff. und das Märchen *La belle et la bête* von Madame L. de Beaumont.

mit jedem einzelnen Motiv. Sie haben noch unmittelbar Zugang zu jener tieferen Schicht des seelischen Erlebens, in der Bilder und Symbole anstelle von Begriffen bestimmend sind. In den Märchen sind meistens Situationen ins Bild gebracht, die für jeden Menschen einmal eine Rolle gespielt haben oder spielen werden. Je typischer das Geschilderte, desto größer ist die Beliebtheit. Die Wirkung eines bestimmten Motivs auf jeden Einzelnen hängt zunächst davon ab, wie sehr es seine seelischen Tiefenschichten ergreift; Bild und Symbol sprechen unser Gefühl an. Die Gestaltung des Stoffes von der Ausgangssituation an über die Verwicklung bis hin zur Lösung befriedigt unsere Ansprüche an innere Kontinuität und Sinnerfüllung, also unsere rationalen Erwartungen. Entsprechendes gilt für die Wirkung eines jeden Kunstwerks. Gelingt es dem Künstler, ein Thema zu treffen, das für eine große Anzahl von Menschen als brennende Frage gilt, und gelingt es ihm, einen nachvollziehbaren Ausdruck zu finden, so wird er eine Breitenwirkung erreichen.

Entwicklungsschritte und Reifungsstufen müssen von jedem Menschen durchlaufen werden, und im Grunde hören wir nie auf, im Entwicklungsprozeß zu stehen. So finden wir Märchen, die das Reiferwerden im Lieben beschreiben, in denen die Partner einander verloren haben, sich lange suchen und unter großen Mühen wirklich finden und erlösen. Schließlich spielen die Fragen um Leben und Sterben, unser Wunsch nach ewiger Jugend und das Annehmenlernen unserer Endlichkeit in vielen Geschichten eine Rolle, denen wir es bei oberflächlicher Betrachtung nicht ansehen.[15]

15. Vgl. zu diesem Thema u.a. noch Wilhelm Laiblin: *Wachstum und Wandlung*, Darmstadt 1974 (Wissenschaftliche Buchgesellschaft), und Rose Maria Rosenkötter: *Das Märchen – eine vorwissenschaftliche Entwicklungspsychologie*, in: *Psyche* 34 (1980) 2, 168-207.

LIEBE UND VARIATIONEN
Zu einer biographischen Konstante in Storms Prosawerk

von

Irmgard Roebling

I

"Es kann wohl Niemandem, der mich kennt, verborgen bleiben, daß ich, um wirklich zu leben, der Frauenliebe mehr bedarf, als Tausend und tausend Andere, ja mehr als Tausende dieß nur zu begreifen vermögen".[1] So schrieb Theodor Storm 1866, zehn Monate nach einer der schmerzlichsten Erfahrungen seines Lebens, dem Tod seiner Frau Constanze, die die Geburt ihres 6. Kindes nur wenig überlebt hatte, und drei Monate vor der Eheschließung mit Doris Jensen, einer Jugendfreundin, die Storm 20 Jahre zuvor, ein Jahr nach der Heirat mit Constanze, kennen und lieben gelernt hatte, an seinen Schwiegervater Esmarch und enthüllte damit einen seiner auffälligsten Wesenszüge, das elementare Bedürfnis nach Liebe und nach Geliebtwerden.[2] Bis zum Alter geben Storms

---

* Storm-Zitate aus: T.S.: *Sämtliche Werke in vier Bänden.* Hrsg. von Peter Goldammer. 2. überarb. und erg. Aufl. Berlin und Weimar 1967.

1. Theodor Storm – Ernst Esmarch: *Briefwechsel.* Krit. Ausg. hrsg. von Arthur Tilo Alt. Berlin 1979 (im folgenden: Briefwechsel Storm – Esmarch), 112.

2. Dieses Liebesbedürfnis bezieht sich nicht nur auf Frauen; wer den voluminösen Briefwechsel Storms kennt, weiß um das unermüdliche Werben um Freundschaft, Gunst und Anerkennung im Freundes- und Kollegenkreis, das sich selbst durch jahrelanges Schweigen des Briefpartners nicht entmutigen läßt. In diesem Sinne versteht auch Minna K. Altmann das intensive Kommunikationsbedürfnis Storms, wenn sie das "Persönlichkeitsbild in seinen Briefen" herausarbeitet, sein "krampfhaftes Besitzenwollen des Freundes, eine fast hysterische Angst, daß er diesen Freund durch irgendein Verschulden oder durch den Tod verlieren könnte." (Minna K. Altmann: *Theodor Storm – Das Persönlichkeitsbild in seinen Briefen.* Bonn 1980, 166.) "Storms über-

kaum abbrechende Briefströme Zeugnis von diesem zentralen Thema, kreisen um Probleme, die alle dem Grundkomplex Bedürfnis
nach Liebe und Geborgenheit und Angst vor Liebesverlust zuzuordnen sind: seine steten Zweifel an der anhaltenden und ihm gemäßen Liebe von Braut und Frau, seine Angst um den Verlust der
Heimat Schleswig-Holstein, sein Bemühen um permanenten positiven Kontakt zu seinen Freunden, seine Sorge um liebevolle Aufnahme seiner Werke und schließlich seine Fürsorge für seine Kinder.
Vergleicht man diesen Befund mit dem melancholisch-resignativen Gesamteindruck des Stormschen Werkes, so stellt sich die
Frage, was diesen Autor, dessen Denken und Fühlen von einem so
ausgeprägten Liebesbedürfnis beherrscht ist, dazu treibt, in immer
neuen Phantasievisionen traurige Entsagungsgeschichten zu ersinnen, in deren Zentrum beinahe ausschließlich[3] entweder die Geschichte einer unerfüllten Liebe oder das Geschick der schmerzlich-tragischen Auflösung einer Eltern-Kind-Beziehung steht? Anders gefragt: Was hindert Storm, sich zumindest im Medium der
Phantasie eines dauerhaften Glücks durch gelungene Objektbeziehungen zu versichern?

Wenden wir uns nach diesen einleitenden Reflexionen Storms
Werk zu, da vor allem zum Verständnis der von Storm dargestellten Liebesbeziehungen hier ein Beitrag geliefert werden soll. Ein
gewisser Schwerpunkt wird dabei auf das Prosa-Werk der ersten
Dichtungsphase bis etwa 1865 gelegt. – Berühmt geworden ist
Theodor Storm mit seiner 1850 erschienenen Novelle *Immensee*,
und noch heute ist im In- und Ausland *Immensee* neben der Altersnovelle *Der Schimmelreiter* Storms bekanntestes Werk. Diese
erste nicht nur gelungene sondern auch anerkannte Novelle soll zunächst Ausgangspunkt der Untersuchung sein.

Betrachtet man *Immensee* unter dem Aspekt des Einfädelns und
Durchstrukturierens einer Liebesgeschichte, und vergleicht man
das so zutage tretende Muster mit dem von Storms anderen Novel-

---

durchschnittliches Bedürfnis nach menschlichem Kontakt und Verbindung,
das sich auf Frauen wie auch auf Männer bezog, sein intensives Liebesbedürfnis und die Angst vor dem Alleinsein können unverändert durch die Jahre bemerkt werden." (Ebd., 170)

3. Natürlich gibt es auch Ausnahmen, wie die Novelle *Auf dem Schloß*,
Die Söhne des Senators, *Veronika* und einige andere, aber sie repräsentieren
nicht eigentlich das Typische von Storms Erzählwerk.

len, so läßt sich behaupten, daß in *Immensee* ein Grundmuster in relativ ausgeprägter Form gefunden wird, welches in einer Kurzwiedergabe der Novelle deutlich wird: In *Immensee* wird aus der Perspektive eines alten Mannes eine Liebesgeschichte aus dessen Jugend erzählt, die noch auf sein Alter einen schmerzlich sehnsüchtigen Reiz ausübt. Die Geschichte selbst ist einfach. Der Alte der Rahmenerzählung wuchs als Knabe mit dem Nachbarskind Elisabeth auf, lernte sie beinahe unbewußt lieben, erklärt ihr – aus letztlich dunkel bleibenden Gründen – seine Liebe nicht und verliert sie so an einen anderen. Auch ein späterer Besuch bei dem Ehepaar führt zu keinem klärenden Gespräch, Elisabeth ist unglücklich, und er flieht – es bleibt der Eindruck verlorenen Glücks. Die Liebe zwischen den beiden jungen Leuten kommt nie direkt zur Sprache, sie wird nur indirekt durch träumerisch andeutende Szenen, Naturbilder und Symbole dargestellt (Erdbeer-Suche im Wald, Überreichen von Blumenstengeln, Vogel-Käfig-Symbole, Wasserlilien-Suche). – Das Modellhafte der in *Immensee* erstmals ausgeführten Grundstruktur soll im folgenden in 6 Punkten beschrieben werden.

1. Die Grundperspektive des Erinnerns bestimmt fast alle Novellen der Jugenddichtung Storms und spielt auch noch im Alterswerk eine zentrale Rolle. Nicht immer erscheint sie, wie in *Immensee*, als Rahmengeschichte, aus der quasi eingetaucht wird in die Vergangenheit; häufig werden Erinnerungsepisoden eingeschoben in eine Hauptgeschichte (z.B. *Angelika, Späte Rosen*) oder verschiedene Erinnerungsgeschichten werden vor- und nebeneinander geschaltet (z.B. *Im Schloß, Aquis submersus*). Bevorzugt werden Erinnerungsgeschichten entweder von alten Leuten (*Im Saal, Immensee, Im Sonnenschein, Drüben am Markt* usw.)[4] oder von einem Ich-Erzähler (*Auf dem Staatshof, Auf der Universität, Von jenseit des Meeres* usw.) eingeleitet oder perspektiviert. Häufig zitiert, da

---

4. Dieses für einen jungen Autor immerhin denkwürdige Phänomen der Transposition in eine Altersperspektive läßt sich einerseits vielleicht erklären mit der Tatsache, daß Storm einen großen Teil seiner Kindheit damit zugebracht hat, alten Leuten zuzuhören, wenn sie aus ihrer Vergangenheit erzählten. Sicher ist die Vorstellung vom Altsein aber auch als subjektiver Faktor zu verstehen, der sich bemißt aus dem Abstand zu einem sehr viel früheren Erlebnis, das im folgenden weiter aufgeschlüsselt werden muß.

als besonders typisch empfunden, wird der Anfang von *Auf dem Staatshof*:

> Ich kann nur einzelnes sagen; nur was geschehen, nicht wie es geschehen ist; ich weiß nicht, wie es zu Ende ging und ob es eine Tat war oder nur ein Ereignis, wodurch das Ende herbeigeführt wurde. Aber wie es die Erinnerung mir tropfenweise hergibt, so will ich es erzählen. (I, 586)

Die zeitliche Spitze der Erinnerung reicht jedesmal in eine kindliche Jugendzeit zurück; sehr häufig wird, wie in *Immensee*, ein Kinderpaar gezeigt, das in geschwisterähnlichen Verhältnissen aufwächst (*Immensee, Auf dem Staatshof, Auf der Universität, Von jenseit des Meeres, Carsten Curator*), aus denen dann eine − meist tragisch endende − Liebesbeziehung entsteht.

Der formale Aspekt solcher Perspektivierungsprinzipien ist ebenso wie das Erinnerungsprinzip in der Stormforschung gerade in bezug auf *Immensee* verschiedentlich angesprochen;[5] nicht aufgearbeitet ist aber die Tatsache des modellhaften Erlebensmusters solcher Perspektivformung.

2. Der Autor bemüht sich in seinem Werk zunehmend, eine Geschwisterkonstellation herzustellen. In *Immensee* scheint sie nur angedeutet durch die gemeinsamen Spiele der Nachbarskinder und den abendlichen Ruf der Mutter (sprachlich bleibt offen, um wessen Mutter es sich da handelt):

> − − "Elisabeth! Reinhard!" rief es jetzt von der Gartenpforte. "Hier! Hier!" antworteten die Kinder und sprangen Hand in Hand nach Hause.
> IM WALDE.
> So lebten die Kinder zusammen; [...]. (I, 494)

5. Zur Erforschung der Perspektivierung sei verwiesen auf: W. Preisendanz: *Gedichtete Perspektiven in Storms Erzählungen.* In: *Schriften der Theodor-Storm-Gesellschaft* 17 (1968), 25-37; Th. Kuchenbuch: *Perspektive und Symbol im Erzählwerk Th. Storms. Zur Problematik und Technik der dichterischen Wirklichkeitsspiegelung im poetischen Realismus.* Diss. Marburg 1969; F.R. Sammern-Frankenegg: *Perspektivische Strukturen einer Erinnerungsdichtung. Studien zur Deutung von Storms "Immensee".* Stuttgart 1979. − Zur Struktur der Erinnerungspoesie s. H. Wegner: *Die Bedeutung der Erinnerung im Erzählwerk Theodor Storms.* Diss. Marburg 1953; K.E. Laage: *Das Erinnerungsmotiv in Theodor Storms Novellistik.* In: *Schriften der Theodor-Storm-Gesellschaft* 7 (1958), 17-39; P. Böckmann: *Theodor Storm und Fontane. Ein Beitrag zur Funktion der Erinnerung in Storms Erzählkunst.* In: *Schriften der Theodor-Storm-Gesellschaft* 17 (1968), 85-93.

Enger gestaltet sich diese Beziehung schon in der Novelle *Auf dem Staatshof*, in der der Ich-Erzähler Marx sich erinnert an die glückliche Zeit, in der er als Vierjähriger mit der nur wenig jüngeren Waise Anne Lene zusammenspielte, die wenig später, da ihre letzte Verwandte, die Großmutter, starb, in Marxens Familie aufgenommen wurde.

> Mein Vater begrüßte mich und sagte dann, indem er seine Hand auf den Kopf des Mädchens legte: "Ihr werdet jetzt Geschwister sein; Anne Lene wird als meine Mündel von nun an in unserem Hause leben". (I, 595)

In der Novelle *Von jenseit des Meeres* wachsen Vetter und Cousine zusammen auf, ebenso in *Carsten Curator*; in *Eekenhof* schließlich verlieben sich gar Halbgeschwister ineinander.

3. Das Zentrum und – wie es scheint – Ziel der Erinnerung ist ein junges, kindhaftes Mädchen, das in monotoner Weise vorwiegend charakterisiert wird durch bestimmte Merkmale: eine zarte Gestalt, weiße Gewandung, zierliche Füße, leichten Schritt. So heißt es von Elisabeth in *Immensee*: "Auf einer Terrasse [...] saß eine weiße, mädchenhafte Frauengestalt" (I, 513); "dieselbe leichte zärtliche Gestalt" (I, 513); zwischen den Birken erscheint "eine weiße Frauengestalt" (I, 515). In *Posthuma* liest man: "Ein blasses Gesichtchen" (I, 525); "Er hob sie lächelnd auf seinen Schoß und wunderte sich, daß er keine Last fühle, nur die Form ihres zarten, elfenhaften Körpers" (I, 526); "sie ließ sich wie ein Kind an seinem Halse hängen" (I, 527).[6] Vervollständigt wird dieses Bild

---

6. Als weitere Belege, die sich beliebig fortführen ließen, seien einige Zitate der folgenden Novellen Storms angeführt, die auch die Entwicklung der Motive verdeutlichen.
Angelika: "ihre feine Gestalt" (I, 559), "die Umrisse [...] ihres hellen Kleides" (I, 561); "die feine zärtliche Gestalt Angelikas" (I, 565); "eine jugendliche Gestalt stieg herab, mit leichtem Tritt Stufe um Stufe messend" (I, 565); "ihre zarten Gliedmaßen, ihr weißes Gewand waren da gewesen" (I, 576).
In *Wenn die Äpfel reif sind* kommt der Fuß sogar vor dem Mädchen: "Ein kleiner Fuß streckte sich heraus – der Junge sah den weißen Strumpf im Mondschein leuchten –, und bald stand ein vollständiges Mädchen draußen" (I, 582). Dann "wurden kleine Schritte vernehmlich" (I, 583).
Auf dem Staatshof: "Ich weiß nicht mehr, war es das kleine zierliche Mädchen, das mich anzog" (I, 591); "die kleine leichte Gestalt" (I, 592); "meine Augen hafteten noch an dem weißen Sommerkleidchen" (I, 593). "Damals

allenfalls durch die Erwähnung zarter blonder Löckchen, oder,
wenn Fremdartigkeit ausgedrückt werden soll, durch schwarze
Löckchen.

4. Viele dieser Mädchen-Kinder sind so zart, daß eine Tendenz
zum Kränklichen und Todgeweihten an ihnen durchscheint. In
Immensee wird das nur indirekt angedeutet durch das Motiv des
schwarzen Rahmens um Elisabeths Bild, durch die Trockenblumen
und Elisabeths Hände mit dem "feinen Zug geheimen Schmerzes,
der sich so gern schöner Frauenhände bemächtigt, die nachts auf
krankem Herzen liegen" (I, 521). Überdeutlich wird dieser Zug in
der nachfolgenden Erzählung *Posthuma* formuliert: "Sie trug den
Tod schon in sich" (I, 526), heißt es da z.B., und der Liebhaber
hebt einen "zarten, elfenhaften" Körper hoch. Elfenhaft sind sehr
viele der Stormschen Mädchen-Frauen, und die Verwandtschaft zu
den "Willis", einer Art mädchenhafter Wald- oder Todesgeister, mit
denen Storm in *Der Herr Etatsrat* die zarte Phia vergleicht, scheint
überall präsent.[7]

---

aber hatten die kleinen tanzenden Füße mein ganzes Knabenherz verwirrt"
(I, 594); "wie ihre Füße so leicht [...] dahinschritten" (I, 599).
Auf der Universität: Philipp, der Ich-Erzähler, entdeckte ein Paar Tanzschuhe
für Lore. "Die Dinger waren beunruhigend klein, und meine Knabenphantasie
ließ nicht nach, sich die Füßchen vorzustellen, die mutmaßlich dahinein gehör-
ten; mir war, als säh ich sie schon im Tanze um die meinen herumwechseln,
ich hätte sie bitten mögen, nur einen Augenblick standzuhalten; aber sie waren da und waren wieder fort und neckten mich unaufhörlich" (II, 58); "ich
hörte ihren Atem und ihren leichten Schritt" (II, 85). Auch der "Raugraf",
eine Negativ-Abspaltung des Ich-Erzählers, ist von Lore und ihren Füßen ge-
fesselt. Er läßt sie reiten und seine Blicke flogen "an dem Mädchen hin und
wider, von ihren schwarzen wehenden Haaren bis zu dem Füßchen, das oben
an dem Sattel unter dem Kleide hervorsah" (II, 100); "vor meinem innern
Auge stand die liebliche Kindesgestalt des Mädchens [...] wie sie so hartnäckig
meiner knabenhaften Leidenschaft ausgewichen war" (II, 110); "so sah ich
auch den Schimmer eines weißen Kleides, ich hörte den leichten Schritt des
Mädchens" (II, 116). Noch von der ertrunkenen Lore heißt es: "die kleinen
tanzenden Füße ragten jetzt regungslos unter dem Kleide hervor" (II, 120).
  7. Aus welcher Quelle Storm Kenntnis über die "Willis" hat, ist letztlich
unsicher; bei seiner Vorliebe für Heinrich Heines Dichtung liegt es jedoch nahe, daß er sie aus Heines *Elementargeistern* kannte. Dort heißt es: "Die Willis
sind Bräute, die vor der Hochzeit gestorben sind. Die armen jungen Geschöpfe

Die in den Motiven von Krankheit, Tod und dem "Willis"-Mythos enthaltene Entsagungsthematik macht den Grundcharakter überhaupt des Stormschen Prosawerkes aus, gibt ihm die berühmt gewordene Aura der Resignation. Diese Resignation ist vornehmlich eine Folge der gescheiterten Liebesbeziehungen in Storms Werk.

5. Über das Todesmotiv hinaus ist mit der Vorstellung der "Willis" das Motiv des Tanzens eng verknüpft, das zwar in *Immensee* noch nicht vertreten ist, aber im Zusammenhang mit der geradezu fetischartigen Verwendung des Fußmotivs in Storms Novellen zunehmend an Bedeutung gewinnt (s. Anm. 6). In voll entfalteter Form begegnet es in den Novellen *Auf dem Staatshof*, *Auf der Universität* und *Der Herr Etatsrat*, die alle mit dem Tod des Mädchens enden; eine Liebesbeziehung zu der Zentralfigur gelangt nicht zur Erfüllung, wird aber im rauschhaft empfundenen Tanz symbolisch vorweggenommen.
In *Auf dem Staatshof* liest man:

> Bald sah ich nichts mehr von allem, was sich um uns her bewegte; ich war allein mit ihr; diese festen klingenden Geigenstreiche hatten uns von der Welt geschieden; sie lag verschollen, unerreichbar weit dahinter. (I, 615)

Ähnlich empfindet Philipp in *Auf der Universität* den Tanz:

> [...] mit welcher Verachtung stampften die kleinen Füße den Boden! Auch mich riß es hin, als wenn ich von den Rhythmen der Musik getragen würde. Es war wie eine schmerzliche Leidenschaft; denn wir tanzten heute, vielleicht auf immer, zum letzten Mal zusammen. (II, 65)

6. Symptomatisch schließlich für das gesamte Frühwerk ist die indirekte, träumerisch-symbolhafte Darstellungsform, die sich auf der Inhaltsebene durch andeutende Naturmetaphorik und -symbolik, auf der Strukturebene durch Aussparungen neben situationellen Verdichtungen auszeichnet. Storm, der von Poesie verlangte, "daß eine Menschenseele ihr Innerstes *rein* und voll ausspricht"[8], glaub-

---

können nicht im Grabe ruhig liegen, in ihren toten Herzen, in ihren toten Füßen blieb noch jene Tanzlust, die sie im Leben nicht befriedigen konnten, und um Mitternacht steigen sie hervor [...]; diese toten Bacchantinnen sind unwiderstehlich." (*Heinrich Heines sämtliche Werke*. Mit einer Biographie von Dr. G. Karpeles. Leipzig 1898, Bd. 8, 76f.)
8. Theodor Storm – Paul Heyse: *Briefwechsel*. Krit. Ausg. in drei Bänden. Hrsg. von Clifford Albrecht Bernd. Berlin 1969 (im folgenden: Briefwechsel Storm – Heyse), Bd. III, 85.

te offenbar, daß solche Seelenaussprache am ehesten möglich sei, wenn "Alles so etwas wie aus der Ferne klingen [...], lebendig und doch wie aus dem Nebel herausgetuscht"[9] würde. Er favorisierte den Vergleich seiner Dichtung mit Aquarellen. Das Spotlightartige, "Herausgetuschte" der Situationen, das intensiv und verschwommen zugleich wirkt, rückt, im Zusammenhang auch mit den Natursymbolen (hinter denen häufig sehr wenig sublimierte Sexualsymbole stehen)[10], viele Novellen Storms in die Nähe von Traumtexten.

Doch wovon genau träumen Storms Novellen so beharrlich? Was versteckt sich hinter dem Motiv des elfenhaften Mädchen-Kindes? Welche Erfahrung sucht sich im Bacchantinnen-Tanz der "Willis" Ausdruck? Auf wen geht das Totenbild zurück, über das stellvertretend wohl für viele Novellen in *Posthuma* es heißt: "er trägt jetzt schon jahrelang ihr frisches Bild mit sich herum und ist gezwungen, eine Tote zu lieben" (I, 527)?

II

Vieles spricht dafür, daß es sich in Storms Erinnerungsgeschichten immer auch um die Erarbeitung und Verarbeitung eigener Erinnerungen handelt, daß sich hinter den zwanghaften Wiederholungen so gleichförmiger Bilder ein "persönlicher Mythos" (Charles Mauron)[11] verbirgt, der im Medium der Phantasie nach Ausdruck und auch nach Verarbeitung drängt. Storms Werk selbst und das Wenige, was wir über seine Kindheit wissen, weisen den Weg zu seinem "Mythos".

Stellt es schon ein Spezifikum des Stormschen Werkes überhaupt dar, in immer neuen Formen und Zusammenhängen Elemente der Welt und der Biographie des Autors — sei es nun seines persönli-

9. Briefwechsel Storm — Heyse, Bd. II, 46.

10. Besonders reich an solchen Symbolen ist *Immensee, Ein grünes Blatt* und *Zur 'Wald- und Wasserfreude'*. Auf die besondere Funktion der Naturspiegelungen für die bürgerliche Subjektivität in der zweiten Hälfte des 19. Jahrhunderts kann hier nur hingewiesen werden, ich gehe ihr in einer größer angelegten Arbeit zu dieser Epoche nach. — Dieses Sprechen in Spiegelungen trägt natürlich zu dem indirekten Charakter aller Eindrücke wesentlich bei.

11. Charles Mauron: *Des métaphores obsédantes au mythe personnel. Introduction à la psychocritique.* Paris 1963.

chen Erlebens oder seiner im engen Sinne regionalen und kulturellen Heimat – zu spiegeln, so reproduzieren die Kindheitsgeschichten in mancher Hinsicht detailgetreu Kindheitserinnerungen von Storm selbst, wie er sie andernorts überliefert.

Zum zentralen Erlebnis von Storms Kindheit gehört aber – und damit ist man schon beim Kern seines "Willis"-Mythos – die Geburt und der frühe Tod seiner Schwester Lucie. Storms früheste tradierte Erinnerung geht auf die Geburt dieser Schwester zurück. In den spärlichen Aufzeichnungen über seine Jugend liest man unter dem Titel *Aus nachgelassenen Blättern*:

> Wann oder wie das "Ich" in mir zum Bewußtsein kam, darüber weiß ich sowenig als andre zu berichten. Meine erste Erinnerung mag sein, die mir dann und wann noch wie ein dunkles Bild aufsteigt, daß ich einmal nachts mit meinem Vater in einem Himmelbett geschlafen, daß er mich – was sonst nicht in seiner Art lag – dabei zärtlich umarmt, daß ich mich aber vor der Bettquaste über mir gefürchtet habe; es war das erste Mal, daß mich das Grauen berührte [...]. Es müßte etwa bei oder nach der Geburt der um 2 1/4 Jahre jüngeren, vor über einem Menschenalter schon verstorbenen Schwester gewesen sein. [...] – Bestimmt aber sehe ich mich in der Wochenstube an einem Tischchen dem Bette meiner Mutter gegenüber sitzen [...].
>
> (IV, 517)[12]

Über das Familienleben ist uns übermittelt, daß es eine Jugend ohne viel Zärtlichkeit war[13] und daß Storm als Kind, nachdem seine Mutter sich einmal, für ihn unerwartet, viel Zeit für ihn genommen hatte, die Angstvision entwickelte, sie wolle ihn ermorden.[14]

---

12. Sicher interpretiert H.-S. Hansen diese Erinnerung richtig als erste Erfahrung der bedrohlichen väterlichen Männlichkeit. Bedrohlich wird aber meiner Meinung nach der Vater vor allem deswegen, weil er nun die Mutter ersetzen soll, das Kind vielleicht von der Mutter fortgenommen hat. (H.-S. Hansen: *Narzißmus in Storms Märchen. Eine psychoanalytische Interpretation.* In: *Schriften der Theodor-Storm-Gesellschaft* 26 (1977), 52f.)

13. "Ein nahes Verhältnis fand während meiner Jugend zwischen mir und meinen Eltern nicht statt; ich entsinne mich nicht, daß ich derzeit jemals von ihnen umarmt oder geküßt worden." (Briefwechsel Theodor Storm – Emil Kuh in: *Westermanns illustrierte deutsche Monatshefte* 67 (1889/90), 270f.)

14. In der Interpretation dieser Angstvision stimme ich nicht mit H.-S. Hansen überein, der sie als Ausdruck eines besonders innigen Mutter-Kind-Verhältnisses versteht. Ich meine, sie ist vielmehr Ausdruck der durchgehenden Angst des Kindes vor weiterem Liebesverlust, eine Angst, die sich aus der Erinnerung und der Gegenwart speist.

Eingeprägt hat sich dem kleinen Theodor Storm die Geburt seiner Schwester, weil sie natürlich eine Veränderung seines Lebens
bedeutete. Die Situation ist bekannt: Dem Erstgeborenen wird zumeist die ungeschmälerte Zärtlichkeit und Liebe der stolzen Mutter zuteil. Diese harmonische Einheit wird durch die Geburt des
zweiten Kindes schmerzlich gestört, das hinfort einen Teil der mütterlichen Kraft und Liebe absorbiert. Dazu kommt im Falle Storms
der stetig wachsende Geschäftshaushalt und die Übersiedlung in das
weiträumige Haus der Großmutter. Diese Großmutter Woldsen, deren Pflege der kleine Storm immer wieder anvertraut wurde, nimmt
deutlich Mutter-Ersatz-Funktionen an. Sie, die Urgroßmutter und
Lena Wies, die berühmte Geschichtenerzählerin, sind die Sterne in
Storms Kindheit, und er gedenkt ihrer in Liebe und Verehrung in
seinen Erzählungen.[15]

Die Tatsache, daß Storm zur Gestaltung positiver Mutterbilder
kaum in der Lage war, ist sicher vor diesem Hintergrund zu verstehen. Die Mütter seiner Helden bleiben entweder weitgehend uner-
wähnt, sind schlechte Mütter, sind tot oder sterben früh. Statt dessen begegnen zunehmend im Alterswerk problematische oder tragi-
sche Vatergestalten von außerordentlicher Intensität, deren sorgende Liebe oft einen stark mütterlichen Charakter zeigt (z.B. Carsten
Curator, der späte Hans Adam Kirch, der Großvater Hinrich zu
Grieshuus, John Glückstadt, John Riew und Hauke Haien).

So schmerzlich eindringlich wohl die Erfahrung bei der Geburt
der ersten Geschwisterkonkurrenz gewesen ist — Storm muß dieser
Schwester mit übergroßer Liebe angehangen haben. Ihr Tod ist, so
liest man noch in dem nachgelassenen Notizbuch seiner letzten Le-
benstage, für ihn erster Anlaß zum Dichten gewesen.[16] Direkten

15. S. die Texte *Im Saal, Lena Wies, Von heut und ehedem*.
16. "Wie ich Schriftsteller wurde [...], darüber weiß ich nur dies zu sagen:
Mit zehn oder zwölf Jahren, als eine sehr geliebte Schwester mir gestorben
war, machte ich meine ersten Verse, in einer Umgebung, wo an dergleichen
niemand dachte. Dann war der Stoff zuende, und ich machte nun Verse ohne
Gehalt". (*Theodor Storm, Ein rechtes Herz. Sein Leben in Briefen dargestellt*
von Bruno Loets. Wiesbaden o.J. [1945].) Ein weiterer Beleg dieser Liebe findet sich in den *Nachgelassenen Blättern*, in denen u.a. vom Besuch mit der
Großmutter in der Familiengruft erzählt wird: "ich suchte zwischen all den
großen Särgen den kleinen einer früh verstorbenen geliebten Schwester" (IV,
510).

dichterischen Ausdruck findet die Geschwisterliebe in dem 1852
geschriebenen Gedicht "Lucie".

Lucie

Ich seh sie noch, ihr Büchlein in der Hand,
Nach jener Bank dort an der Gartenwand
Vom Spiel der andern Kinder sich entfernen;
Sie wußte wohl, es mühte sie das Lernen.

Nicht war sie klug, nicht schön; mir aber war
Ihr blaß Gesichtchen und ihr blondes Haar,
Mir war es lieb; aus der Erinnrung Düster
Schaut es mich an; wir waren recht Geschwister.

Ihr schmales Bettchen teilte sie mit mir,
Und nächtens Wang an Wange schliefen wir;
Das war so schön! Noch weht ein Kinderfrieden
Mich an aus jenen Zeiten, die geschieden.

Ein Ende kam; — ein Tag, sie wurde krank
Und lag im Fieber viele Wochen lang;
Ein Morgen dann, wo sanft die Winde gingen,
Da ging sie heim; es blühten die Syringen.

Die Sonne schien; ich lief ins Feld hinaus
Und weinte laut; dann kam ich still nach Haus.
Wohl zwanzig Jahr und drüber sind vergangen —
An wieviel anderm hat mein Herz gehangen!

Was hab ich heute denn nach dir gebangt?
Bist du mir nah und hast nach mir verlangt?
Willst du, wie einst nach unsern Kinderspielen,
Mein Knabenhaupt an deinem Herzen fühlen? (I, 129)

Es ist jedoch fraglich, ob man Storms Verhältnis zur gestorbenen
Schwester auf die in diesem Gedicht geleistete abgeklärte Erinnerung reduzieren kann, die nur in der Schlußstrophe eine noch lebendige Macht leise andeutet. Mit großer Wahrscheinlichkeit stellt
das bei seinem Erscheinen (aufgrund der einfühlenden Darstellung
des Inzestmotivs) heftig umstrittene Gedicht "Geschwisterblut"[17]

17. Das Gedicht "Geschwisterblut", zu dem Storm sich in der Diskussion
im "Tunnel" um Kuglers Inzest-Gedicht "Stanislaw Oswiecim" hatte verleiten
lassen, endete, nachdem die Geschwister-Liebenden vergeblich beim Papst um
Sondererlaubnis zur Heirat gefragt hatten, ursprünglich:

Sie warf in seine Arme sich,
Sie hielt ihn fest umschlungen,
Sie hätte mit dem grimmen Tod
Um diesen Mann gerungen.

den anderen Pol dieses Verhältnisses dar. Merkwürdigerweise hat sich die Storm-Forschung dieser Schwestern-Bindung Storms nie recht zugewandt, wahrscheinlich weil sie abgelenkt war von Storms schon genügend in die beliebte künstlerische chronique scandaleuse passende Vorliebe für ganz kleine Mädchen, wie sie sich in der Leidenschaft des damals zwanzigjährigen Storm für die neunjährige Bertha von Buchan ausdrückte, der er 7 Jahre die Treue hielt, für die er schrieb und dichtete, bis sie, sechzehnjährig, seinen Heiratsantrag endgültig abwies.

Vergegenwärtigt man sich die psychische Entwicklung Storms, soweit dies aus Werk und Dokumenten um sein Leben möglich ist, so erscheint folgendes Bild: Der mit Sicherheit frühreife und sehr liebebedürftige Junge hat die ursprünglich der Mutter geltende Liebe nach deren "Verlust" auf die Schwester übertragen, und diese Schwesterliebe erfährt (wie Freud es z.B. für den sehr ähnlich gelagerten Fall des Dichters Walter Calé formuliert) "eine spätere Sublimierung zur Liebessehnsucht".[18] Folgt man Freud, so stellen sich frühe inzestuöse Regungen meist als normale Vorstufen der sich entwickelnden Sexualität dar, Vorstufen, die üblicherweise im Verlauf der Entwicklung des Ichs assimiliert und sublimiert würden; "Krankhaft wirkten sie nur, wenn sie fixiert würden".[19]

Im Falle Storm hat der frühe Tod der sechsjährigen Schwester offenbar eine Art Fixierung bewirkt, die Storm nicht krank im sozialen Sinne machte, ihn aber doch in seiner Partnerliebe lange beeinflußte (Liebe zu kleinen Mädchen, Eheschließung mit einer Cousine, neuerliche Leidenschaft für ein junges Mädchen) und ihn in seiner Dichtung zu starken Wiederholungsphantasien veranlaßte.

Um den gesamten Komplex der Übertragung der Mutterliebe auf die Schwester inhaltlich zu fassen, scheint es sinnvoll, drei Aspekte, die nicht ohne Einfluß auf die Ausgestaltung von Storms

---

Sie gab ihm ihren süßen Mund,
Doch war sie bleich zum Sterben;
Sie sprach: "So ist die Stunde da,
Daß beide wir verderben". (I, 691)

18. *Protokolle der Wiener Psychologischen Vereinigung.* Hrsg. von Hermann Nunberg und Ernst Federn. Frankfurt a.M. 1976, Bd. I (1906-1908), 181.

19. Ebd., 22.

späteren auch ins Werk verwandelten Objektbeziehungen bleiben können, zu unterscheiden:

1. einen (trieb-)ökonomischen Aspekt: Befreiung von Angst- und Wutaffekten (Mutterverlust) durch Verschiebung und Ersatzbildung;

2. einen inhaltlichen Aspekt: Im Aufbau der Schwesternliebe findet eine Identifizierung mit der Mutter statt (anstelle der verloren geglaubten Liebesbeziehung mit ihr);[20] dies würde eine betont mütterliche, sorgende Komponente in den Objektbeziehungen verständlich machen;

3. einen zweiten inhaltlichen Aspekt: Durch Übertragung der ersten primären Liebeserfahrung auf die Schwester und durch deren Sublimierung zur "Liebessehnsucht" bekommt die Schwesterbeziehung ein ungewöhnliches und möglicherweise prägendes emotionales Gewicht.

Schon hier wird deutlich, daß ein so entstandener Schwesternkomplex emotional ambivalenter Natur sein wird und mit wechselweise mütterlich-sorgender und sexuell-begehrender Determination in Erscheinung treten kann.

Sinn und Funktion dieser Reflexionen über die psychische Entwicklung Theodor Storms soll vor allem in der Möglichkeit liegen, bestimmte Schichten in Storms Werk eingehender zu verstehen. Hilfreich und von Interesse ist ein gründliches Erfassen der psychischen Situation eines Autors ja dann, wenn, wie bei Storm, aufgrund des Befundes von zwanghafter Wiederholung gleicher Motive und verwandter latenter Sinnstrukturen davon auszugehen ist, daß im und durch das Werk Umgang und Auseinandersetzung mit konflikthafter Erfahrung gestaltet wird. Inwieweit überhaupt im Werk die Möglichkeit besteht, Teilbereiche eines Konfliktsyndroms aufzuarbeiten, ist individuell verschieden; für Storm soll im folgenden gezeigt werden, wie in der Entwicklung des Liebesmotivs innerhalb seines Werkes eine symbolische Durcharbeitung des Schwesternkomplexes gestaltet wird.

20. Freud konstatiert diesen Vorgang etwa bei der Beschreibung der Loslösung einer Patientin von deren Mutterkomplex: "anstatt die Mutter zum Liebesobjekt zu nehmen, hat sie sich mit ihr identifiziert, ist sie selbst zur Mutter geworden." (GW, Bd. X. Frankfurt a.M. 1946, 243). Im Falle Storms ist dieser Vorgang der Identifizierung mit der Mutter schon deshalb wahrscheinlich, weil er sich dadurch auch mit den Normen der Umwelt identifiziert, die verlangt, das kleine Schwesterchen zu lieben.

III

Man kann vermuten, daß Storm sich seiner besonderen Schwesternliebe nicht voll bewußt war, sonst hätte er sich wahrscheinlich nicht so leicht zu einem Inzest-Gedicht verleiten lassen, dessen schnelle Produktion ihn bald gereut hat.[21] Seine Vorliebe für kleine Mädchen hat ihn natürlich beschäftigt, und in einer der ersten noch stark biographischen Erzählungen (*Im Saal*) versucht er, diese Vorliebe quasi als Familienerbe darzustellen. Auch sein Großvater, dem er angeblich ähnlich war (die Großmutter der Erzählung schließt die Erinnerung: " 'Du bist ein Phantast', sagte sie; 'dein Großvater war es auch'" [I, 490]), verliebte sich in ein achtjähriges Mädchen und wartete auf sie, bis sie 16 war. Das Motiv der Liebe eines älteren Mannes für ein Kind-Mädchen gehört fortan zum Grundbestand der Novellen, tritt jedoch im Frühwerk zugunsten des schon kommentierten Geschwistermotivs zurück, das Storm naturgemäß mehr locken mußte, bot es doch in der Verkleidung der Phantasie den "Reiz eines gefahrlosen Irregehens" (I, 598), wie Storm selbst die Spiele mit Anne Lene im Wildgarten (!) des Staatshofes verdeutlicht. In diesem Sinne wären die Novellen − wie Freud es in der berühmten *Gradiva*-Analyse sagt − "Ersatz und Abkömmlinge von verdrängten Erinnerungen [...], denen ein Widerstand nicht gestattet, sich unverändert zum Bewußtsein zu bringen, die sich aber das Bewußtwerden dadurch erkaufen, daß sie durch Veränderung und Entstellungen der Zensur des Widerstandes Rechnung tragen."[22]

Als so verstandene verändernde und entstellende Inszenierungen (die die Schranke der Zensur umgehen) sind die Quasi-Geschwister-Konstellationen anzusehen, die es gestatten, das begehrte Verhältnis ungestraft bis zu einem bestimmten Grad sexueller Attraktion und Erregung zu gestalten. Eine sexuelle Vereinigung wird in den meisten Fällen umgangen, soweit läßt sich offenbar die Zensur

---

21. S. Anmerkungen zum Gedicht "Geschwisterblut" bei Goldammer (Storm: Werke, Bd. I, 689). Trotz dieser Einschränkungen verteidigt Storm schließlich sein Gedicht, versucht sogar eine Art naturrechtlicher Begründung für den Ausnahmefall: "Wo nun aber im einzelnen Falle dieser Trieb vorhanden ist, da fehlt auch für den einzelnen Fall der Sitte das Fundament, und der einzelne kann sich [...] zu einem Ausnahmefall berechtigt fühlen." (Ebd., 690)

22. Freud: GW, Bd. VII, 85.

schwer ausschalten, wird aber, wie schon ausgeführt, ersatzweise gestaltet im Tanzmotiv, in Metaphern und Natursymbolen. Als weitere Entstellung ist die Aufspaltung des Ich-Erzählers in verschiedene Personen anzusehen, die es dem Autor ermöglicht, die abgespaltenen und verdrängten Seiten seines Ich wenigstens im Medium der Phantasie versuchsweise zu integrieren oder aber endgültig von sich abzutrennen. Der erste deutliche Fall liegt in der Novelle *Auf der Universität* vor, in der drei Personen in das Mädchen Lore verliebt sind: Der relativ distanzierte Ich-Erzähler, sein Freund, der Schreiner, der, da standesgleich, richtig um Lore werben kann, und der "Raugraf", in den ein verderbtes unmoralisches Ich abgespalten wird. Alle drei werden − außer durch die Lore-Beziehung − durch das Schwesternmotiv[23] und das Fußmotiv (auch der Raugraf ist fasziniert von Lores Füßen) miteinander verquickt; keiner bekommt Lore endgültig, da sie sich ertränkt.

In ähnlicher, aber für die Aufarbeitung des Schwesternkomplexes aufschlußreicherer Weise, findet eine Ich-Aufspaltung in der viel späteren Novelle *Der Herr Etatsrat* statt. Auch hier wird eine dreifache Beziehung zu einem wiederum ganz jungen, kindhaften Mädchen gestaltet, dessen Beschreibung (zarte blasse Gestalt, Lernschwierigkeiten, Bruderliebe, Vergleich mit "Willis"-Mythos) wohl am stärksten die Erinnerung an die tote Schwester Lucie evoziert:

> [...] ihr schmales Antlitz war blaß − auffallend blaß; dies trat noch mehr hervor, wenn sie, noch zärtlicher sich an ihren Bruder drängend, unter tiefem Atemholen ihre dunklen Augen von der Tafel aufschlug [...]. "Das Kind einer toten Mutter", so hatte ich von einer alten feinen Dame ihr Äußeres einmal bezeichnen hören; meine Phantasie ging jetzt noch weiter: ich hatte vor kurzem in einem englischen Buche von den Willis gelesen, welche im Mondesdämmer über Gräbern schweben; seit dieser Stunde dachte ich mir jene jungfräulichen Geister nur unter der Gestalt der blassen Phia Sternow; aber auch umgekehrt blieb an dem Mädchen selber etwas von jenem bleichen Märchenschimmer haften. "Nein, kleine Phia," hörte ich jetzt Archimedes sagen, "du wirst dein Leben lang kein Rechenmeister!" Ich sah noch, wie sie fast heimlich die Arme um den Hals des Bruders schlang;

---

23. Bezeichnenderweise beginnt die Novelle: "Ich hatte keine Schwester" (II, 56). Dafür muß Ersatz geschaffen werden, und man verfällt auf Lore, in die Philipp verliebt ist, ebenso wie sein Freund, der wiederum eine Schwester hat, die mit Lore befreundet ist. In der Karussellszene kreisen die Mädchen vor den Augen des Ich-Erzählers Philipp, was sie in gewisser Weise zu einer Person verschmelzen läßt.

dann war sie, ich weiß nicht wie, verschwunden, und Archimedes hatte seine Augen zärtlich auf die geschlossene Stubentür gerichtet. "Sie kann nicht rechnen", sagte er. (III, 325f.)

Die Liebesbeziehung der drei Männer zu Phia (so heißt hier das Mädchen) wird noch stärker differenziert als in der frühen Novelle *Auf der Universität*, wodurch sowohl eine stärkere Abspaltung des Verdrängten, als auch eine größere Distanzierung realisiert wird.

Wieder erscheint der Ich-Erzähler in die manifeste Ebene des Geschehens am wenigsten engagiert: Er stammt aus sehr guten bürgerlichen Verhältnissen, ist "Sohn des Justizrats" (!), hat eine sehr bürgerlich erzogene Schwester (bei pikanten Themen verläßt sie diskret den Raum) und empfindet gegenüber Phia, der Schwester seines Freundes Archimedes, eine "Art phantastischen Mitleids" (III, 326).

Deutlich abgehoben von der gutbürgerlichen Welt wird die Familie seines Freundes Archimedes, von den übrigen Bürgern gemieden wegen des sonderbaren trunksüchtigen und zu monströsem Verhalten neigenden Vaters. Die rührend zärtliche Zuneigung des Archimedes zu seiner Schwester bekommt durch diesen Familienkontext zumindest den Charakter der Überspanntheit. Von Archimedes liest man:

> er hatte niemals eine Herzdame, sondern nur eine allgemeine kavaliermäßige Verehrung für das ganze Geschlecht, worin er vor allem seine Schwester einschloß. Ich entsinne mich fast keiner Schlittenpartie, wobei sie nicht die Dame des eigenen Bruders war. (III, 342)

Die Abgetrenntheit vom bürgerlichen Milieu wird spätestens in der Phase der Novelle deutlich, als die Schwester des Ich-Erzählers mit Anzeichen größten Schreckens von der einzigen Festlichkeit, die Phias Vater arrangiert hat, nach Hause gelaufen kommt, geschockt durch den trunksüchtigen tanzwütigen Etatsrat.

> 'Tanzet, kleine Fräulein, tanzet!' rief er immer; aber er konnte gar nicht mehr Takt halten; ich glaube gewiß, Papa, er war betrunken! (III, 330)

Gefühlsmäßig und sozial am weitesten fortgeschoben vom Ich-Erzähler ist das aalglatte und dem Erzähler widerwärtige "Faktotum" des Herrn Etatsrat mit dem sprechenden Namen "Käfer". Herr Käfer verführt die arme Phia, so daß es beinahe zu einer "sehr unschicklichen und recht betrübten Heirat" (III, 360) gekommen wäre, wenn Phia nicht mitsamt dem Kind aus dieser Verführung nach dessen Geburt gestorben wäre.

Der latente Sinn der Novelle enthüllt die stufenweise Abspaltung erstens der Schwesternliebe überhaupt (durch Plazierung in die sonderbare Etatsratsfamilie) und zweitens des Strebens nach sexueller Vereinigung mit dem Schwesternbild durch Projizierung in einen ekelhaften Gefühlsbereich, der durch den Insektennamen "Käfer" auf ein untermenschliches Niveau abgedrängt wird. Der Abspaltungsprozeß am Ende der Novelle ist komplett: Phia samt Kind sind tot, Archimedes stirbt, Herr Käfer verschwindet und übrig bleibt der zwar wehmütige, doch purgierte "Sohn des Justizrats", das Ich der Erzählung.

Man könnte versucht sein, die drei Gestalten Käfer—Archimedes—Jurist als Inkarnationen der drei später von Freud benannten Instanzen des psychischen Apparates: "Es"—"Ich"—"Über-Ich" anzusehen. Zumindest verweist der "Käfer" in den Bereich des Tierisch-Triebhaften, Vormenschlichen, während die Figur "Sohn des Justizrats" als Personalisierung der bürgerlichen Normenwelt fungiert. Der Name "Archimedes" ebenso wie sein Träger verweisen auf den Bereich der Mathematik und das Austarieren und Vermessen von Feldern. Die Tatsache, daß Archimedes stirbt durch (für den Leser nur zu ahnende) "fortgesetzte Ausschreitungen nach zweien Seiten" (III, 352), zeigt, daß er den "archimedischen Punkt", der als Austarierung zwischen den Ansprüchen des "Es" und den Forderungen des "Über-Ich" zu verstehen wäre, nicht gefunden hat. — Konkret kann der Ich-Erzähler das Prinzip der Schwesternliebe als geltende Realität nicht akzeptieren; vielmehr muß er sich — unter dem Einfluß der von der bestehenden Verdrängung ausgehenden Zensur — in den Schutz bürgerlicher Normativität flüchten.

In dieser für die zwanghafte Ausprägung des Schwesternkomplexes so zentralen Novelle findet auch das Tanz- und Fußmotiv eine besondere Gestaltung und Verarbeitung. Angebahnt durch die zitierte Erwähnung der "Willis" und durch die mißglückte Party beim Etatsrat erreicht es in der Situation des Balls, an dem beide Geschwisterpaare teilnehmen, einen indirekten Höhepunkt, da hier, im Tanz, auf der manifesten Ebene der Novelle der einzige enge Kontakt Phias mit dem Ich-Erzähler stattfindet.

Die blasse Phia Sternow war die einzige, deren junges Haupt mit keiner Blume geschmückt war; in dem duftweißen Kleide mit dem Silbergürtel erschien sie fast nur wie ein Mondenschimmer neben ihrer plump geputzten

116

Nachbarin. Und wieder mußte ich an die Willis denken, und jenes phantastische Mitgefühl, das ich als halber Knabe für sie empfunden hatte, überkam mich jetzt aufs neue. (III, 346)

Ab dann dominiert das Fußmotiv in krankhafter Abspaltung: Archimedes entwickelt zunehmend bis zu seinem Tod einen Stiefel-Tick und träumt von der Findung der "vollkommenen Stiefel" (III, 351). Seine Krankenwärterin empfängt den Ich-Erzähler mit den Worten:

> Der Herr ist schwerkrank! [...] Sehen Sie nur [...], alle die lackierten Stiefelchen habe ich dem Bette gegenüber in eine Reihe stellen müssen, und es wollte immer doch nicht richtig werden, bis ich endlich dort das eine Pärchen obenan und dann noch wieder eine Handbreit vor den andern hinausgerückt hatte. Du lieber Gott, so kleine Füßchen und soviel schöne Stiefelchen! (III, 353)

Die so beschworenen "kleinen Füßchen" des Archimedes mitsamt den "lackierten Stiefelchen" verweisen sowohl durch den feminisierenden (oder infantilisierenden) Diminutiv als auch durch die Tatsache, daß Archimedes das hervorgehobene Pärchen auf dem gemeinsamen Ball getragen hat, indirekt wieder auf Phia, der schließlich auch die letzten Worte des zärtlichen Bruders gelten, und mit der er durch dieses schillernde Fuß-/Stiefelmotiv symbolisch vereinigt erscheint.

Das, was dem Leser der Stormschen Novellen in der zwanghaften Verwendung der Fußmotive bei Beschreibung weiblicher Anziehungskraft deutlich wird, erscheint hier als krankhaftes Verhalten, objektiviert im Stiefelfetischismus des sonderbaren Bruders Archimedes. Das Schuhmotiv wird damit zum ersten Mal vom Autor direkt thematisiert als abnorme Ersatzbildung für verdrängte Sexualbestrebungen, die er nicht anders als verschoben und entstellt zulassen kann. Es erfährt so im Rahmen des Kunstwerkes einen gewissen Grad von Aufarbeitung im Sinne einer Akzeptierung des Verdrängten, das aber, unter dem Vorbehalt des Abnormen, nicht wirklich als integrierbar gefaßt wird.

Exkurs zum Fußfetischismus

Die Ausgestaltung des Fußfetischismus' in Storms Prosawerk könnte geradezu als klassischer Beleg der Freudschen Fetischinterpretation gelten, wie sie in Freuds Schriften und den *Protokollen der Wiener Psychoanalytischen Vereinigung* überliefert ist. Bezüglich der Entstehung des Fetischismus' vermutet Freud in den *Drei Abhandlungen zur Sexualtheorie*: "daß hinter der ersten Erinnerung an das Auftreten des Fetisch eine untergegangene und vergessene Phase der Sexualentwicklung liegt, die durch den Fetisch wie durch eine 'Deckerinnerung' vertreten wird, deren Rest und Niederschlag der Fetisch also darstellt." Dieser Erinnerungsrest werde dann zum Ersatzobjekt. "Der Ersatz für das Sexualobjekt ist ein im allgemeinen für sexuelle Zwecke sehr wenig geeigneter Körperteil (Fuß, Haar) oder ein unbelebtes Objekt, welches in nachweisbarer Relation mit der Sexualperson, am besten mit der Sexualität derselben, steht." (Freud: GW, Bd. V, 54, Anm. 1 und 52). Die Bevorzugung des Fußes (und auch des Schuhs), die Freud in vielen Kulturen und Mythen tradiert gefunden hat, erklärt er im ausgeführten Sinne entweder als Deckerinnerung oder als Ersatzbildung nach dem Kastrationsschreck des Knaben beim ersten Anblick des weiblichen Genitals: "So verdankt der Fuß oder Schuh seine Bevorzugung als Fetisch [...] dem Umstand, daß die Neugierde des Knaben von unten, von den Beinen her nach dem weiblichen Genitale gespäht hat." So die Deckphantasie-Theorie im Artikel *Fetischismus* (Freud: GW, Bd. XIV, 314). Die Ersatz-Bildungs-Theorie findet sich in *Eine Kindheitserinnerung des Leonardo da Vinci*: "Die fetischartige Verehrung des weiblichen Fußes und Schuhes scheint den Fuß nur als Ersatzsymbol für das einst verehrte, seither vermißte Glied des Weibes zu nehmen" (Freud: GW, Bd. VIII, 166). In diesem Sinne deutet Freud auch in den *Protokollen* einen Fall von Fußfetischismus aus seiner Praxis: "Die Kindheitsstörung erfolgt hier durch Kastrationsdrohung von seiten des Vaters und durch den Anblick des schwesterlichen Genitals (Kindheitserinnerung, in der er mit dem Kopf zwischen den Beinen der nackten Schwester liegt); [...] Dazu kommt die symbolische Bedeutung des Fußes, welcher den beim Weib (infolge der Kastration) vermißten Penis ersetzt". (*Protokolle der Wiener Psychoanalytischen Vereinigung*. Hrsg. von Hermann Nunberg und Ernst Federn. Frankfurt a.M. 1981, Bd. IV [1912-1918], 237.)

Wie immer man zu den beiden Aspekten der Fetisch-Theorie steht — für den Fall Storms haben sie eine starke Erklärungskraft. Mit großer Wahrscheinlichkeit kann angenommen werden, daß Storm seine ersten Erfahrungen des weiblichen Genitales bei seiner Schwester machte, sei es während ihrer Pflege durch die Mutter oder im gemeinsamen Bett, wovon das Gedicht "Lucie" berichtet. Die Erotisierung des Fußes überhaupt liegt natürlich in einer Kultur, die durch die Mode den weiblichen Körper fast gänzlich dem neugierigen Knabenauge entzog, nahe. Der Fuß ist da das einzige, was vom weiblichen Unterleib hin und wieder auftaucht. In diesem Sinne spielt sicher — wie für viele andere Aspekte — die (im weiteren Sinne) Kulturgleichzeitigkeit der Autoren Storm und Freud eine große Rolle.

Sehr sprechend in diesem Symbolbildungsprozeß mögen für den kleinen Theodor Storm auch die Farbradierungen von Charles Melchior Descourtis gewesen sein, von denen sechs Exemplare als Illustrierungen von *Paul et Virginie* des Bernardin de Saint-Pierre im Hause seines Onkels Ingwer Woldsen hingen, und deren Motiv in der Tapete des Liebesraums in der Novelle *Drüben am Markt* wiedererscheint. Diese Farbradierungen — heute noch im Stormmuseum in Husum zu betrachten — fallen deshalb so ins Auge, weil die Gestalt der Virginie auf den meisten Bildern wie der Prototyp Storm-

scher Frauen aussieht: zart, kindhaft, weißes Gewand, aus dem unten ein
nacktes Füßchen schaut. Das Bild gar der toten Virginie am Ufer des Flusses scheint wie eine genaue Illustrierung der Endszene von *Auf der Universität*: Man glaubt, die tote Lore zu erkennen, deren Füße aus dem weißen
Kleid herausschauen.

Einen sehr viel größeren Fortschritt im Prozeß der Durcharbeitung des Schwesternkomplexes selbst durch Deutung und Integration bis dahin verdrängter Erinnerungselemente stellen Storms Novelle *Von jenseit des Meeres* und das Märchen *Die Regentrude* dar,
die deshalb näher in den Blick genommen werden müssen.

In der in den Jahren 1863/64 geschriebenen Erzählung *Von jenseit des Meeres* greift Storm noch einmal auf die schon in *Auf dem
Staatshof* inszenierte Kompromißhandlung der legitimierten Schwesternliebe zurück. Ein anonym bleibender Ich-Erzähler gibt folgende Geschichte seines Vetters Alfred wieder, die dieser ihm kurz vor
seiner "Brautfahrt" nach St. Croix (Westindien) erzählt hat:

Alfred verlebte einige Jahre seiner Jugend zusammen mit Jenni,
dem seinen Eltern anvertrauten unehelichen Kind eines in den Kolonien reichgewordenen Onkels mit einer Halbkreolin. Der Vater
hatte der Mutter das Kind entrissen, um ihm eine gesellschaftsfä-
hige Erziehung und Stellung in Europa zu verschaffen. Nach glücklichen gemeinsamen Jahren werden die Kinder getrennt, Jennis
Spiele mit Alfred sind zu wild [!], sie muß in eine Pension. – Alfred
trifft sie erst Jahre später als vollaufgeblühtes junges Mädchen auf
dem Gut eines Schwagers wieder, einem wunderbaren Louis XIV.-
Schloß mit Park und raffiniertem Lustgarten samt einer Venussta-
tue. Jenni beobachtet voller Neid Alfreds zärtliche Mutter und
setzt alles daran, auch ihre Mutter, gegen den Vaterwillen, wieder-
zufinden. Nachdem Jenni und Alfred verschiedentlich, auch im
Lustgarten, aufeinandertrafen, flieht Jenni mit dem Schiff Richtung Westindien. Doch in St. Croix sind die Verhältnisse ganz anders, als sie erwartet hat: Die Mutter, Inhaberin eines Logierhauses
im Hafen, fühlt sich wohl dort und will Jenni mit einem reichen
Mulatten verkuppeln. Jenni schickt einen Hilferuf nach Europa,
doch Alfred ist schon unterwegs, heiratet sie in St. Croix und führt
sie dann heim.

Als Anlaß für die bunte Staffage wird von der Storm-Forschung
sicher zu Recht die Erinnerung an einen Besuch der Woldsenschen
Verwandtschaft aus Übersee angesehen, von dem Storm 1845 an
seine Braut berichtet:

Gestern habe ich zum erstenmal die Kinder des Woldsen aus St. Thomas gesehen, die bei Tine Woldsen sind; ein Junge von acht Jahren, ein Mädchen von etwa sechs Jahren; sie sind, soviel ich weiß, mit einer Kreolin erzeugt, mit der der Vater in dem dort gewöhnlichen Konkubinatsverhältnis lebt. Der Junge ist häßlich, ein Woldsen. Das Mädchen aber, Du wirst sie Dir im Sommer gewiß noch oft hinten durch den Garten holen, denn der blasse Teint, die fremdartigen spanischen Augen sind wirklich interessant. Dabei ist das Gör zutunlich und lebendig.[24]

Es lag nahe, daß der für den Reiz kleiner Mädchen so sensible Storm sich mit dem Jungen ("acht Jahre...ein Woldsen") in der Phantasie identifizierte, war er doch selbst dem Charme seiner jüngeren Schwester erlegen. So wird aus dem Vetter Woldsen der Biographie der Vetter Alfred der Erzählung, nun allerdings nicht mehr verwandt mit der kleinen Schönen, um die Verbotsschwelle zu umgehen. Durch die doppelte (biographische und poetische) Verbindung mit Alfred, durch den Kunstgriff, daß beide Erzählungen (die Rahmenerzählung und die Kernerzählung) in der Ichform geschrieben sind, wird dem Leser die latente Identität der beiden Erzähler beinahe aufgedrängt.

In der Alfred-Geschichte reproduziert Storm wiederum einen Teil seiner eigenen Kindheitsgeschichte, und diesmal tut er es — sei es wegen der äußerlich starken Verkleidung des Schwester-Motivs (fremdländisches Mädchen mit "kohlschwarzen Löckchen"), oder sei es aus innerer Sicherheit, hier auf wirklich erinnertes, positiv vorliegendes Material zurückzugreifen (Besuch der Verwandtschaft), — man möchte sagen: ungedeckt. Löst man von der Erzählung die Schicht der Kreolen-Mädchen-Verkleidung ab, so bleibt die Geschichte des kleinen Jungen Theodor Storm übrig, und zwar in einer partiellen Detail-Treue, die beinahe verblüffend ist.

"Schon als zwölfjähriger Knabe [...] habe ich mit ihr in meinem elterlichen Hause zusammengelebt, sie mochte einige Jahre weniger zählen als ich" (II, 176). So beginnt die Alfred-Geschichte und nach Ablenkung durch die Westindienstory folgen Erinnerungen an Jennis Ankunft, die genau auf die Vorbereitung einer Geburt im bürgerlichen Haus passen, von den geheimnisvollen Vorankündigungen bis zum Baby-Raum neben dem Eltern-Schlafzimmer.

Lange schon, ehe ich sie selber sah, war meine Phantasie von ihr beschäftigt worden, besonders aber, als meine Mutter nun wirklich ein Kämmer-

24. Zit. nach Storm: Werke, Bd. II, 727 (Anmerkungen).

chen neben dem Schlafzimmer der Eltern für sie in Bereitschaft setzte. Denn es war ein Geheimnis um das Mädchen. (II, 177)

Da Storms Erinnerungen, wie oben gezeigt, mit der Geburt der Schwester beginnen, ist es sehr wahrscheinlich, daß in diesem Zusammenhang auch noch weiteres, außer dem Tradierten, erinnert wird, das hier seinen Ausdruck sucht.

Breiten Raum nehmen dann Erinnerungen an alle die Spiele und Beschäftigungen ein, von denen wir wissen, daß sie Storms Kindheit ausgefüllt haben: Spiele in Haus und Garten, in Keller, Kommoden und Schränken auf dem Dachboden des großmütterlichen Hauses, dazu das Erzählen von Märchen und Geschichten –sogar die berühmte Tonne, die Storms Märchen-Sammlung *Geschichten aus der Tonne* den Namen gab, taucht hier in der beinahe wörtlichen Reproduktion einer autobiographischen Reminiszenz auf.[25] Diese auch in der Wiedererzählung eigentlich unproblematische Ebene einer Kindheitsgeschichte bricht — auf der Erzählebene zeit-

25. Ein Vergleich beider Texte mag das belegen: In der Erzählung heißt es: "Unsere Vorliebe für verborgene Erzählungsplätzchen trieb uns zur Entdeckung immer neuer Schlupfwinkel; ja, ich entsinne mich, daß wir zuletzt eine große leere Tonne dazu ausersehen hatten, die in dem Packhause unweit von meines Vaters Stube stand. In diesem Allerheiligsten kauerten wir abends, wenn ich aus den Privatstunden gekommen war, so gut es ging, zusammen; meine kleine Laterne, die zuvor mit einigen Lichtendchen versehen war, nahmen wir auf den Schoß und schoben dann ein großes auf der Tonne liegendes Brett von innen wieder über die Öffnung, so daß wir wie in einem verschlossenen Stübchen beisammensaßen. Wenn nun die Leute, die abends zu meinem Vater gingen, das Gemurmel aus der Tonne aufsteigen hörten, auch wohl einige Lichtstrahlen daraus hervorschimmern sahen, so konnte unser alter Schreiber [...] kaum den immer neuen Fragen nach dieser verwunderlichen Erscheinung gerecht werden." (II, 179)

Nun die Jugenderinnerungen Storms aus dem Vorwort zu den *Geschichten aus der Tonne*: "Mich namentlich trieb diese Vorliebe für versteckte Erzählungsplätzchen zur Entdeckung immer neuer Schlupfwinkel; der beste Fund aber, der mir dabei gelang, war eine große leere Tonne, welche in unserem sogenannten Packhause unweit der Schreiberstube stand. Diese Tonne war bald das Allerheiligste, das nur von mir und Hans bezogen wurde; hier kauerten wir abends nach der Rechenstunde zusammen, nahmen meine kleine Handlaterne, die wir zuvor mit ausreichenden Lichtendchen versehen hatten, auf den Schoß und schoben ein paar auf der Tonne liegende Bretter wieder über die Öffnung [...]". (I, 773)

lich markiert — mit der ersten schmerzlichen Trennung von Jenni
(es folgen drei weitere traurige Trennungserlebnisse, die — auf der
latenten Ebene — wohl alle als Verweis auf den Tod der Schwester
zu verstehen sind), welche in eine Pension gegeben wird, ab. Was
bleibt, ist ein

> unbewußtes Gefühl der Zusammengehörigkeit und gegenseitigen Verant-
> wortlichkeit [...]; es war ein Keim gelegt, der viele Jahre geschlummert hat,
> aus dem aber dann im Strahl der Mondnacht die blaue Märchenblume em-
> porgeschossen ist, deren Duft mich jetzt berauscht. (II, 186)

Es fällt schwer, den Begriff der blauen Märchenblume innerhalb
der Erzählung überhaupt unterzubringen, denn für Alfred kann sie
allenfalls synonym für Liebe stehen. Hier wird die spiegelnde Beziehung zum Dichter/Erzähler mehr als deutlich, dessen Poesie aus
den Quellen dieser Erfahrung schöpfte und, wie der Text zeigt,
noch schöpft.

Doch die Erzählung geht weiter, zeitlich schreitet hier fort, was
auf der Bewußtseinsebene als Vorstoß zu tieferen, verdrängteren
Bereichen des Unbewußten anzusehen ist. Die direkte Erinnerung
versagt hier allerdings, das Ich wehrt noch immer Frustrationen ab
und rettet sich, immer auch noch in der Angst vor Liebesverlust, in
Projektionen und Ersatzbildungen. Die Projektion gestaltet sich
hier durch einen Rollentausch, durch den dann auch Sinn und
Funktion der für den heimatbewußten Storm so untypischen exotischen Story deutlich wird: Die leidensvolle Erfahrung des Verlu-
stes einer noch lebenden Mutter wird beispielhaft und stellvertretend an Jenni vorgeführt. Nicht der kleine eifersüchtige Junge beobachtet im folgenden die liebevolle Zuwendung der Mutter zur
Schwester, den "Verrat" der Mutter, sondern Jenni ist das Opfer.
Wie im Wunschtraum wird das Ich nun der heißgeliebte Sohn, dessen Pflege die Mutter nur "zu ihrem Schmerz [...] fremden Händen
überlassen" hat (II, 188). Nach einer überstandenen schweren
Krankheit (die hier für die gefühlsmäßige Trennung von Mutter
und Sohn steht) schließt die Mutter Alfred wie den verlorenen
Sohn in die Arme.

> Das Wiedersehn mit dieser, als sie bald darauf eintrat, war ein erschüttern-
> des. Sie hatte den Sohn schon verloren gegeben; nun hielt sie ihn leibhaftig
> in ihren Armen und liebkoste ihn und streichelte ihm die Wangen wie ei-
> nem kleinen Kinde. In dem Augenblick, da ich mich aufrichtete, um meine
> Mutter zu einem Lehnstuhl zu führen, sah ich Jenni bleich und mit über-
> quellenden Augen an einen Schrank gelehnt. Als wir an ihr vorübergingen,

fuhr sie zusammen; eine Porzellanschale, die sie in der Hand hielt, fiel zu Boden und zerbrach. (II, 191)

Die Intensität und Erschütterung der Mutter-Sohn-Szene ist innerhalb der manifesten Alfred-Geschichte durch nichts als die Krankheit gerechtfertigt, und das widerspricht eigentlich der sonst gerade im psychologischen Bereich sehr sorgfältig motivierenden Stormschen Erzählweise. Hier führen ganz deutlich eigene Erfahrungen und vor allem Bedürfnisse die Feder. Natürlich ahnt der verdrängende Alfred/Theodor nicht, warum Jenni so bleich wird und vermutet später sogar, boshaft angepaßt, positiv-mitfühlende Teilnahme; doch dann brechen Ängste, Verlustschmerz und Haß aus Jenni heraus, klarer als Storm für sich sie wohl je hätte formulieren können:

"Das war keine Teilnahme, Alfred. Du hältst mich für besser, als ich bin."
"Was war es denn?" fragte ich.
"Neid war es", sagte sie hart.
"Was sprichst du da, Jenni?"
Sie antwortete nicht; aber während wir nebeneinander hergingen, sah ich, wie ihre blitzenden Zähne sich in die rote Lippe gruben. Dann brach es hervor. "Ach", rief sie, "du verstehst das nicht; du hast noch keine Mutter verloren! Und – oh, eine Mutter, die noch immer lebt! – Daß ich einmal ihr Kind gewesen, mir schwindelt, wenn ich daran denke; denn es liegt tief im Abgrund unter mir. Immer vergebens und immer wieder ringe ich, ihr schönes Antlitz aus der trüben Vergessenheit heraufzubeschwören. Nur ihre zärtliche Gestalt sehe ich noch an meinem Kinderbettchen knien; ein seltsames Lied summt sie und blickt mich mit weichen sammetschwarzen Augen an, bis unwiderstehlich mich der Schlaf befällt." (II, 194)

Endlich ist Storm durch die "trübe Vergessenheit" zum letzten Grund seiner Schwesterliebe vorgedrungen, zum Verlust der Mutterliebe, dem Verlust der "symbiotischen Zweieinheit"[26] mit dem ersten Liebesobjekt. Und wie er dann, sich anpassend an die Familiensituation und auch auf der Suche nach Ersatz und nach Befreiung von der Trennungsangst die Liebe von der Mutter auf die Schwester übertrug, so projiziert er nun, im Rahmen einer "poetischen Befreiung", sein Leiden auf die Schwester-Figur und scheint dadurch zu einer befreienden (wenn auch bedingt gültigen) Erinnerung im therapeutischen Sinn zu kommen.

Die Geschichte geht gut aus; die Schwesterdeterminante in Jen-

26. Vgl. M. Mahler: *Symbiose und Individuation.* Bd. I: *Psychosen im frühen Kindesalter.* Stuttgart 1972.

ni wird weitgehend aufgehoben, indem Jenni zu ihrer echten Mutter zurückkehrt. Aber auch auf der Projektionsebene bedeutet das eine Auflösung des Traumas: Das Vordringen zum Mutterbild erscheint in der Jenni-Story in seiner ganzen Ambivalenz. Einerseits wird sie von der Mutter – wie erhofft – "mit einer ungestümen, ich möchte sagen, elementarischen Zärtlichkeit überschüttet" (II, 218), andererseits erfährt sie, daß der Zustand der ersten Mutter-Kind-Einheit nicht wiederzugewinnen ist, Haß und Entfremdung überlagern die Liebe.

> Ich muß mitunter wie sinnverwirrt in das Gesicht dieser Frau starren; mir ist, als sähe ich auf eine Maske, die ich herabreißen müßte, um darunter das schöne Antlitz wiederzufinden, das noch aus meiner Kindheit zu mir herüberblickt; als würde ich dann auch die Stimme wieder hören, die mich einst in den Schlaf gesummt, süß wie Bienengetön. – – (II, 217)

Der latente Sinn der Novelle fordert, daß Jennis Glück fern des mütterlichen Machtbereichs aufgebaut wird und Alfreds Glück nicht bei der Schwester-Jenni zu finden ist, sondern nur bei der Frau Jenni; daher muß für ihn die Hochzeit in St. Croix stattfinden, fern der eigenen Mutter, im Bereich einer fremden Welt, jenseits des Inzestradius. – So triumphiert am Ende der Novelle Venus über die magna mater.

> Vom Rasen her weht der Duft der Maililien durch die offenen Flügeltüren, und drüben im Lusthain am Teiche, wo die Venus steht, sind die Uferränder blau von Veilchen. (II, 219f.)

Das Ungewöhnliche, bei Storm Unerwartete dieses "happy ends" wurde von Storm selber so wie von Freunden und Kritikern immer wieder betont, vielleicht im Bewußtsein, daß so leicht und restlos derartige Konflikte sich nicht auflösen lassen. 1865 schrieb Storm an Fontane:

> Meine Novelle *Von jenseit des Meers* ist glaub ich ein gut Stück Arbeit, [...] nur der Schluß soll umgearbeitet werden, da er den tragischen Conflict nicht erschöpft. Es muß ein Schrei unmittelbar von ihr herübertönen.[27]

Der unmittelbare Schrei dieser Novelle, meine ich, tönt durchaus für den herüber, der in der Novelle auch die Kindergeschichte Storms mitliest.

---

27. Theodor Storm – Theodor Fontane: *Briefwechsel*. Kritische Ausgabe. In Verbindung mit der Theodor-Storm-Gesellschaft hrsg. von Jacob Steiner. Berlin 1981, 124.

Trotz mancher Versprechungen und Überarbeitungen hat Storm den positiven Schluß nicht geändert, und seine nächste Erzählung zeigt, daß das nicht Unvermögen war, sondern für ihn einer inneren Konsequenz entsprach. Man könnte es vielleicht so deuten: Die Befreiung, die das Vordringen bis in diese Schicht des Unbewußten für Storm bedeutete, mußte auch ihren äußeren Ausdruck finden im glückhaften Schluß.

Als vorläufiger Abschluß der Verarbeitung seines Schwester-Komplexes ist Storms – direkt im Anschluß an die Novelle *Von jenseit des Meeres* geschriebene – *Regentrude* anzusehen, ein Märchen dieses Mal, das ihm in besonderer Weise – wie er sagt – "poetisches Freisein"[28] ermöglicht.

Storms Äußerungen zur Märchendichtung in Zeiten politischer und existentieller Aufregung (er lebte im unfreiwilligen Exil in Heiligenstadt, litt unter der "preußischen Verwaltungsdiktatur", unter permanenter Geldnot und sehnte sich heim in ein befreites Schleswig-Holstein) sind bekannt, er spricht vom "dämonischen Drang" zur Märchendichtung[29], es sei ihm, als müsse er "zur Erholung der unerbittlichen Wirklichkeit ins äußerste Reich der Phantasie flüchten."[30]

In solcher Zeit verschiedenartigster Frustration und Anspannung gestaltet er ein Märchen, das durch den Rückgang zweier Liebenden in den Schoß der Erde, als Mutterprinzip und Lebensquell, zur Wiedergewinnung einer Welt gelangt, in der sowohl individuelle wie soziale Entfremdung aufgehoben sind. – Die verschiedenen Ebenen von Entfremdung und Befreiung können hier nicht im einzelnen aufgedeckt werden, ich berichte andernorts ausführlich davon;[31] für die vorliegende Fragestellung ist aufschlußreich, daß die Geschwisterkonstellation der beiden Liebenden – mit den sprechenden Namen "Maren" und "Andrees" – zunächst nur vage dadurch angedeutet wird, daß es für beide zusammen nur *einen* Vater

28. Zitiert aus einem Brief Storms an Brinkmann, vgl. Storm: Werke, Bd. I, 775 (Anmerkungen).

29. Theodor Storm: *Briefe*. Hrsg. von Peter Goldammer. Berlin/Weimar 1972, Bd. II, 438.

30. *Theodor Storms Briefe in die Heimat*. Hrsg. von G. Storm. Berlin 1907, 211.

31. Irmgard Roebling: *Prinzip Heimat – eine regressive Utopie? Zur Interpretation von Theodor Storms "Regentrude"*. (Erscheint demnächst.)

125

und *eine* Mutter gibt; im Verlauf des Märchens wird der Abstieg zur Regentrude (durch einen schmalen schneckenförmigen Gang in die tiefe, dunkle Welt des Feuchten) jedoch deutlich als Abstieg in den gemeinsamen Mutterschoß erlebt. Hier erstehen nach der Auferweckung der Regentrude Bilder symbiotischer Einheit und Harmonie aus dem Kleinstkindbereich: die Figuren werden in paradiesähnlichen Gefilden nur noch liegend oder sich legend oder, im feuchten Moos (fünfmal!) nebeneinander ausgestreckt, im kindlich-harmonischen Dialog gezeigt; dazu tauchen wieder Erinnerungen an mütterliche Wiegenlieder auf: "die Stimme der schönen Trude klang so süß und traulich" (I, 420), "Dabei hub sie an zu singen; das klang süß und eintönig" (I, 424). Das "poetische Freisein" im Rahmen der Märchenhandlung ermöglicht Storm, in direktem Anschluß an die "Bewußtseinsfunde" der vorigen Erzählung, *dem* Bereich sich in phantasiegeleiteter Erinnerung zu nähern, der in der Jenni-Fabel als verlorenes Paradies nur mehr in der erinnernden Beschwörung des Muttergesichtes und ihres Gesangs angedeutet werden konnte. Der Befreiungseffekt dieses Rückgangs kann sich in der *Regentrude* gattungsgemäß ungleich weiter gestalten, er führt über die Befreiung zur individuellen aktiven Genitalität (nach einer Fülle orgiastischer Bilder streben Maren und Andrees zurück zur Welt, um Hochzeit zu machen) hin zur gesellschaftlichen Befreiung, die im Abschlußbild des Märchens als märchenhaft-utopische Vision einer herrschaftsfreien solidarischen Mitmenschlichkeit gezeigt wird.

So wie auf der Märchenebene die verschiedenen Formen von Entfremdung als miteinander verbunden dargestellt werden, so muß für Storm das entfremdete Leben in Heiligenstadt deshalb so quälerisch gewesen sein, weil es (sicherlich unbewußt) Erinnerungen an früheste Entfremdungen in ihm weckte.

Genau in diesem Sinn sind ja Freuds Kommentierungen der Phantasietätigkeit von Dichtern zu verstehen, wenn er schreibt:

Ein starkes aktuelles Erlebnis weckt im Dichter die Erinnerung an ein früheres, meist der Kindheit angehöriges Erlebnis auf, von welchem nun der Wunsch ausgeht, der sich in der Dichtung seine Erfüllung schafft; die Dichtung selbst läßt sowohl Elemente des frischen Anlasses als auch der alten Erinnerung erkennen.[32]

32. S. Freud: *Der Dichter und das Phantasieren.* In: S.F.: GW, Bd. VII, 221.

126

Dieser aktuell ausgelöste Wunsch, "der sich nach dem Muster der Vergangenheit ein Zukunftsbild entwirft", stellt sich in der *Regentrude* dar als Wunsch nach Wiedergewinnung der Erfahrung "primärer Liebe"[33] in der harmonisch symbiotischen Mutter-Kind-Zweieinheit, die allererst die Befähigung zur gelungenen aktiven Liebesbeziehung und — wie es das Märchen und wohl auch Storm in intuitiver Menschenkenntnis will — auch die Befähigung zur sozialen Liebe in Aussicht stellt.

IV

Der "positive" Schluß der *Regentrude* ist sicher auf einer Bedeutungsebene im erwähnten Freudschen Sinne zu verstehen als Wunscherfüllung gegen aktuelle und im Medium der Erinnerung wiedererfahrene Frustration. Im Vergleich zu den Schlüssen der resignativen Novellen ist er jedoch — in genauer Entsprechung zur vorhergegangenen Erzählung — Ausdruck des (wie auch immer bewußten oder unbewußten) Gefühls eines erreichten Abschlusses. Storm ist es gelungen, im Medium der Phantasie zum letzten Ursprung seiner problematischen Objektbeziehungen, die zumindest auf dieser Stufe vom Ich akzeptiert werden können, vorzudringen. Durch Aufheben des Ich-Widerstandes verliert der Komplex einen Teil seiner zwanghaften Macht, so daß das Individuum im Rahmen seiner künstlerischen Tätigkeit freigesetzt wird für andere Inhalte.

Zweifellos kann solche im Rahmen der Kunst erreichte Befreiung nicht zugleich als restlose Befreiung des Dichters Storm angesehen werden, da die Verdrängung als solche bestehen bleibt. Dennoch scheint sie nicht ohne Folgen, soweit sich dies aus Storms Werk ablesen läßt: Überblickt man die Gesamtheit der folgenden erzählerischen Texte, so ist festzustellen, daß die Dominanz der inhaltlichen Fixierung auf dieses Thema nachläßt zugunsten anderer "objektiverer" Themen. Manche Äußerungen Storms legen beinahe eine Art Selbstdisziplinierung gegen den Wiederholungszwang subjektiver Psychismen nahe; er wendet sich bewußt chronikartigen Stoffen oder solchen mit eigener, schon vorhandener Substanz zu.

In diesem Sinne schreibt er an seinen Freund Emil Kuh 1873 bezüglich seiner Novelle *Draußen im Heidedorf*:

33. M. Balint: *Die Urformen der Liebe und die Technik der Analyse.* Stuttgart/Bern 1966; ders.: *Angstlust und Regression.* Stuttgart 1960.

Neugierig bin ich, was Sie zu *Draußen im Heidedorf* sagen. Ich glaube darin bewiesen zu haben, daß ich auch eine Novelle ohne den Dunstkreis einer bestimmten 'Stimmung' (das heißt einer sich nicht aus den vorgetragenen Tatsachen von selbst beim Leser entwickelnden, sondern vom Verfasser a priori herzugebrachten Stimmung) schreiben kann.[34]

In diesem Sinne gewinnen die Novellen wirklich an epischer Konsistenz, sind nicht mehr vornehmlich die Innerlichkeit des Autors illustrierende traumhafte Spiegelungen, auch wenn die Vorliebe für "traurig" ausgehende Liebesgeschichten zunächst ebenso bestehen bleibt wie die Neigung zu ganz jungen schwesterlichen Mädchen[35] im weißen Gewand und mit zierlichen Füßchen.[36]

Es ist hier nicht der Raum, Aufbau und Entwicklung des historisch-objektiven Gehalts innerhalb von Storms Spätwerk zu verfol-

34. Zit. nach Storm: Werke II, 742 (Anmerkungen).

35. Immer wieder werden dabei die elfenhaften Mädchengestalten in latent oder manifest inzestuöse Inszenierungen gestellt. So liebt beispielsweise Johannes in *Aquis submersus* das Mädchen, mit dem er in geschwisterähnlichen Verhältnissen aufwuchs, zeugt sogar ein Kind mit ihr, das, als beide Liebenden sich nach langer Trennung umschlingen, im Wasserloch der Priesterkoppel [!] ertrinkt; in *Carsten Curator* heiratet der Vetter die Cousine, mit der er aufwuchs, und auch der Oberförster in *Ein Doppelgänger* ist mit der Frau verheiratet, die seine Eltern in seiner Knabenzeit an Kindesstatt mit aufzogen. Die Novelle *Waldwinkel* beschreibt die Leidenschaft eines in ein Naturrefugium zurückgezogenen alten Mannes zu einem ganz jungen Mädchen, das, wie man am Ende ahnt, möglicherweise seine Tochter ist; in *Eekenhof* verlieben sich Halbgeschwister ineinander.

In raffiniert poetischer Verschiebung schließlich wird die latente Struktur verbotener Liebe in der mittelalterlichen Ritterromanze *Ein Fest auf Haderslevhuus* gestaltet: sie geht auf im Verständnis der "Hohen Minne", demgemäß Erfüllung der Liebe im sinnlichen Vollzug mit dem Tod der Minne bezahlt werden muß. Rolf Lembeck stürzt sich nach unendlichen "Minnequalen" mit der Leiche der kindlichen Dagmar vom Burgturm in die Tiefe. Die Novelle endet mit einem Sagenvers, der als Motto über Storms sämtlichen Liebesgeschichten stehen könnte: "Daß Liebe stets nur Leiden am letzten Ende gibt." (IV, 76)

36. In der Erinnerungsnovelle *Ein Bekenntnis* berichtet der wiederum gedoppelte Ich-Erzähler von seiner Liebe zu dem elfenhaften Mädchen mit dem — für Storm — so sprechenden Namen "Füßli", von der dann gar noch zu erfahren ist, daß sie Kindern gern das Märchen vom *Fanferlieschen Schönefüßchen* erzählte. — Noch im letzten Text Storms, dem Fragment *Die Armesünderglocke*, sagt der verliebte Knabe Franz zum Mädchen Maike: "wenn du auf deinen kleinen Füßen gehst, das ist beinahe, als wenn gesungen wird." (IV, 378)

128

gen; sein zunehmendes Engagement in soziale und kulturell-historische Stoffe und Motivstränge müßte gesondert behandelt werden.

Für die hier verfolgte Fragestellung der Gestaltung von Liebesbeziehungen, die nach wie vor als wesentlicher Motor seiner Geschichten fungieren, bleibt noch hinzuzufügen, daß Storm, seiner fortgeschrittenen Lebens- und Familiensituation entsprechend, im Werk zunehmend die Aufmerksamkeit von der Partnerliebe weg zur Elternliebe richtet. Dabei handelt es sich, wie angedeutet, fast ausschließlich um die künstlerische Darstellung ergreifender problematischer Vaterschicksale. Reines ungebrochenes Elternglück wird beinahe nie gestaltet; die Problematik gründet in einigen Fällen in der Anlage der Kinder (so im Falle des leichtfüßigen trunksüchtigen Heinrich in *Carsten Curator* und der schwachsinnigen Wienke im *Schimmelreiter*), in den meisten Fällen hängt sie jedoch mit einem schuldhaften Verhalten des Vaters zusammen (Hartherzigkeit und Intoleranz beim Vater Kirch in *Hans und Heinz Kirch* und beim alten Vater Grieshuus in der *Chronik von Grieshuus*, Totschlag beim Sohn Grieshuus und bei John Glückstadt in *Ein Doppelgänger*, Verführung zum Alkohol in *John Riew*, Hybris und nicht erfüllte Pflicht bei Hauke Haien im *Schimmelreiter*).[37]

All diese Väter oder Gestalten mit Vaterfunktion müssen (mit Ausnahme des Schimmelreiters) das Kind ohne die Mutter, die früh stirbt, aufziehen, wobei häufig erst mit dem Verlust der Mutter, der gern zeitlich in der Nähe des schuldhaften Verhaltens angesiedelt ist, die Vaterliebe in mütterliche Dimensionen sich entfaltet: Man denke nur an das kummervoll fürsorgende Verhalten von Carsten Curator und John Riew, die Trauer und Sehnsucht bei Vater Kirch und dem Bötjer Basch, die behutsame liebevoll innige Zärtlichkeit des Junker Hinrich zu Grieshuus seinem Enkel und der Väter John Glückstadt und Hauke Haien ihren Kindern gegenüber.

37. In diesem Sinne unterstreicht Gerhard Kaiser zurecht in *"Aquis submersus" – versunkene Kindheit. Ein literaturpsychologischer Versuch über Theodor Storm (Euphorion* 73 [1979], 410-434, auch in G.K.: *Bilder lesen.* München 1981, 52-75) die Verbindung der Schuldproblematik mit der zentralen Rolle der Elternliebe und -pflicht. Das von ihm beschworene "Rätsel" des toten Kindes löst er nicht, da er nur formal, nicht inhaltlich den Rekurs auf Storms Kindheit vollzieht. Er käme sonst zu ganz anderen und teilweise stringenteren Interpretationsergebnissen.

Natürlich muß man davon ausgehen, daß in die Gestaltung dieser großen Stormschen Vaterfiguren die verschiedenartigsten Erfahrungen einfließen, angefangen bei Storms Erinnerung an den eigenen Vater, über seine – wie man weiß z.T. kummervollen – persönlichen Erfahrungen als Vater von sieben Kindern, bis zu seinem gebrochenen Verhältnis zu religiösen, politischen und Klassenautoritäten.

Im Zusammenhang dieser, insbesondere der künstlerischen Umsetzung problematischer Objekt- bzw. Liebesbeziehungen gewidmeten Untersuchung muß aber auch das Leitmotiv tragischer Vaterliebe in Storms Werk in Verbindung gebracht werden mit seinen traumatischen Kindheitserfahrungen. Ausgehend von der allgemeinen Annahme, daß die von Kindern erfahrene Beziehung den Eltern gegenüber später an den eigenen Kindern reproduziert wird und anschließend an die oben abgeleitete Vorstellung, daß beim kindlichen Storm in der Übertragung der Mutterliebe auf die kleine Schwester eine Identifizierung mit der Mutter stattfand, ließe sich behaupten, daß die im Spätwerk ins Zentrum gerückten mütterlichen Vaterverhältnisse direkte Ausdrucksformen der mütterlichen Dominante in Storms Objektbeziehungen darstellen. Das Faktum der all diesen mütterlich/väterlichen Beziehungen innewohnenden Problematik wäre als Echo der biographischen problematischen Mutterbeziehung, die vom Kind mit Sicherheit als schuldhaft erlebt wurde, zu verstehen.

Sicher nicht zufällig verliert ja – analog zu Storms eigenem "Mutterverlust" mit drei Jahren – das Kind in *Ein Doppelgänger* mit drei Jahren seine Mutter, und – analog zu Storms eigener Identifizierung mit der Mutter nach diesem Verlust – entsteht aus John Glückstadt, dem "Doppelgänger" (!), ein mütterlicher Vater nach dem Tod der Mutter.

Durch diese frühe psychische Prägung – wird man sagen können – entsteht bei Storm eine gewisse Disposition zur Gestaltung so gearteter zugleich mütterlich-sorgender wie auch schuldhaft-scheiternder Vaterbeziehungen, die dann dominant wird, wenn die andere Disposition, die Vorliebe für kindhaft zarte Schwesternfrauen in den Hintergrund tritt. Beide treffen sich, entsprechend ihrer Entstehung aus der Geburt der Schwester, in der liebevollen Zuwendung zum Kind. Die Dichtung Storms erfährt aus der Erinnerung dieser speziellen frühen Liebesbeziehung einen ihrer stärksten Impulse. In der zuletzt zitierten Novelle *Ein Doppelgänger*, deren Titelfigur, wie in so vielen anderen Novellen Storms, als Doppelgänger auch des Erzähler-Autors anzusehen ist,[38] erläutert der Ich-Erzähler, ein aus Norddeutschland stammender Advokat (!) im Gespräch mit einem Oberförster seinen Modus der Erinnerung und zugleich damit die Poesie des Autors Theodor Storm:

> [...] ich erzählte ihm alles [...] was [...] mir in *Erinnerung* und im eigenen Geiste aufgegangen war.
> "Hm", machte der besonnene Mann und ließ seine Augen treuherzig auf mir ruhen; "das ist aber *Poesie*; Sie sind am Ende nicht bloß ein Advokat!" Ich schüttelte den Kopf: "Nennen Sie es immer *Poesie*; Sie könnten es auch *Liebe oder Anteil* nennen". (IV, 194)
> (Hervorhebungen von mir, I.R.)

Liebe und Anteil — diese Kräfte machen wirklich das Zentrum in der dichterischen Welt des Stormschen Werkes aus, ob sie nun als Liebe zur elfenhaft kindlichen Frau, als Liebe zum Kind, als Liebe zur Heimat, oder — zunehmend — auch als Liebe und Anteil für die Schwächeren in der Gesellschaft, die "kleinen Leute"[39], auftritt. Die Sehnsucht nach solcher Liebe hat ihren Keim in den frühesten kindlichen Erfahrungen, und wie in der psychoanalytischen Therapie nur im Prozeß der Erinnerung der Anschluß an prägende Erlebnisse gefunden werden kann, so versichert sich Storm seiner Identität durch Gestaltung einer Erinnerungs-Prosa, die in immer neuen Variationen dieses Grundthema der Liebe wiederholt und verarbeitet.

38. Diese letzte Identität von Erzähler und Autor wird dem Leser meist aufgedrängt durch die einfachen oder gedoppelten Ich-Erzählungen, die regionale Herkunft des Erzählers aus Norddeutschland, häufig durch einen Beruf aus der Juristerei (Storm war ja hauptberuflich Jurist) oder aus der Medizin, die es schließlich auch mit der "Heilung" von "Abweichungen" in der menschlichen Existenz zu tun hat.
39. Storm hat die Novelle *Ein Doppelgänger* zusammen mit *Bötjer Basch* 1887 unter dem Titel *Bei kleinen Leuten* als dritte Ausgabe auf den Buchmarkt gebracht.

DIE MOTIVIK DES VISIONÄREN UND MÄRCHENHAFTEN IN STORMS NOVELLE *EIN BEKENNTNIS* ALS ARCHETYPISCHER AUSDRUCK DES UNBEWUSSTEN

von

Jan U. Terpstra

Einführung. Storms "Fehler"

Am 24. Mai 1887 schreibt Storm an Erich Schmidt, er habe eben "eine hagelneue Novelle" an seinen Verleger Westermann abgesendet.[1] Die Nachricht unterbricht seine Mitteilungen über das "fünfmonatliche [!] Krankenlager" und die relative Harmlosigkeit des als "trockner Magenkrebs" bezeichneten Übels. Die während der Krankheit entstandene Novelle *Ein Bekenntnis* befaßt sich mit dem Krebs und dem Problem der Euthanasie.

Der seine Lebensgeschichte erzählende Frauenarzt Franz Jebe bekennt einem Jugendfreund, dem Rahmenerzähler, daß er seine am Gebärmutterkrebs leidende Frau aus Mitleid getötet hat. Die Tatsache, daß er während der Krise seine Fachzeitschriften ungelesen beiseite gelegt und dadurch erst nach der Tat von einem neuen, erfolgreichen operativen Verfahren Kenntnis genommen hat, mehr noch die Einsicht, gegen die "Heiligkeit des Lebens" verstoßen zu haben, steigern seine Selbstvorwürfe zur Verzweiflung. Der stark vereinsamte Arzt verläßt nach der Beichte seine Heimat und widmet sich den kranken Eingeborenen Afrikas, wo er, ein Diener des Lebens, stirbt.

Das Thema eignet sich durchaus zu einer realistisch-psychologischen Darstellungsweise, die aber von Storm nicht konsequent durchgeführt wird. Ein eigenartiges Gewebe von Märchenmotiven, Hinweisen und Anspielungen auf romantische Dichtung und Male-

---

1. *Theodor Storm—Erich Schmidt: Briefwechsel.* Hrsg. von Karl Ernst Laage. Bd. II, Berlin 1976, 139.

rei durchbricht den Wirklichkeitscharakter des Erzählten und läßt auf eine bestimmte Absicht schließen, die sich aber dem Leser nicht enthüllen will. Besonders die breit angelegte, eindrucksvolle Beschreibung der Vision des Knaben, der in seinem "Nachtgesicht" das Mädchen erblickt, das ihm später in der Wirklichkeit entgegentritt, scheint eine Krise und eine Lösung vorauszusetzen, bei denen die geheimnisvollen Daseinsmächte bestimmend mitwirken sollten. Statt dessen sieht sich der Leser auf die reale Problematik der Verantwortlichkeit des wissenschaftlich gebildeten, frei entscheidenden Menschen verwiesen.

Die Kritik an diesem bald vom Erfolg des *Schimmelreiters* überflügelten Altersprodukt Storms setzt denn auch sofort ein. Heyse, der sich in *Auf Tod und Leben*[2] schon mit dem Euthanasieproblem auseinandergesetzt hatte, verurteilt in einem Brief an Storm "das ganz aus dem Blauen hereingeschneite visionäre Exordium"[3] und schreibt an Keller: "Jenem [i.e. dem Helden] imputieren wir auch das visionäre Element, das dem Charakter des hellblickenden Naturkundigen fremd sein sollte [...]." Außerdem habe es "mit dem Verlauf der Geschichte nichts Wesentliches zu schaffen [...]", weshalb er empfehle, "diese Partie in der Buchausgabe zu streichen." Sie erwecke ja "Erwartungen, die nicht erfüllt werden."[4] Storm sieht ein, "daß die visionäre Vorgeschichte zu stark war, um nicht für den Leser auf Grund derselben die Entwicklung erwarten zu lassen", entschuldigt sich aber: er sei "im Verfolg bemüht gewesen, dieß abzuschwächen."[5] Heyse gibt sich damit nicht zufrieden: "warum soll die visionäre Vorgeschichte stehenbleiben, wenn Du selbst erkannt hast, daß sie da nicht hingehört! Wie leicht ist sie herauszuschälen; bei der Operation fließt nicht ein Tröpfchen Blut, und Du hast die Composition um einen unkünstlerischen Nebenschößling erleichtert, der nicht bloß überflüssig, sondern störend war."[6] Storm erkennt auch Erich Schmidt gegenüber seinen "Fehler"

---

2. In: *Westermanns Monatshefte* 1885, 145-176.
3. Brief vom 29.12.1888, zit. nach Theodor Storm: *Sämtliche Werke in vier Bänden*. Hrsg. von Peter Goldammer. Berlin u. Weimar 1967. Bd. IV, 651. (Im folgenden zitiert als: Storm: Werke).
4. *Theodor Storm–Paul Heyse: Briefwechsel*. Hrsg. von Clifford Albrecht Bernd. Bd. III, Berlin 1974, 154. Brief vom 25.6.1887.
5. Ebd., 155. Brief vom 15.7.1887.
6. Ebd., 157. Brief vom 17.7.1887.

133

an. Er wiederholt Heyses Kritik und meint: *"Ein Bekenntniß* [...] hat einen Fehler, der wohl in der Schwäche des Alters liegt [...]"*. Den visionären Traum motiviert er mit dem Hinweis, daß er ihm "zuerst besonders für die Charakterisirung der Frau gut zu passen schien [...]", endet dann demütig mit Heyses Vorwurf: "aber er erweckt im Leser Erwartungen, die nicht erfüllt werden. Das ist der Fehler."[7]

Storms Haltung ist merkwürdig ambivalent. Er erkennt einen Fehler an, ohne auf den konkreten Vorschlag des Streichens und Herausoperierens einzugehen. Offenbar will er sich nicht von dem trennen, was ihm denn doch wesentlich ist. Auf die "Charakterisierung der Frau" kommt es ihm wohl in ungewöhnlichem Maße an. Nicht nur ihr tragisches Sterben sollte als Schuld des Gatten die Novelle bestimmen, sondern ihr geheimnisvolles Wesen selbst und die tiefere Welt, die es vertritt. Storm fragt nach den "dunklen Regionen des Seelenlebens",[8] die wir aus psychologischer Perspektive als den Wirkungsbereich des Unbewußten deuten wollen. Einer tiefenpsychologischen Optik bietet sich die eigentliche seelische Substanz dieser umstrittenen Dichtung gerade in dem gerügten "visionären Element" und den symbolhaltigen märchenhaften Zügen dar, Textbestandteile, die gegenüber der dramatischen Vordringlichkeit des Euthanasieproblems nur zu leicht als beziehungslos, unmotiviert erscheinen könnten.

Die märchenhaften Elemente unserer Novelle funktionieren in einem dem Fouquéschen Kunstmärchen *Undine* frei nachgebildeten Motiv- und Handlungszusammenhang. Man kann von einem Märchensubstrat sprechen. Storms Bindung an die Romantik war für sein Schaffen mitentscheidend. In *Ein Bekenntnis* finden sich außer Fouqués Einwirkung Anklänge an E.T.A. Hoffmann und Eichendorff. Storm war ein Kenner des Volksmärchens und verfügte über breite Kenntnisse der volkstümlichen Überlieferung. Das philosophische Gedankengut der Romantik war ihm nicht ganz fremd. Sein Franz Jebe ist ein Bewunderer der in der Nachfolge romantischer Philosophie und Psychologie schreibenden Zeitgenossen

7. Storm–Schmidt: Briefwechsel (Anm. 1), Bd. II, 141. Brief vom 29.9. 1887.
8. Storm: Werke IV, 199 u. 208.

Perty und Daumer.[9] Zur weiteren geistigen Umwelt Storms gehören Gestalten wie Oken und Carus.[10] Seine mit erstaunlich zahlreichen, meist der Natur entnommenen Symbolen arbeitende dichterische Sprache lebt, wie David Artiss aufgezeigt hat[11], in enger Symbiose mit seinem naturwissenschaftlichen Interesse und der folkloristischen Tradition. Artiss deckt eine imponierende Anzahl von einzelnen Bezügen der Stormschen Symbolsprache zum Mythischen auf. Indessen erhebt sich die Frage nach einem umfassenden Zusammenhang all dieser Symbole und Mythologeme, nach der psychischen Grundstruktur, die sich aus der vergleichenden Interpretation der Stormschen Symbolik, besonders der stereotypen symbolischen Situationen, herauskonstruieren ließe. Absicht meiner Untersuchung kann nur das Aufstellen von Hypothesen zur psychologisch-mythischen Bedeutung der märchenhaften und visionären Momente in *Ein Bekenntnis* sein. In bezug auf einen vorauszusetzenden "persönlichen Mythus" des Dichters sollen sie als Vorschläge gelten.

Bei meiner Bemühung um ein weiterführendes Verständnis der irrationalen Tiefenstruktur unserer Novelle leistete mir das Begriffsgefüge der Psychologie Jungs willkommene Hilfe. Es machte ein Modell sichtbar, das sich durch die Hereinbeziehung des Buches von Hedwig von Beit zur Symbolik der Märchen[12] verfestigen ließ. Die starke motivische Abhängigkeit des romantischen wie des Stormschen Kunstmärchens vom Volksmärchen ermutigte mich

9. Joseph Anton Maximilian Perty (1804-1884); Georg Friedrich Daumer (1800-1875); vgl. Storm: Werke IV, 652f. u. Robert Pitrou: *La vie et l'oeuvre de Theodor Storm*. Paris 1920, 707, Anm. 1. Sonst: David Artiss: *Theodor Storm. Studies in Ambivalence. Symbol and Myth in his Narrative Fiction*. Amsterdam 1978 (= German Language and Literature Monographs, ed. Wolfgang Moelleken. Vol 5), XVI u. 183f.
10. Der Naturphilosoph Lorentz Oken (1779-1851) wird in Storms *Waldwinkel* erwähnt (Werke II, 486). Carl Gustav Carus (1789-1869), Hauptwerk *Psyche* (1864). Seine "dunkle Gefühlsregion" und die Ausführungen über die Wirkung des Unbewußten in der geheimnisvollen Beziehung eng verbundener Personen bildet stellenweise fast einen Kommentar zu *Ein Bekenntnis*. Vgl. *Psyche*, Darmstadt 1975 (reprogr. Nachdruck, mit einem Vorwort von Friedrich Arnold), 418ff.
11. Artiss (Anm. 9).
12. Hedwig von Beit: *Symbolik des Märchens. Versuch einer Deutung*. I, II (u. Registerbd.), Bern 1952-1957.

zur Anwendung der von Frau von Beit gehandhabten Jungschen Archetypenlehre auf Gestalten und Situationen in *Ein Bekenntnis*. So versuchte ich, den ersten, märchenhaften Teil des Textes in eine Reihe von symbolischen Episoden aufzulösen. Die Frage, inwieweit die Jungschen Gedanken auch für den scheinbar ganz auf der Ebene des Rationalen sich bewegenden zweiten Teil fruchtbar gemacht werden könnten, führte zur probeweisen Anwendung des bei von Beit ausgearbeiteten Schemas der "Fahrt des Helden", der symbolischen Darstellung des Individuationsprozesses.

Der visionäre Traum

Der Rahmenerzähler begegnet seinem Jugendfreund "zu Ende des Juni 1856" im Kurgarten der "Brunnenstadt Reichenhall."[13] Franz Jebe sitzt im Schatten, "Grau in Grau gekleidet, mit einem breitrandigen Hut von derselben Farbe" und blickt "unbeweglich in die weiße Luft, die über den Akazien [...] flimmerte, als ob kein Leben in ihm wäre."[14] Dem Halbdunkel der Baumschatten und dem leitmotivischen Grau der Kleidung des Arztes wird ein überhelles, unbarmherziges Licht entgegengestellt. Das Wortmaterial ("schimmern", "blenden", "flimmern", "Höllenkessel", "unerbittlicher Sonnenschein")[15] versinnbildlicht die Qual des von einer Schuld gepeinigten Bewußtseins. In schützender Dunkelheit nimmt dann der Rahmenerzähler die Lebensbeichte seines Freundes entgegen.

Wir erfahren, daß Franz Jebe auf seine Mitstudenten einen etwas hochmütigen Eindruck gemacht habe, während doch hinter seiner kühlen, strebsamen Intelligenz "ein warmes und wahrhaftiges Herz geborgen sei."[16] Was die beiden damals verband, war "ein von wenigen bemerkter phantastischer Zug in ihm, dem in mir etwas Ähnliches entgegenkam."[17] Obwohl "unter manchem Vorbehalte" ließ der angehende Arzt "die Arbeiten von Perty und Daumer über die dunklen Regionen des Seelenlebens [...] nicht verspotten."[18] Offenbar haben die Ansichten G.H. Schuberts und an-

13. Storm: Werke IV, 197.
14. Storm: Werke IV, 198.
15. Storm: Werke IV, 197-201.
16. Storm: Werke IV, 199.
17. Storm: Werke IV, 198f.
18. Storm: Werke IV, 199 (vgl. Anm. 9).

136

derer über die "nächtlichen" Seiten der Natur und der Seele den sonst rationalistisch denkenden Franz Jebe nicht unbeeindruckt gelassen.

Ort der Beichte ist die einsame Wohnung des Arztes, wo "die grauen Schatten der Erinnerung"[19] ungehindert walten können. Es ist ein Ort tiefer Verlassenheit und Trübseligkeit, dämmerig und wie unterweltlich:

> [...] als wir eintraten, blendete mich fast die Dämmerung, die hier herrschte: ein paar Fenster mit kleinen Scheiben gingen auf einen scheinbar außer Gebrauch gestellten Hof, von dem die Seitengebäude jeden Sonnenstrahl abzuhalten schienen; altes Gerümpel, Zuber und Bretter und was noch sonst, lagen umher und schienen trotz der draußen kochenden Sonnenhitze feucht zu sein von dem fortdauernden Mangel des Lichtes. In der einen Ecke stand ein alter dürftig belaubter Holunderbusch, auf einem seiner Zweige saß, in sich zusammengekrochen, eine Dohle und beschäftigte sich damit, die Augen bald zu schließen, bald wieder aufzumachen [...].[20]

Die räumlich-atmosphärischen Charakteristika dieser Schilderung wiederholen sich zum Teil in der Situierung der Vision. Der Eindruck des Finsteren, Einsamen steigert sich noch. Auf dem Hof hinter dem Hause der Eltern befand sich "der Eingang zu einer unendlichen Rummelei von seit Jahrzehnten verödeten Fabrikgebäuden mit finsteren Kellern, Kammern voll Spinngeweben mit kleinen Scheiben in den klappernden Fenstern und unzähligen, sich übersteigenden Böden [...]."[21] Durch das "geräumige Waschhaus" hinter der verwahrlosten Fabrik gelangte man "in einen gleichfalls großen abgelegenen Hühnerhof [...][22], der von der Hinterseite der stillen Fabrikgebäude und einiger Nachbarspeicher rings umschlossen war [...]".[23] Die Parallelität der Raumelemente und ihre Wiederholung erhöht den Eindruck des Traumhaften. Ein dämmeriger, öder Raum wird von einem zweiten ebenso trostlosen umschlossen; ein leerer, einsamer Hof setzt sich in einem zweiten, ähnlichen fort. Im einsamen Hühnerhof hält sich der Knabe seine Tiere. Mit den "Meerschweinchen und Kaninchen, gezähmten Möwen und Bruushühnern", den "gefangenen Ratten und Feldmäusen und an-

19. Storm: Werke IV, 201.
20. Storm: Werke IV, 201f.
21. Storm: Werke IV, 203.
22. Ebd.
23. Ebd.

derem unheimlichen Geziefer"[24] in seinen Käfigen verstärkt sich der Eindruck des Desolaten dieser einsamen Welt. Auffällig ist der Aspekt des Labyrinthischen. Franz Jebe berichtet von Durchgängen und Treppen, die die "unzähligen, sich übersteigenden Böden" miteinander verbinden. Die dreidimensionale Struktur dieses Labyrinths erinnert fast an die bedrückenden "Carceri" des Piranesi. Die archetypische Labyrinthvorstellung berührt sich eng mit der des Totenreiches. Auf die symbolische Bedeutung der von Storm mehrfach verwendeten Motivik der leeren Räume, der Treppen und Böden und des Hinabschauens ins Leere hat Lee B. Jennings hingewiesen. Die Todesvorstellung ist oft verbunden mit "the climbing of stairs or the passage through a series of rooms or through a dark corridor."[25] Storms Text bereitet die unterweltliche Vision durch den labyrinthischen Charakter der Räumlichkeiten vor. Im Traum ist der Knabe im dämmerigen Torfraum mittels aufeinandergestapelter Kisten zum hohen Fenster hinaufgeklettert, um in den leeren Hühnerhof hinabzuschauen, wo sich die Vision ereignet:

> Ich weiß nicht, wie es kam, aber plötzlich, mir gegenüber in der Mitte des Hofes, sah ich etwas: in einem Dunste, der aus dem Boden aufzuziehen schien — mir war, ich hätte es einmal an einem schwülen Mittsommerabend auf dem Kirchhof über dem Hügel eines Frischbegrabenen so gesehen —, darin stand eine Gruppe von Knaben, einer an dem andern; ihre Arme hingen herab, ihre welken Köpfe lagen schief auf ihrer Schulter, von den Augen sah ich nichts. Aber meine Blicke hafteten nicht auf ihnen; in ihrer Mitte, sie ein wenig überragend, stand die Gestalt eines etwa dreizehnjährigen Mädchens; ein schlichtes aschfarbenes Gewand zog sich bis an ihren Hals hinauf, wo es mit einer Schnur zusammengezogen war. Schön war sie eben nicht; ein etwas fahlblondes Haar lag ein wenig wirr auf ihrem kleinen Kopfe, aber aus den feinen durchsichtigen Zügen ihres Antlitzes blickten ein Paar lichtgraue Augen unter dunklen Wimpern in die meinen, unablässig, sehnsüchtig, als solle ich sie nie vergessen; und mit unsäglichem Erbarmen blickten sie mich an: eine verzehrende Wonne überkam mich, ich hätte unter diesen Augen sterben mögen.[26]

Franz Jebe reflektiert über seinen Traum. Er stellt die Frage, inwieweit die Traumbilder auf die Tageswirklichkeit zurückzuführen

24. Vgl. *Von jenseit des Meeres*, wo Storm die "Labyrinthen" hinter seinem Elternhaus beschreibt: "eine ganze Reihe jetzt leer stehender Fabrikgebäude, voll dunkler Keller und Kämmerchen und übereinandergetürmter Dachböden" (Storm: Werke II, 179f.).

25. Lee B. Jennings: *Shadows from the Void in Theodor Storms Novelle*. In: *The Germanic Review* 37 (1962), 178.

26. Storm: Werke IV, 204f.

seien: "es hatte damals ein Scharlach in der Stadt gewütet, und viele Kinder, besonders männlichen Geschlechts, wurden hingerafft [...]".[27] Seine Phantasie wäre "unbewußt davon ergriffen" worden. "Aber wer war denn jenes geheimnisvolle jungfräuliche Kind?"[28] Für den Knaben hat die Erscheinung den Charakter der Überwirklichkeit. Rückblickend bemerkt der Arzt: "es war mir, – vergiß mein Jünglingsalter nicht – unmöglich, jenes Nachtgesicht nur für ein Erzeugnis des eigenen Innern anzusehen."[29] Auf der Treppe des Gymnasiums leuchtet die Erscheinung plötzlich wieder in ihm auf: "die Augen des Nachtkindes hatten mich wieder angesehen; mir war, als ob das Geheimnis des Weibes sich mir plötzlich offenbaren wolle."[30] Und er grübelt weiter über die Bedeutung des Erlebten:

> War sie ein Genius des Todes, der mich im Traume zuvor noch einmal mitleidig angeschaut hatte? Ich versenkte mich immer tiefer, ich stellte mir lebhaft vor, daß ich in meinem letzten Augenblick sie wiedersehen, daß ich vielleicht mit jenen toten Knaben sie begleiten könnte. Aber waren diese nicht nur eine Beigabe, die meine eigene Phantasie ihr gegeben hatte, ein Rest des Eindrucks, den das Knabensterben in unserer Stadt mir hinterlassen hatte?[31]

Die rationalen Deutungsversuche können den tiefen Eindruck des Traumerlebnisses nicht verwischen. Zwar wird die Einwirkung von Tagesresten erwogen. Die Erscheinung des sehnsüchtig-mitleidigen Mädchens aber kann nach der Meinung des Knaben – und auch der Arzt entzieht sich, wie die folgenden Ereignisse bestätigen dürften, dieser Auffassung nicht – "unmöglich" nur ein "Erzeugnis des eigenen Innern" sein. Mithin wird eine geheimnisvolle Macht suggeriert, im Sinne Hoffmanns etwa, dessen vorausdeutende Erscheinungen künftiger Geliebter ein Vorbild gewesen sein mögen.[32] Übrigens behauptet Storm, er habe in seiner Jugend ein ähnliches Traumgesicht gehabt.[33]

27. Storm: Werke IV, 204.
28. Storm: Werke IV, 206.
29. Ebd.
30. Ebd.
31. Ebd.
32. Pitrou (Anm. 9), 707, attendiert auf Hoffmanns *Die Automate* und *Die Doppelgänger*. Es sei noch auf *Das öde Haus* hingewiesen, vgl. unten, 139.
33. Vgl. Storm–Heyse (Anm. 4), Bd. III, 155 (Brief Storms vom 15.7. 1887): "Es ist ein Jugenderlebniß, das mich unglücklicher Weise reizte, es hineinzuweben."

Das Mädchen der Vision des Knaben dürfte als ein erstes Erscheinen des Archetypus der *Anima* gedeutet werden, jenes stark bestimmenden Urbilds des kollektiven Unbewußten, das dem Manne das Prinzip des Weiblichen in der eigenen Seele enthüllt. Das Traumbild Franz Jebes, eine durch das individuelle Unbewußte des Helden abgewandelte archetypische Gestalt, drückt die Vorahnung künftigen Erlebens aus. Nach der Theorie Jungs gehört die eigentliche Konfrontation mit der Anima erst zur Krise der Lebensmitte. Das Märchen freilich stellt die Erlebnisse seiner Helden vorzugsweise an jungen Figuren dar. Die prototypische Funktion des jungen Helden ist auch sonst in der Dichtung keine Ausnahme. Was unsere weitgehend vom Märchenhaften bedingte Novelle betrifft, gilt übrigens die Erwägung, daß die eigentlich kritische Situation, die eine Auseinandersetzung mit der Anima fordert, erst im Leben des erwachsenen Helden eintritt.

Die Anima erscheint in der Vision als liebliche Mädchengestalt, aber wie aus einem Grab emporsteigend und umgeben von Toten. Die Beziehungen der auf die unbewußte "Disposition"[34] zurückgehenden archetypischen Erscheinungsformen der Anima als Mutter-Imago, Jungfrau, Fee, Nixe usw. zum Bereich des Todes werden uns noch beschäftigen.

Eine Vision oder ein bedeutungsvoller Traum als Auftakt zu einer Kette seltsamer, tiefeingreifender Erlebnisse, als Initiation, ist romantische Tradition. Den starken Eindruck des ersten Erscheinens des geheimnisvollen weiblichen Wesens haben die Romantiker wiederholt beschrieben. Franz Jebes Darstellung klingt stark an die "Vision" in E.T.A. Hoffmanns *Das öde Haus* an: "Wie aus dünnen grauen Nebeln trat nach und nach ein holdes Antlitz mit wehmütig flehenden blauen Himmelsaugen [...] hervor."[35] So findet die Formulierung unseres Helden: "eine verzehrende Wonne überkam mich, ich hätte unter diesen Augen sterben mögen", dieser stereo-

34. Die auch von Jung selbst erkannte terminologische Doppeldeutigkeit der Bezeichnung "Archetypus" (a: der unbewußte Inhalt; b: die erkennbare, symbolische Erscheinungsform dieses Inhalts) versuchte er durch die Verwendung des Wortes "Disposition" oder "Bedeutungskern", "Bahnung" (für den unbewußten und direkt nicht erkennbaren psychischen Inhalt) zu beheben, ohne daß die Differenzierung in der analytischen Psychologie streng durchgeführt worden wäre.

35. E.T.A. Hoffmann: *Fantasie- und Nachtstücke*. Hrsg. von Walter Müller-Seidel. München (Winkler) [1960], 468.

typ romantische Ausdruck des Bedürfnisses nach seelischer Auflösung, ihre Entsprechung, vielleicht ihre Quelle in Eichendorffs *Marmorbild*, wo der Erzähler Florios Abschied von der magisch lockenden Frau Venus beschreibt: "Die unbeschreibliche Schönheit der Dame, wie sie so langsam vor ihm verblich und die anmutigen Augen untergingen, hatte in seinem tiefsten Herzen eine solche unendliche Wehmut zurückgelassen, daß er sich unwiderstehlich sehnte, hier zu sterben."[36] Im romantischen Kontext wie auch bei Storm sollte der Ernst solcher mit empfindsamem Pathos wiedergegebenen inneren Erfahrungen nicht bagatellisiert werden. Franz Jebe hütet sein Erlebnis "gleich einem heiligen Keim."[37]

Die wunderbare Begegnung. Else Füßli

Jahre später erfolgt die Begegnung des jungen Frauenarztes mit der irdischen Verkörperung seiner Traumgestalt. Im Hause eines befreundeten Ehepaares wird ihm das Mädchen Else Füßli vorgestellt: "eine Schweizerin [...] aus der Familie, der auch Heinrich Füßli angehörte, dem zuerst die Darstellung des Unheimlichen in der deutschen Kunst gelang."[38]
Die im Zimmer hängende Reproduktion des Füßlischen *Nachtmahrs* bestätigt die kunsthistorische Information der Gastgeberin.[39]
Franz Jebe hat Mühe, den Schock zu verarbeiten. Er spürt einen "geheimnisvollen Schrecken"[40], spricht mit einer typisch Hoff-

36. Joseph von Eichendorff: *Werke*. Hrsg. von Wolfdietrich Rasch. München [2]1959, 1180.
37. Storm: Werke IV, 208. Vgl. C[arl] G[ustav] Jung: *Gesammelte Werke*. Hrsg. von Lilly Jung-Merker u. Elisabeth Rüf. Olten, Freiburg i.B. (Abkürzung: Jung: GW); Bd. IX-1 (1976), 37: "Alles, was die Anima berührt, wird numinos [...]". Die Numinosität der Anima beruht nach Jung vor allem auf der unbewußten Gewalt des Mutter-Urbildes.
38. Storm: Werke IV, 209.
39. Ebd. Unsere Abbildung nach Gert Schiff: *Johann Heinrich Füßli* [...]. Zürich und München 1973 (= Oeuvre-Katalog), Bd. I/2, 196 (die Erstfassung des Gemäldes, 1781, heute in Detroit, Institute of Arts). Storm beschreibt den noch heute im Storm-Haus, Husum, hängenden Stich nach diesem Gemälde von Th. Burke (Aquatintafassung) in *Von heut und ehedem*, vgl. Werke IV, 424f. Die "großen, rauhen Fledermausflügel" des Kobolds müssen auf einem Irrtum beruhen. Zu den Fassungen zu Füßlis *Nachtmahr* vgl. Nicolas Powell: *Fuseli: The Nightmare*. New York (The Viking Press; Reihe: Art in Context) 1973.
40. Storm: Werke IV, 210.

757 *Die Nachtmahr.* [1781]. Öl auf Leinwand. 1,01 : 1,27 m. Detroit, The Detroit Institute of Art.

mannschen Formel von einem "elektrischen Schlage"[41] und hat "die Empfindung eines schicksalschweren Augenblicks und eines betäubenden Glückes."[42] Die Zeit, ein Herbstabend, erinnert an die der Vision, denn es war in einer Oktobernacht, da der Knabe sein "Nachtgesicht" hatte. Erschien die von den toten Knaben umgebene Mädchengestalt damals im Dämmer des Traumes, so herrscht jetzt im Zimmer eine "ungewohnte Helligkeit."[43] Man möchte das helle Lampenlicht als eine Unterstreichung des Wirklichkeitscharakters dieser zweiten Begegnung deuten. Aber eine Bemerkung des Arztes führt zum Geheimnis zurück: "ich sah an diesem Abend das Mädchen doch nur im Scheine des Wunders –, mir war, als ha-

41. Storm: Werke IV, 211.
42. Storm: Werke IV, 210.
43. Storm: Werke IV, 209.

t zum Fischerpaar, Friedrich de la Motte-Fouqué, *Undine*, 2. [1821]. Öl auf Leinwand. 73:63 cm. Basel,

be ein Dämon, der meinige, sie, wer weiß woher, hier in das Haus meiner Freunde gebracht."[44]

Ich nehme an, daß schon hier auf Fouqués später auch mit Namen genannte *Undine* angespielt wird. Dort hat der neckisch-dämonische Wassergeist Kühleborn, den die Nixe ihren "Oheim"[45] nennt ("Er war mein Großoheim"[46], sagt Else Füßli entsprechend vom Maler des *Nachtmahrs*), die Tochter des Wasserkönigs in das Haus der idyllisch auf einer Landzunge im See lebenden Fischersleute geführt, wo Undine dann später, als achtzehnjähriges "wun-

44. Storm: Werke IV, 210.

45. Friedrich de la Motte-Fouqué: *Undine*. Hrsg. von Max Koch (= Deutsche Nationalliteratur, Bd. 146-2). Stuttgart o.J., 153: "Ich tauche mich in diesen Bach, der mein Oheim ist, [...], und wie er mich herführte zu den Fischern, [...] wird er mich auch wieder heimführen zu den Eltern [...]".

46. Storm: Werke IV, 209.

derschönes Blondchen"[47] dem ihr bestimmten Ritter Huldbrand
begegnet. Die Haltung des gespannt schauenden Mädchens der Vision wie die Situation der Begegnung Else Füßlis mit dem betroffen schauenden jungen Mann im Hause der Freunde erinnert an
Füßlis Gemälde, das als *The little Fairy* oder *Undine kommt zu
dem Fischerpaar* (1821) bekannt ist. Dort steht das zarte, hellbe-
leuchtete Mädchen vor einem dunklen Hintergrund, in dem der
Maler die hoch aufragende Gestalt des Wassergeistes in dämmern-
den Umrissen angedeutet hat.[48]

Die Deutung des "Dämons", von dem der Arzt sagt, er sei der
seinige, soll sowohl den Gedanken des persönlichen Schicksals wie
die allgemeinere Assoziation des Unheimlichen berücksichtigen.
Denn wie ein böses Omen muß bei der glücklichen Begegnung die
Anwesenheit des widerlichen Kobolds und des Gespensterpferdes
wirken.

Die strukturelle Parallelität zur Situation in Fouqués Märchen
wäre nach der Jungschen Methode auf feste Gegebenheiten des
kollektiven Unbewußten zurückzuführen. Denn nicht nur sind die
Erscheinungsformen des Archetypus der Anima sowohl lieblich als
schrecklich, sondern es kann sich zu den Urbildern des Weiblichen
eine männliche Komponente gesellen. Das erklärt die eigenartige
motivische Verbundenheit von Dämon und Fee, Jungfrau und
Monstrum in der Märchen- und Sagenwelt.

Als Ausdruck der seelischen Konstellation kann der Dämon, in
der Funktion des archetypischen *Schattens*, zum lichten Anima-
bild hinzutreten.[49] So hätte Storm eine tiefenpsychologisch kon-

47. Fouqué (Anm. 45), 123.
48. Das Gemälde heute in Basel. Unsere Abbildung nach Schiff (Anm. 39),
Bd. I/2, 491. Es gab von Füßlis Werken weitverbreitete Reproduktionen (Sti-
che). Indessen ist es, nach der freundlichen Information von Frau Dr. Yvonne
Boerlin-Brodbeck (Kunstmuseum Basel) sehr fraglich, ob Storm das späte Gemälde, das erst in unserem Jahrhundert aufgetaucht zu sein scheint, oder die
Zeichnungen Füßlis zur *Undine* auf direktem oder indirektem Wege gekannt
hat.
49. Die gegenseitige Durchdringung der Archetypen prägt sich nach der
Theorie Jungs u.a. in den männlichen Wesen aus, die die Fee, Hexe usw. als
Kobold, weises Männlein oder Tier begleiten. Das männliche Element kann in
der Animasphäre als Symbol des Geistes fungieren. Vgl. Jung: GW, Bd. IX-1,
221f.: *Zur Phänomenologie des Geistes im Märchen*. Von Beit (Bd. I, 254)
spricht von einer "geheimen Identität der Anima mit dem Schatten". Vgl. noch
Bd. II, 307.

144

sequente, bei Fouqué allerdings vorgebildete, Verbindung geschaffen zwischen dem Füßlischen Ungeheuer und der feenhaften Mädchengestalt, die er "Else Füßli" nannte. Das "jungfräuliche Kind" der Vision ist, wie Fouqués Undine, der mythischen Kore, oder, in unserem Zusammenhang, der "zauberischen Tochter" der Struktur von Beits zu vergleichen, einer Märchenfigur archetypischer Prägung.[50] Die äußere Erscheinung Else Füßlis ist der "kindlichen Luftgestalt" des Traumgesichts angeglichen. Ihrem "schlichten aschfarbenen Gewand" entspricht das "aschfarbene Linnenkleid" der jungen Frau, die die "Augen und das blasse Antlitz"[51] der Traumerscheinung hat.

Franz Jebe läßt die Frage nach der Herkunft des geheimnisvollen Wesens, das jetzt einen irdischen Namen trägt, offen ("wer weiß woher [...]"). Seine nachträgliche Bemerkung zum Rahmenerzähler: "Sonst freilich war es eben nichts Außerordentliches, daß ich einmal einem Weibe begegnete, welches mich so lebhaft an meine Traumgestalt erinnerte, daß ich im ersten Augenblick und noch in manchen späteren beide nicht voneinander zu trennen vermochte",[52] sollte nicht als eine nüchterne Herabsetzung des Geheimnisses der Duplizität, oder, mit einem Jungschen Begriff, der Synchronizität,[53] aufgefaßt werden, sondern ist als ein für Storm typisches Anheimstellen des Unerklärlichen zu deuten. Mit einem "was wissen wir denn auch von diesen Dingen!"[54] schließt der Arzt seine Betrachtung ab.

Die zauberische Jungfrau im Garten

"Ich hatte nun mein Nachtgespenst geheiratet", sagt der Arzt, "[...] es war ein Glück! — oh, ein Glück! — Ich hatte einst den Fouquéschen Ritter Huldbrand beneidet, wie er mit einer Undine seine

50. Von Beit, Bd. I, 241ff. Diese die Anima des Helden symbolisierende Gestalt ist archetypisch eine lieblichere Abart der Mutterimago. Ihre märchenhafte Erscheinungsform ist die Wasserfrau, Undine, Melusine, Nixe. Verf. rechnet Fouqués Heldin zu diesem Typus, vgl. Bd. II, 106.
51. Storm: Werke IV, 209f.
52. Storm: Werke IV, 211.
53. Zu diesem Prinzip akausaler, sinnvoller (psychischer) Zusammenhänge, vgl. Jung: GW, Bd. VIII (1967), 500ff.
54. Storm: Werke IV, 211.

Brautnacht feiert; ich hatte nicht gedacht, daß dergleichen unter Menschen möglich sei!"[55]

Das Glück seiner Ehe evoziert Franz Jebe im Bild eines von der Welt abgeschlossenen Gartens. Als paradiesischer Märchenraum faßt dieser Garten die vielen Gartenbilder und -Stimmungen in Storms Lyrik und Novellistik gleichsam zusammen. Und so steigert das Bild der zauberhaften jungen Frau in diesem Garten die zarten Mädchengestalten seiner Dichtung zu archetypischer Intensität. Der Garten, wie die Paradiesesvorstellung, soll ein jeder irdischen Störung enthobenes Traumglück ausdrücken, eine umfriedete, heile Welt der Liebe und der archaischen Verbundenheit mit der Natur.[56] Der Arzt beschreibt das Zusammensein mit seiner Elsi im Garten, wo er sie nach der Tagesarbeit aufsucht. Einmal findet er sie, wie sie "langsam schreitend" einen Tannengang heraufkommt, einen Schmetterling im blonden Haar, der "behaglich seine schönen Flügel hob und senkte." Eine "junge schneeweiße Katze" folgt ihr, "zierlich, eins ums andere, die Pfötchen hebend [...], das Köpfchen aufreckend und bei jedem Schritt ihr auf die kurze Schleppe ihres Kleides tretend." Als das "Seltsame" an diesem "Märchenbilde" berichtet der Arzt, daß es "in einer Reihe von Tagen sich ganz in derselben Weise wiederholte."[57] Die magische Wiederholung scheint die Zeitlosigkeit der Zauberwelt ausdrücken zu wollen.

Franz Jebe lebt ganz im Banne seiner elfenhaften Frau und gibt sich ihrem eigenartigen Zauber hin. Dem feenhaften Bild der Elsi im Garten stellt sich ihr Walten im Haushalt zur Seite:

Ich ließ das alles wie einen stillen Zauber über mich ergehen, denn – und das gehört wohl noch zu dem Bilde dieser Frau – der Haushalt ging desungeachtet unter ihren Händen wie von selber, ja, ich habe nie gemerkt, daß überhaupt gehaushaltet wurde; es war, als ob die toten Dinge ihr gegenüber Sprache erhielten, als ob sie ihr zurufen: "Hier in der Ecke steckt noch ein Häufchen Staub, hier ist ein Fleck, stell hier die Köchin, hier die Stubenmagd!" Es war wie im Märchen, wo es dem Kinde beim Gange durch den Zaubergarten aus den Apfelbäumen zuruft: "Pflück mich, ich bin reif!" – "Nein, ich noch reifer!"[58]

55. Ebd.
56. Vgl. Ernst Robert Curtius: *Europäische Literatur und lateinisches Mittelalter.* Bern 1948, 191ff. (zum "locus amoenus"). Zur tiefenpsychologischen Deutung des Gartens im Märchen: Von Beit, Bd. I, 162f., 576; Bd. II, 101. Die archetypische Vieldeutigkeit des Gartensymbols impliziert auch die negative Assoziation der Todesmutter.
57. Storm: Werke IV, 212.
58. Storm: Werke IV, 221. Direkter Anklang an *Frau Holle.*

Elsis Märchenrolle erinnert an das fleißige Mädchen im unterirdischen Reich der Frau Holle, das eigentlich ein Jenseitsland ist.[59] Wie der Ritter Huldbrand fühlt sich Franz Jebe, mitten im Glück, durch die Rätselhaftigkeit seiner Frau manchmal leise beunruhigt. "Es war so manches Eigene, Fremdartige an ihr [...]"[60] bekennt er dem Freunde. Es ist ihm oft, "als stamme es aus andern Existenzen."[61] Er fragt nach ihrer Herkunft: "bist du eine Undine, eine Elbe, eine Fee? Was bist du eigentlich?"[62] und erhebt sie ins Mythische, wenn er die sie begleitende Katze als das "Tier der Freia"[63] bezeichnet.

Obwohl der Arzt seine Frau mit einer Nixe vergleicht, kann sie als magisches Wesen nicht dem Elementarbereich der Fouquéschen Undine entstammen, denn das Wasser spielt erstaunlicherweise in *Ein Bekenntnis* keine Rolle. Als Elementargeist wäre Franz Jebes "Luftgestalt" trotz ihrer Verbindung mit dem Unterirdischen eher eine Sylphe, was sich auch in ihrer Liebe zum schwerelosen Tanz ausdrückt. Sonst ist die Parallelität zur Märchenstruktur der *Undine* unverkennbar. Es ist nötig, auf dieses beliebte romantische Kunstmärchen kurz einzugehen.

Nach der Tradition von Märchen und Sage und der Theorie des Paracelsus[64] sucht die Natur sich der Welt der Menschen anzunähern. Durch die Verbindung mit einem Menschen kann die Undine oder Melusine eine unsterbliche Seele erlangen. Die magische Verbindung birgt aber für beide Teile Gefahren in sich.[65] Märchen

59. Vgl. Von Beit, Bd. I, 165, 672-675. Das Reich der Frau Holle als Totenreich, Himmelsreich, Schlaraffenland; psychologisch Symbol des Unbewußten, Mutterarchetypus, manchmal durch Jungfrau vertreten. Vgl. noch Lutz Mackensen: *Handwörterbuch des deutschen Märchens*. Berlin u. Leipzig 1930-1933.
60. Storm: Werke IV, 211.
61. Storm: Werke IV, 218.
62. Storm: Werke IV, 212.
63. Ebd. Auch Frau Holle wird wohl mit der Göttin Freia verglichen. Zur Katze vgl. unten 148 u. Anm. 70, 71.
64. Vgl. Theophrastus von Hohenheim genannt Paracelsus: *Liber de nymphis sylphis, pygmaeis et salamandris* [...]. Hrsg. von Robert Blaser. Bern 1960 (= Altdeutsche Übungstexte [...], Bd. 16), 23ff.
65. In Storms *Hans und Heinz Kirch* will der kleine Sohn des Krämers "eine Wasserfrau heiraten", aber Heinz warnt ihn vor diesem gefährlichen Wesen (Werke III, 401). Im *Schimmelreiter* erzählt Trin Jans der kleinen Elke von der Wasserfrau, die nicht beten und also nicht selig werden konnte (Werke IV, 350).

und Balladen berichten von dem sich einer Nixe oder einem Nöck hingebenden Menschen, der im fremden Element zugrunde geht, oder von der Wasserfrau, die in die Ehe mit dem Menschen die sich in gewissen theriomorphen Merkmalen bestätigende Dämonie des niederen Reichs hineinträgt, was Ursache schweren Leidens werden kann. Im Sinne der romantischen Philosophie symbolisiert der sich nach dem Menschen sehnende Elementargeist die Sehnsucht der unbewußten Natur nach dem bewußten Geist, so wie umgekehrt das Entgegenkommen des Menschen die Hinneigung des Geistes zur traumhaft-unbewußten Natur versinnbildlicht.

Das Glück des Ritters Huldbrand und seiner Undine trübt sich bald. Undine kann ihre außermenschliche Herkunft nicht verleugnen und wirkt in ihrer kapriziösen Sprunghaftigkeit und durch ihre Neigung zu neckischer Zauberei manchmal befremdend, wenn nicht gar beängstigend, während Huldbrand sich von den Reizen der schönen Bertalda hinreißen läßt. Undine hat bei ihrer Verbindung mit dem Menschen bedungen, daß man sie nie auf dem Wasser schelten dürfe. Als dieses Tabu dann trotzdem von Huldbrand verletzt wird, verschwindet sie in ihrem Element, kehrt am Ende noch einmal zum reuigen Geliebten zurück, küßt ihn tot und umfließt als Quelle sein Grab.

Was im romantischen Kontext als Sehnsucht der Natur nach Aufhebung der schmerzlichen Trennung vom Geiste gedeutet werden kann, sieht die Psychologie Jungs als den Prozeß der Spannungen und Wechselwirkungen zwischen dem Bewußtsein und dem Unbewußten im Individuum auf dessen Weg zur Selbstfindung. Auch in Storms vom Visionären und Märchenhaften stark geprägter Novelle handelt es sich nach unserer Meinung um den symbolischen Ausdruck unbewußter Gegebenheiten, um archetypische Bilder des kollektiven Unbewußten und deren mehr oder weniger persönlich gefärbte Erscheinungsformen. Der dramatische Konflikt um die Frage der Euthanasie spielt sich auf der bewußten Ebene ab. Darunter aber wirkt die drängende, unmerklich lenkende Kraft der unbewußten seelischen Konstellation.

In Hedwig von Beits *Symbolik des Märchens* figuriert das Motiv des Helden, der ein aus der magischen Welt stammendes Naturwesen heiratet.[66] Die "zauberische Tochter" oder "Jungfrau" hat Züge der Anima und kann diese vertreten. Sie steht in vielfacher

66. Von Beit (Anm. 12), Bd. I, 244ff.

Beziehung zum unterweltlichen Totenreich.[67] Auch die dem Unbewußten entsteigende Gestalt des "Nachtkindes" in Franz Jebes
Vision war von Unterweltsassoziationen begleitet. Diese kennzeich-
nen die zarte Gattin des Arztes zwar nicht unmittelbar, aber gewisse Motive deuten doch auf den Todesaspekt hin. In der Todesalle-
gorik begegnen wir dem Schmetterling, dem symbolischen Seelen-
tier. Indem er sich auf dem Kopf der jungen Frau niederläßt,
deutet er ihr Wesen als Psyche an, der klassischen Gestaltung der
verwandlungsfähigen Seele[68], zu deren Mythus ja auch die Hades-
fahrt gehört.

Die Methode der Anreicherung eines symbolhaltigen Motivs wie
das des Schmetterlings durch Bedeutungsvarianten aus benachbar-
ten Gebieten — die Jungsche *Amplifikation* — wird nicht an der
Tatsache vorbeigehen, daß der Schmetterling auch eine dämonische
Bedeutung haben kann. Im Volksglauben fungiert er als Hexenme-
tamorphose.[69] Das Liebliche des Gesamtbildes unserer zauberischen Jungfrau freilich wird diese negative Assoziation nicht auf-
kommen lassen. Das gilt auch für die kleine weiße Katze, "das Tier
der Freia". Die Katze ist ein Attribut der Muttergöttinnen und der
Hexen und eine der theriomorphen Erscheinungsformen der Anima.[70] Die Hexenkatze ist meist schwarz, oder doch grau. Die weiße Farbe dient im anmutigen Bilde der jungen Frau im Garten dem
Eindruck des Lieblichen. In einem mythischen Rahmen aber ist
Weiß die Farbe des Totenreiches oder der Welt der Dämonen.[71]

67. Von Beit (Anm. 12), Bd. I, 280ff. Als Vertreterin des Unbewußten
möchte sie "den Lebenden in ihr Reich mitziehen."
68. Storm nennt die Heldin seiner Novelle *Psyche* einen "Schmetterling"
(Werke II, 580 u. 582). In *Viola tricolor* ist der Nachtschmetterling ein Bewohner des Totenreichs (Werke II, 400). Artiss (Anm. 9) widmet der Symbolik des Schmetterlings eine Besprechung im Kapitel *Time; Clocks, Bells and
Butterflies* (66ff.).
69. Vgl. Bächtold-Stäubli: *Handwörterbuch des deutschen Aberglaubens*,
Berlin u. Leipzig 1930-1931, ad "Hexe" u. "Schmetterling".
70. Jung: GW, Bd. IX-1, 201: "Des öftern gleiten die Kore- und ebenso die
Mutterfigur überhaupt ins Tierreich ab, dessen beliebteste Vertreterin die Katze ist [...]". Vgl. noch Bächtold-Stäubli (Anm. 69), ad "Katze" u. Von Beit,
Bd. I, 357, 559; Bd. II, 324.
71. Weiß ist, wie Rot und Schwarz, eine magische Farbe. Die weiße Katze
der Trin Jans und ihrer Möwe wie der Schimmel Hauke Haiens deuten auf
Dämonie und Totenreich. Weiße u. graue Schmetterlinge können im Volksglauben als Seelen von Toten fungieren. Bei Fouqué leuchtet der Dämon Küh-

Noch einmal, an einem sonnigen Oktobertag, erscheint die zauberhafte Jungfrau in einer Gartenszene. Sie geht zwischen den Tannen, "wie in ihr Werk versunken", indem sie "die Fäden der über den Weg hängenden Herbstgespinste auf ein zusammengelegtes rosa Kärtchen wickelt[e]"[72]. Das jugendstilhafte Bild schließt sich der Darstellung der schmetterlinggekrönten Frau an und soll Franz Jebes "Elfe"[73] in ihrer eigentlichen feenhaften Tätigkeit zeigen. Das Spinnen der Herbstfäden gehört zum Motivkreis der Frau Holle.[74] Auch die Göttin Freia und die altgermanischen Nornen sind Spinnerinnen.

Die zauberische Jungfrau ist wie ein Fremdling in der Menschenwelt. Zu den Tieren hat sie ein besonders inniges Verhältnis. Sie bittet ihren Mann, "einer ungeheuren Kröte, die in unserem Garten ihre Höhle hatte, doch kein Leids geschehen zu lassen, denn wer wisse, was hinter jenen goldenen Augen stecke!"[75] Die Kröte, ein typisches Märchentier, gehört dem Bereich der Großen Mutter an. Sie ist geheimnisvoll, verwandlungsfähig, ein Fruchtbarkeitssymbol und ein Hexentier, auch sie eine Animaträgerin.[76] Kröte wie Frosch nehmen im Märchen Menschengestalt an, so wie der Mensch in sie verzaubert werden kann.

Schließlich der Garten selbst. Das Märchen kennt den magischen Garten, den Zaubergarten der Hexe oder der Fee, den Garten als Jenseitsland, als den "weltfernen Raum der Seele, in welchem die magischen Wesen wohnen."[77] Stille Gärten im Sonnenschein las-

leborn wie ein weißer Wassersturz. Der "weiße Alp" in Storms *Draußen im Heidedorf* verbindet sich mit der Vorstellung des Vampirs. Zur Bedeutung der weißen Farbe im Märchen vgl. Von Beit (Anm. 12), Bd. I, 217, 282f., 300, 594; Bd. II, 15, 17, 19, 462, 602.
72. Storm: Werke IV, 218.
73. Storm: Werke IV, 219.
74. Es kennzeichnet, wie das Weben, die Muttergöttinnen und Nornen. Beliebtes Märchenmotiv, vgl. Mackensen zu Frau Holle: "Die zarten Fäden des Altweibersommers sind Fäden von ihrem Schleier, die sie zurückläßt, wenn sie als weiße Frau über die Wiesen fliegt" (Anm. 59), 217.
75. Storm: Werke IV, 218.
76. Vgl. zur Kröte den einschlägigen Artikel bei Bächtold-Stäubli, sonst Von Beit, Bd. I, 128, 148, 348f., 351, 393, 710, 764; Bd. II, 138, 315.
77. Von Beit, Bd. II, 101. Zur Doppelbedeutung des archetypischen Gartens: Bd. I, 162-165, 576f.; Bd. II, 146 (Fußnote 2). Der schützende, hegende Garten ist Symbol des Mütterlichen, wie, negativ, der Zaubergarten (die "zerstörerischen Leidenschaften des Unbewußten"). Vgl. noch oben, Anm. 56.

sen in Storms Dichtung den Atem anhalten und die Zeit stillstehen, damit die Vergangenheit auferstehen kann. Der Garten ist eine Glücksinsel, zugleich ein Ort des Geheimnisses. Idyllisierung und Dämonisierung des Gartens wechseln in romantischer wie Stormscher Dichtung.[78] In Eichendorffs *Marmorbild* lockt der schöne Zaubergarten der Göttin den jungen Florio fast in sein seelisches Verderben. In *Ein Bekenntnis* verfremdet das Geheimnisvoll-Feenhafte unmerklich den Garten des Glücks. Die Gartenidyllik der magischen Ehe birgt die Drohung des Totenreiches in sich.

Die Heimkehr des magischen Wesens

In die Abgeschlossenheit der magischen Ehe dringt die Wirklichkeit des Leidens ein und zerstört das wie aus der Zeit herausgehobene Glück. Elsi hört von den schrecklichen Schmerzen einer Krebspatientin. Sie fällt in Ohnmacht. Ihrem Manne bekennt sie, daß sie nie Schmerzen empfunden habe. Sie sei sich "als eine fast Begnadete"[79] erschienen. Den Schmerz werde sie nicht dulden: "sollte in Wirklichkeit mir das bevorstehen [...], ich weiß [...], die Angst würde mich töten [...]."[80] Und sie läßt ihn versprechen, sie vor dem Schmerz zu schützen.

Hier klingt das Märchenmotiv der *Bedingung* an. In Fouqués *Undine* hat das Naturwesen seine königliche Unschuld und Unverletzbarkeit aufgegeben, um sich der höheren aber vielfach gebrechlichen Menschenwelt anzuvertrauen. Aber es sichert sich den Rückweg durch ein Tabu. Undine will dem Ritter angehören, aber er darf sie nie "auf dem Wasser" schelten.[81] Franz Jebes "Luftgestalt" darf der Aggression des Schmerzes nicht ausgesetzt werden. Wie Undine ist sie liebend, hilfreich, mitleidig. Sie versucht das Gute zu tun und begibt sich sogar zu jener "schrecklichen Patientin", um sie zu trösten und, wie dem Gatten berichtet wird, ihm zuliebe

---

78. Gegenüber den Stormschen Gartenidyllen (vgl. *Im Saal, Im Sonnenschein*) die melancholischen Gärten, Vergänglichkeits- und Todessymbolik (*Auf dem Staatshof, Viola tricolor*). Im Gedicht *Gartenspuk* erscheint das Gespenst eines Kindes. Romantische Gartendämonie bei Eichendorff (*Das Marmorbild, Die Verlobung*) oder E.T.A. Hoffmann (*Datura fastuosa, Der goldne Topf*).
79. Storm: Werke IV, 214.
80. Storm: Werke IV, 215.
81. Fouqué (Anm. 45), 173.

"eine Radikalkur gegen die Weichheit ihrer eigenen Seele zu voll-
bringen [...]."[82] Der tapfere Versuch scheitert. Sie ist dem Greuel
dieser Wirklichkeit nicht gewachsen. Als sie dann selbst vom Krebs
erfaßt wird, fleht sie ihren Mann an, sie zu töten. Else Füßli stirbt
durch ein schnell wirkendes Gift. Auf der Ebene der Wirklichkeit
ein Fall von Euthanasie, auf der des Märchensubstrats die Heimkehr
der zauberischen Jungfrau in ihr magisches Reich.

Ungefähr ein Jahr vor der fatalen Wende, als Elsi die ersten
Schmerzanfälle hat und Franz Jebe die Symptome der gefürchteten Krankheit bei ihr konstatiert, erreicht das Glück eine letzte
Höhe im Tanz mit der elfenhaften Frau. Zur Überraschung ihres
Mannes hat sie auf ein konventionelles Ballkleid verzichtet und
trägt sie ein "möglichst schlichtes Kleid, lichtgrau, von einem weichen durchsichtigen Stoffe [...]".[83] In der Farbe und dem einfachen Zuschnitt stimmt es mit dem "aschfarbenen Gewand" der Vision und dem "aschfarbenen Linnenkleid" überein, das Else Füßli
bei der Begegnung im Hause der Freunde getragen hatte. Das nach-
denkliche Grau des zarten Stoffes, eine Perlenschnur, ein "silber-
brokatener Gürtel" heben, zusammen mit dem "blonden Knoten
ihres seidenen Haares"[84] ihre eigenartige Erscheinung aus dem Ge-
wimmel reich toilettierter Damen heraus. Der Arzt sieht sie nicht
mehr als ein "Menschenkind", nennt sie eine "holde Elfe"[85] und
"meine schöne Elbin".[86] Sie wartet auf ihn bis zum ersten Hahnenschrei, während er bei einem Schwerkranken ist. Die Märchenatmosphäre dieser Ballnacht wird verstärkt durch Elsis Frage nach
dem Patienten: "Wo stand der Tod? [...] zu Häupten oder am Fuß-
ende?"[87]. Und erst als der Arzt ihr geantwortet, er sei "nach dem
Märchen"[88] zu Häupten des Kranken gestanden, der also für diesmal gerettet sei, gehen sie in den Tanzsaal. Dort erlebt Franz Jebe
das Gefühl der Schwerelosigkeit. Er ist durch eine in ihn überflie-
ßende Kraft "beflügelt" und fürchtet, die Geliebte könne ihm ent-

82. Storm: Werke IV, 216.
83. Storm: Werke IV, 219.
84. Ebd.
85. Ebd.
86. Storm: Werke IV, 220.
87. Ebd.
88. Ebd. Gemeint ist das Grimmsche Märchen *Gevatter Tod* (vgl. IV, An-
merkungsteil, 653).

fliegen: "mitunter befiel mich Furcht, als könne ich sie nicht halten, als müsse sie mir in Luft zergehen."[89]

Der Tanz ist eine Gipfelstelle der Erzählung. Er steigert die stereotypen Stormschen Tanzsituationen ins Magische und bietet unserer Interpretation wichtige Anhaltspunkte. Das bevorstehende Sterben der Frau kündigt sich im Aufklingen von Todesmotiven (die graue Farbe, die Frage nach dem Standort des Todes) an. Daß der Tanz im Morgengrauen, beim ersten Hahnenschrei anfängt, erhöht das Gespenstische der Märchenatmosphäre, wie das Motiv des In-Luft-Zergehens. Der Eindruck der Elfenhaftigkeit eines der Menschenwelt schon nicht mehr angehörenden Wesens verdichtet sich in diesem Totentanz.[90] Und nicht zuletzt entspricht das Motiv des Verschwindens des magischen Wesens, das sich in Luft auflösen will, dem Erscheinen der "Luftgestalt" im emporsteigenden Grabesnebel der Vision. Die Auflösung einer Sylphe im Element der Luft schließlich bildet eine Parallele zum Verschwinden einer Nixe in dem des Wassers.

Die Todesahnungen wiederholen sich. Eines Tages sucht der Arzt seine Frau vergeblich im Garten. Er findet sie im Zimmer: "sie stand ohne Regung, wie ein Bild, die linke Hand herabhängend, die rechte, wie beklommen, gegen die Brust gedrückt."[91] Franz Jebe muß sie aus einer Ferne zurückrufen: "Ja?" erwiderte sie wie traumredend; "ich komme!", und: "Was war es doch? – Ich meinte, ich sei bei dir, und ich war es nicht; und da riefst du mich –."[92] Wieder werden ihr "lichtgraues Gewand" und ihre "lichtgrauen Augen" hervorgehoben. Ihr Blick ist dem Manne "unheimlich": "zugleich aber kam jener süße Schauder über mich, der mir damals von meinem Nachtgesicht geblieben war."[93] Die "gespenstischen" Augen bleiben unverwandt auf ihn gerichtet, als sie ihm dann von einem seltsamen Erlebnis spricht: "Du, Franz, wir müssen uns früher schon gesehen haben!"[94] Franz Jebes "Schrecken über diesen

89. Ebd.
90. Die archetypische Kore, eine Animagestalt, wird oft als Tänzerin gesehen, vgl. Jung: GW, Bd. IX-1, 201. Zum Totentanzmotiv bei Storm vgl. Artiss (Anm. 9), 6. u. 112.
91. Storm: Werke IV, 221.
92. Storm: Werke IV, 222.
93. Ebd.
94. Ebd.

halbvisionären Zustand"[95], der den nahenden Abschied ankündigt (Elsi: "wir müssen doch wieder voneinander")[96], steigert sich durch die Anspielungen seiner Frau auf einen frühen Traum, der sich zu seiner eigenen Vision synchron und sinnentsprechend verhält. Er verdrängt aber seine Erschütterung durch den Versuch, die labile Stimmung der Frau mit Hilfe seiner medizinischen Handbücher zu diagnostizieren und hofft auf die Möglichkeit einer Schwangerschaft, was dann nur zu härterer Enttäuschung führt. Schließlich zwingen ihn die "wie von Dämonen"[97] verursachten Schmerzen seiner Elsi und ihr unwiderstehliches Bitten zur Anwendung der Sterbehilfe.

Im Augenblick ihres Sterbens lebt die Vision in Franz Jebes Bewußtsein wieder auf:

> [...] noch einmal wandte sich ihr Antlitz, und – es mag ja Täuschung gewesen sein, mir aber war es, als sähe ich in das Antlitz meines Nachtgesichts, wie es einstmals verschwindend von mir Abschied nahm; jenes und meines Weibes Züge waren mir in diesem Augenblicke eins.[98]

Im Rahmen der Märchenstruktur stellt sich die Frage, wie sich diese "Dämonen", die "unsichtbaren Folterer"[99], zum häßlichen Dämon des Füßli-Stiches verhalten. In Fouqués Märchen führt der Wassergeist Kühleborn die Nixe nicht nur zur Menschenwelt, sondern er veranlaßt auch ihre Rückkehr, indem er die kritische Situation herbeiführt, in der Huldbrand die Bedingung verletzt. Der Dämon aus dem Elementarbereich gönnt dem Menschen das zauberische Wesen nicht. Führen wir die Parallele zur *Undine* durch, so hätte der Unhold des Füßlischen *Nachtmahrs* die Funktion, die furchtbaren Qualen zu symbolisieren, die die Heimkehr der zauberischen Jungfrau erzwingen.

Die vergleichend-amplifizierende Methode bezieht auch die volkskundlichen Hintergründe in die Betrachtung hinein. Sie wird das Nachtmahrpferd mit den (meist weißen) Gespensterpferden vergleichen, die in Märchen als Dämonen der Unterwelt auftreten können.[100] In Storms *Schimmelreiter* geistert das aus dem Hallignebel

95. Storm: Werke IV, 223.
96. Ebd.
97. Storm: Werke IV, 230.
98. Storm: Werke IV, 231.
99. Storm: Werke IV, 228.
100. Von Beit, Bd. I, 217, 221, 447.

über dem Pferdegerippe geborene weiße Pferd wie ein Gespenst der Unterwelt. Auf Füßlis Gemälde schaut der bleiche Kopf des Nachtmahrpferdes wie grinsend aus den Gardinen hervor.

Über den Hexenglauben ergibt sich ein Zusammenhang zwischen dem Nachtmahr und der dämonischen Bedeutung des Schmetterlings.[101] Das Gefüge Stormscher Symbole hätte damit eine eigenartige folkloristisch-tiefenpsychologische Konsistenz.

Die Fahrt des Helden

Mit dem Sterben Else Füßlis scheint die Verzauberung aus dem Leben des Arztes gewichen zu sein. Was folgt, ist von konkreter Handlung geprägt. Es fragt sich nun, ob wir diesen zweiten Lebensabschnitt unseres Helden trotzdem zum visionären und märchenhaften ersten Teil in eine innere Beziehung setzen oder auf jede Harmonisierung verzichten sollen. Nun gibt uns der Schluß der Novelle ein Argument für die Wirkung des Visionären auch im zweiten Teil an die Hand. Ein Missionar berichtet dem Rahmenerzähler aus Ostafrika vom Sterben des Arztes. Der "stets hülfreiche und, obwohl er den rechten Weg des Heils verschmähte, dennoch von der Liebe Gottes erfüllte Dr.med. Herr Franz Jebe" sei "zum wahren Gott-Schauen entschlafen [...]."[102] Der beigefügte Abschiedsbrief spricht vom Tode als dem "Tor zur Freiheit", das Franz Jebe, er "weiß nicht, von welcher Hand" geöffnet sieht. Und er ruft aus: "oh, meine Elsi, möchte es die deine sein!"[103]

Der Tod erscheint als die Erfüllung einer frühen Ahnung. In der Vision hatte das Mädchen den Knaben "mit unsäglichem Erbarmen" angeschaut. Er hätte damals "unter diesen Augen sterben mögen." Es ist, als hole ihn die rätselhafte Geliebte jetzt heim, als wäre im Erbarmen ihrer Augen sein ganzes Schicksal enthalten gewesen. Zwischen dem Traumgesicht des Knaben und diesem Ende leuchtet das bestimmende Erlebnis noch zweimal auf: bei der Begegnung mit Else Füßli und bei ihrem Sterben. Der Vorwurf der

101. Die Hexe konnte sich in einen Schmetterling verwandeln. Auch der Alp (als Nachtmahr, incubus) wurde wohl mit der Hexerei in Zusammenhang gebracht. Vgl. Bächtold-Stäubli (Anm. 69), ad "Nachtmahr"; Artiss (Anm. 9), 78 und die sich etymologisch weit vorwagenden Kombinationen Jungs (GW, Bd. V, 320f. u. 471); sonst unsere Anmerkungen oben, Nr. 68, 69 u. 71.
102. Storm: Werke IV, 249.
103. Storm: Werke IV, 249f.

Beziehungslosigkeit des "visionären Elements" im Ganzen der Novelle wäre damit widerlegt. Etwas anderes ist es mit der Frage nach dem Verhältnis einer suggerierten geheimnisvollen Determiniertheit zur Idee der Willensfreiheit und der persönlichen Verantwortung des Wissenschaftlers. Die unverkennbare strukturelle und motivationsmäßige Inkonsequenz von *Ein Bekenntnis* ist auf die Spannung zwischen der bewußten und der tiefbestimmenden unbewußten seelischen Dimension zurückzuführen.

Frau von Beit glaubt in den Schicksalen eines Märchenhelden den symbolischen Ausdruck des Individuationsprozesses zu erkennen.[104] Die Abenteuer des Helden auf seiner Fahrt durch die Welt bedeuten aus der Sicht der analytischen Märcheninterpretation die Suchwanderung nach dem Selbst. Das Ich muß sich mit den archetypischen Vertretern des Unbewußten auseinandersetzen, mit dem *Schatten* (dem "dämonischen Sohn"), der *Anima* (in den Erscheinungsformen des Mütterlichen und dessen Verbindung mit der Jungfrau, der "zauberischen Tochter"), dem *Geist* (als schillernder "dämonischer Vater") und dem *Selbst*, dessen Symbole, wie der "alte Weise", das Ziel der Fahrt: die integrierte Persönlichkeit, ankündigen.[105] Während das Volksmärchen vorzugsweise die gelungene Selbstfindung (die Individuation) darstellt (der Held besiegt das Ungeheuer, erwirbt die Braut, findet den Schatz), weist das Kunstmärchen der deutschen Romantik oft eine negative Entwicklung auf. Die Hingabe an das Unbewußte (die Dämonie des Waldweibes und der Schätze der Tiefe) in Tiecks *Runenberg* zum Beispiel bedeutet das Überflutetwerden des Bewußtseins durch eine elementare psychische Gewalt, die "Inflation"[106] des bewußten Ich.

Franz Jebes Lebensweg ergibt das Bild eines Menschen, der unter zwei Gesetzen lebt. Als junger, der kühl-wissenschaftlichen Beobachtung ergebener Mediziner, kennzeichnet ihn zugleich jener "von wenigen bemerkte Zug" in seinem Innern, der ihn zu den "dunklen Regionen des Seelenlebens" hinzieht. Er entwickelt sich

104. Von Beit, Bd. I, 335ff.
105. Vgl. Von Beit, Bd. I, 97ff.: *Die Hauptgestalten des Magischen*, u. Jung, GW, Bd. IX-1: *Die Archetypen und das kollektive Unbewußte*. Zur Individuation bes. 291ff.
106. Zur Inflation vgl. Jung: GW, Bd. IX-1, 370; IX-2, 32ff. Von Beit, Bd. I, 72 (Die Angst des Primitiven vor dem Zurückfallen ins Unbewußte).

156

zum nüchternen, etwas hochmütigen Spezialisten, hütet aber das Geheimnis der Vision "gleich einem heiligen Keim". Die Notwendigkeit einer Integration der beiden entgegengesetzen Mächte wird von ihm nicht erkannt. So haben die Vision und die Begegnung mit dem irdischen Doppelbild der Traumerscheinung für ihn den Aspekt des Wunders. Die Episode der magischen Ehe illustriert die verstärkte Diskrepanz zwischen den beiden Wirkungsbereichen. Unser Held hat das innere Bild auf ein reales Wesen projiziert. Er integriert die Anima nicht in sein bewußtes Leben und läßt die Reflexion nicht in den Zaubergarten ein. Die psychische Inflation, die das bedeutet, macht ihn im kritischen Augenblick unsicher. Er wird von einer panischen Angst erfaßt. Die (voreilig) vorausgesetzte Fatalität der Krankheit und das Drängen der jungen Frau, sie zu töten, lähmen sein Denken.

Die Tat des Arztes könnte man als das blinde Einhalten der "Bedingung" interpretieren. Der Ritter Huldbrand bricht das Tabu, was das Verschwinden seiner Undine zur Folge hat. In *Ein Bekenntnis* gehorcht der Held der Bedingung. Das magische Wesen soll keine Schmerzen leiden. Aber nun wird er trotzdem schuldig. Denn gerade das Brechen des Tabus hätte ihn zum Retter seiner Frau machen können. "Verstößt der Märchenheld gegen gewisse Verbote, deren Einhaltung vom Magischen verlangt wird, so erfolgt eine Trennung der Sphären, die entweder als tragischer Verlust oder als Befreiung vom Spuk empfunden wird."[107] Die Befreiung wäre der bewußte, entschlossene Widerstand des Arztes gegen das Bitten seiner Frau und die Anwendung des im Zeitschriftartikel bereitliegenden Mittels zur Heilung gewesen. Im Rahmen des Märchensubstrats hätte dieser Artikel die Funktion einer dem Helden von freundlicher Macht dargebotenen aber übersehenen Hilfe.

Franz Jebe sucht die tote Geliebte im mondbeschienenen Garten, wo "ein Nachtwind [...] eine Schar von fallenden Blättern" aufwirbelt und der "dumpfe Rabenschrei"[108] an den schwarzen Vogel erinnert, den Hausgenossen des Vereinsamten in der Rahmensituation. Der Garten des Glücks ist ein Todesgarten geworden. Es ist Herbst. In einer Herbstnacht erlebte der Knabe seine Vision. An einem Herbstabend begegnete der junge Arzt der Geliebten und es ist Herbst, als sie stirbt. "Im Herbste 1884"[109] endlich er-

107. Von Beit, Bd. I, 324f.
108. Storm: Werke IV, 232.
109. Storm: Werke IV, 248.

reicht den Rahmenerzähler die Nachricht vom Tode seines Freundes Franz Jebe.

Der Arzt gibt sich seinem Grübeln hin, bis der erschöpfte Assistent seine Aufmerksamkeit auf eine neue Seuche hinlenkt, und er wieder anfängt, seine Bücher und Fachzeitschriften zu studieren. Die Entdeckung des von seinem Universitätslehrer abgefaßten Berichts über die gelungene Operation einer Krebskranken stürzt ihn in die Panik des aufgeregten Gewissens. Zugleich aber vollzieht sich ein erster Durchbruch. Die Worte seines alten Lehrers führen ihn zur Erkenntnis seines Hochmuts. Er habe über andere zu Gericht gesessen, die dem Leben nicht standgehalten, und nun sei er selbst ein Mörder geworden, ein "allweiser Mörder."[110] Der intellektuelle Hochmut würde im Rahmen des Individuationsprozesses als ein Aspekt seines persönlichen Schattens zu werten sein. Rückblickend spricht Franz Jebe von seiner hochmütigen Einstellung als junger, seiner Kunst fast sträflich sicherer Gynäkologe:

> Was, recht besehen, ein Frevel in mir war, das brachte mich hier zu Ehren; an Leichnamen hatte ich den innern Menschen kennengelernt, so daß mir alles klar vor Augen lag, und wie mit solchen rechnete ich mit den Lebendigen; was war da Großes zu bedenken![111]

Die psychische Disharmonie des Helden, der im ärztlichen Beruf nur seiner Kunst vertraut und seine Emotionen kühl verdrängt, diese aber im engen Kreis seines Traumglücks bis ins Mystische kultiviert, offenbart die Notwendigkeit einer inneren Integration. Die Erkenntnis fängt mit dem Artikel seines Professors an. Sollten wir in dieser Figur den archetypischen "alten Weisen" erblicken dürfen?

Der Arzt nimmt seine Praxis wieder auf, nachdem ein Freund ihm vorgeworfen, es sei "ein Frevel", daß er seine Patienten vernachlässige, "als ob du dein Leben ganz der Toten hingegeben hättest."[112] Franz Jebe erkennt seine Isolation an: "ich hatte das Verhältnis zu den Menschen verloren; mein Innerstes war eine Welt für sich."[113] Ein positives Verhältnis zu den Mitmenschen gewinnt er indessen kaum. Bitter nimmt er die "entsetzlichen Beileidsreden" seiner Patienten entgegen, "von denen einige mich dazu miß-

110. Storm: Werke IV, 236.
111. Storm: Werke IV, 208.
112. Storm: Werke IV, 237.
113. Ebd.

trauisch von der Seite ansahen, ob ich denn noch ihnen würde helfen können."[114] Er arbeitet "ohne Anteil oder wissenschaftlichen Eifer."[115] Das Bewußtsein seiner Tat verschließt ihm den Weg zum Andern.

In Heyses Euthanasienovelle befreit eine junge Frau den Helden, der wie Franz Jebe seine Frau aus Mitleid getötet hat, von der unerträglichen Qual des Gewissens. Auch bei Storm kommt das Leben dem Vereinsamten versöhnlich entgegen in der Gestalt des jungen Mädchens Hilda Roden, das ihn bittet, ihre am Gebärmutterkrebs leidende Mutter zu behandeln. Franz Jebe führt die damals versäumte Operation mit schönstem Erfolg aus und erwirbt sich die Liebe des Mädchens. Aber er verschließt sich. Einem "fast unabweisbaren Drang, diesem jungen Wesen meine Seele preiszugeben" widersteht er mit dem Argument, "sie hätte darunter zusammenbrechen müssen."[116] Und: "Dies edle Geschöpf zum Mittel einer Heilung zu erniedrigen, es würde nur ein neues Verbrechen sein!"[117] Nur dem alten Freunde eröffnet er sich. Die Beichte hat eine kathartische Wirkung. Das Wort von der Heiligkeit des Lebens klingt wie eine Befreiung:

> "Das ist die Heiligkeit des Lebens", sprach er. "Das Leben ist die Flamme, die über allem leuchtet, in der die Welt ersteht und untergeht; nach dem Mysterium soll kein Mensch, kein Mann der Wissenschaft seine Hand ausstrecken, wenn er's nur tut im Dienst des Todes, denn sie wird ruchlos gleich der eines Mörders!"[118]

Die Erkenntnis des Mysteriums des Lebens bedeutet aber noch keine Hingabe an das Leben. Nur dem strengen Dienst, der Buße widmet sich der Arzt: "ich bin ein zu guter Protestant", sagt er zum Freunde, "ich weiß zu wohl, weder Richter noch Priester können mich erlösen [...]".[119] Die Seele zieht sich in sich zusammen, sie öffnet sich nicht.

Auch die letzte Station, Afrika, bringt keinen Ausgleich. Franz Jebe hat "ehrlich ausgehalten, mitunter nicht ohne Ungeduld [...]".[120] Er hat sich mit Selbstmordgedanken getragen: "Was bist

114. Storm: Werke IV, 238.
115. Ebd.
116. Storm: Werke IV, 244.
117. Storm: Werke IV, 246. Das alte Thema der sich der Genesung eines Mannes opfernden Frau hatte Storm in seiner Novelle *Schweigen* abgewandelt.
118. Storm: Werke IV, ebd.
119. Storm: Werke IV, 236f.
120. Storm: Werke IV, 249.

159

du doch der Narr? Der Weg hinaus ist ja so leicht!"[121] Er ist verzweifelt einsam gewesen: "Jetzt endlich geht die Zeit der furchtbaren Einsamkeit, in der ich hier die zweite Hälfte meines Lebens hingebracht habe, ihrem Ende zu."[122] Der Tod findet einen Lebensmüden, der die beiden divergierenden, sein Leben beherrschenden Mächte nicht hat aussöhnen können. Die Fahrt des Helden hat nicht zum glücklichen Ende geführt.

Die Faszination des Todes

Das therapeutisch-weltanschauliche Engagement der Psychologie Jungs mißt den Lebensgang eines Menschen an der gelungenen oder verfehlten Selbstverwirklichung. Nun ist die vollkommene Individuation ein kaum erreichbares Ideal: Im Falle unseres Helden wurde die Entwicklung aber allzu früh abgebrochen. Zwar hat er angefangen, sich mit seinem Schatten, diesem "Hochmut", auseinanderzusetzen. Er entschließt sich, dem Leben mit seiner ärztlichen Wissenschaft "in Demut"[123] zu dienen. Dennoch wäre seine Buße unter der heißen Sonne Afrikas nicht ganz die eines "von der Liebe Gottes" Erfüllten. Sie hat etwas Verbissenes. Was bedingt die auffällige Tatsache, daß Franz Jebe, der das Leben am Schluß seiner Beichte fast ekstatisch verherrlicht hat, dem Tod mit soviel Ungeduld entgegenharrt?

Mit dem Hinweis auf seine Schuld scheint nicht alles erklärt zu sein. Über das Maß dieser Schuld ließe sich streiten. Wieviel war Schicksal, wie schwer wiegt ein nicht gelesener Fachartikel? Über seine Schuld als Verbrechen im Sinne des Strafgesetzes urteilt der Arzt sehr selbständig: "bei dem furchtbaren Ernst, in dem ich lebte, erschien's mir wie ein Possenspiel, wenn ich mich auf dem Schafott dachte."[124] Eine solche Vorstellung wäre dem Wesen seines Schuldgefühls allerdings nicht angemessen. Der Gedanke, gegen die zu spät erkannte "Heiligkeit des Lebens" als Arzt gesündigt zu haben, bedingt ein das Maß des Durchschnittlichen überschreitendes, fast metaphysisches Gefühl der Verzweiflung:

Daß ich meiner Elsi den Tod gegeben, während ich nach dieser neuen Vorschrift vielleicht ihr Leben hätte erhalten können, das liegt nicht mehr auf

121. Ebd.
122. Ebd.
123. Storm: Werke IV, 248.
124. Storm: Werke IV, 237.

mir; es ist ein Schwereres, an dem ich trage – so mühselig, daß ich, wäre es
möglich, an den Rand der Erde laufen würde, um es in den leeren Himmels-
raum hinabzuwerfen.[125]

Hartnäckig besteht er auf der Einsamkeit, die solche Schuld forde-
re: "mein war die Tat, und ich allein habe die Verantwortlichkeit
dafür; soll eine Sühne sein, so muß ich sie selber finden."[126] Mit
wahrhaft protestantischer Grundsätzlichkeit versagt er sich jede
Genugtuung einer aufopfernden Buße. So ist ihm das Leben unwert
geworden, und so sehnt er sich nach dem Tode.

Aber hatte die Todessehnsucht nicht immer im Grunde seiner
Seele gelegen? Immer hatte er das Bild der Geliebten mit der Vorstellung des Sterbens verbunden. Es handelt sich um eine Faszination. Der Held hat in einem eigentlicheren Sinne "im Dienst des
Todes" gestanden, als er beim Aussprechen dieser Formel ahnen
mochte. Er erkannte seinen Hochmut. Was er nicht erkannt hat, ist
seine Unterwerfung unter den unbewußten Zwang der dunklen
Seite der Anima, die mit dem Tode zu tun hat, mit Lebensfeind-
lichkeit immerhin. Es liegt etwas Krankhaftes in Franz Jebes Absa-
ge an die Vitalität und den Wert, trotz allem, des eigenen Lebens.
Es ist bezeichnend, daß die hübsche Hilda Roden, die ihm eine
neue Lebensmöglichkeit eröffnet, als das gerade Gegenteil seiner
ätherischen Traumgeliebten dargestellt wird: "frisch, aufrecht, ein
Bild der Gesundheit."[127] Er weist sie ab. Um eine Beziehung zum
Leben in der Liebe zu einer Lebenden, im Sinne eines positiven
Animaverständnisses, ist es ihm nicht zu tun. Tiefenpsychologisch
handelt es sich um eine negative Animabesessenheit, mythisch um
die Hinaufstilisierung der Traumerscheinung zur Herrin der Liebe
und der Unterwelt. Beides bedingt eine Lähmung des Lebenswillens.

Storms *Ein Bekenntnis* hat Züge eines melancholischen Nacht-
stücks. Dem Geheimnisvollen der Liebe und des Todes gleicht sich
leitmotivisch das Dunkel der Nacht und der labyrinthischen Dämmerung an, die Welt jener schwarzen und grauen Tiere: Dohle, Ra-
be, Mäuse, Fledermäuse, das "unheimliche Geziefer." Leitmotivisch
gleichfalls die graue Farbe: in der Kleidung des müden Mannes im
Schatten des Kurgartens von Reichenhall, im "aschfarbenen Gewand" des "Nachtkindes" wie der Else Füßli bei ihrem ersten Er-

125. Storm: Werke IV, 246.
126. Storm: Werke IV, 237.
127. Storm: Werke IV, 239.

scheinen; "lichtgrau" in ihrem Ballkleid, das so zart ist wie ein Spinngewebe. Die Augen der jungen Schweizerin sind, wie die des "Nachtkindes", "lichtgrau." Zu diesem Grau, das in romantischer Dichtung Farbe des Geheimnisses und der Todesahnung ist, gesellt sich das Motiv des Nebels und des Herbstes: im Grabesdunst der Vision oder im Herbstnebel des Gartens nach dem Tode der Frau. Der Herbst umrahmt das Glück des paradiesischen Gartens. Wir sahen, daß die wichtigsten Ereignisse, Vision, Begegnung, Tod, im Herbst stattfinden. Nacht, Dämmerung, Schatten, Grau, Herbst, Nebel sind Stimmungsstereotypen von *Ein Bekenntnis*. Sie legen ein trübes Gewebe über das Ganze, das nur selten von der Helligkeit einer Lampe, dem Leuchten der Sonne auf dem Haar der Fee, dem Weiß einer kleinen Katze oder den bunten Farben eines Schmetterlings durchbrochen wird.

Einer näheren Besinnung auf die inneren Brennpunkte der Novelle zeichnet sich eine dreifache Konzentration ab: auf das "Geheimnis des Weibes", das "Mysterium des Lebens", und, nicht als solches formuliert aber unverkennbar immer im Hintergrunde, auf das Mysterium des Todes. Die Todessehnsucht wäre die heimliche Krankheit des Helden, eine Art geträumte Nirvanaseligkeit, die, manchmal als Narkose- oder Schlafbedürfnis, durch Storms Dichtung geistert ("Ich möchte schlafen, aber du mußt tanzen"),[128] eine quietistische Ergänzung zu seinem bewußten Grübeln über die Vergänglichkeit und zum frommen Kult der Treue zu den Toten. Das Mysterium der Liebe ist mit dem des Todes eng verbunden. Todessehnsucht und Liebesverlangen unter dem Aspekt seliger Auflösung gehen ineinander über. In dieser Nachbarschaft oder Auswechselbarkeit der Gefühle steht Storm der Romantik sehr nahe.

Aus der Perspektive der Tiefenpsychologie bestätigt sich die romantische Faszination. Die Anima als Fee im Garten, Undine oder Sylphe, ist das rätselhafte Wesen aus dem Elementarbereich, die unbewußte Kraft, die den Helden bezaubert und in die Tiefe hinablockt. Die Attribute des "Mädchens" verweisen auf das Unterweltliche. Das gilt für die sie umstehenden Knaben der Vision, für die Frau Holle-Anklänge der Gartenepisoden, das Psyche-Motiv des Schmetterlings, die Totentanzmotivik, wie für den "Dämon." Das Gespensterpferd des Füßlischen Gemäldes konnte als Totenpferd

128. Storm: Werke I, 121 (Gedicht *Hyazinthen*).

gedeutet werden. Im Rahmen des Märchens, namentlich der Parallelität zu Fouqués *Undine*, wiesen wir auf die funktionelle Ähnlichkeit des Nachtmahrdämons mit der schillernden Gestalt Kühleborns hin, Dämon auch er, der bei der Einführung und beim Verschwinden der zauberischen Jungfrau seine Rolle spielt. Undines Rückkehr in das Wasser, die Rückkehr des "Nachtkindes" in das Grabesdunkel, aus dem sie im Nebel aufgestiegen war, symbolisieren den Weg zurück ins Unbewußte.

Aus dieser Sicht hat der Dämon die Funktion des Gottes, der als Bote und Begleiter in den Hades hinabführt. Der Dämon des Füßlischen Nachtmahrs läßt aber auch andere Deutungen zu. In der Struktur der Archetypen Jungs stellt das Dämonische zum Beispiel die negative, dunkle Seite des Mütterlich-Weiblichen dar, oder, mit einer Variante dieses Gedankens, der Dämon ist der Schatten, der die Anima begleitet, und zwar so, daß er sie gleichsam ankündigt, herauf führt (was der oben skizzierten Rolle Kühleborns und des Nachtmahrs entspricht). Als Archetypus bedeutet der Schatten ein Negativum im Unbewußten, das trotzdem positive Möglichkeiten enthält, ein männliches Element im Weiblichen. Er ist der Erkenntnis förderlich und steht so in Verbindung mit dem Archetypus des Selbst,[129] das sich als integrierte Totalität des Psychischen ohne die geistigen Anstrengungen, die die Auseinandersetzung mit der Anima (als dem Unbewußten) fordert, nicht konstituieren kann. Der Schatten wird von Jung zunächst für das *persönliche Unbewußte* beansprucht und soll dort die "inferiore Persönlichkeit" vertreten. Jung vergleicht ihn in dieser Rolle mit dem Unbewußten bei Freud.[130]

Franz Jebe erkennt den Hochmut des Intellekts. Er sieht die Gefahr, daß sich der Wissenschaftler in den Dienst des Todes stellen könnte. Wir deuteten diesen Hochmut als einen Aspekt seines persönlichen Schattens. Eine psychoanalytische Interpretation, anknüpfend etwa an Jean Starobinskis Deutung von Füßlis *Nachtmahr*[131], würde einige Schritte weiter gehen und, von diesem Gemälde als Symbol der inneren Situation des Helden ausgehend, im

129. Vgl. Anm. 49.
130. Jung: GW, Bd. IX-1, 302.
131. Jean Starobinski: *Trois fureurs*. Paris 1974, 131 ff. Die Frauengestalt drücke den inzestuösen Angsttraum aus, der Nachtmahr den "sentiment (sadique) du peintre, par l'intermédiaire de la 'personnification du sentiment' (masochiste) de l'héroine." (131).

Dämon den Ausdruck eines verdrängten aggressiv-erotischen Wunsches erkennen. Eine solche unbewußte Regung könnte dann auch das maßlose Schuldgefühl motivieren. Was die weibliche Figur auf dem unheimlichen Bild betrifft: sie soll, wie auch Nicolas Powell ausführt,[132] einen passiv-erotischen Angsttraum darstellen. Die psychoanalytische Deutung des *incubus*, die sich auf den Volksglauben berufen kann, und der bewußtlosen Frauenfigur als "female victim" würde im Rahmen des Stormschen Oeuvres die empfindsame Verherrlichung zart-jungfräulicher Weiblichkeit kompensieren.

Die Faszination des Todes schlägt sich in mythischen Figurationen nieder. Die archetypischen Grundstrukturen der Mythen erscheinen in der Dichtung oft in gleichsam abgekürzten Situationen, kleineren Mythologemen. Das, was sich dem Leser in gewissen sich wiederholenden, als typisch erfahrenen Zügen aufdrängt, ihn als bedeutsame Metapher "obsediert", wird von Charles Paul Mauron als "mythe personnel"[133] des Dichters bezeichnet. Die Todesthematik gehört in ihrer symbolischen Ausprägung zu jenen die Identität des Autors konstituierenden Merkmalen Stormscher Dichtung. Aus der Beschreibung der initiierenden Vision des Helden ergibt sich die Vorstellung einer Grabes- oder Unterwelt, zu der die das Traumgesicht einleitende Darstellung einer labyrinthischen Struktur als Zugangsweg, Gang in die Tiefe (des Unbewußten) die Vorbereitung bildet. Im Traumgesicht selbst formt das Unbewußte aus dem Tageseindruck des Knabensterbens jene Gruppe toter Knaben, die das Mädchen mit gesenkten Köpfen[134] umstehen. Die Animagestalt wird durch ihre zentrale Stellung und die inständig bittenden, zugleich sich erbarmenden Augen gekennzeichnet. Die Vorstellung eines Todesengels ("War sie ein Genius des Todes?") vermischt sich mit der einer unterweltlichen Göttergestalt wie Persephone. Die bittenden Augen des Mädchens, die sie unverwandt auf den Helden gerichtet hält, sowie der Ausdruck des Erbarmens

132. Powell (Anm. 39), 53ff.
133. Charles Paul Mauron: *Des métaphores obsédantes au mythe personnel* [...]. Paris 1963.
134. Diese Haltung wird von Storm stereotyp für das Erscheinen der Toten im "zweiten Gesicht" verwendet, vgl. *Hans und Heinz Kirch*, Werke III, 430: "das Gesicht sah er nicht, denn der Kopf war gesenkt [...]".

und das Zurückweichen der Erscheinung erinnern an die Begegnung des Orpheus mit seiner im Hades weilenden Geliebten. Die
Kore fungiert als Psychopompos.[135] Der Wunsch, ihr in die Unterwelt zu folgen, bemächtigt sich des Träumenden und wirkt auch
im wachen Zustand fort. Als Psyche-Imago steht die zauberische
Jungfrau im Garten, den Schmetterling auf dem Haupt. Und als
Psyche wartet Franz Jebes Seelenbild an der Grenze des Lebens.

Wir besprachen die Funktion des Tanzes als Ausdruck der Le-
benshöhe, und, zugleich, des Abschieds. Für Storms Novellen ist
sie besonders stereotyp. Die aristokratische Anne-Lene in *Auf dem
Staatshof* feiert den Abschied vom Leben im glücklich-melancholi-
schen Tanz, bevor sie zu den "Schatten der Vergänglichkeit"[136]
hinabgleitet. Die heißblütigere Lore Beauregard in *Auf der Universität* muß sich im wüsten Hexentanz mit den Studenten erniedrigen
lassen, bevor sie ins Wasser geht und ihre Würde im Tode wieder-
erlangt. Phia Sternow, die elfenhafte Tochter des grotesken Ogers,
"Kind einer toten Mutter", wie die "Willis [...], welche im Mondes-
dämmer über Gräbern schweben",[137] tanzt in *Der Herr Etatsrat*
mit ihren verschüchterten kleinen Freundinnen unter den Augen
des schrecklichen Vaters, eine Todgeweihte. In der betonten Beziehung zum Elfenreich und der Erde, dem Grabe als Unterwelt, ist
sie eine Schwester des zauberischen Wesens in *Ein Bekenntnis*. Es
ist nicht unbedeutend, daß in diesen Beispielen der "Dämon" selten fehlt.

Die motivische Einheit: M ä d c h e n (D ä m o n)—T a n z—T o d
bildet offenbar einen wesentlichen Zug des persönlichen Mythus
Theodor Storms.[138] Ein solcher Mythus ist als eine Abwandlung
der archetypischen Struktur des kollektiven mythischen Fundus

135. Die Anima als Psychopompos: vgl. Jung: GW, Bd. IX-2, 39.
136. Storm: Werke I, 620.
137. Storm: Werke III, 325.
138. Die an sich schon toposhafte symbolische Verbindung der Elemente
"Tanz" u. "Tod" bei Storm wird von Artiss (Anm. 9, S. 112) im Sinne der Iro-
nie interpretiert: "[...] and so the Dance-of-Life becomes a Dance-of-Death."
Bestimmte Einzelheiten könnten an literarische Vorbilder erinnern, wie die
Parallele des Abschiedstanzes der Anne Lene im schon verfallenden Prunksaal
(*Auf dem Staatshof*) zum letzten Tanz der Liebenden im heruntergekomme-
nen "Paradiesgärtchen" in Kellers *Romeo und Julia auf dem Dorfe*.

aufzufassen.[139] Anklänge an die Persephonegestalt oder die Orpheussage, an den Psyche-Mythus können auf Bildung, Lektüre zurückgehen, was übrigens der Bedeutsamkeit der Wahl gerade dieses archetypischen Materials keinen Abbruch tut.

Um die Universalität archetypischer mythologischer Strukturen darzutun, wird in den vom Mythologen Kerényi zusammen mit Jung publizierten Untersuchungen zum Thema des *göttlichen Mädchens*[140] von einem Gruppentanz auf der indonesischen Insel Ceram berichtet, der die Figur eines Labyrinths beschreibt, und in dem das wunderbare Mädchen, das mit ihren Gaben zu den Menschen gekommen war, zur Unterwelt begleitet, das heißt gleichsam in die Erde "hinuntergetanzt" werden soll.[141] Jung weist auf die Animagestaltung hin. Kerényi legt die Verbindung zum eleusinischen Demeter-Persephone-Mythologem. Wenden wir die mythologische Figuration auf *Ein Bekenntnis* an, so konstatieren wir, daß die Kore in Franz Jebes Gedanken gleichfalls mit dem Labyrinthischen, mit Tanz- und Todesvorstellungen assoziiert wird, daß aber die lebensbejahende Seite des Tod und Leben zusammenschmelzenden Mythologems, das von der alljährlichen Auferstehung im Symbol des wachsenden Getreides spricht, unserer Novelle fehlt. *Ein Bekenntnis* wirkt wie ein zögernder Abschied, ein Selbstbekenntnis des alten, kranken Dichters, der in der zarten weiblichen Hauptperson sein "Seelenbild" darstellt. Die Motivkonstellation um dieses Bild gehört zu seiner persönlichen und dichterischen

139. Vgl. Mauron (Anm. 133, S. 148ff.) zur zentralen Motivgruppe "Jungfrau (Artemis)–Geliebte–Mutter–Tod" bei de Nerval, ein "réseau des associations maternelles", zu dessen weiteren Erscheinungsformen u.a. die Tänzerin, die Unterwelt und die "Corridors" (vgl. das Labyrinthische bei Storm!) gehören. Zur mythischen Grundlage frühromantischer deutscher Novellen (Venuskult, Mutterkult u. -Symbolik in der Motivik des Meeres u. des Berginnern), die auch auf Storm eingewirkt haben (Eichendorff, Hoffmann, Fouqué), vgl. die Arbeit von Hartmut Böhme: *Romantische Adoleszenzkrisen. Zur Psychodynamik der Venuskult-Novellen von Tieck, Eichendorff und E.T.A. Hoffmann.* In: *Literatur und Psychoanalyse [...].* Hrsg. von Klaus Bohnen u.a. München: Fink 1981 (= Text u. Kontext, Sonderreihe, Bd. 10).
140. K[arl] Kerényi u. C[arl] G[ustav] Jung: *Einführung in das Wesen der Mythologie [...].* Amsterdam u. Leipzig o.J. Zum "göttlichen Mädchen" vgl. 150ff. Jungs Betrachtungen auch in: GW, Bd. IX-1, 197ff.: *Zum psychologischen Aspekt der Korefigur.*
141. Kerényi u. Jung, 187ff. Vgl. noch Kerényi: *Labyrinthstudien* (= Albae vigiliae XV). Amsterdam u. Leipzig 1941.

Identität, die sich allerdings darin nicht erschöpft. Gegenüber der
elegisch-verzichtenden Grundhaltung der vorletzten Novelle gelang
Storm dann in seiner letzten, dem *Schimmelreiter*, die überzeugen-
de Darstellung vital erlebter Wirklichkeit im Kampf eines hellen,
männlichen Geistes gegen die geheimnisvolle Welt der Natur und
der irrationalen, unbewußten Kräfte. Das wäre ihm in der Schaf-
fensperiode von *Ein Bekenntnis* nicht möglich gewesen. Die von
der Familie arrangierte ärztliche Konsultation,[142] die ihm den
Krebs als nonexistent auszureden wußte, hatte damals noch nicht
stattgefunden.

Die Untersuchung der visionären und märchenhaften Elemente
von *Ein Bekenntnis* mit Hilfe der Archetypenlehre Jungs und der
darauf basierenden Märcheninterpretation Hedwig von Beits er-
laubte einen Einblick in tiefeigene Züge Stormschen Wesens. Daß
der Dichter die gerügten irrationalen Elemente trotz der reumütig
akzeptierten Kritik von Beratern wie Heyse und Erich Schmidt
nicht "herausoperiert" hat, ist nur zu verständlich. Die mythische
Einheit der zauberischen Jungfrau, ihrer Beziehung zur Unterwelt
und zum Dämon wiederholt im Sinne eines Finale die vergleichbaren symbolischen Situationen in anderen Werken aus verschiedenen Perioden seines Schaffens. Wir deuteten die Verwandtschaft
des Stormschen Mythologems mit tradierten mythologischen Konstellationen an. Für die analytische Psychologie versinnbildlicht die
symbolische Figuration von *Ein Bekenntnis* eine einseitige Anima-
gebundenheit, die nach einem Aufgehen im Unbewußten tendiert
und individuationshemmend ist. Daß die Anima als liebliche Mädchengestalt erscheint, verhüllt ihre bedrohlichen Aspekte. Storms
dichterische Wahl eines von ihm stellenweise sentimentalisierten
romantischen Leitbilds entspricht seinem wichtigsten Vorbild,
Fouqués *Undine*, deren auf den Mutterarchetypus verweisende dämonische Züge eines Elementargeists mit den modischen Merkmalen
eines "wunderschönen Blondchens" kombiniert sind. In den Ausführungen Kerényis zum antiken Mythus wird dargetan, wie Mutter und Tochter, Demeter und Persephone, sich wiederholen, identisch werden.[143] Allerdings gesellt sich eine dritte Gestalt hinzu,

142. Vgl. Storm–Schmidt: Briefwechsel (Anm. 1), II, 244f.: den Kommentar zum Brief Storms an Schmidt vom 24.5.1887.
143. Vgl. Kerényi u. Jung (Anm. 140), 153-156, 167ff.

die der nächtlichen, grausigen Mutter oder Jungfrau: die Hexe Hekate.[144]

Es wäre wohl kaum zufällig, daß die beiden so ungleichen letzten Novellen Theodor Storms sich trotzdem in der inneren Problematik berühren. In der Figur des Arztes Franz Jebe verkörpert sich die Storms eigenes Wesen kennzeichnende Gegensätzlichkeit von kritischer Geistigkeit und unwiderstehlicher Hingezogenheit zum Irrationalen. Im *Schimmelreiter* hat er den Kampf des willensstarken, aufgeklärten Tatmenschen mit den dunklen Mächten dargestellt. Die bedrohliche Seite des Mutter-Archetypus, die sich beim männlichen Helden in der "verschlingenden" Rolle der Anima ausdrücken kann, haben romantische Dichter gern in der Figur der Hexe gestaltet. Storm tat es in seiner letzten Novelle andeutend, in der alten Mutter Trin Jans,[145] der hintergründigen Gegenspielerin des Aufklärers Hauke Haien. Vor allem aber herrscht dort das Meer, Symbol des Tödlich-Umarmenden. In *Ein Bekenntnis* verbirgt sich die Dämonie hinter einer Undinengestalt, deren Bezug zum lebenspendenden und todbringenden Wasser zwar verlorenging, die aber in ihrer Rätselhaftigkeit unheimlich wirken kann und vom Dämon begleitet wird. Weder dem zerquälten Arzt Franz Jebe noch dem guten Rechner und mächtigen Neuerer Hauke Haien gelingt es, sich von der Gewalt des Mutterarchetypus zu befreien.

Zum Schluß sei eingeräumt, daß die tiefenpsychologische Interpretation eines Kunstwerks irritieren mag, besonders wenn sie, patronisierend, den Maßstab einer vom Helden zu fordernden oder doch zu erwartenden Individuation anlegt. Sie hat dabei eben weniger die künstlerischen Qualitäten als die menschlichen Aspekte und Konsequenzen psychischer und ethischer Natur im Auge. Immerhin wirkte der tiefenpsychologische Ansatz auch für Fragen der Komposition und der dichterischen Konsistenz von *Ein Bekenntnis* erhellend. Durch die Anwendung der in der Jungschen Psychologie umschriebenen Archetypen und ihrer Strukturen als methodologisches Instrumentarium konnte eine die innere Absicht der

144. Ebd. 157-161, 182f. u. Jung: GW, Bd. V, 304, 470ff. Bei Von Beit: Bd. I, 539, Anm. 4.
145. Vgl. David S. Artiss: *Bird Motif and Myth in Theodor Storm's Schimmelreiter.* In: Seminar IV (1968) 1-16, und J.U. Terpstra: *Heks, Hekserij en Heksenproces bij Theodor Storm.* Groningen 1973 (Antrittsvorlesung).

Novelle verdeutlichende Gliederung angebracht werden. Daß die unbewußte Absicht sich nicht unterdrücken ließ, wie offensichtlich sie auch mit dem bewußten Lebenswillen des Autors im Konflikt liegt, deckte die tiefere Dimension von Storms "Fehler" auf. Das Prinzip der Amplifikation mittels Vergleichen mit folkloristischen und mythologischen Daten trug zur Profilierung unserer Hypothesen bei. Die als mythischer Kern wirkende Konstellation der Motive "Jungfrau–Tanz–Tod", in Verbindung mit der Motivik des "Dämons" und des "Labyrinths", konnte als solche aus dem Text und dem Kontext verwandter Novellen konstruiert werden. Die Jungsche Psychologie gibt diesem "mythe personnel" die tiefere Dimension.

SCHULD UND SÜHNE OHNE ENDE
Hermann Hesses psychotherapeutische Erfahrungen*

von

Johannes Cremerius

> Die psychoanalytische Betrachtungsweise vermag die Mechanismen und Zwangsläufigkeiten einer Dichterseele bis in sehr große Tiefen zu enthüllen, sie vermag aber nichts auszusagen über [...] den Grad von Meisterschaft, den er erreicht. Hier gerade müßte ein Freudscher Begriff zu Hilfe genommen werden, [...], der Begriff der Sublimierung,

schreibt Hesse 1930 in einer Studie über Gottfried Keller.[1] Freud war der gleichen Auffassung wie Hesse. In jeder seiner biographischen Studien hebt er dies hervor. Wir müssen "zugestehen, daß [...] das Wesen der künstlerischen Leistung uns psychoanalytisch unzugänglich ist", schreibt er 1910 in seiner Leonardo da Vinci-Studie.[2] Und: "Leider muß die Analyse vor dem Problem des Dichters die Waffen strecken", heißt es 1928 in *Dostojewski und die Vatertötung*.[3] Und 1933 schreibt er über Bonapartes Studie über Edgar Allan Poe:

* Für die freundliche Überlassung der hier zitierten, noch unveröffentlichten Texte (Briefe, Tagebuch) wie für manchen nützlichen Hinweis bin ich Herrn Volker Michels, dem Sachwalter des Hesseschen Werkes beim Suhrkamp Verlag, Frankfurt a.M., zu großem Dank verpflichtet. Dank schulde ich ihm auch für die Genehmigung, diese noch unveröffentlichten Texte hier wiedergeben zu dürfen.

1. Hermann Hesse: *Gedanken über Gottfried Keller* (1930/1951). In: H.H.: *Gesammelte Werke*. Hrsg. von Volker Michels. Frankfurt a.M. 1970 (werkausgabe edition suhrkamp, im folgenden WA genannt), Bd. 12, 293-298. Zitat: 296.

2. Sigmund Freud: *Eine Kindheitserinnerung des Leonardo da Vinci* (1910). In: S.F.: *Gesammelte Werke in 18 Bänden*. Frankfurt a.M. 1947ff. (im folgenden GW genannt), Bd. VIII, 128-211. Zitat: 209.

3. Sigmund Freud: *Dostojewski und die Vatertötung* (1928). In: GW, Bd. XIV, 399-418. Zitat 399.

Dank ihrer Deutungsarbeit versteht man jetzt, wieviel von den Charakteren seines Werkes durch die Eigenart des Mannes bedingt ist, erfährt aber auch, daß diese selbst der Niederschlag starker Gefühlsbindungen und schmerzlicher Erlebnisse seiner frühen Jugend war. Solche Untersuchungen sollen nicht das Genie des Dichters erklären, aber sie zeigen, welche Motive es geweckt haben und welcher Stoff ihm vom Schicksal aufgetragen wurde. Es hat einen besonderen Reiz, die Gesetze des menschlichen Seelenlebens an hervorragenden Individuen zu studieren.[4]

Zuvor hatte er sich in der Goethepreis-Rede ausführlich mit dem Problem von Psychoanalyse und Biographik auseinandergesetzt: Die "beste und vollständigste" Biographie "würde das Rätsel der wunderbaren Begabung nicht aufklären, die den Künstler macht, und sie könnte uns nicht helfen, den Wert und die Wirkung seiner Werke besser zu erfassen. Und doch ist es unzweifelhaft, daß eine solche Biographie ein starkes Bedürfnis bei uns befriedigt". Der Künstler, das Genie, würden uns nähergebracht, wir gewännen "affektive Beziehungen" zu ihnen.

Wenn die Psychoanalyse sich in den Dienst der Biographik begibt, hat sie natürlich das Recht, nicht härter behandelt zu werden als diese selbst. Die Psychoanalyse kann manche Aufschlüsse bringen, die auf anderen Wegen nicht zu erhalten sind, und so neue Zusammenhänge aufzeigen in dem Webermeisterstück, das sich zwischen den Triebanlagen, den Erlebnissen und den Werken eines Künstlers ausbreitet. Da es eine der hauptsächlichsten Funktionen unseres Denkens ist, den Stoff der Außenwelt psychisch zu bewältigen, meine ich, man müßte der Psychoanalyse danken, wenn sie auf den großen Mann angewendet zum Verständnis seiner großen Leistung beiträgt.[5]

In diesem Sinne möchte ich auch den vorliegenden biographischen Versuch über Hesse verstanden wissen.

Hermann Hesse hat in einem Zeitraum von 20 Jahren — 1909-1929 — mehrmals, kürzer oder länger dauernd, psychotherapeutische Hilfe in Anspruch genommen. Dies, wie seine zahlreichen Äußerungen zur Psychoanalyse, haben dazu geführt, daß das Thema "Hermann Hesse und die Psychoanalyse" in der immensen Hesse-Sekundärliteratur zu einem Topos geworden ist.

Dem Psychoanalytiker stellt sich angesichts dieser psychoanaly-

4. Sigmund Freud: Vorwort zu Marie Bonaparte, *Edgar Poe. Etude psychoanalytique* (1933). In: GW, Bd. XVI, 276.

5. Sigmund Freud: *Ansprache im Frankfurter Goethe-Haus* (1930). In: GW, Bd. XIV, 547-550. Zitat: 549f.

tischen Erfahrungen Hesses die Frage: was haben sie ihm gebracht, welche Veränderungen bewirkt – zeigen sich Spuren davon im Werk?[6] Es ist bemerkenswert, daß dieser Frage bis heute in der Sekundärliteratur nicht nachgegangen wurde. Nur eine Arbeit streift das Thema, verfolgt aber eine andere Absicht, nämlich die, den Einfluß der Jungschen Psychologie auf Hermann Hesse und sein Werk nachzuweisen.[7]

Eine Untersuchung, wie die von mir beabsichtigte, kann nur auf die Weise durchgeführt werden, daß die Grundstörung, welche die Therapie indizierte, so genau als möglich beschrieben und klassifiziert wird. Erst wenn das gelungen ist, kann der Effekt einer Therapie erfaßt werden. Unterläßt man diese Diagnostik, ist es unmöglich, verläßliche Beurteilungskriterien für den Behandlungserfolg zu finden. Nur die Veränderung der Grundstörung, wir sprechen besser von Grundkonflikt, kann als Kriterium Geltung beanspruchen. Andere Veränderungen, wie solche der Krankheitssymptome, des äußeren Lebens, des Arbeitsstils, der Werkthemen lassen die Frage des *post* oder *propter hoc* offen.[8]

I. Hesses psychotherapeutische Behandlungen und sein Studium der psychoanalytischen Literatur

Als Hermann Hesse 1909, 32jährig, zum ersten Male psychotherapeutische Hilfe sucht, trifft er in der Kuranstalt Villa Hedwig in Badenweiler auf den Arzt Dr. Albert Fraenkel[9] (1883-1938), der ihn mit der psychoanalytischen Methode behandelt. Hier lernt er "mit dem helfenden Arzt, seine eigenen üblen Zustände objektivieren und ruhig betrachten", schreibt er am 11. Juli 1909 an seinen

6. Herrn Prof. Dr. Walter Schönau danke ich für die Ermutigung zu dieser Themenwahl.

7. Malte Dahrendorf: *Hermann Hesses "Demian" und C.G. Jung.* In: GRM NF 8 (1958) 1, 81-97.

8. Auf die Problematik derartiger Erfolgsbeurteilungen psychotherapeutischer Behandlungen gehe ich hier nicht ein. Ich verweise auf die einschlägige Literatur in Johannes Cremerius: *Die Beurteilung des Behandlungserfolges in der Psychotherapie.* Berlin 1962 und ders.: *Die Prognose funktioneller Syndrome.* Stuttgart 1968.

9. Dr. Albert Fraenkel ist möglicherweise ein Schüler des seit 1905 in Freiburg i.Br. psychoanalytisch arbeitenden Dr. Martin gewesen. (Vgl. Heinrich Meng: *Leben als Begegnung.* Stuttgart 1971, 24.)

Vater.[10] In *Haus zum Frieden. Aufzeichnungen eines Herrn im Sanatorium*,[11] in denen er seine Erfahrungen im Sanatorium von Dr. Fraenkel formuliert, wird die psychotherapeutisch-psychoanalytische Denkweise des Chefarztes deutlich:

> Unser Professor [...] behandelt nicht Krankheiten, sondern Menschen. [...] daß er jedem Leidenden die Einsicht in sein eigenes Wesen und Leiden eröffne und erhelle, daß er jeden lehre, sein eigenes Leben innerlich zu verstehen [...]. [...] der Wahn [daß körperliche Leiden die Ursachen der Beschwerden der Patienten seien] ist durch den Arzt aufgedeckt und zerstört worden. Der Leidende hat eingesehen, daß teils seine ganze seelische Veranlagung, teils das Besondere seines inneren Schicksals, teils aber auch seine eigene Charakterschwäche, sein Mangel [...] an Selbsterziehung [...] die [...] Ursachen seines [...] Zustandes sind.[12]

Drei Jahre später – im August 1912 – sucht Hesse erneut die Hilfe Dr. Fraenkels. Im September 1913 heißt es in einem Brief an ihn:

> [...] bin ich öfters darauf gestoßen, wieviel ich psychologisch und menschlich bei Ihnen gelernt habe [...]. Ich rechne Sie [...] mit zu jener Zahl von Menschen, denen ich mich im Wollen befreundet und zugehörig fühle [...] und, ohne eine stille Gemeinschaft solcher Menschen zu wissen, wäre es wesentlich schwerer und trüber zu leben.[13]

Als er, vier Jahre später, wieder nicht mehr aus eigener Kraft weiter weiß, versucht er es erneut mit einer Psychotherapie. Er wendet sich, mittlerweile in der Schweiz lebend, an den Arzt Dr. Josef

10. Hermann Hesse: *Gesammelte Briefe*. In Zusammenarb. mit Heiner Hesse hrsg. von Ursula und Volker Michels. Frankfurt a.M. 1973ff. (im folgenden Ges. Br. genannt), Bd. 1, 1895-1921, 158f.

11. Hermann Hesse: *Haus zum Frieden. Aufzeichnungen eines Herrn im Sanatorium* (1910). In: H.H.: *Prosa aus dem Nachlaß*. Hrsg. von Ninon Hesse. Frankfurt a.M. 1965, 353ff. Auch in H.H.: *Kleine Freuden*. Verstreute und kurze Prosa aus dem Nachlaß. Hrsg. von Volker Michels. Frankfurt a.M. 1977 (suhrkamp taschenbuch 360), 60-76. Zitat: 62f.

12. Karl Jaspers, der sich auch von Dr. Fraenkel behandeln ließ, lobt an ihm seine Fähigkeit, "in der den jeweiligen Menschen eigentümlichen Welt mit deren Bedürfnissen, Wertschätzungen und Zielen zu leben, als ob sie einen Augenblick ganz damit identisch würden [...]." Brief vom 1.6.1934 zum 70. Geburtstag von A. Fraenkel. In: *Albert Fraenkel, Arzt und Forscher*. Mannheim 1964, 17.

13. Ges. Br., Bd. 1, 229f.

Bernhard Lang,[14] der am Kurhaus Sonnmatt bei Luzern arbeitet (wir kennen ihn als Dr. Pistorius im Gespräch mit Emil Sinclair im *Demian*). Von Ende April bis Ende Mai wird er hier mit Elektrotherapie und psychoanalytischen Gesprächen — insgesamt 72 meist dreistündigen Sitzungen — stationär behandelt.[15] Dann finden von Juni 1916 bis November 1917 noch 60 ambulante Besuche bei Dr. Lang statt.[16]

Schon kurz darauf sucht Hesse erneut psychotherapeutische Hilfe. Der Beginn der Behandlung ist nicht genau zu ermitteln — es dürfte sich um Frühjahr/Frühsommer 1918 gehandelt haben. Der Therapeut ist dieses Mal Johannes Nohl. Aus dem Wechsel des Therapeuten können wir schließen, daß Hesse mit der Arbeit Langs nicht zufrieden war. Nohl ist eine in Fachkreisen völlig unbekannte Existenz. In keinem Register der verschiedenen Fachgesellschaften taucht sein Name auf. Das Wenige, das ich über ihn ermitteln

14. Lang war zeitweise Schüler von C.G. Jung, von dem er sich später abwandte. Hesse schreibt über den sieben Jahre Jüngeren: "Du findest an ihm keinen raschen und entschlossenen, aber einen treuen, klugen und sehr feinfühligen Mann, auf den ich vertrauen darf, er ist wirklich mein Freund geworden [...]." (Ges. Br., Bd. 1, 421f.) (S. auch S. 177 für das spätere Urteil Hesses über Dr. Lang.) Jung schreibt 30 Jahre später über Dr. Lang: "Er war ein sehr seltsamer, aber außerordentlich gebildeter Mann, der orientalische Sprachen studiert hatte und insbesondere an gnostischen Spekulationen interessiert war. Er erwarb von mir ein bemerkenswertes Maß an Kenntnissen über Gnostizismus, welche er an Hesse weitergab." (Brief an E. Maier, übers. aus dem Englischen von mir, J.C.) In: Emanuel Maier: *The psychology of C.G. Jung in the works of Hermann Hesse*. Phil. Diss. New York 1952, 3. — Vgl. zu der Beziehung zwischen Jung und Hesse auch das Buch von Miguel Serrano: *C.G. Jung and Hermann Hesse. A record of two friendships*. London 1966. Dt. Übers.: *Meine Begegnungen mit C.G. Jung und Hermann Hesse in visionärer Schau*. Zürich 1968.

15. Hesse war nicht, wie oft angemerkt wird, der erste Schriftsteller, der sich einer Analyse unterzog und ihren fördernden Einfluß auf die künstlerische Kreativität gelobt hat. Vorausgegangen war ihm Erich Mühsam, der 1907 von Otto Groß "in 6 Wochen vollständig geheilt wurde". (K.R. Eissler: *Victor Tausk's Suicide*. New York 1983.) Ihm folgten unmittelbar 1918 und 1919 Hülsenbeck und Döblin, später dann A. Zweig, H. Broch, R. Musil, R.M. Rilke, S. Dali u.a.

16. Hugo Ball: *Hermann Hesse. Sein Leben und sein Werk*. Berlin 1927. Auch Frankfurt a.M. 1956. Auch Frankfurt a.M. 1977 (suhrkamp taschenbuch 385), hier: 118ff.

konnte, verdanke ich sechs Briefen Nohls an Hesse[17] (Hesses Antworten sind verschollen, stellt Volker Michels fest, der mir die Briefe zur Einsicht freundlicherweise überließ) und zwei Briefen, einem
von Frau Hildegard Jung und einem von Herrn Jakob Flach.[18]
Beide erinnern sich an die Analyse Hesses bei Nohl. Sie berichten,
daß Hesse stets "sehr unglücklich" (Frau Jung), "jammernd und
erschlagen" – "Der hat mich wieder fürchterlich gequält" – von
den Sitzungen zurück kam (J. Flach). Frau Jung berichtet ferner,
Hesse habe die Analyse dann abgebrochen und sei zu seinem Freund
Lang zurückgekehrt. Aus den mir vorliegenden Briefen entnehme
ich, daß dies bereits im Herbst 1918 war. Nohl sei dann nach Weimar gegangen. So hat auch diese Therapie wie die bei Lang und die
spätere bei Jung mit einer Enttäuschung geendet. Die Beziehung
scheint von Hesses Seite total unterbrochen worden zu sein. Dafür
spricht der letzte der mir vorliegenden Briefe Nohls vom 16. Dezember 1933. Der Briefschreiber ist über die weitere Entwicklung
in Hesses Leben nicht informiert, er weiß z.B. nicht, daß Hesse von
seiner ersten Frau geschieden, wiederverheiratet und wieder geschieden ist. Das Motiv für seinen Brief ist "eine schwierige Situation und Bedrängnis", aus der heraus er Hesse um eine geldliche
Unterstützung bittet. (Martin Pfeifer weiß, daß Johannes Nohl der
Bruder des bekannten Philosophen Hermann Nohl war und datiert
den Beginn der Analyse auf Ostern 1918.[19]) Aus den mir vorlie-

17. Der Numerierung dieser Briefe nach handelt es sich um acht Briefe,
die beiden ersten fehlen. Nr. 3, 4 und 5 sind undatiert, können aber mit großer Sicherheit auf das Frühjahr und den Frühsommer 1918 datiert werden.
Die Briefe Nr. 6 bis 8 sind datiert: 12.8.1918, 19.8.1918 und 16.12.1933. Die
Briefe befinden sich im Besitz von Herrn Volker Michels, Suhrkamp Verlag,
Frankfurt a.M.
18. Briefliche Mitteilung an mich, J.C.
19. Martin Pfeifer: *Hesse-Kommentar zu sämtlichen Werken*. München
1980, 26 u. 44. Sein Bruder, Hermann Nohl, von 1920 bis 1937 und von 1945
bis 1949 Professor für Philosophie und Pädagogik in Göttingen, schrieb zwischen 1926 und 1939 mehrere Bücher, in denen er kenntnisreich, z.T. aber
kritisch, ausführlich auf die Psychoanalyse einging. Freud schreibt am 2.1.1919
an Pfarrer O. Pfister über Johannes Nohl, der sich wegen einer finanziellen
Unterstützung an Freud gewandt hatte: "Ich war also in Verlegenheit, was ich
Johannes Nohl antworten sollte, dessen bisherige Produktionen auch mir sehr
gut gefallen haben." (Sigmund Freud / Oskar Pfister: *Briefe 1909 bis 1939*.
Frankfurt a.M. 1963, 67.) Freud spricht von "Produktionen". Ich konnte nur

genden Briefen wird deutlich, daß Nohl keine Ausbildung in einer der psychotherapeutischen Schulen genossen hat. Er ist ein Eklektiker mit ungewöhnlicher Methodik: Therapeutische Gespräche finden neben gegenseitigen privaten Besuchen unter Einbeziehung beider Familien statt, Nohl analysiert die Träume, die Hesse ihm schicken muß. Nohls Auslassungen Hesse gegenüber sind eine Mischung philosophisch-theologischer Gedanken mit Anklängen an Jung – oft sind es Gemeinplätze. Die Sprache ist gehoben und anspruchsvoll.

Als Hesse 1920/21 erneut in eine Krise gerät, wendet er sich an C.G. Jung – durch die Inflation und Zerrüttung seiner Ehe in Sorge um die Behandlungskosten und in der Hoffnung, "daß Jung nichts von mir nimmt".[20] Jung übernimmt die Behandlung im Februar 1921, weil er versteht, "wie dringend Ihr Fall liegt".[21] Die Behandlung dauert vom 19.-24.2. und vom 19.-25.5.1921. Auch diese Behandlung führt nicht dazu, daß Hesse jetzt ohne psychotherapeutische Hilfe leben könnte. Wir erfahren, daß er über die Behandlung bei Dr. Lang hinaus noch Jahrzehnte mit ihm befreundet blieb,[22] und daß diese Freundschaft eine verdeckte Fortsetzung der Behandlung war, eine ohne Zweifel ungünstige Kombination für den "Patienten": "Abends Psychoanalyse mit Dr. J.B. Lang, einem C.G.-Jung-Schüler"[23] und: "[...] ich beginne, mit Lang Fortschritte zu machen".[24]

---

ein Werk von Johannes Nohl ausfindig machen: *Die Fruchtbarkeit der Psychoanalyse für Ethik und Religion.* In: *Schweizerland* 6, 1916. Dieses ungewöhnlich eloquente Buch ist wegen seiner maßlosen Übertreibungen und kritiklosen Verherrlichung der Psychoanalyse unter die Kuriosa der Rezeptionsgeschichte der Psychoanalyse zu rechnen.

20. Brief an Frau Lisa Wenger vom 2.5.1921. In: Ges. Br., Bd. 1, 470.

21. Brief von C.G. Jung an Hesse vom 18.3.1921. In: *Hermann Hesse. Sein Leben in Bildern und Texten.* Hrsg. von Volker Michels. Frankfurt a.M. 1979, 201.

22. Brief an Herbert Schulz vom April 1950, unveröffentl.

23. Volker Michels: *Die Entstehungsjahre des Steppenwolf. Eine biographische Chronik.* In: V.M. (Hrsg.): *Materialien zu Hermann Hesses "Der Steppenwolf".* Frankfurt a.M. 1972 (suhrkamp taschenbuch 53) (im folgenden MatStep genannt), 33.

24. Brief an Alice Leuthold vom März 1926, in: MatStep, 64. Volker Michels macht mich in einem Brief vom 5.5.1983 darauf aufmerksam, daß er aufgrund von verschiedenen Augenzeugenberichten und der bruchstückhaft

Es ist verständlich, daß ein Mensch, vor allem ein Schriftsteller, der mit seinen Konflikten nicht zurechtkommt, nach psychoanalytischer Literatur greift. Seit 1914 etwa liest Hesse einschlägige Fachliteratur. Aus seiner Rezension von E. Löwensteins *Nervöse Leute* im Herbst 1914 ersehen wir, daß er Teile von Freuds und Adlers Arbeiten kennt.[25] Mileck ist der Auffassung, daß er auch die Arbeiten von Bleuler und Stekel kennt.[26] Mit Sicherheit las er 1916 *Wandlungen und Symbole der Libido*, das Werk Jungs aus den Jahren 1911/12, in dem sich die ersten Abgrenzungen gegenüber seinem Lehrer Freud finden.[27] Von Hesses Rezensionen wissen wir, daß er 1921 Jungs *Psychologische Typen* und 1928 Jungs *Über die Energetik der Seele* las, ferner 1920 Freuds *Vorlesungen zur Einführung in die Psychoanalyse* und die *Sammlung klinischer Schriften zur Neurosenlehre* (5 Bände) mit großer Bewunderung studierte.[28]

erhaltenen Korrespondenz zwischen Dr. Lang und Hermann Hesse im Gegensatz zu der hier von mir vertretenen Auffassung glaubt, daß sich das Verhältnis zwischen beiden umkehrte und Hesse zum Analytiker des schwer pathologischen Dr. Lang (Koprophilie) wurde.

25. Hermann Hesse: *Für Bücherliebhaber*. In: *Die Propyläen* (München) 12 (1914), 185f.

26. Joseph Mileck: *Freud and Jung. Psychoanalysis and Literature. Art and Disease*. In: *Seminar* 14 (1978), 2, 105-117. Dt. Übers. in: J.M.: *Hermann Hesse. Dichter, Sucher, Bekenner. Biographie*. München 1979, 96-106.

27. Benjamin Nelson: *Hesse and Jung. Two newly recovered letters*. In: *The Psychoanalytic Review* 50 (1963), 11-16.

28. Vgl. WA, Bd. 12: *Eine Literaturgeschichte in Rezensionen und Aufsätzen*. Hrsg. von Volker Michels.
Folgende Schriften Freuds und Jungs finden sich in Hesses Bibliothek, jetzt im Hesse-Archiv des Deutschen Literaturarchivs im Schiller-Nationalmuseum, Marbach.
Von Sigmund Freud: *Gesammelte Schriften*, Bd. I-XI, Wien 1924-1928 (sämtliche ohne Anstreichungen). *Das Unbehagen in der Kultur*, 2. Aufl. Wien 1931. *Selbstdarstellung*, Wien 1936 (mit der handschriftlichen Eintragung Freuds: "Sigm. Freud 1936"). *Der Mann Moses und die monotheistische Religion. Drei Abhandlungen*, Amsterdam 1939. *Briefe 1873-1939*, Frankfurt a.M. 1960. 1946 schickte Heinrich Meng das Manuskript seiner *Erinnerungen an Sigmund Freud* mit einer Widmung an Hesse anläßlich des 90. Geburtstages von Freud. –
Von C.G. Jung: *Psychologische Typen*, Zürich 1921 (mit handschriftlicher Widmung: "Herrn Hermann Hesse in dankbarer Anerkennung überreicht vom

Betrachten wir diese Therapien kritisch, so reduzieren sie sich im strengen psychoanalytischen Sinne auf die 132 Sitzungen mit Dr. Lang. Aber auch sie dienten nicht alle der Arbeit am Patienten. Wie uns der *Demian* zeigt, benutzte der junge, noch wenig erfahrene Arzt viele Stunden dazu, dem Patienten von seiner mit Begeisterung gerade in Besitz genommenen Welt der Mythen und der Gnostik zu erzählen. (Solche Themen mögen auch in der Korrespondenz mit C.G. Jung, den er 1916 während seiner Analyse mit Dr. Lang persönlich kennenlernt,[29] eine Rolle gespielt haben. Die Korrespondenz dauerte von 1921-1950. Dasselbe gilt auch für sei-

---

Verfasser. Febr. 1921"). *Psychologie und Religion*, Zürich und Leipzig 1940. *Die Psychologie der Übertragung*, Zürich 1946. *Über psychische Energetik und das Wesen der Träume*, Zürich 1948. *Gestaltungen des Unbewußten*, Zürich 1950 (mit Widmung: "Herrn H. Hesse zur Erinnerung an alte Tage überreicht vom Verfasser und Herausgeber. August 1950"). *Aion. Untersuchungen zur Symbolgeschichte*, Zürich 1951. *Einführung in das Wesen der Mythologie*, Zürich 1951. *Symbole der Wandlung*, 4. umgearb. Aufl. von *Wandlungen und Symbole der Libido*, Zürich 1952. *Welt der Psyche. Eine Auswahl zur Einführung*, Zürich 1954 (mit der Widmung: "Herrn Hermann Hesse ein schwaches Dankeschön für seine freundliche Weihnachtsgabe. Der Verfasser. Dec. 1954"). *Mysterium coniunctionis*, Teil I und II, Zürich 1955/56. *Gegenwart und Zukunft*, Sonderbeilage zur Märznummer 1957 der *Schweizer Monatshefte*. *Psychologische Betrachtungen*. Eine Auslese aus den Schriften C.G. Jungs. Zusammengest. und hrsg. von Dr. Jolande Jacobi, Zürich 1945. Hesse schreibt, daß er die Bücher von C.G. Jung nur bis zum Jahre 1922 gelesen habe, "[...] doch von seinen Schriften nicht so starke Eindrücke gehabt [habe] wie von denen Freuds." (Zit. nach Joseph Mileck: *Hermann Hesse*. München 1979, 100.)
29. Freud hat Hesse nie persönlich kennengelernt. Außer zwei Karten Freuds an Hesse und der Antwortkarte Hesses gibt es keine Korrespondenz. Die eine reagiert auf Hesses Aufsatz *Künstler und Psychoanalyse*, der am 16.7. 1918 in der *Frankfurter Zeitung* erschien (WA, Bd. 10, 47-53): "Einer Ihrer Leser, der Ihrem Schaffen seit dem *Peter Camenzind* mit Genuß gefolgt ist, möchte Ihnen gerne zum Dank [...] die Hand drücken. − Freud". (Zit. nach *Hermann Hesse 1877-1977. Stationen seines Lebens, des Werkes und seiner Wirkung*. Katalog der Gedenkausstellung zum 100. Geburtstag im Schiller-Nationalmuseum Marbach am Neckar. München 1977, 153.) Hesse antwortet am 9.9.1918: "Verehrter Herr Professor! Daß Sie mir ein Wort des Dankes sagen, berührt mich ganz wie eine Beschämung, denn im Gegenteil bin ich es, der Ihnen tiefen Dank schuldet. Ihn heute ein erstes Mal auszusprechen, ist mir eine große Freude. Die Dichter waren ja unbewußt immer Ihre Bundesgenossen, sie

ne Korrespondenz mit Kerényi.[30]) Im Rückblick nach 50 Jahren erkennt Hesse diese Schwächen Dr. Langs: "Der Arzt war nicht überlegen, er war zu jung und hatte zuviel Respekt vor der Berühmtheit, aber es war ihm ernst [...]."[31] Auch C.G. Jung scheint die therapeutischen Qualitäten Dr. Langs nicht hoch eingeschätzt zu haben, wie wir seinem Brief an Maier entnehmen können (s. hier Anm. 14).

Die Gespräche mit Dr. Fraenkel in den Jahren 1909 und 1912 können nicht als konsequente psychoanalytische Kur verstanden werden. Auch die wenigen Gespräche mit C.G. Jung im Jahre 1921 waren wohl eher eine Krisenintervention (s. Jung-Brief vom 18.3. 1921, vgl. Anm. 21) als eine aufdeckende, Konflikte bewußtmachende Therapie. Hesse spricht verharmlosend davon, daß er "sehr gern ein wenig mit Dr. Jung konferiert hätte",[32] und im Rückblick 30 Jahre später spricht er davon als von "einigen analytischen Sitzungen".[33] Jung spricht ebenfalls einschränkend von "gewissen Gesprächen, die ich mit Hesse hatte".[34] Beide verharmlosen und verschleiern hier anscheinend etwas, wie aus zwei Briefen Hesses aus der Zeit dieser "gewissen Gespräche" hervorgeht:

> Für mich ist inzwischen die Analyse zu einem Feuer geworden, durch das ich nun gehen muß und das sehr weh tut. Mehr kann ich darüber nicht sagen. Soweit ich bis jetzt sehe, ergeben sich Pflichten und Opfer für mich, deren Verwirklichung ich mir noch kaum denken kann.[35]

Und:

> Bei Jung erlebe ich zur Zeit, in einer schweren und oft kaum ertragbaren Lebenslage stehend, die Erschütterung der Analyse. Es geht bis aufs Blut

werden es immer mehr auch bewußt werden. In herzlicher Verehrung Ihr –". (Ges. Br., Bd. 1, 378.) Die andere Karte drückt Freuds Dank für die Adresse aus, welche 191 namhafte Schriftsteller und Gelehrte – darunter auch Hesse – ihm anläßlich seines 80. Geburtstages 1936 gesandt haben. (Vgl. Ernest Jones: *Das Leben und Werk von Sigmund Freud.* Bd. 2. Bern 1962, 245f.)

30. Hermann Hesse und Karl Kerényi: *Ein Briefwechsel aus der Nähe.* Hrsg. von M. Kerényi. München 1972.

31. Brief an Herbert Schulz, April 1950, unveröffentl.

32. Brief an Georg Reinhart vom 30.4.1921. Ges. Br., Bd. 1, 469f.

33. S. Brief an E. Maier von 1950 in: E. Maier: *The psychology of C.G. Jung in the works of Hermann Hesse* (Anm. 14), 5ff.

34. Ebd., 5ff.

35. Brief an Emmy und Hugo Ball von Mitte Juni 1920. In: *Hermann Hesse 1877-1977* (Anm. 29), 154.

und tut weh. Aber es fördert. Ob die Analyse auch für Sie nötig ist, kann
ich nicht beurteilen. Ich kann nur sagen, daß Dr. Jung meine Analyse mit
außerordentlicher Sicherheit, ja Genialität führt.[36]

Trotz dieser im strengen Sinne geringen psychoanalytischen Erfahrung ist der Einfluß psychoanalytischer Theorien auf sein Denken,
sein Leben und sein Schreiben enorm: in zahllosen Briefen spricht
er von der Psychoanalyse, von seiner eigenen Analyse und deren
Bedeutung für ihn, überlegt, ob sie für einen Anfragenden nütz-
lich sein könne oder nicht; in vielen seiner zahllosen Rezensionen
urteilt er von einem psychoanalytischen Standpunkt aus (s. hier
Anm. 29). Dasselbe gilt auch für seine Verstehensansätze bei der
Lektüre von z.b. Broch (1933), Musil (1933) und Kafka (1935);[37]
seine Veröffentlichungen zwischen 1916 und dem Erscheinen von
Narziß und Goldmund 1930 sind von ihr mehr oder weniger stark
geprägt.[38] Darüber hinaus setzte er sich öffentlich in Tageszeitungen und Zeitschriften mit der Psychoanalyse, vor allem ihrer Bedeutung für den Künstler, auseinander.[39] In dem reflektierenden
Umgang mit sich hat die Psychoanalyse tiefe Spuren hinterlassen.
Zeitweise, vor allem in den Jahren zwischen 1918 und 1926, hat es

36. Brief an Hans Reinhart vom Mai 1921. Ges. Br., Bd. 1, 473.
37. WA, Bd. 12, 471 und 479.
38. Hesse versteckte den Einfluß der Psychoanalyse auf sein Denken und
Schreiben nicht, wie es viele taten, die Freud 1933 nachfolgend anspricht:
"Wenn Sie aber fragen, was die ferner Stehenden von der Traumdeutung angenommen haben, die vielen Psychiater und Psychotherapeuten, die an unserem
Feuer ihr Süppchen kochen, — ohne übrigens so recht dankbar für die Gast-
freundschaft zu sein —, die sogenannten Gebildeten, die sich auffällige Ergebnisse der Wissenschaft anzueignen pflegen, die Literaten und das große Publikum, so ist die Antwort wenig befriedigend." (GW, Bd. XV, 7) Zu ihnen gehört auch ein so bedeutender, origineller Schriftsteller wie Robert Musil. Die
Gründe für dieses sein Verhalten habe ich eingehend untersucht in J.C.: *Robert Musil. Das Dilemma eines Schriftstellers vom Typus "poeta doctus" nach
Freud*. In: *Psyche* 33 (1979), 8, 733-772. Auch in: *Freiburger literaturpsychologische Gespräche*. Zweite Folge, hrsg. von J. Cremerius. Frankfurt a.M. und
Bern 1982, 117-169. Vgl. auch J.C.: *Robert Musil. Poeta doctus. The Dilemma
of the Learned Poet after Freud*. In: *Sigmund Freud House Bulletin* 3 (1979),
2, 20-45.
39. 1918: in Ges. Schr., Bd. VII, 1957, 137-143; 1920: in *Vossische Zeitung*, 30.6.1920; 1925: in *Neue Rundschau* 36 (1925), 966; 1925: in Ges.
Schr., Bd. IV, 157; 1930: in *Corona* 3 (1932), 208.

den Anschein, als ob er die "endliche Analyse" in einer "unendlichen Analyse" fortsetze, das Merkmal eines optimalen Ausgangs einer Therapie nach Freud.[40] Aber auch noch später lassen sich diese Spuren nachweisen. So veröffentlicht Hesse — wenige Monate vor seinem Tode im August 1962 — einen *Brief im Mai*, der uns zeigt, daß er weiterhin den Träumen Bedeutung beimißt und sie gelegentlich nach den Regeln der psychoanalytischen Theorie deutet: "Du weißt, daß ich auch das Träumen u.U. zu den Dingen zähle, die ich Erlebnisse nenne. Ohne daß ich mit Freud und Jung gebrochen hätte, bin ich doch — Ausnahmen zugegeben — des Verstehen- und Deutenwollens müde geworden [...]."[41]

II. Der Grundkonflikt

1. Seine Genese und Struktur

Sehr drollig rief er gestern Abend strahlend vor Glück: "So jetzt weiß ich doch, was ich bin. Ich bin Euer Bisam Ochs!" & dann wüthete er toll herum. Heute aber betete er morgens angelegentl. ums lieb sein & war dann unser "Murmelthierle". Es ist ein merkwürdiges Schaffen & Kämpfen in dem Buben. Vorgestern mußte ich zweimal im Lauf des Tags auf seine Bitte hin extra mit ihm beten, daß der l. Heiland ihn doch "arg lieb" mache. Gleich drauf schlug & biß er sein geduldiges Adelchen & als ich mit ihm drüber redete, sagte er: "Ha, so soll mi doch der Gott arg lieb machen! Mir kommts halt net! [...]."[42]

Dieser Text zeigt mit klinischer Präzision die seelische Situation des vierjährigen Hermann, in der es nur Böses und Errettung vom Bösen gibt. Die ältere Theologie hätte hier von einem besonders fein ausgebildeten Gewissen, hochsensibel für das Böse, gesprochen. Der Kliniker erkennt die Grundzüge einer Charakterpathologie, die durch die irrationale, an keiner menschlichen Realität mehr orientierten Herrschaft des Über-Ich gekennzeichnet ist.

Über-Ich wird hier verstanden im Sinne der Freudschen Theorie als die Internalisation von väterlichen Geboten und Verboten, als

---

40. Sigmund Freud: *Die endliche und die unendliche Analyse* (1937). In: GW, Bd. XVI, 57-99.

41. *Brief im Mai*, zuerst in *Neue Zürcher Zeitung* vom 27.5.1962. Auch in: H.H.: *Briefe an Freunde. Rundbriefe 1946-1962.* Hrsg. von Volker Michels. Frankfurt a.M. 1977 (suhrkamp taschenbuch 380), 256.

42. Marie Hesse an ihre Eltern, Basel, 26.7.1881. Zit. nach *Hermann Hesse 1877-1977.* München 1977 (Anm. 29), 35.

eine der psychischen Instanzen. Seine Rolle ist vergleichbar mit der eines Richters und Zensors des Ich. Freud sieht in der Selbstbeobachtung, im Gewissen und der Idealbildung Funktionen des Über-Ich (1923).[43] In den Zuständen der Depression beherrscht es das Ich, kritisiert und entwertet es. Es ist eine Instanz, die ein Gesetz verkörpert und verbietet, es zu überschreiten. Die Über-Ich-Bildung ist ein gelungener Fall von Identifizierung mit der Eltern-Instanz, nicht mit den Eltern! "So wird das Über-Ich des Kindes eigentlich nicht nach dem Vorbild der Eltern, sondern des elterlichen Über-Ich aufgebaut; es erfüllt sich mit dem *gleichen Inhalt*, es wird nun *Träger der Tradition*, all der zeitbeständigen Wertungen, die sich auf diesem Wege über Generationen fortgepflanzt haben".[44] — Diese Zensur arbeitet unbewußt, ist also nicht vergleichbar mit dem Gewissen im religiösen Sinne, dessen Stimme wir hören, die uns mitteilt, was unrecht und verboten ist. (Darauf beruht das Prinzip der Beichte. Der Patient in der Psychoanalyse dagegen kann nicht "bekennen", da ihm seine "Schuld" nicht bewußt ist.) "Man kann sagen", stellt Freud fest, "der an Zwang und Verboten Leidende benimmt sich so, als stehe er unter der Herrschaft eines Schuldbewußtseins, von dem er allerdings nichts weiß [...]".[45]

Entgegen der normalen Über-Ich-Bildung kommt es bei unserem kleinen Patienten, denn als solcher erschiene dieser Junge heute in einer Beratungsstelle, zu einer Schwächung und Reduzierung von Ich-Funktionen. Die Erziehung bedient sich vornehmlich des "Du sollst", "Du mußt", also der Methode des Dressates, anstatt der liebevollen, geduldigen, zwar zeitraubenden und mühevollen Führung und Entwicklung des Ich im Hinhorchen auf das, was werden und sich entfalten will. Das Dressat ist aber weit ökonomischer. Seine Ergebnisse, das gefügige Kind, sind schnell zu haben. Das Leben Hesses zeigt uns den Preis, den es kostet. Da diese Form der Kinderaufzucht in Elternhaus und Schule vor allem in Deutschland praktiziert wird, wird der Fall Hesse zum Prototyp eines spe-

43. Sigmund Freud: *Das Ich und das Es* (1923). In: GW, Bd. XIII, 235-289.

44. Sigmund Freud: *Neue Folge der Vorlesungen zur Einführung in die Psychoanalyse*. In: GW, Bd. XV, 73 (Hervorhebungen von mir, J.C.).

45. Sigmund Freud: *Zwangshandlungen und Religionsübungen*. In: GW, Bd. VII, 135.

ziellen deutschen Schicksals. Er ist, wie Tucholsky sagt, "der deutsche Mensch".[46]

(Daß Hesse ein in seiner frühen Kindheit ernsthaft geschädigter Mensch war, nehmen auch A. Miller: eine narzißtische Störung, die er nie überwunden hat und die zu den immer wieder auftretenden Depressionen in den späteren Jahren führte –,[47] und J. Rattner an: "Hesse vermochte die seelischen Verletzungen seiner Jugendzeit nicht zu verwinden. Mit jeder neuen Selbstdarstellung im Roman versuchte er, sich davon zu befreien."[48])

Sehen wir uns den Text einmal genau an. Beschrieben wird, wie ein Kind, das mehr oder weniger übliche, zum Teil wilde Aktivitäten zeigt, plötzlich sein Verhalten ändert und voller Schuldgefühle darum bittet, daß der Heiland ihn "arg liebhabe" – wir fügen hinzu: trotz seiner Bosheit; denn als solche – und hier beginnt nicht der religiöse, sondern der kranke Mensch – empfindet der Vierjährige bereits seine gesunde Knabennatur. In dieser Verzweiflung kommt es bereits zu einem Bußexzeß: nun muß noch am Tage nach der "Missetat" weiterhin um Gnade und Vergebung gebeten werden; und (hier ist die klinische Genauigkeit des Brieftextes verblüffend) wie es zum Bußexzeß kommt, kommt es zum Triebexzeß: nach dem Beten steigert sich seine Lebendigkeit, werden seine Triebimpulse besonders heftig und schließlich für die Umwelt unerträglich. Der Kenner der Hesse-Biographie sieht bereits hier den lebensgeschichtlichen Kontext aufleuchten: Phasen der Selbstbeschuldigung bis zur Selbstzerstörung (über Jahre immer wieder spricht er vom Selbstmord als der einzigen Lösungsmöglichkeit) folgen Phasen bukolischer Weltseligkeit ("Brot und Wein", die "herrliche Natur", das rauschhafte Dahingleiten in *Klingsors letzter Sommer*) im Wechsel mit solchen wilder, die Grenzen von Mo-

46. Kurt Tucholsky: *Der deutsche Mensch* (1927). In: MatStep (Anm. 23), 286-293.

47. Alice Miller: *Das Drama des begabten Kindes und die Suche nach dem wahren Selbst*. Frankfurt a.M. 1979, 159.

48. Joseph Rattner: *Psychologische Notiz zu H. Hesses "Demian"*. In: *Der Psychologe* 14 (1962), 1, 25-30. In einer späteren Arbeit beschreibt Rattner die aus diesen frühen Verletzungen resultierende Psychopathologie: Narzißmus, pubertäre Einstellung zu Frauen als "Sexualobjekt" und Masochismus. (*Hermann Hesse. Andeutungen zu einer Psychographie*. In: *Jahrbuch f. verstehende Tiefenpsychologie und Kulturanalyse* 2, 1982, 143-159.)

ral und Sitte überschreitender Libertinage – so macht es Harry Haller, sein alter ego.

Was uns der kleine Hermann hier vorführt, ist nicht der Anfang einer Charakterbildung, sondern bereits, was die Inszenierung, den Ablauf des Geschehens betrifft, ihr Ende, Wir müssen nur die ursprüngliche Besetzung dieses kleinen Dramas wiederherstellen. In dem primären Zweipersonenstück ist auf der einen Seite ein Knabe mit seinen biologischen Kräften der Entwicklung, seiner Motorik, seiner Neugier, die vor nichts haltmacht, der wissen, erobern, besitzen, sich erproben will. Auf der anderen Seite steht ein pietistischer Missionar. Für ihn ist die Kinderseele – so wie sie es jahrhundertelang für die christliche Kirche ganz generell war – der Ausdruck des Bösen, der Triebnatur, der Erbsünde, jenes Stückes Teufel, gegen das Gebet und Sakramente ein Leben lang ankämpfen müssen. Daher sieht sich der Vater von Gott aufgerufen, aus dem kleinen bösen Wilden jenes gottwohlgefällige Wesen zu machen, das begreift, daß seine Natur böse und sündig ist und nur durch Gottesgnade vor der Vernichtung gerettet werden kann. ("Herr Gott, ich bin ein Sündenlümmel", beginnt ein pietistisches Lied.)[49] Der kürzeste Weg dahin besteht aus zwei Teilen: das Kind lehren, was böse ist, und jede Verletzung des Kodex hart bestrafen – so begreift es rasch das gültige System von Schuld und Sühne. Fügt man noch Belohnung für Wohlverhalten hinzu, kann das System eine hohe Perfektion erreichen, eine Perfektion, die sich in den gleichartigen Systemen der Schule und des Militärs über Jahrhunderte bewährt hat.

Das Ende dieses Dramas – Freud hat in *Das Ich und das Es* den Vorhang, der bis 1923 vor diesem letzten Akt hing, gelüftet – ist in der pathologischen Ausprägung, wie sie hier vorliegt, insofern verhängnisvoll, als es der Anfang einer unendlichen Geschichte von Wiederholungszwängen ist: Der das Böse als solches benennende und bestrafende Vater wird verinnerlicht. Von nun an ist das Opfer des Dressates von außen unabhängig, es dressiert sich von nun an selbst. Das einmal in der Außenwelt mit wirklichen Personen eingeübte Stück kann jetzt ohne äußere Objekte auf der inneren Bühne in Permanenz gespielt werden – und (hier liegt das Geheim-

---

49. Vgl. dazu die Broschüre von Hesses Vater: *"Warum bist Du nicht glücklich?" – Eine Frage an alle Gebundenen, insbesondere an die Sklaven der Onanie oder Selbstbefleckung.* Basel 1875.

nis des "Dauererfolges" dieses Stückes, seiner endlosen Reinszenierungen) das Ich weiß nichts vom Sinn dieses Spieles. Freuds in diesem Felde nächste epochale Entdeckung ist, daß der strafende, zerstörende Über-Ich-Aspekt unbewußt bleibt.

Die Stelle, an der uns dieses Dokument den Blick auf die innere Bühne freigibt, zeigt auch, wie leicht es hier noch wäre, den Weg zu einer günstigeren Strukturbildung einzuschlagen, dem Kind zu mehr Selbstsicherheit, Stabilität und Lebenskraft zu verhelfen. Es hätte nur jemand in diese Geschichte eintreten müssen, sagen wir, eine hinreichend gute Mutter, die nicht dem Gesetz der Talion, sondern dem Gebot der Liebe verpflichtet gewesen wäre. Ich meine damit einen Menschen, der die Fähigkeit hat, einem Kind den Raum zu geben, den es für ein gesundes Wachstum braucht. Dieser Mensch hätte unseren kleinen Hermann an die Hand genommen und hätte den Weg mit ihm gemeinsam gemacht, anstatt als Gebotstafel über ihm zu schweben − Abbild jenes schrecklichen Gottes, der festgelegt hat, was Gut und Böse ist, der verfolgt, ob das Kind die Gebote einhält, der alles sieht, auch in der Nacht, auch die geheimsten Gedanken kennt: eine angstmachende Welt ohne schützende dunkle Winkel. Er hätte Toleranz, Geduld und Verständnis für seine Wildheit gehabt, hätte sie nicht als Schuld deklariert. Nur da, wo die Realität Grenzen fordert, hätte er sie gesetzt. Aber nicht in Form von Gebot und Verbot, sondern in Form von Erklärungen. So wären gar keine krankhaften Schuldgefühle aufgekommen, sondern Einsicht. Auf Gefühle von Unglück, Angst, Trauer, Wut, hätte eine hinreichend gute Mutter ermäßigend, tröstend, teilnehmend eingewirkt.

Die Bedeutung der Mutter in der pathologischen Strukturbildung Hesses müßte genauer untersucht werden. Auffallend ist, daß ihr Tod im Jahre 1904 keinen einschneidenden Einfluß auf sein Leben, vergleichbar dem Tod des Vaters 12 Jahre später, hatte. In *Narziß und Goldmund* findet sich eine Stelle, wo die Mutter von der heiligen zur todbringenden Figur wird, ein Text, der entschlüsselt werden müßte:

> [...] Es ist seit manchen Jahren mein liebster und geheimnisvollster Traum gewesen, eine Figur der Mutter zu machen, sie war mir das heiligste von allen Bildern, immer trug ich es in mir herum, eine Gestalt voll Liebe und voll Geheimnis. Vor kurzem noch wäre es mir ganz unerträglich gewesen zu denken, daß ich sterben könnte, ohne ihre Figur gemacht zu haben; mein Leben wäre mir unnütz erschienen. Und nun sieh, wie wunderlich es

mir mit ihr gegangen ist: statt daß meine Hände sie formen und gestalten, ist sie es, die mich formt und gestaltet. Sie hat ihre Hände um mein Herz und löst es los und macht mich leer, sie hat mich zum Sterben verführt, und mit mir stirbt auch mein Traum, die schöne Figur, das Bild der großen Eva-Mutter.[50]

Daß Hesse eine tiefgehende Störung der Mutterbeziehung erlitten hat, zeigt auch seine Beziehung zur Frau. Die Frauengestalten seiner Werke sind Ausgeburten pubertärer Knabenphantasien: entweder dumpfe, triebhafte Gestalten, die sich beziehungslos dem Begehren des Mannes hingeben (die Bäuerin in *Klein und Wagner*, die Frauen in *Klingsors letzter Sommer*), oder Prostituierte, die den kleinen, unerfahrenen, lüsternen Missionsschüler in den Praktiken der Sexualität unterweisen (Teresina, Hermine). Das charakteristisch Pubertäre, das Unreife an diesen Beziehungen ist das totale Fehlen einer personalen Beziehung. Hesses frühen Beziehungspersonen fehlt jede Mütterlichkeit. Sie sind Instanzen, die verlangen, daß er sich als böse erkennt und dafür sühnt.

Das, was ich hier als Mangel, als Defizit im Leben des kleinen Hermann geschildert habe, ist das, was er über 20 Jahre seines Erwachsenenlebens in den Psychotherapien suchen wird: wohlwollendes Verstehen, liebevolle Führung und bestätigendes Geleit, miteinander Realitäten ansehen, das "Du sollst" ersetzen durch das "Du darfst". Von hier aus verstehen wir, was sich in den Therapien ereignet haben wird, nämlich die jeweils stürmische Identifikation mit dem Therapeuten.

Hesse hat uns diese Über-Ich-Pathologie in einem Moment der Hellsichtigkeit in *Peter Camenzind* paradigmatisch dargestellt: "Ungefähr alle paar Wochen" steigen Vater und Sohn auf den Heuboden, wo der Vater den Sohn, ohne Angabe von Gründen, wortlos züchtigt, weil der Mensch ja ein fundamentaler Sünder ist und Strafe als Hilfe braucht, um auf den rechten Weg zu gelangen. Der Mensch ist schuldig, auch wenn er nicht weiß, warum. (WA, Bd. 1, 352) Als Beleg für meine These lege ich einen Brief des Vaters an die Tochter Marulla vom 23. Okt. 1895 vor:

Keine größere Freude hättest Du mir und der l. Mama machen können, als durch das, was Du in Deinem Geburtstagsbrief schreibst: es sei "Dein innerster, sehnlichster Wunsch, daß Gott uns alle auf den einen gleichen Weg führe und halte, daß wir alle nur das eine Ziel im Auge haben". – Dieser

50. Hermann Hesse: *Narziß und Goldmund* (WA, Bd. 8, 319).

eine Weg ist der schmale, das eine Ziel, zu dem er führt, ist das ewige Leben,
das hier unten im Frieden mit Gott und im Dienst an den Mitmenschen,
droben im Jenseits aber in gottähnlicher Heiligkeit und Herzlichkeit besteht, [...].[51]

(Der hier erwähnte schmale Weg bezieht sich auf ein Erbauungsbild,
betitelt "Der breite und der schmale Weg", das noch heute in würt-
tembergischen Pietistenkreisen verbreitet ist. Der schmale Pfad,
der den gläubigen und sittlich gefestigten Christen zum Himmel
empor führt, und der breite Weg der drastisch dargestellten Laster,
auf dem der sündige Mensch zwangsläufig zur Hölle gelangt, werden mit zahlreichen Bibelzitaten verdeutlicht.)[52]

Als weiterer Beweis meiner Darstellung von Hesses Kindheit
verweise ich auf die Tatsache, daß die Eltern unseren kleinen Hermann (die Familie ist 1881 nach Basel umgezogen) im Januar 1884,
er ist jetzt siebenjährig, wegen Erziehungsschwierigkeiten in das
Knabenhaus der Missionsschule stecken müssen. Daraus ersehen
wir, daß die Dressurarbeit an dem kleinen Wilden noch nicht abgeschlossen war, – aber konsequent fortgesetzt wurde: auf Erziehungsschwierigkeiten folgt die Strafe der Trennung, des Liebes-
entzugs.

2. Die ewige Wiederkehr des Grundkonfliktes als Schablone von
Schuld und Sühne

Das Dressat scheint endlich Erfolg gehabt zu haben. Hermann
ordnet sich in die Familie und ihr religiöses Leben so gut ein, daß
die Eltern ihn für das Pfarramt bestimmen können. Als er 15jährig
spürt, daß er diesen Weg nicht gehen will, kann er dies nur als Schuld
erleben, als etwas Böses, für das er sich bestrafen muß. Anstatt mit
den Eltern seine Lage zu besprechen, seine Argumente und Gefühle darzulegen, für seine Entscheidung einzutreten, muß er selbst-
zerstörerische Aktionen einleiten. In einem Brief an den Vater
vom 14. September 1892 schreibt er:

51. Brief von Johannes Hesse an seine Tochter Marulla Hesse, Calw, 23.10.
1895. Zit. nach *Hermann Hesse 1877-1977* (Anm. 29), 30.
52. U.a. abgebildet in *Hermann Hesse. Sein Leben in Bildern und Texten.*
Hrsg. von Volker Michels. Frankfurt a.M. 1979, 24 und in *Hermann Hesse
1877-1977* (Anm. 29), 29. Den Einfluß des schwäbischen Pietismus auf Hermann Hesse hat Ruth Graf in ihrer Arbeit *Pietistische Elemente und Einflüsse
in Werken Hermann Hesses* (1981) untersucht und detailliert nachgewiesen.
(Unveröffentl. Seminararbeit Univ. Groningen)

Der breite und der schmale Weg
Matth. 7. 13. 14

Sehr geehrter Herr! Da Sie sich so auffällig opferwillig zeigen, darf ich Sie vielleicht um 7 M oder gleich um den Revolver bitten. Nachdem Sie mich zur Verzweiflung gebracht, sind Sie doch wohl bereit, mich dieser u. sich meiner rasch zu entledigen. Eigentlich hätte ich ja schon im Juni krepieren sollen. Sie schreiben: Wir machen Dir gar keine "schrecklichen Vorwürfe", weil ich über St. [Stetten] schimpfte. Dies wäre auch mir durchaus unverständlich, denn das Recht zu schimpfen darf man einem Pessimisten nicht nehmen, weil es sein einziges u. letztes ist. "Vater" ist doch ein seltsames Wort, ich scheine es nicht zu verstehen. Es muß jemand bezeichnen, den man lieben kann u. liebt, so recht von Herzen. Wie gerne hätte ich eine solche Person! Könnten Sie mir nicht einen Rat geben. In alter Zeit war das Fortkommen leicht: jetzt ists schwer, ohne Scheine, Ausweise etc. durchzukommen. Ich bin 15jährig und kräftig, vielleicht könnte ich an der Bühne unterkommen? Mit Herrn Schall mag ich nicht verhandeln, der herzlose Schwarzfrack ist mir verhaßt, ich könnte ihn erstechen. Er gönnt mir keine Freude, so wenig als Sie oder irgend jemand. Ihre Verhältnisse zu mir scheinen sich immer gespannter zu gestalten, ich glaube, wenn ich Pietist u. nicht Mensch wäre, wenn ich jede Eigenschaft u. Neigung an mir ins Gegenteil umkehrte, könnte ich mit Ihnen harmonieren. Aber so kann u. will ich nimmer leben u. wenn ich ein Verbrechen begehe, sind nächst mir Sie schuld, Herr Hesse, der Sie mir die Freude am Leben nahmen. Aus dem "lieben Hermann" ist ein anderer geworden, ein Welthasser, eine Waise, deren "Eltern" leben. Schreiben Sie nimmer "Lieber H." etc; es ist eine gemeine Lüge. Der Inspektor traf mich heute zweimal, während ich seinen Befehlen nicht nachkam. Ich hoffe, daß die Katastrophe nimmer lang auf sich warten läßt. Wären nur Anarchisten da! H. Hesse, Gefangener im Zuchthaus zu Stetten, wo er "nicht zur Strafe" ist. Ich beginne mir Gedanken zu machen, wer in dieser Affaire schwachsinnig ist. Übrigens wäre es mir erwünscht, wenn Sie gelegentlich mal herkämen.[53]

(Diesem Brief vorausgegangen war folgendes: Am 7.3.1892 war Hermann aus dem Seminar Maulbronn entwichen, hatte im Freien übernachtet, war dann, nachdem man ihn gefunden hatte, von seiner Mutter zu Christoph Blumhardt gebracht worden, um den "eigentlichen Grund seiner Mißbildung" herauszubekommen. Ein Selbstmordversuch am 20. Juni und die Flucht aus Bad Boll, wo Blumhardt lebte, veranlaßten den ratlosen Blumhardt zu der Empfehlung einer Einweisung in die Nervenheilanstalt in Göppingen. Hermann Hesse wurde statt dessen aber zur Beobachtung Pfarrer Schall in der Heilanstalt Stetten übergeben.)

In diesem Brief erleben wir eine Haßeruption sondergleichen.

53. Brief von Hermann Hesse an seinen Vater, Stetten, 14.9.1892. Zit. nach *Hermann Hesse 1877-1977* (Anm. 29), 37. Faksimile in: *Hermann Hesse. Sein Leben in Bildern und Texten* (Anm. 21), 56f.

Das internalisierte Böse wendet sich nach den Regeln der Über-Ich-Pathologie nach außen: "Hasse Deinen Nächsten wie Dich selbst." So gehen Zerstörung der Welt und Selbstzerstörung eine schlimme Allianz ein. Unheimlich zu verfolgen, wie sie lange Zeit Hesses Leben begleitet: Das Elend draußen in seiner ersten Ehe, die geisteskranke Frau, die Kinder, mit denen er nicht zurechtkommt (er wiederholt an ihnen, was sein Vater mit ihm tat). In einem Brief vom 7.2.1920 schreibt er:

> Es hätte nichts genützt, wenn Vater mehr von mir gewußt hätte. Er hat unbewußt und unschuldig dieselbe Leidensfähigkeit und Empfindlichkeit in mir entwickeln helfen, an der er selber litt. Dieser Gedanke, auch wenn er Dir nicht ohne weiteres eingeht und klar wird, hilft Dir immerhin verstehen, wie ich selbst zu meiner Familie stehe und warum ich unfähig bin, selber meine Kinder bei mir zu haben und zu erziehen [...].[54]

So werden denn die Kinder, als die Mutter in die Psychiatrische Klinik muß, verteilt; jahrelange, qualvolle Scheidungsquerelen; dann die zweite Ehe mit einer 20 Jahre jüngeren Frau, die ein ödipales Mißverständnis darstellt, der sich die 24jährige schnell durch Flucht in die Tuberkulose entzieht, um sich 1927 scheiden zu lassen — und dem gegenüber das Elend innen: immer wieder zerstört er sein Leben durch Selbstanklagen, Unzufriedenheit, depressive Entwertung, Selbstmordgedanken.

'Unheimlich' sage ich auch wegen der Blindheit des Opfers, der schablonenhaften Automatik der Abläufe. Und daneben Erleuchtungen, sekundenkurz und blitzhell: "Wenn ich Pietist und nicht Mensch wäre!" Und: "Aus dem 'lieben Hermann' ist ein anderer geworden, ein Welthasser."

Mit vier Jahren, so zeigt uns dieses Dokument (vgl. oben S. 180), ist der kleine Hermann schon der perfekte Raskolnikoff, voll und ganz der, der er ein Leben lang bleiben wird. Immer wird er dieses Muster wiederholen, vergeblich versuchen, aus der Schablone herauszukommen. Die Fluchtwege — die Versenkung in Heiligengeschichten, in die Glorifizierung des Mittelalters als der gesunden, im Glauben geborgenen heilen Welt, die Gaienhofener Idylle, der gesteigerte Alkoholkonsum — führen nicht weit oder enden in der weltentrückten Esoterik des *Glasperlenspieles*. Der ins Senium eintretende Hesse, in einer dritten Ehe anscheinend befriedet und durch Bodmers Schenkung im eigenen Hause weitgehend sorgen-

---

54. Brief an die Schwester Adele vom 7.2.1920. In: Ges. Br., Bd. 1, 443.

frei, steigt aus der Dialektik von Schuld und Sühne aus. Raskolnikoff wird nicht mehr gebraucht. Der Dichter tritt den Weg nach
innen an und – findet jene Welt der Kindheit wieder, in der jenseits aller Realität das Reich der Gnade strahlt: "Gott hat mich
lieb." Hier ist Friede, Verstehen, Güte. Der verlorene Sohn kehrt
heim in das Haus des Vaters. Der Preis, der an der Tür zu entrich-
ten ist, ist Weltverzicht: Hesse gibt das Studium der irdischen Ver-
anstaltungen, auch der Psychoanalyse, auf und wählt den Heilsweg
der Meditation. Er kann diesen Rückweg nur antreten, indem er
sich eine neue Biographie erfindet: Aus dem Brief an den Vater
aus der Villa Hedwig des Jahres 1909 (s. Anm. 10) sehen wir, daß
Hesse in der Zwischenzeit seit 1892 sein Verhältnis zum Vater gründlich verändert hat: der Ton ist liebevoll, offen, voll Vertrauen. Vielleicht wundert man sich ein wenig über dieses Ausmaß an Nähe bei
dem 32jährigen, bereits selber Vater eigener Kinder. Hesses schwere
psychische Erkrankung unmittelbar nach der Rückkehr von der
Beerdigung des Vaters 1916 läßt uns vermuten, daß diese liebevolle Nähe eher Ausdruck einer Reaktionsbildung als einer echten
Aufarbeitung seiner Einstellung zum Vater ist. Der Tod des Vaters
macht den abgewehrten Haß frei, den der Sohn nun gegen sich
selbst wendet. Für die These der Reaktionsbildung spricht auch die
völlig unkritische Darstellung des Vaters, die der 53jährige versucht. Sie ist eine Glorifizierung und Idealisierung – eine Hagiogra-
phie: "Hell und verklärt von Verehrung und Liebe zeigen sich mir
die Unterweisungen, die ich [...] von meinem Vater genoß."[55]
   Jetzt, nach 1933, im weichen, rötlichen Licht des Abends, löst
sich der Grundkonflikt. Aber das Ich gewinnt dadurch nichts an
Weltoffenheit und Weltverständnis. Im Gegenteil – es muß sich
aus der Welt der Probleme und Kämpfe zurücknehmen, seine Neugierde aufgeben, darf nicht mehr wissen wollen – es will nur noch
glauben. Das *Glasperlenspiel* ist das letzte Werk des Dichters Hermann Hesse.

III. Was hat die Therapie Hesse gebracht?

1. Vom Patienten aus gesehen

   Auf den ersten Blick gewinnt man den Eindruck – Hesse bestä-

55. Hermann und Adele Hesse: *Zum Gedächtnis unseres Vaters.* Tübingen
1930. Vgl. *Zum Gedächtnis*, WA, Bd. 10, 121-133. Zit. nach *Hermann Hesse
1877-1977* (Anm. 29), 70. Vgl. auch H.H.: *Der Bettler*, WA, Bd. 8, 447.

tigt ihn zunächst vielfach und intensiv –, daß jede der drei Therapien dem Patienten unmittelbar genützt habe (über die Therapie bei Nohl und deren Effekt wissen wir nichts). Nach der ersten Kur bei Dr. Fraenkel – Hesse hatte sie schwerkrank angetreten; er litt an Arbeitsstörungen, Zwangssymptomen und dem Gefühl der Vereinsamung – ist er wieder leistungsfähig, unternimmt eine große Lesereise durch fünf deutsche Städte, veröffentlicht *Gertrud* (1910) und macht Reisen nach Italien, Indien und Ceylon. Auch die zweite Kur in der Villa Hedwig bringt einen guten Erfolg. Er publiziert ein Reisetagebuch *Aus Indien* (1913), schließt *Roßhalde* ab (1914), veröffentlicht *Musik des Einsamen* (1915), gibt mehrere größere Werke heraus und macht eine längere Italien-Reise.

Als völlig umwälzend, grundlegend verwandelnd, den Menschen und den Schriftsteller kategorial verändernd, beschreibt Hesse 1919 das Ergebnis seiner, dieses Mal de facto analytischen Behandlung durch Dr. Lang:

> Mir ist es so gegangen, daß ich, unter dem Einfluß von Vorbildern wie Goethe, Keller etc. als Dichter eine schöne und harmonische, aber im Grund verlogene Welt aufbaute, indem ich alles Dunkle und Wilde in mir verschwieg und im stillen erlitt, das "Gute" aber, den Sinn fürs Heilige, die Ehrfurcht, das Reine betonte und allein darstellte. Das führte zu Typen wie Camenzind und der *Gertrud*, die sich zugunsten einer edlen Anständigkeit und Moral um tausend Wahrheiten drücken, und brachte mich schließlich, als Mensch wie als Dichter, in eine müde Resignation, die zwar auf zarten Saiten Musik machte, keine schlechte Musik, die aber dem Leben abgestorben war. Und nun, fast schon ein alter Mann, nachdem mir alles, was das Leben mir an äußeren Gütern und Erfolgen gab, wieder zusammengebrochen ist, nach der Trennung von Liebe, Ehe, Familie, dem Verlust des äußeren Wohlbehagens, der Vereinsamung durch Gesinnung während dem Krieg – nach alledem bin ich, krank und halb irrsinnig vor Leid, zu mir selbst zurückgekommen und muß nun in mir selbst aufräumen und muß vor allem das alles, was ich früher weggelogen oder doch verschwiegen hatte, anschauen und anerkennen, alles Chaotische, Wilde, Triebhafte, "Böse" in mir. Ich habe darüber meinen früheren schönen harmonischen Stil verloren, ich mußte neue Töne suchen, ich mußte mich mit allem Unerlösten und Uralten in mir selber blutig herumschlagen – nicht um es auszurotten, sondern um es zu verstehen, um es zur Sprache zu bringen, denn ich glaube längst nicht mehr an Gutes und Böses, sondern glaube, daß alles gut ist, auch das, was wir Verbrechen, Schmutz und Grauen heißen. Dostojewski hat das auch gewußt. [...] Je weniger wir uns vor unsrer eigenen Phantasie scheuen, die im Wachen und Traum uns zu Verbrechern und Tieren

macht, desto kleiner ist die Gefahr, daß wir in der Tat und Wirklichkeit an diesem Bösen zugrund gehen.[56]

[s. dazu auch den Gedichtband *Krisis* von 1928.]

Ein Jahr später heißt es in einem Brief vom 5.1.1920:

Inzwischen war Krieg gewesen, war mein Frieden, meine Gesundheit, meine Familie zum Teufel gegangen, ich hatte die ganze Welt aus neuen Gesichtspunkten sehen lernen und namentlich meine Psychologie durch das Miterleben der Zeit und durch die Psychoanalyse völlig neu orientiert. Es blieb mir nichts übrig, wenn ich überhaupt weitermachen wollte, als unter meine früheren Sachen einen Strich zu machen und neu zu beginnen.[57]

[s. dazu auch den *Kurzgefaßten Lebenslauf*,[58] wo Hesse gleichartige Gedanken ausspricht.]

1921 notiert er in seinem Tagebuch: "Das Jahr 1919 bis zum September war das vollste, üppigste, fleißigste und glühendste meines Lebens."[59] In Wirklichkeit setzte aber der Kreativitätsschub schon früher, und zwar bereits während der Therapie ein: 1916/17 entstehen *Eine Traumfolge*, *Der schwere Weg* und *Iris*; im Sommer 1917 beginnt Hesse zu aquarellieren, im September/Oktober schreibt er den *Demian* nieder, im Juli 1918 veröffentlicht er *Künstler und Psychoanalyse*. Dann beginnt das von ihm gelobte Jahr 1919: Im Januar schreibt er *Kinderseele* und im selben Monat noch, innerhalb von 3 Tagen und Nächten, den *Zarathustra*. Gleich darauf den Akt *Die Heimkehr* und im Spätsommer folgen *Klein und Wagner* und *Klingsors letzter Sommer*. Nach dem September setzte die Produktivität keineswegs aus. Er begründet im Oktober die deutsche Monatsschrift *Vivos voco*, beginnt die Arbeit an *Siddhartha*, die Vorarbeiten am *Steppenwolf*, und veröffentlicht im Juni 1920 die Dostojewski-Essays *Blick ins Chaos*. Daneben nimmt er 1919 sein Leben entschieden in die Hand und ordnet es: Im April trennt er sich von der Familie und bezieht eine eigene Wohnung, im Oktober entschließt er sich zur Scheidung von Maria Hesse, und in diesem Herbst verliebt er sich in die 20 Jahre jüngere Ruth Wenger, die er 1924 heiratet.

Auch im Rückblick auf die Analyse, 30-40 Jahre später, erkennt er ihre günstige Wirkung an, zwar weit weniger enthusiastisch: "Die

56. Brief an Carl Seelig vom Herbst 1919. In Ges. Br., Bd. 1, 423.

57. Brief an Ludwig Finckh vom 5.1.1920. In Ges. Br., Bd. 1, 436.

58. Hermann Hesse: *Kurzgefaßter Lebenslauf* (1925). In WA, Bd. 6, 391-411. Auch in MatStep (Anm. 23), 9-27.

59. Tagebuch 1921, unveröffentl.

Kur ist mir im Ganzen gut bekommen, namentlich auch die Lektüre einiger Hauptwerke von Freud",[60] schreibt er 1950 und betont zwei Jahre später, daß er von den Schriften Jungs nicht so starke Eindrücke gehabt habe, wie von denen Freuds.[61] 1958 schreibt er an Dr. Seidmann: "Mir persönlich hat die Analyse nur genützt, und zwar die Lektüre einiger Bücher von Freud und Jung mehr als die praktische Analyse".[62]

2. Vom Grundkonflikt her gesehen

Von der Grundstörung her gesehen, müssen wir diese Veränderungen als bloß symptomatische Besserungen bezeichnen. Die Richtigkeit dieser Feststellung belegt der Krankheitsverlauf: Drei Jahre nach der ersten Therapie bei Dr. Fraenkel wird eine zweite Behandlung notwendig, vier Jahre später eine dritte bei Dr. Lang. Ihr Erfolg währt kaum zwei Jahre. In einem Notizbuch mit Aufzeichnungen von Träumen heißt es unter dem 13.5.1919:

> Ich bin im Begriff wahnsinnig zu werden, [...] furchtbares Gefühl äußerster Vereinsamung. Wahnsinnige Unruhe reißt mich hin und her [...] ich werde verfolgt, von Einzelnen beobachtet, [...]. Todesangst, schauerliche Unruhe und Preisgegebensein. [...] Ich fühle, noch im Traum darin eine Mahnung, durch [...] Analyse doch noch zu genesen.[63]

1920 leidet Hesse erneut an Hemmungen, Arbeitsstörungen, Depressionen. Er klagt, es sei die unproduktivste Zeit seines Lebens: "Oft fällt es mir lächerlich schwer", notiert er, der bereits einmal ernsthaft einen Selbstmordversuch unternommen hat, "das Leben weiterzuführen und nicht wegzuwerfen, so leer und fruchtlos ist es geworden."[64] Im Mai desselben Jahres schreibt er an Frau Lisa Wenger: "Ein Stück Analyse und Auflockerung brauche ich, da mein Leben so wie jetzt nimmer lang zu ertragen wäre, die Lähmung durch den vollkommenen Unglauben an den Wert unsrer ganzen Literatur ist für mich zu groß [...]."[65] In dieser Situation wendet er sich mit der Bitte um Behandlung an C.G. Jung. Und 1926 heißt es:

60. Brief Hesses an Herbert Schulz vom April 1950, unveröffentl.
61. Brief Hesses an E. Maier, 1952 (vgl. Anm. 14).
62. Brief Hesses an Dr. Seidmann vom Nov. 1958, unveröffentl.
63. Hermann Hesse: Notizbuch mit Aufzeichnungen von Träumen, 10.5. 1919 bis 1.12.1920. Vgl. *Hermann Hesse 1877-1977* (Anm. 29), 154f.
64. Tagebuch 1920/21, unveröffentl.
65. Brief Hesses an Frau Lisa Wenger vom 2.5.1921. In Ges. Br., Bd. 1, 470.

Ich bin nun Monate lang fast jede Stunde am Abgrund gegangen, und glaubte nicht, daß ich davon kommen würde, der Sarg war schon bestellt. [...] aber aufgehängt habe ich mich doch nicht. Es ging nicht ohne sehr viel Alkohol ab, und infolge davon ist auch die Gicht wieder da, [...]. Ich sehe selten Menschen, außer meinem alten Freund Dr. Lang [...].[66]

Von 1916 an ist Hesse psychotherapeutischer Dauerpatient, kann sich aus der Patientenrolle nicht mehr lösen: Analyse mit Dr. Lang, mit J. Nohl, mit Dr. Lang, mit C.G. Jung, mit Dr. Lang – und einer Korrespondenz mit C.G. Jung bis zum Jahre 1950, die gelegentlich ins Therapeutische abgeglitten zu sein scheint. – Erst an der Schwelle des Seniums läßt Hesse die Hand des Therapeuten los.

IV. Was hat aber in den Therapien, vor allem der mit Dr. Lang, stattgefunden, das uns die Besserung erklärt, und was hat nicht stattgefunden, so daß der Grundkonflikt weitgehend unberührt bestehen bleiben konnte?

1. Die positive Wirkung der Therapie

Um die positive Wirkung der Therapie begreifen zu können, müssen wir uns klarmachen, daß Hesse aufgrund seiner unbewußten Fixierung an die elterlichen Denkschablonen die Methode der Psychoanalyse zunächst mißverstand. Er interpretierte sie zu dem um, was ihm vertraut war:

– Die Methode der Selbsterforschung und Selbsterfahrung wurde ihm unmerklich ähnlich der der "Erweckung" und "Bekehrung", wie er sie in den "Stunden" der pietistischen Gemeinde kennengelernt hatte. Hier wie dort geht es um das "Erkenne Dich selbst", vor allem dessen, was als dunkel, abgründig und tabuiert erlebt wird. Pablo sagt im *Steppenwolf* zu Haller: "Sie wissen ja, wo diese andere Welt verborgen liegt, daß es die Welt Ihrer eigenen Seele ist, die Sie suchen. Nur in Ihrem eigenen Innern lebt jene andre Wirklichkeit, nach der Sie sich sehnen." (WA, Bd. 7, 366) Und zur Selbsterforschung gehört die Gewißheit: Jede Verzweiflung ist von innen überwindbar, d.h. in unendlichen Kämpfen. Da gibt es keine vermittelnden Heiligen, keine gütige Muttergottheit, die dem Leidenden gnädig Trost und Hilfe schenkt.

– Das Angebot des Arztes, alle Leiden und Probleme durch Erfahrung des Inneren zu lösen – es gibt keine andere Lösung als

66. Brief Hesses an Emmy und Hugo Ball vom 17.2.1926. Zit. nach *Hermann Hesse 1877-1977* (Anm. 29), 154.

durch Selbsterkenntnis – hieß zu Hause genauso: Alle Sinne sollten für zarteste Stimmungen und Gefühle geschärft werden, damit das Gewissen jede Abweichung vom "schmalen Weg" sofort registrieren kann. Was in der Psychoanalyse Mittel zum Zweck ist, verwechselt Hesse mit der radikalen Subjektivität dessen, dem es um Vollendung geht.

– Auch dies versteht er falsch: Dient die Selbsterkenntnis der Psychoanalyse dem Gewinn von Entscheidungsfreiheit, diente sie zu Hause der "persönlichen Heiligung". So assoziiert er Psychoanalyse mit höheren Bedeutungen: "Und so will und kann auch die heutige Psychoanalyse [...] im Grunde kaum ein anderes Ziel haben als die Schaffung des Raumes in uns, in dem wir Gottes Stimme hören können."[67] Und: "[...] das Böse bis zu Ende zu erleiden" [in der Analyse].[68] Und: "[...] Mir wurde zum Weg der Heilung und Entwicklung [...] die Psychoanalyse, welche wir nicht als eine Heilmethode ansehen, sondern als wesentliches Element der 'neuen Lehre', der Entwicklung eines neuen Stadiums der Menschheit, in der wir stehen."[69]

– Mißverstehen liegt auch da vor, wo Hesse die Welt des Unbewußten, des Körpers und des Geistes, gleichsetzt mit dem vertrauten Gegensatzpaar Böse – Gut: "Der Mörder mahnt immer wieder laut und peinigend an die Tiefen in uns [...]. Der andre Trieb geht nach Reinigung, Verklärung, Güte [...]."[70]

– Mißbrauch und nicht Mißverstehen treibt Hesse da, wo er die Analyse zu eben demselben Zweck einsetzt, wie die kindliche Religion, nämlich zur Weltflucht:

[...] ich lebe, soweit ich überhaupt lebe, in aktueller, lebendiger Romantik und Magie, und schwimme wieder viel in der farbigen Tiefsee völlig außernormaler, phantastischer Träume und Vorstellungswelten. Es ist für mich der einzige Weg, das Leben [...] ertragen zu können [...] (ich war und bin monatelang beständig dicht am Selbstmord gewesen) –

und dies geschähe mit Hilfe von Dr. Lang, fügt er hinzu.[71]

67. Brief Hesses an Emmy und Hugo Ball vom Juni 1920. Zit. nach *Hermann Hesse 1877-1977* (Anm. 29), 154.

68. Hermann Hesse: *Vorwort des Herausgebers* [zum *Steppenwolf*]. WA, Bd. 7, 203.

69. Tagebuch 1920/21, S. 25, unveröffentl.

70. Brief Hesses an Carl Seelig vom Herbst 1919. Ges. Br., Bd. 1, 422.

71. Brief Hesses an Carlo Isenberg vom 7.1.1926. Ges. Br., Bd. 2, 128.

– Ein wesentliches Moment des Soforterfolges der Therapie liegt darin, daß alles, was sie unmittelbar bewirkt, d.h. die Freisetzung von Trieblust und Sinnesfreude – im Werk wie im Leben – Rachegefühle am Vater befriedigt. Denn alles dies würde ihn tief verletzen, ihn in Verzweiflung stürzen[72] : ein alkoholisierter Sohn, der mit Prostituierten verkehrt und dies in seinen Büchern offen kundtut. Das Ich, von der Reaktionsbildung befreit, kann für eine Weile das Verdrängte leben. (Es ist bemerkenswert, daß unter allem, was Hesse berichtet, in seinem Unbewußten gefunden zu haben, unter all den Mördern, Räubern, Zuhältern, Lusttätern, der ganz alltägliche Vaterhaß des Jedermann fehlt. So gut funktioniert seine Abwehr!) – Es ist naheliegend, daß das, was hier befreiend und fördernd wirkt, ihn schon morgen wieder in neue Schuldgefühle und Depressionen stürzt, weil all diese menschlichen Gefühle nicht durch- und aufgearbeitet werden. Sie bleiben im Spannungsfeld der Kinderreligion von Schuld und Sühne. Aus dieser Pseudo-Vertrautheit mit der Psychoanalyse gewann Hesse Sicherheit und Ich-Erweiterung; denn: es erschien ihm alles bekannt, und es war doch ganz anders: liberaler, offener, toleranter, humaner.

Was ferner eine entscheidende Voraussetzung zur Besserung lieferte, war die dem Über-Ich-Kranken in besonderem Maße zur Verfügung stehende Fähigkeit zur Identifikation. Diese bringt eine sofortige Persönlichkeitsveränderung zustande: Teile des anderen, Gegenstücke zu seiner irrationalen Über-Ich-Welt, werden aufgenommen. Das bedeutet mehr Güte, Offenheit, Weltzugewandtheit, Realitätsbezug, vor allem mehr Mitmenschlichkeit. Diesem Teil im anderen gilt seine Übertragungsliebe, die in ihm die alte unerfüllte Kindersehnsucht wieder wachruft (s. S. 180), geführt, geleitet, unterwiesen zu werden von einem, der ihn liebt, wie er ist. Im Schutze dieser Übertragungsliebe sinkt die Angst vor dem Verdrängten, Tabuierten. Im gleichen Maße kann Verdrängtes aufsteigen, Nicht-Gelebtes lebendig, vom Über-Ich zugelassen werden. Diesen Prozeß zeigen seine Werke, die er während und nach der Analyse mit Dr. Lang schreibt. In *Klein und Wagner* heißt es: "Wagner war der

72. Hesses Vater hatte in pietistischer Tradition das Unglück der Menschen auf die Sexuallust zurückgeführt. Von ihr sollte der Mensch befreit werden. 1875 hatte er eine Broschüre mit dem Titel veröffentlicht: *"Warum bist Du nicht glücklich?" Eine Frage an alle Gebundenen, insbesondere an die Sklaven der Onanie oder Selbstbefleckung.* Basel 1875.

Sammelname für alles Unterdrückte, Untergesunkene, zu kurz Gekommene in dem ehemaligen Beamten Friedrich Klein", – war der Mörder Wagner[73] und der Komponist Wagner. Im "magischen Theater" des *Steppenwolfs* sinkt die Zensur des Über-Ichs noch weiter ab. Haller darf die Sinnlichkeit in allen Formen erleben, die Abwehr ist unter dem Schutze Dr. Langs und Pablos vermindert. Der Steppenwolf wird frei (zwar, wie ich gleich zeigen werde, nur unter den Bedingungen der väterlichen Schablone) und läßt den Kleinbürger draußen vor der Tür stehen. Hermine, die Prostituierte, wird zum Weg in die Freiheit.

Während dieser Teil der Identifikation nur kurzfristig wirken kann, bringt ein anderer Aspekt derselben mehr und dauerhafteren Gewinn, wenn auch keinen, der den Grundkonflikt endgültig beheben könnte. Er schafft jedoch einen Hintergrund von etwas mehr Wirklichkeit. Ich meine den Teil der Identifikation, der Hesse dazu verhalf, etwas mehr von sich und der Welt sehen zu können, an Stelle von Phantasien und Wunschdenken etwas mehr Realität wahrnehmen zu können. So heißt es 1919: "[...] uns neu zu orientieren, um an den Wurzeln unseres Seins vergessene Triebe und Entwicklungsmöglichkeiten aufzufinden [...]."[74] Und, erstaunlich hellsichtig in der Identifikation:

Es ist lebensgefährlich, sein Triebleben allzu einseitig unter die Herrschaft des triebfeindlichen Geistes zu stellen, denn jedes Stück unseres Trieblebens, dessen Sublimierung nicht völlig gelingt, bringt uns auf dem Wege der Verdrängung schwere Leiden. Dies war Hölderlins individuelles Problem, und er ist ihm erlegen. Er hat eine Geistigkeit in sich hochgezüchtet, welche seiner Natur Gewalt antat.[75]

Auch im Leben draußen verhilft ihm die Identifikation mit Dr. Lang zu entscheidenden, schon lange anstehenden Veränderungen der Realität: er trennt sich von der Familie, bezieht eine eigene Wohnung und beschließt die Scheidung.

73. Bezieht sich auf den Hauptlehrer Wagner, der in Degerloch zum Massenmörder wurde. Robert Gaupp veröffentlichte den Fall als Krankengeschichte in: H.W. Gruhle und A. Wetzel: *Verbrechertypen*, Bd. 1, Heft 1-3. Berlin 1913/14. Vgl. Hermann Hesse: WA, Bd. 5, 267.
74. Hermann Hesse: *Gedanken zu Dostojewskis "Idiot"* (1919). WA, Bd. 12, 307-315. Zitat: 314f.
75. Zit. nach Hugo Ball: *Ein mythologisches Untier* (1927). In: MatStep (Anm. 23), 266-272. Zitat: 270.

*2. Was hat in diesen Therapien nicht stattgefunden, so daß der
Grundkonflikt unverändert bestehen bleiben konnte?*

Die Über-Ich-Struktur wurde nicht aufgelöst, zur damaligen Zeit
von den Therapeuten auch noch kaum bearbeitet. (Freuds in diese
Richtung weisendes Buch *Das Ich und das Es* erschien erst 1923.)
Man begnügte sich damit, die Widerstände gegen das Verdrängte zu
beheben, erkannte aber den unbewußten Über-Ich-Terror gegen
das Ich nicht. Die Folgen für Hesse waren:

– Die durch die Analyse freigelegten Triebinhalte konnten nicht
zu tragenden Elementen seines Lebens werden, nicht in ein freies
und selbstbewußtes Ich integriert werden, weil sie – kaum aus
dem Unbewußten ins Bewußte gehoben – sofort dem Über-Ich
zum Opfer fielen. Und dieses Über-Ich war unverändert derselbe
lebensfeindliche Zensor wie die pietistische Moral im Elternhaus.
Man kann diese Herrschaft der väterlichen Moralschablone nur mit
Erschütterung wahrnehmen. *Klein und Wagner* ist voll davon: "Da
steckt ein Feind in ihm, der ihm das Paradies verbot." Aus den Armen der italienischen Wirtin flieht Klein "von sich selbst gehaßt,
voll Ekel vor sich selbst". Das "Geheul der Sinne" (so sagte es sicher
auch der Vater) erweckt sein "Grauen, seine Selbstverachtung".
Mitten im Liebesglück mit Teresina fällt ihm Jesus im Garten
Gethsemane ein, "wo die Todesangst ihn ersticken will", überfällt
ihn das "Heimweh nach Erlösung", das Verlangen nach Tod, nach
"Rückkehr in Gottes Schoß". "Gott", fragt er in diesen großen
erfüllten Momenten seines Lebens, "was hast Du noch mit mir im
Sinn?" Und während sein Gesicht unten lache, läge "über Stirn
und Augen unverändert der Dornenreif". Die Strafe folgt der Fleischeslust auf dem Fuße. Er selbst richtet sich in Phantasien von
"Selbstzerstörung und Selbstzerstückelung" – und schließlich im
Freitod, der zum Sieg Gottes wird: "Strahlend saß Gott im Inneren." – So hätte auch der Vater triumphiert: Besser ein Sühnetod
als in der Sünde leben. In *Klingsors letzter Sommer* fällt ihm am
Ende einer beglückenden Vereinigung mit einer Frau die Todesdrohung ein: "Bald klirrt der Wind über mein braunes Grab." Und
schlimm endet auch das Leben Harry Hallers nach dem Lustmord
an Hermine. Schon im *Tagebuch eines Entgleisten*, einer Vorarbeit
zum *Steppenwolf* aus dem Jahre 1922, begreift Hesse, "daß das Paradies" (als solches erscheint ihm, daß er von Frauen geliebt wird,
daß er das Glück der Erotik noch – er ist jetzt 45 Jahre alt – ken-

nengelernt hat) "bloß eine Schenke war, aus der man matt und er-
innerungslos davonläuft. So ist es, [...] und [so] vernichte [ich] mir
auch dies lang gehegte Wunschziel."[76]

– Das von der Analyse freigelegte Unbewußte, die verdrängte
Wunsch-Triebwelt des Kindes, konnte sich nicht zu einer in das Er-
wachsenenleben integrierten, mit anderen Menschen gemeinsam
lebbaren, mit ihnen teilbaren Lebenswelt verwandeln, weil es zum
Bösen entwertet wird, diffamiert zur Geröllhalde allen Schuttes
und Unrates, zur Schlangengrube und Mörder-/Räuberhöhle Beel-
zebubs, zur Ausgeburt der Fleischeslust des Calwer "Sündenlüm-
mels", zu dem Inferno am Ende des "breiten Weges". Hesse spricht
von der "Rückkehr ins Unbewußte" als von der "Rückkehr ins
Ungeordnete, [dem] Rückweg ins Gestaltlose, ins Tier, noch weit
hinter das Tier zurück, Rückkehr zu allen Anfängen." – Zum "Ur-
schlamm".[77] – Und im *Lebenslauf* von 1925 heißt es selbstzerstö-
rerisch:

Vielleicht war ich auch, meinem lebenslangen Glauben entgegen, gar kein
Dichter, und der ganze ästhetische Betrieb war bloß ein Irrtum gewesen?
Warum nicht, auch das war nicht mehr von Wichtigkeit. Das meiste von
dem, was ich auf der Höllenreise durch mich selbst zu Gesicht bekommen
hatte, war Schwindel und wertlos gewesen, also vielleicht auch der Wahn
von meiner Berufung oder Begabung. Wie wenig wichtig war das doch!
Und das, was ich voll Eitelkeit und Kinderfreiheit einst als meine Aufgabe
betrachtet hatte, war auch nicht mehr da.

Und vorher daselbst:

Ich fand allen Krieg und alle Mordlust der Welt, all ihren Leichtsinn, all
ihre rohe Genußsucht, all ihre Feigheit in mir selbst wieder, hatte erst die
Achtung vor mir selbst, dann die Verachtung meiner selbst zu verlieren,
hatte nichts andres zu tun, als den Blick ins Chaos zu Ende zu tun, [...].[78]

Und in einem Brief vom Herbst 1919 heißt es: "[...] ich schlage
mich bald mit dem Mörder, mit dem Tier und Verbrecher in mir
beständig herum [...]."[79] Hesse will sich ansehen, so wie er ist, so
wie wir sind. Sind wir aber so, ist das der Inhalt des Unbewußten,
bringt das die Selbsterforschung der Analyse zutage? Weder Freud
noch Jung haben das Unbewußte so verstanden. Im Gegenteil! Sie

76. Hermann Hesse: *Aus dem Tagebuch eines Entgleisten* (1922). In: Mat-
Step (Anm. 23), 200.
77. *Gedanken zu Dostojewskis "Idiot"* (vgl. Anm. 74), 314.
78. *Kurzgefaßter Lebenslauf* (Anm. 58), 18f.
79. Brief Hesses an Carl Seelig vom Herbst 1919. Ges. Br., Bd. 1, 423.

entdeckten dort viel Kostbares, Zartes, Wünschenswertes. Dinge, die einer oft fragwürdigen Welt des Bewußtseins förderlich und hilfreich sein könnten. Sie entdeckten geheime Liebesquellen, verborgene Zärtlichkeit, vor allem aber Kreativität. Hesses Horrorbild des Unbewußten ist das Abbild des "breiten Weges", spiegelt die Natur des Menschen wider, wie sie ist, wenn sie "sich nicht ganz für den Heiland entschieden hat" (s. den Brief des Vaters an die Tochter Marulla, hier S. 185).

– So wird denn, konsequent der väterlichen Schablone folgend, aus dem psychoanalytischen Prozeß das Abbild des "schmalen Weges": "Und so will und kann auch die heutige Psychoanalyse [...] im Grunde kaum ein anderes Ziel haben als die Schaffung des Raumes in uns, in dem wir Gottes Stimme hören können."[80] Und: "Diese Erlebnisse des Erlöstwerdens [in der analytischen Kur] [...]".[81] In dem Sinne bleibt auch Hermine nicht die, die sie ist, auch sie muß erlöst, überhöht werden: "Der Ruhm", sagt sie zu Haller,

> ist es nicht, o nein! Aber das, was ich Ewigkeit nenne. Die Frommen nennen es Reich Gottes. Ich denke mir: wir Menschen alle, wir Anspruchsvolleren, wir mit der Sehnsucht, mit der Dimension zuviel, könnten gar nicht leben, wenn es nicht außer der Luft dieser Welt auch noch eine andere Luft zu atmen gäbe, wenn nicht außer der Zeit auch noch die Ewigkeit bestünde, und die ist das Reich des Echten. (WA, Bd. 7, 343)

Im gleichen Geiste fortfahrend heißt es an anderer Stelle im *Steppenwolf* (WA, Bd. 7, 248): "Rückkehr ins All, Aufhebung der leidvollen Individuation, Gottwerden bedeutet: seine Seele so erweitert haben, daß sie das All wieder zu umfassen vermag." Und nachträglich betont Hesse ausdrücklich die höhere, unvergängliche Welt über der des Steppenwolfes:

> [...] daß über dem Steppenwolf und seinem problematischen Leben sich eine zweite, höhere, unvergängliche Welt erhebt, und daß der "Traktat" und alle jene Stellen des Buches, welche vom Geist, von der Kunst und von den "Unsterblichen" handeln, dem Leidensweg des Steppenwolfes eine positive, heitere, überpersönliche und überzeitliche Glaubenswelt gegenüberstellen, [...] [es ist] das Buch [...] eines Gläubigen.[82]

Hesse gelingt keine Integration der beiden Seiten des Menschseins, keine humane Synthese. Die Welt bleibt, wie sie vom Calwer An-

80. Vgl. oben Anm. 67.
81. Ges. Schr., Bd. VII, 509.
82. Hermann Hesse: *Nachwort zum Steppenwolf* (1941). In: MatStep (Anm. 23), 159f.

fang her war, geteilt in Gut und Böse, Schwarz und Weiß: Harry Haller wie Klein eifern für Goethe und Mozart, – aber beide erfahren ihre "Weihen" in einem Bordell. In *Narziß und Goldmund* heißt der Gegensatz "klösterliche Sittenreinheit" und "wüstes, weltliches Treiben". – Die Synthese kommt nicht zustande, weil sie auch abgelehnt wird. Das mit dem Ideal-Ich identifizierte Über-Ich glorifiziert das Leiden, will keine banale Mitte, macht aus den Auf- und Abstiegen eine heroische Legende. So heißt es in *Klingsors letzter Sommer*: "Erstaunlich, wie viel Dynamit in mir noch steckt; aber Dynamit läßt sich schlecht im Sparherd brennen. [...] hoffentlich wird dann auch das Ende ein plötzliches sein und diese betrunkene Welt untergehen, statt wieder in ein bürgerliches Tempo zu fallen." (WA, Bd. 5, 343) Und: "Nein, lieber noch eine Übertreibung der Kurve, lieber die Qual noch böser und dafür die seligen Augenblicke noch um einen Glanz reicher." Und in einem Brief vom 5.8.1916 heißt es: "Man kann ja sehr darüber streiten, ob das 'Anpassen' nicht eigentlich eine Gemeinheit ist, ob es nicht schöner und charaktervoller sei, zu leiden und zugrunde zu gehen, als sich der üblen Welt anzupassen."[83]

Als ein solcher, ein Angepaßter, wollte Hesse das schlichte Leben des Jedermann nicht erfahren. Dies kann er erst an sich herankommen lassen, wo er nicht mehr Jedermann ist: im Bordell, das er sich zur Schule des Lebens wählt. Hier darf die Lehrmeisterin Hermine sagen: "Ich glaube, Du mußt alles erst lernen, was sich bei anderen Menschen von selbst versteht, sogar die Freude am Essen", – auch "ein wenig gewöhnlich und menschlich zu lieben", auch "das Lachen".

– So bleibt Hesse verloren in die Leiden, die er sich selber im Wiederholungszwang Calwer Schuld-und-Sühne-Rituale bereitet. Um ihnen zu entfliehen, kennt er nur die Alternative Selbstmord oder Weltflucht. Letztere betreibt er auf verschiedene Weise: mit Hilfe der Askese (dies vor allem zwischen 1906 und 1909), oder mit dem Rückzug in "Einsamkeit und Selbstbeschränkung". Die Selbstbeschränkung baut er zu einer Orgie des Leidens aus mit Fasten, Alkoholentzug, sexueller Abstinenz und harter Arbeit bei versagender Augenkraft und unbeeinflußbaren Gichtschmerzen. Der

83. Brief Hesses an Hildegard Neugeboren vom 5.8.1916. Ges. Br., Bd. 1, 331.

Schreibtisch wird so zum Marterstuhl und Sühnealtar. Der purgatorische Effekt des Rückzugs ist evident. 1928 schreibt er:

> In meinem Leben haben stets Perioden einer hochgespannten Sublimierung, einer auf Vergeistigung zielenden Askese abgewechselt mit Zeiten der Hingabe an das naiv Sinnliche, und Kindliche, Törichte, auch ans Verrückte und Gefährliche.... Ich verstand mich auf das Geistige [bis 1916] im weitesten Sinne besser als auf das Sinnliche.[84]

Eine andere Form der Weltflucht ist die Gelassenheit indischer Prägung. So rettet sich Siddharta: er gibt das verbohrte Suchen auf; von keinem Ziel mehr besessen, erreicht er jedes Ziel, wird frei, steht offen da und vermag, alles auf sich zukommen zu lassen. (In der Lebenssituation, in der Hesse dies schreibt, 1919, gewinne ich den Eindruck, daß diese Gelassenheit Anästhesie, Gefühllosigkeit gegen große Schmerzen ist.) Weltflucht ist auch die religiöse Hingabe an Gott, das All, das Schicksal. Von Calw wehen die Klänge des pietistischen Liedes herüber: "Weiß ich den Weg auch nicht, Du weißt ihn wohl, das macht die Seele still und friedevoll."

– Zum Schluß noch einmal zurück zur Identifikation: Die Identifikation mit dem Therapeuten, die den Soforterfolg der Therapie erklärte (s. S. 196), ist unter anderen Gesichtspunkten auch die Ursache des Scheiterns. Er benutzt sie zu schneller Übereinstimmung, nicht im Dienste des Wachstums (Imitation, Nachfolgen, "In-Spuren-Gehen" als Entwicklungsschritte), sondern im Dienste der Abwehr von Differenzierung, Abgrenzung, Selbstfindung. Anstatt gegenzuhalten, einem anderen standzuhalten, er selber zu sein mit Ja und Nein, hebt er die Spannung zum anderen durch Identifikation sofort auf. So erspart er sich Wut, Neid, Haß, Rivalität. So wird er der, den er nach 1916 in seiner Gutmütigkeit und Friedfertigkeit als "falsch" denunziert, so wird er nach der Therapie ein Anhänger seines Therapeuten. Das hindert ihn daran, die psychoanalytische Theorie selbständig zu studieren und für sich zu überprüfen. Da er dies unterläßt, bleibt er von Dr. Lang abhängig.

– Eine Stabilisierung in einer Wir-Beziehung kommt nicht zustande, weil die Liebe für ihn immer nur etwas ist, was *er* fühlt, was *er* erbringt. Es fehlt die Vorstellung, daß *der andere* etwas entgegenbringt. So bleibt seine Liebe ein Lieben der Liebe, etwas ganz Narzißtisches, ohne Verbindung zweier Wesen in Vertrauen

---

84. Hermann Hesse: *Nachwort an meine Freunde* [zu: *Krisis*]. WA, Bd. 11, 71.

und Zärtlichkeit. Hier ist eine der Wurzeln seiner Einsamkeit. Es ist die Einsamkeit des Kindes, das nicht um seiner selbst, sondern um seiner Qualitäten willen geliebt wurde. Dieser unerträglichen Objektbeziehung entzieht es sich, wird autonom, ist jetzt ganz frei im Lieben — aber um den Preis der Vereinsamung. So sind die Liebesbeziehungen, die Hesse schildert, oft Darstellungen von Knabenphantasien. Knabenphantasien sage ich, weil das "Weib" noch angstmachend, bedrohlich ist: man kann es aktiv nicht erobern. Auch hier ahnen wir etwas von der eisigen Sprödigkeit seiner Mutter, bei der er Zärtlichkeit nicht hatte lernen können.

Nach all dem verwundert es uns nicht, Hesses Auffassung über die Religion kennenzulernen. 1935 schreibt er, jetzt schon am *Glasperlenspiel*, das er in das Kloster Maulbronn seiner Knabenjahre zurückverlegt, schreibend: "Ich habe zeitlebens die Religion gesucht, die mir zukäme, [...]."[85] Und welche Religion ist das, die ihm zukommt, fragen wir. Darüber belehrt er uns in *Ein Stückchen Theologie* aus dem Jahre 1932: Das menschliche Leben finde auf einem Drei-Stufen-Weg statt: aus der Unschuld in die Schuld, aus der Schuld in die Verzweiflung, aus der Verzweiflung entweder zum Untergang oder zur Erlösung.[86]

Das ist nicht die christliche Religion der Liebe, das ist die archetypische Ausprägung einer paternalistischen Kultur, in der es Verbote gibt, Ausdruck der Willkür des Stammvaters, die nicht durch Vernunft begründet und daher nicht einsichtig sind, an deren unschuldiger Übertretung der Mensch schuldig wird und nun nur noch zwei Möglichkeiten hat, entweder ohne Vater-Gott unterzugehen oder, sich ihm unterwerfend, erlöst zu werden. — Jetzt liegt die Calwer Schablone offen vor uns, deren Schicksal als internalisierte Verbotswelt ich beschrieben habe. — Zu dieser Zeit beginnt Hesse mit den Vorarbeiten zum *Glasperlenspiel*. Der von Schuld und Sühne gequälte Mensch kehrt in das Kloster Maulbronn seiner Knabenjahre zurück, ein Gottes- und Wahrheitssucher außerhalb der bösen Welt, jetzt endlich auf dem "schmalen Weg", der zur Erlösung führt. Klein ist endlich frei vom Degerlocher Mörder Wag-

85. Brief Hesses vom 23.2.1935. Zit. nach Theodore Ziolkowski: *Der Schriftsteller Hermann Hesse*. Frankfurt a.M. 1979, 63.
86. WA, Bd. 10, 74-88.

ner, frei für Richard Wagner, für "Parsifal, ein Weihespiel" – ich
füge hinzu: ein deutsches Weihespiel.[87]

87. Teilaspekte von dem, was ich hier als psychopathologische Züge in der
Person Hermann Hesse beschrieben habe, erachtet Freud als Bedingung künstlerischer Tätigkeit, so z.B. multiple Ich-Spaltung wie Verdrängung und Sublimation. So heißt es 1908: "Noch in vielen der sogenannten psychologischen
Romane ist mir aufgefallen, daß nur eine Person, wiederum der Held, von innen geschildert wird; in ihrer Seele sitzt gleichsam der Dichter und schaut die
anderen Personen von außen an. Der psychologische Roman verdankt im ganzen wohl seine Besonderheit der Neigung des modernen Dichters, sein Ich
durch Selbstbeobachtung in Partial-Ichs zu zerspalten und demzufolge die
Konfliktströmungen seines Seelenlebens in mehreren Helden zu personifizie-
ren. [...] Von der an den Phantasien gewonnenen Einsicht müßten wir folgenden Sachverhalt erwarten: Ein starkes aktuelles Erlebnis weckt im Dichter die
Erinnerung an ein früheres, meist der Kindheit angehöriges Erlebnis auf, von
welchem nun der Wunsch ausgeht, der sich in der Dichtung seine Erfüllung
schafft; die Dichtung selbst läßt sowohl Elemente des frischen Anlasses als
auch der alten Erinnerung erkennen." (*Der Dichter und das Phantasieren.*
GW, Bd. VII, 220f.) Hier weist Freud auf etwas hin, was ich bei Hesse zeigen
konnte, nämlich wie durch das aktuelle Ereignis der Analyse verdrängte Kindheitserlebnisse frei werden (hier sexuelle Triebwünsche, Wut, Haß und Mordlust), die sich in der Dichtung eine Erfüllung schaffen, d.i. die Zerstörung der
väterlichen Maximen. Und in der Studie über Leonardo da Vinci spricht Freud
von einer starken Neigung des Künstlers zur Verdrängung, die mit weitgehen-
den Sublimierungsmöglichkeiten kombiniert sei. (*Eine Kindheitserinnerung
des Leonardo da Vinci* (1910), GW, Bd. VIII, 127-211.)

ASPEKTE DER SPALTUNG IN DER DICHTUNG KAFKAS

von

Peter Dettmering

I.

Man stößt in den Dichtungen und Tagebuchaufzeichnungen Franz Kafkas wieder und wieder auf einen ungewöhnlich starken Hang zur Selbstbeobachtung: die Dissoziation der einen lebenden oder schreibenden Person in einen beobachtenden und einen beobachteten Teil. In einem Spättext wie *Der Bau* (1923) führt dieser Vorgang innerer Aufspaltung dazu, daß der von der Furcht vor dem Beobachtetwerden gequälte fiktive Ich-Erzähler geradezu die Position des mutmaßlichen Beobachters einnimmt und von ihm her — mit dessen Augen gleichsam — einen Blick auf sein schützendes Gehäuse wirft:

> Ich suche mir ein gutes Versteck und belauere den Eingang meines Hauses — diesmal von außen — tage- und nächtelang. Mag man es töricht nennen, es macht mir eine unsagbare Freude und es beruhigt mich. Mir ist dann, als stehe ich nicht vor meinem Haus, sondern vor mir selbst, während ich schlafe, und hätte das Glück, gleichzeitig tief zu schlafen und dabei mich scharf bewachen zu können. Ich bin gewissermaßen ausgezeichnet, die Gespenster der Nacht nicht nur in der Hilflosigkeit und Vertrauensseligkeit des Schlafes zu sehen, sondern ihnen gleichzeitig in Wirklichkeit bei voller Kraft des Wachseins in ruhiger Urteilsfähigkeit zu begegnen.[1]

Dieses trügerische "Glück", die beiden Teile zueinander in Beziehung zu setzen und so — obwohl verdoppelt — eine paradoxe Einheit erleben zu können, muß damit bezahlt werden, daß der Ich-Erzähler die Rolle seines eigenen Gegners und Beobachters nicht unbegrenzt lange besetzt halten kann; er muß zurück in den Bau und in die einsame Rolle dessen, der der Beobachtung ausgeliefert

---

1. Franz Kafka: *Der Bau*. In: F.K.: *Die Erzählungen*. Frankfurt a.M. 1961, 387.

ist. Von dieser unentrinnbaren Qual heißt es im Tagebuch, daß die Selbstbeobachtung "keine Vorstellung zur Ruhe kommen läßt, jede emporjagt, um dann selbst wieder als Vorstellung von neuer Selbstbeobachtung weitergejagt zu werden" (16. Januar 1922).[2]

Der klinische, psychopathologische Aspekt dieser "Ich-Verdoppelung, Ich-Teilung, Ich-Vertauschung"[3] soll hier nur so weit verfolgt werden, wie es zum Verständnis der Dichtung Kafkas erforderlich ist. Kafka selbst hat im weiteren Verlauf der zitierten Tagebucheintragung die Möglichkeit erwogen, daß er im Zuge dieses Eskalationsvorganges psychotisch werden könnte, und damit die entscheidende Frage nach der Funktion der übersteigerten Selbstbeobachtung in seinem psychischen Haushalt selbst gestellt. Offensichtlich ist der beobachtende, aufsichtführende Teil der Erbe der mütterlichen oder väterlichen Elternfigur, die das Kind "im Auge behält" – wogegen der beobachtete, abhängige Teil sich in der Rolle des von der Autorität abhängigen Kindes befindet und auf dem Wege über die Außen- und später Selbstbeobachtung erfährt, daß es der Autorität mißfallen könnte, wenn es sich ihrer Aufsicht entzieht. "Einmal hatte ich einen Roman vor, in dem zwei Brüder gegeneinander kämpften, von denen einer nach Amerika fuhr, während der andere in einem europäischen Gefängnis blieb", heißt es von einem frühen Romanprojekt, aus dem später offensichtlich *Der Verschollene* hervorging, im Tagebuch am 19. Januar 1911. Liegt jedoch im *Verschollenen* der Schwerpunkt auf der Fortbewegung in den fremden, trotz aller Hindernisse verheißungsvollen Erdteil, so im Romanprojekt – Kafka selbst zufolge – auf der Figur des im europäischen Gefängnis zurückgebliebenen Bruders, allein mit der "Stille und Kälte" des Gefängniskorridors. Dies ist – weiterhin Kafka zufolge – der "gute Bruder", über den er schreibend ein "mitleidiges Wort" gesagt hat, wogegen der davongekommene Karl Roßmann seine "Ausbruchsschuld"[4] mit einer unaufhörlichen Kette von Rückschlägen und Mißerfolgen büßen muß. Der Autor Kafka nimmt also selbst zum gegensätzlichen Brüderpaar die Haltung

2. Franz Kafka: *Tagebücher 1910-1923*. Hrsg. von Max Brod. Frankfurt a.M. 1967, 398.

3. Sigmund Freud: *Das Unheimliche* (1919). In: S.F.: *Gesammelte Werke* (im folgenden: GW), Bd. XII, 227-268. Zitat 246.

4. Vgl. Helm Stierlin: *Befreiung und Selbstzerstörung im kreativen Prozeß*. In: H.S.: *Delegation und Familie*. Frankfurt a.M. 1978, 156.

einer Elternfigur ein, die gehorsames Verhalten gutheißt und auf-
sässiges Verhalten noch im fernen Erdteil auf dem Wege der Selbst-
bestrafung ahndet. Im Akt der extrem gesteigerten Selbstbeobachtung hat sich allem Anschein nach ein früher Konflikt niedergeschlagen, der zwischen einer festhaltenden Elternfigur und einem
seine Freiheit suchenden Kinde ausbrach und eine provisorische
Lösung darin fand, daß sich das Ich für beide Rollen zur gleichen
Zeit entschied. Es ist also zur gleichen Zeit "drinnen" und "draußen", in der Beziehung enthalten und auch wieder nicht enthalten:
"[...] ich bekam selbst innerhalb des Familiengefühls einen Einblick in den kalten Raum unserer Welt, den ich mit einem Feuer
erwärmen müßte, das ich erst suchen wollte", heißt es unter dem
19. Januar 1911 im Tagebuch.

Im *Urteil* (1912) kehrt dieser Gegensatz zweier extrem entgegengesetzter Brüder in etwas anderer Form wieder, indem nämlich Kafka dem daheimgebliebenen Georg Bendemann den ins ferne Rußland ausgewanderten, anscheinend nicht sonderlich erfolgreichen
Freund zuordnet. Georg hat Bedenken, dem Freund von seiner
Verlobung und bevorstehenden Heirat Mitteilung zu machen, aber
seine Braut will ihn − als sei sie, über die ursprüngliche Zusammen-
gehörigkeit der beiden Teile im Bilde − nicht von der Beziehung
ausgeschlossen wissen:

"Da wird er gar nicht zu unserer Hochzeit kommen", sagte sie, "und ich
habe doch das Recht, alle deine Freunde kennen zu lernen." "Ich will ihn
nicht stören," antwortete Georg, "verstehe mich recht, er würde wahrscheinlich kommen, wenigstens glaube ich es, aber er würde sich gezwungen und
geschädigt fühlen, vielleicht mich beneiden und sicher unzufrieden und unfähig, diese Unzufriedenheit jemals zu beseitigen, allein wieder zurückfah-
ren. Allein − weißt du, was das ist?" "Ja, kann er denn von unserer Heirat
nicht auch auf andere Weise erfahren?" "Das kann ich allerdings nicht verhindern, aber es ist bei seiner Lebensweise unwahrscheinlich." "Wenn du
solche Freunde hast, Georg, hättest du dich überhaupt nicht verloben sollen." "Ja, das ist unser beider Schuld; aber ich wollte es auch jetzt nicht
anders haben." Und wenn sie dann, rasch atmend unter seinen Küssen,
noch vorbrachte: "Eigentlich kränkt es mich doch", hielt er es wirklich für
unverfänglich, dem Freund alles zu schreiben. "So bin ich und so hat er
mich hinzunehmen," sagte er sich, "ich kann nicht aus mir einen Menschen
herausschneiden, der vielleicht für die Freundschaft mit ihm geeigneter
wäre, als ich es bin."[5]

5. Franz Kafka: *Das Urteil*. In: F.K.: *Die Erzählungen* (Anm. 1), 29f.

Kafka hat die Erzählung selbst einer psychoanalytisch anmutenden Reflexion unterzogen und den Freund in Rußland als "Verbindung zwischen Vater und Sohn", ihre "größte Gemeinsamkeit" bezeichnet (Tagebuch, 11.2.1913): was wohl nur so zu verstehen ist, daß der ferne, fortstrebende Teil trotz allem *auch* einen Wunsch des Vaters erfüllt. "Er wäre ein Sohn nach meinem Herzen", sagt Georg Bendemanns Vater, als zwischen Vater und Sohn alle Vorwände weggefallen sind. In den beiden auseinanderstrebenden Brüdern oder Freunden – die ursprünglich eins waren oder eine innere Einheit bildeten – manifestiert sich also auch ein innerer Konflikt, ein unaufgelöster Selbstwiderspruch der Elternfigur, die einen zugleich gehorsamen und ungehorsamen Sohn verlangt. Welche Rolle in diesem Geschehen die Mutterfigur gespielt hat, bleibt fraglich, denn sie ist zum Zeitpunkt der Auseinandersetzung bereits tot; offenkundig fällt jedoch der Braut die Rolle zu, in Gedanken die ursprüngliche Einheit von gehorsamem und ungehorsamem Teil zu umkreisen. Sie scheint über die geheimnisvolle Fähigkeit zu verfügen, die auseinandergefallenen Teile wieder miteinander in Berührung zu bringen: nur daß dann das "Urteil" des Vaters dem zuvorkommt und den Spalt erneut – diesmal als suizidalen Abgrund – zwischen ihnen aufklaffen läßt.

Entscheidend für den Übergang der bis dahin schwachen, anlehnungsbedürftigen Vaterfigur in einen zürnenden, verurteilenden Vater sind offenbar Vorgänge im Sohn, die von der Vaterinstanz beobachtet und im Sinne einer ihr drohenden Depotenzierungsgefahr interpretiert werden. Dabei wird schon die Tatsache, daß der Sohn den Vater in seiner Schwäche versorgt, als Vergehen gewertet. Die *Söhne* (ein Titel, unter dem Kafka die Erzähl-Trias *Urteil, Verwandlung, Heizer* zusammenfassen wollte) können noch so bestrebt sein, den Eindruck von Angepaßtheit, Willfährigkeit, Tüchtigkeit zu erwecken: sie werden trotzdem von einem Augenblick zum andern – oder über Nacht – von dem Trauma überrascht, daß eine unerbittlich beobachtende Instanz über ihr Leben anders Buch geführt, ihre Bemühung negativ gewertet und ihre Anpassung nicht wirklich ernst genommen hat. Es ist, als hätte eine mit Allwissenheit und Allmacht ausgestattete Über-Ich-Instanz von geheimen (ihrem Träger oft kaum bewußten) Auflehnungsimpulsen Kenntnis erhalten und verfahre nun sadistisch strafend, indem sie den Sohn verstößt, zum Suizid verurteilt oder in ein ekelhaftes In-

sekt verwandelt, das dann seinerseits verworfen und zum Tode verurteilt werden kann. Georg Bendemann, Gregor Samsa oder Karl
Roßmann sind sich in keinem Falle einer hinreichenden Verfehlung
bewußt und reagieren wehrlos, indem sie die ihnen zugedachte
Strafe über sich ergehen lassen. Und doch gibt es an anderen Stellen des Kafkaschen Werkes Hinweise darauf, auf welche Impulse im
Innern des Sohnes die Vaterinstanz so idiosynkratisch anspricht:
auf die im Innern des Sohnes vermutete Intention nämlich, ihre
für den Sohn gehegten Hoffnungen zu enttäuschen und ihr so den
Gehorsam aufzukündigen. Allem Anschein nach gibt es für Kafkas
"Söhne" nur diese einzige Möglichkeit, ihren Protest gegen ein ihnen aufgezwungenes "falsches Selbst"[6] zum Ausdruck zu bringen
und an die Stelle der von ihnen erwarteten *Fähigkeit* die "Offenbarung einer unerhörten Unfähigkeit" zu setzen.

Die soeben zitierte "Offenbarung einer unerhörten Unfähigkeit"
findet sich in einem Kafka-Text, in dem er (allem Anschein nach
nicht unbeeinflußt von Sigmund Freuds 1908 erschienener Arbeit
Der Dichter und das Phantasieren[7]) einen Tagtraum mitteilt, der
sich auf sein Schülerdasein und seine Reifeprüfung bezieht. Dieser
Tagtraum nimmt sich zunächst wie der klassische Fall eines von
ehrgeizigen und erotischen Wünschen angeregten Größentraumes
aus, nimmt aber dann eine unaufhaltsame Wendung ins Negativi-
stische:

> Wunder gab ich leichter zu als wirklichen Fortschritt, war aber zu kühl, um
> nicht die Wunder in ihrer Sphäre zu lassen und den wirklichen Fortschritt
> in der seinen. Ich konnte daher lange Zeit vor dem Einschlafen mich damit
> abgeben, daß ich einmal als reicher Mann in vierspännigem Wagen in der
> Judenstadt einfahren, ein mit Unrecht geprügeltes schönes Mädchen mit
> einem Machtwort befreien und in meinem Wagen fortführen werde; unbe-
> rührt aber von diesem spielerischen Glauben, der sich wahrscheinlich nur
> von einer schon ungesunden Sexualität nährte, blieb die Überzeugung, daß
> ich die Endprüfungen des Jahres nicht bestehen werde und, wenn das gelin-
> gen sollte, daß ich in der nächsten Klasse nicht fortkommen werde, und
> wenn auch das noch durch Schwindel vermieden würde, daß ich bei der
> Matura endgültig fallen müßte und daß ich übrigens ganz bestimmt, gleich-
> gültig in welchem Augenblick, die durch mein äußerlich regelmäßiges Auf-
> steigen eingeschläferten Eltern sowie die übrige Welt durch die Offenba-
> rung einer unerhörten Unfähigkeit mit einem Male überraschen werde.

6. Vgl. D.W. Winnicott: *Reifungsprozesse und fördernde Umwelt*. München 1974.

7. In GW, Bd. VII, 211-223.

Kafkas Text – im Tagebuch unter dem 2. Januar 1912 nachzule-
sen – enthält genau besehen zwei miteinander in Beziehung gesetzte gegensätzliche Tagträume, von denen der zweite die totale Ne-
gation des ersteren darstellt. Sieht man von der unterschiedlichen
emotionalen Tönung und dem Wertvorzeichen ab, sind beide "gran-
dios" – im Sinne dessen, was Kohut[8] oder Kernberg[9] als "Grö-
ßenselbst" beschrieben haben. Dabei fällt auf, daß der ursprüngliche Größentraum eine Identifizierung mit dem Bilde des starken,
reichen, zur Rettung herbeieilenden Vaters enthält – wogegen sich
Kafka im zweiten Tagtraum auf ein Vakuum oder inneres Nie-
mandsland zurückzieht,[10] von dem aus er die arglos-erwartungs-
vollen Eltern bespähen und zu einem Vergeltungsschlag ausholen
kann.

An dieser Verwandlung eines in seiner ursprünglichen Form un-
anstößigen, sozial wertvollen Tagtraums läßt sich ermessen, welche
inneren Kräfte die Phantasie begünstigt haben mögen, ein bis dahin
angepaßt lebender Sohn werde verstoßen, zum Tode verurteilt oder
in ein überlebensgroßes Insekt verwandelt. Auch die Erzählung *Ein
Landarzt* (1916/17) wird von dieser Tagebucheintragung her durchsichtiger: es ist möglich, einzelne Elemente von Kafkas ehemali-
gem Tagtraum – das Motiv der Rettung, die Gestalt des schönen
gepeinigten Mädchens oder das zur Rettung benötigte Pferdegespann – in leicht veränderter Form darin wiederzuerkennen. Un-
übersehbar ist freilich auch, daß die Rettung mißlingt, das schöne
Mädchen in den Händen seines Peinigers zugrunde geht und das
Pferdegespann – *zwei* Pferde, nicht vier – den Protagonisten mit
magischer Geschwindigkeit von dem Ort forttragen, wo er eigentlich benötigt worden wäre. Insofern kann man den *Landarzt* als
Weiterverwandlung traumhafter Elemente verstehen, die aus dem
Widerstreit von positiv-grandioser und negativ-grandioser Tagtraum-
phantasie hervorgegangen ist. Mehr als das: der unheilbare Knabe,
an dessen Krankheit der Landarzt zunächst zweifelt, so daß er ihn
mit einem kräftigen Stoß aus dem Bett treiben möchte, ist im

8. Heinz Kohut: *Narzißmus. Eine Theorie der psychoanalytischen Behandlung narzißtischer Persönlichkeitsstörungen.* Frankfurt a.M. 1973.

9. O.F. Kernberg: *Borderline-Störungen und pathologischer Narzißmus.*
Frankfurt a.M. 1978.

10. Vgl. André Green: *Analytiker, Symbolisierung und Abwesenheit im
Rahmen der psychoanalytischen Situation.* In: *Psyche* 29 (1975), 503-541.

Grunde nichts anderes als die Verkörperung jenes zu unerhörter Unfähigkeit entschlossenen Gegenwillens, der lange auf eine Gelegenheit zu seiner Offenbarung gewartet hat. Der Landarzt stößt also hier, von außen kommend, auf die gleiche Familiengruppe, wie sie die Familie Samsa in der *Verwandlung* darstellte — und die Wunde des Knaben fungiert als eine Art magischer Spiegel, der dem Betrachter mit geradezu szenischer Eindringlichkeit seine eigene Liebesunfähigkeit zurückspiegelt — die Unfähigkeit mit anderen Worten, ein in seinem Hause befindliches Liebesobjekt emotional wahrzunehmen und vor einer von außen oder innen kommenden Bedrohung zu schützen.

Schauplatz I — das Haus des unheilbar kranken Knaben — und Schauplatz II — das Haus des Landarztes — sind also symmetrisch angeordnet: was hier die Unfähigkeit zu heilen ist, ist dort die Unfähigkeit zu retten und den Pferdeknecht — diese Materialisation unbeherrschbarer Destruktivität — von seiner Vernichtungsarbeit abzuhalten. Die obligatorische "Arglosigkeit" anderer Kafkascher Protagonisten findet sich freilich auch an der Figur des Landarztes wieder: er ist anfangs nicht imstande, den Ernst der Situation zu verstehen und im unheilbar kranken Knaben sein alter ego zu erkennen. Er wehrt sich gegen den "engen Denkkreis des Alten" ebenso wie gegen das Wirken der "sorgenden Mutter", die den Körper des kranken Knaben "mit Kaffee durchtränkt". Er besteht mit anderen Worten noch darauf, daß er nicht mit seinem unheilbaren Patienten verwechselt wird, und muß erst mit ihm Seite an Seite, Körper an Körper gelegt werden und eine symmetrische Doppelfigur mit ihm gebildet haben, um der Identität innezuwerden. Dazu gehört auch die implizite Vorstellung, daß er mit der Wunde des Knaben und den die Wunde bewohnenden Würmern in Berührung kommt, die sich mit vielen Beinchen ans Licht winden und doch im Innern der Wunde festgehalten werden. Wie von dem schwerfälligen Insekt in der *Verwandlung* wird auch hier der Eindruck einer stockenden Bewegung vermittelt, und Vergleichbares gilt auch von den beiden magischen Pferden, die windesschnell eilen, solange sie den Protagonisten vom Ort der Rettung forttragen, aber dahinschleichen, sobald es um die Wiederannäherung an den Ort der Rettung geht. Auch die mißlingende Freisetzung — des Knaben aus seinem erstickenden Milieu — und die mißlingende Rettung sind also ebenfalls symmetrisch angeordnet: in diesem Sinne weist die

Farbe der Wunde auf den Namen des dem Pferdeknecht zum Opfer fallenden Mädchens Rosa hin.

Aber der Landarzt besitzt nicht nur ein alter ego in der Figur des kranken Knaben, sondern auch in der dieses "eklen" Pferdeknechtes — und hier ist die Einsicht, daß es sich um ein "Partial-Ich" des Protagonisten handelt,[11] womöglich noch schwerer zu vollziehen. Steht der kranke Knabe für die Unfähigkeit des Protagonisten, das familiäre Gespinst zu zerreißen und "bösen" Gefühlen Ausdruck zu verleihen, so steht der Pferdeknecht für diese bösen Gefühle selbst, die sich verselbständigt haben und nach einem Objekt verlangen, an dem sie sich entladen können. Kranker Knabe und Pferdeknecht sind also Komplementärfiguren — ähnlich wie Ariel und Caliban in Shakespeares *Tempest*, wo sich die Freisetzung Ariels charakteristischerweise verzögert, weil Prospero alle Kraft dazu benötigt, Caliban an einer gewaltsamen Anwendung seiner überschüssigen Energien zu hindern. *Ein Landarzt* steht also in einer großen literarischen Tradition, wozu auch W.H. Audens Feststellung rechnet, Kafkas Protagonisten seien "negative", von ihrem Scheitern überzeugte Gralssucher;[12] das Motiv der "unheilbaren Wunde" wird ja in keiner Gralssuchergeschichte vermißt. Und drittens läßt sich *Ein Landarzt* einem Dichtungstypus zuordnen, den der amerikanische Literaturwissenschaftler Kenneth Burke als "kathartische" Dichtung beschrieben hat.[13] Tatsächlich lassen sich zwischen Kafkas Erzählung und dem von Burke analysierten *Ancient Mariner* von Coleridge zahlreiche Analogien nachweisen: die sinnlose Opferung des guten Objekts, das dämonisch aufgeladene Fortbewegungsmittel — dort ein Schiff, hier ein Pferdegespann —, das Motiv des bösen Verfolgers und nicht zuletzt die Suche nach einem Stellvertreter, an dessen Körper oder Geist das unsichtbare innere Übel sichtbar in Erscheinung tritt; insofern haben der unheilbar kranke Knabe bei Kafka und der dem Wahnsinn verfallende Lotsenjunge bei Coleridge — jenseits der Frage literarischen Einflusses — einen vergleichbaren poetologischen Stellenwert.

11. Vgl. Sigmund Freud: *Der Dichter und das Phantasieren* (Anm. 7), 220.
12. W.H. Auden: *The I without a Self*. In: W.H.A.: *The Dyer's Hand and Other Essays*. London 1975.
13. Kenneth Burke: *Dichtung als symbolische Handlung. Eine Theorie der Literatur*. Frankfurt a.M. 1966.

II.

Der im Zentrum der *Landarzt*-Dichtung stehende Gegensatz von lebensunfähiger Schwäche und dämonisch übersteigerter Triebhaftigkeit findet sich auch in anderen Werken Kafkas – am markantesten vielleicht im *Schloß*, wo er gleich im ersten Kapitel zu einer Art von Lebendem Bild gerinnt wie in jener "großen Stube im Dämmerlicht", in der K. sich erst allmählich zurechtfindet. Ein Teil des Bildes, das sich ihm bietet, ist von wildem, elementarem und rücksichtslosem Leben erfüllt, wogegen die in ihrem Lehnstuhl fast liegende Frau mit einem Säugling an der Brust wie ein Bild des Todes erscheint. Der Text bringt die beiden Aspekte in ein Gleichgewicht, tariert sie gegeneinander aus, wobei auffällt, wieviel stärker sich K. von der ruhenden, von bleichem Schneelicht beleuchteten Frau angezogen fühlt:

> Die Frau beim Waschtrog, blond, in jugendlicher Fülle, sang leise bei der Arbeit, die Männer im Bad stampften und drehten sich, die Kinder wollten sich ihnen nähern, wurden aber durch mächtige Wasserspritzer, die auch K. nicht verschonten, immer wieder zurückgetrieben, die Frau im Lehnstuhl lag wie leblos, nicht einmal auf das Kind an ihrer Brust blickte sie hinab, sondern unbestimmt in die Höhe.
> K. hatte sie wohl lange angesehen, dieses sich nicht verändernde schöne, traurige Bild, dann aber mußte er eingeschlafen sein, denn als er, von einer lauten Stimme gerufen, aufschreckte, lag sein Kopf an der Schulter des Alten neben ihm.[14]

K. nimmt sich also nicht die mitreißende Vitalität der Badeszenen, sondern die Reglosigkeit der vor sich hindämmernden Frau zum Vorbild – eine Identifizierung, der das Kind auf ihrem Schoß Vorschub leistet. Und später findet sich dieser Gegensatz noch einmal im 15. Romankapitel ausgedrückt, jenem 'Roman im Roman', worin K. aus dem Munde Olgas von den Bewandtnissen ihrer aus der Gemeinschaft ausgeschlossenen Familie erfährt. Vor seinem inneren Auge ersteht hier das Bild zweier extrem unterschiedlicher Schwestern, die miteinander einen ähnlichen Doppelaspekt darstellen wie der Tod-Leben-Kontrast in der Badestube: Amalia objekt- und triebfeindlich, Olga Nacht für Nacht bei den Knechten im Stall. Auch hier geht der vitale Überschwang mit Rücksichtslosigkeit und Ausbeutung Hand in Hand, und man meint etwas besser zu verstehen, warum der Lehrer im ersten Kapitel auf K.s Fragen nach dem

---

14. Franz Kafka: *Die Romane*. Frankfurt a.M. 1965, 490f.

214

Schloß und dem Grafen West-West mit der Mahnung reagiert, Rücksicht auf die "Anwesenheit unschuldiger Kinder" zu nehmen.

In der Tat weist ja der Beginn des *Schloß*-Romans (mit seiner später fallengelassenen Figur des von Obszönität umwitterten Schloßherrn) eine gewisse Ähnlichkeit mit jenen Dracula- oder Nosferatu-Erzählungen auf, in denen ein junger Mann auf ein exotisches Schloß bestellt wird und dort den Vampyrgewohnheiten des Schloßeigentümers verfällt. In dieses Muster passen die Ratten, die in K.s erster Nacht im Schloßbereich an seiner provisorischen Schlafstätte vorüberhuschen (eine in Kafkas Dichtung keineswegs selten auftauchende Tierart), und es ist auch nicht von ungefähr, daß jene bleiche und leblos wirkende Frau in der Badetrog-Szene, von der auf K. eine so starke Anziehung ausgeht, als "ein Mädchen aus dem Schloß" apostrophiert wird: so als sei ihr bei diesem Aufenthalt die Lebenskraft ein für allemal entzogen worden. Berücksichtigt man weiterhin die Tatsache, daß auch Frieda nach einigen Tagen Zusammenlebens mit K. ähnlich müde, erschöpft und leergesogen wirkt, so liegt der Gedanke nahe, daß K. – ohne es selbst zu wissen – bereits vom diabolisch-ausbeuterischen Prinzip infiziert worden ist und nun seinerseits mit der Objektwelt in dieser Weise verfährt. Was jedoch Kafkas Text – abgesehen von allen anderen Unterschieden – von derartigen literarischen Doppelgängern unterscheidet, ist vor allem der Umstand, daß die "Ansteckung" hier rein atmosphärisch, auf seelischem Wege erfolgt. Die Vorstellung, daß es rücksichtslos-ausbeuterische, lebensfähige Unterdrücker und ausgebeutete, weniger lebensfähige Opfer gibt, liegt von Anfang an in der Luft und wird von K. – der dann während des ganzen Romans zwischen diesen beiden Grundeinstellungen schwanken wird – bereitwillig aufgegriffen. Die Anziehung, die vom Schloß auf K. ausgeht, äußert sich in Form einer Dichotomie: einerseits faszinierende, selbstherrliche Männergestalten wie Klamm und andererseits Frauen, deren Reiz in ihrer Schwäche, Ausbeutbarkeit, Abhängigkeit von Klamm besteht.

Es hat demnach den Anschein, als wolle K. – sooft er mit seinen Blicken das Schloß abtastet oder das nicht sichtbare, im Dunkel versunkene Schloß mit Hilfe seiner Vorstellungen "erschafft" – auf diesem Wege auskundschaften, an *welchem* Leitbild er sein Leben ausrichten soll. Wie ich schon andernorts ausgeführt habe,[15]

15. Peter Dettmering: *Ambivalenz und Ambitendenz in der Dichtung Franz Kafkas.* In: *Literatur und Kritik* 140 (1979), 619-627. Auch in: *Kunst*

erscheint ihm das Schloß einerseits als ein ruhiges, unbeirrbares Gegenüber – und andererseits wie von einem trübsinnigen Hausbewohner bewohnt, der sich unter allen Umständen vor der Welt verborgen halten muß. Das Schloß fungiert in solchen Augenblicken wie ein unerschöpfliches Reservoir von Möglichkeiten, von denen es K. erscheint, als könne er die eine so gut wie die andere ergreifen. Es ist gewissermaßen die Matrix, in der – wie in der frühen Mutter-Kind-Beziehung – alles Spätere potentiell enthalten ist; und K.s Annäherung an das Schloß entspricht, so gesehen, dem Versuch, an einen früheren Punkt der Entwicklung zurückzugelangen, der vor der Differenzierung in männlich und weiblich, desgleichen aber auch vor der Dichotomie in Ausbeutung und Ausgebeutetwerden liegt.

In der Tat wird ja von K.s Beziehung zum Schloß gesagt, daß es ihm nicht um dessen äußere Erscheinungsform, sondern um etwas geht, was es mit einem altvertrauten (und verlorenen) Objekt aus K.s Vergangenheit gemeinsam hat oder zu haben scheint: "Wäre es K. nur auf die Besichtigung angekommen, dann wäre es schade um die lange Wanderschaft gewesen und er hätte vernünftiger gehandelt, wieder einmal die alte Heimat zu besuchen, wo er schon so lange nicht gewesen war".[16] In ganz ähnlicher Weise hängt auch die Anziehung der dem Schloß nahestehenden Personen mit deren Fähigkeit zusammen, K. in einer Weise zu kennen, als hätten sie ihm in jener "alten Heimat" bereits nahegestanden, was in erster Linie für Frieda gilt: "Als dieser Blick auf K. fiel, schien es ihm, daß dieser Blick schon K. betreffende Dinge erledigt hatte, von deren Vorhandensein er selbst noch gar nicht wußte, von deren Vorhandensein aber der Blick ihn überzeugte".[17]

Das Schloß handelt also – auch ohne ein "Kindheitsroman" im üblichen Sinne zu sein – von einem Wiederfinden der (frühen) Kindheit und der ihr eigentümlichen (averbalen) Kommunikationsformen in einem anderen Material, und es gibt sogar eine Stelle im Text, die noch unmittelbarer als der an die "alte Heimat" erinnernde Schloßturm auf die Kindheit K.s zurückweist. Diese Erinnerung

und Prophetie. Vorträge des Kafka-Symposions 1979. Klosterneuburg bei Wien, und in: P.D.: *Psychoanalyse als Instrument der Literaturwissenschaft.* Frankfurt a.M. 1981, 59-69.

16. Franz Kafka: *Die Romane* (Anm. 14), 487.
17. Ebd., 511f.

– die innerhalb der Kafkaschen Dichtung einen sonderbar direkten, "autobiographischen" Charakter besitzt – taucht in K. auf, während er mit dem Schloßboten Barnabas geht und von einem Zustand der Desorientierung überfallen wird:

> Sie gingen, aber K. wußte nicht, wohin; nichts konnte er erkennen. Nicht einmal, ob sie schon an der Kirche vorübergekommen waren, wußte er. Durch die Mühe, welche ihm das bloße Gehen verursachte, geschah es, daß er seine Gedanken nicht beherrschen konnte. Statt auf das Ziel gerichtet zu bleiben, verwirrten sie sich. Immer wieder tauchte die Heimat auf, und Erinnerungen an sie erfüllten ihn. Auch dort stand auf dem Hauptplatz eine Kirche, zum Teil war sie von einem alten Friedhof und dieser von einer hohen Mauer umgeben. Nur sehr wenige Jungen hatten diese Mauer schon erklettert, auch K. war es noch nicht gelungen. Nicht Neugier trieb sie dazu, der Friedhof hatte vor ihnen kein Geheimnis mehr. Durch seine kleine Gittertür waren sie schon oft hineingekommen, nur die glatte, hohe Mauer wollten sie bezwingen. An einem Vormittag – der stille, leere Platz war von Licht überflutet, wann hatte K. ihn je früher oder später so gesehen? – gelang es ihm überraschend leicht; an einer Stelle, wo er schon oft abgewiesen worden war, erkletterte er, eine kleine Fahne zwischen den Zähnen, die Mauer im ersten Anlauf. Noch rieselte Gerölle unter ihm ab, schon war er oben. Er rammte die Fahne ein, der Wind spannte das Tuch, er blickte hinunter in die Runde, auch über die Schulter hinweg, auf die in der Erde versinkenden Kreuze; niemand war jetzt und hier größer als er. Zufällig kam dann der Lehrer vorüber, trieb K. mit einem ärgerlichen Blick hinab. Beim Absprung verletzte sich K. am Knie, nur mit Mühe kam er nach Hause, aber auf der Mauer war er doch gewesen. Das Gefühl dieses Sieges schien ihm damals für ein langes Leben einen Halt zu geben, was nicht ganz töricht gewesen war, denn jetzt, nach vielen Jahren in der Schneenacht am Arm des Barnabas, kam es ihm zu Hilfe.[18]

Es muß etwas mit K.s Beziehung zu Barnabas zu tun haben, daß es ihm gelingt, das Gefühl des Sieges und der im Sieg realisierten Größenphantasie in der Erinnerung aufrechtzuerhalten und sich darin nicht einmal durch das beschämende Verhalten der Über-Ich-Figur des Lehrers oder das Hinken beirren zu lassen. Es setzt sich also ein anderes Verhaltensmuster durch als im *Verschollenen*, wo sich der Protagonist zwar mutig für den Heizer einsetzt, dann aber durch die Über-Ich-Figur des Onkels von diesem Versuch abgebracht wird und den Heizer aus den Augen verliert.[19]

18. Ebd., 505f.
19. Vgl. Margarethe Mitscherlich-Nielsen: *Psychoanalytische Bemerkungen zu Franz Kafka*. In: *Psyche* 31 (1977) 1, 60-83. Auch in: M.M.-N.: *Das Ende der Vorbilder. Vom Nutzen und Nachteil der Idealisierung*. München 1978. Zitat dort: 184.

Das Besondere an der Beziehung zu Barnabas ist wohl darin zu suchen, daß K. hier auf eine Figur stößt, die den Gegensatz von Schloß und Dorf, Nähe und Ferne, aber auch den früher genannten Gegensatz von Stärke und Schwäche zum Ausgleich gebracht hat:

> Es bestand eine große Ähnlichkeit zwischen ihm und den Gehilfen, er war so schlank wie sie, ebenso knapp gekleidet, auch so gelenkig und flink wie sie, aber doch ganz anders. Hätte K. doch lieber ihn als Gehilfen gehabt! Ein wenig erinnerte er ihn an die Frau mit dem Säugling, die er beim Gerbermeister gesehen hatte. Er war fast weiß gekleidet, das Kleid war wohl nicht aus Seide, es war ein Winterkleid wie alle anderen, aber die Zartheit und Feierlichkeit eines Seidenkleides hatte es. Sein Gesicht war hell und offen, die Augen übergroß. Sein Lächeln war ungemein aufmunternd; er fuhr mit der Hand über sein Gesicht, so, als wolle er dieses Lächeln verscheuchen, doch gelang ihm das nicht. "Wer bist du?" fragte K. "Barnabas heiße ich", sagte er. "Ein Bote bin ich". Männlich und doch sanft öffneten und schlossen sich seine Lippen beim Reden.[20]

Der Name Barnabas weist – wie Erich Heller in seinem Kafka-Aufsatz erläutert[21] – auf jenen aus Zypern stammenden Jünger hin, "der, obgleich er nicht unter den Zwölfen war, doch den Rang eines Apostels erhielt". Auch seine Apostrophierung als "Bote" ordnet ihn in mythisch-christliche Zusammenhänge ein, und es muß mit diesem Sonderstatus der Figur zu tun haben, daß K. nach Barnabas' Verschwinden plötzlich nach seinem Wiedererscheinen verlangt, als werde ein kleines Kind nach dem Fortgang der Mutter von Trennungsangst überwältigt. Nicht umsonst hat Barnabas' Erscheinung ihn im ersten Augenblick an die "Frau mit dem Säugling" erinnert:

> Im Flur war Barnabas nicht mehr. Aber er war doch eben jetzt weggegangen. Doch auch vor dem Haus – neuer Schnee fiel – sah K. ihn nicht. Er rief: "Barnabas!" Keine Antwort. Sollte er noch im Haus sein? Es schien keine andere Möglichkeit zu geben. Trotzdem schrie K. noch aus aller Kraft den Namen. Der Name donnerte durch die Nacht. Und aus der Ferne kam nun doch eine schwache Antwort; so weit war also Barnabas schon. K. rief ihn zurück und ging ihm gleichzeitig entgegen; wo sie einander trafen, waren sie vom Wirtshaus nicht mehr zu sehen.[22]

Wenn es zutrifft, daß der Roman insgesamt eine Wiederentdeckung der Kindheit in anderem Material ist – also die Übertragung

20. Franz Kafka: *Die Romane* (Anm. 14), 499.
21. Erich Heller: *Die Welt Franz Kafkas*. In: E.H.: *Enterbter Geist. Essays über modernes Dichten und Denken*. Frankfurt a.M. 1954, 308.
22. Franz Kafka: *Die Romane* (Anm. 14), 504.

der Kindheitsverhältnisse auf eine scheinbar unbekannte Umwelt
—, dann repräsentiert K.s Beziehung zu Barnabas eine Übertragungsbeziehung, die das im Grunde unverbrauchte Hoffnungspotential des Protagonisten mit einem Schlage aktiviert.[23] Kaum jedoch kommt K. mit Barnabas' Familie in Berührung, verliert Barnabas ebenso plötzlich seinen Idealcharakter, der — wie wir schlie
ßen dürfen — an seine vermeintliche Elternlosigkeit gebunden war.
Das erinnert an die imaginäre Gestalt von Rilkes Elegien-Engel,
von dem ebenfalls gilt, daß er zwar Züge der väterlichen und mütterlichen Idealobjekte in sich vereinigt, aber ausdrücklich von den
elterlichen Realfiguren abgesetzt und isoliert worden ist; nur unter
dieser Bedingung vermag er innerhalb der Rilkeschen Dichtung
seine Idealfunktion zu erfüllen.

Die anfänglich rückhaltlose Idealisierung des Boten Barnabas im
Schloß und der ebenso totale Besetzungsentzug[24] im Augenblick
der Enttäuschung zeigen, daß K. hier einem Alles-oder-Nichts-Prinzip unterliegt: ertragen werden kann lediglich ein Gegenüber, das
genau den Erwartungen und Bedürfnissen K.s entspricht und in
keiner Weise von diesem Idealbild abweichen darf. K. hält Barnabas — der die Tendenz hat, innerhalb kurzer Zeit schon weit fort
zu sein und damit für K. unerreichbar zu werden — in einer Art
von emotionaler Gefangenschaft, zu der auch gehört, daß er ihn im
Augenblick der Enttäuschung rücksichtslos entwertet. Das sind Bedingungen, wie sie Michael Balint von der "primären Liebe" des
Kindes, d.h. der Liebe des Kindes zu seinem mütterlichen Primärobjekt beschrieben hat: die Anwesenheit des Objektes ist für das
Kind selbstverständlich, wogegen seine Abwesenheit wie der Entzug der Atemluft erlebt wird.[25] Erst die Bildung des Übergangsobjektes macht das Kind allmählich unabhängiger von Anwesenheit
oder Abwesenheit der mütterlichen Bezugsperson, woraus im Falle
Kafkas der Schluß zu ziehen wäre, daß er es niemals zu einem echten Übergangsobjekt gebracht hat.[26] Allenfalls kann man sagen,

23. Vgl. Heinz Kohut: *Die Heilung des Selbst.* Frankfurt a.M. 1979, 24f.
24. Vgl. André Green: *Analytiker, Symbolisierung und Abwesenheit im Rahmen der psychoanalytischen Situation* (Anm. 10).
25. Michael Balint: *Die Urformen der Liebe und die psychoanalytische Technik.* Stuttgart 1966. Ders.: *Therapeutische Aspekte der Regression. Die Theorie der "Grundstörung".* Stuttgart 1970.
26. Vgl. M. Mitscherlich-Nielsen: *Das Ende der Vorbilder* (Anm. 19), 212.

daß Barnabas die "Idee" eines Übergangsobjektes verkörpert, das zwar im ersten Augenblick einen Ausgleich von Abhängigkeits- und Unabhängigkeitswünschen verheißt,[27] dann aber an der zu starken Abhängigkeit zerschellt: Abhängigkeit von Barnabas im Innern K.s und untrennbar davon Barnabas' von K. projektiv wahrgenommene Abhängigkeit von dessen eigener Ursprungsfamilie. Die kaum aufgetauchte Vorstellung eines "echten" Übergangsobjektes wird also gleich wieder zunichte, und K. muß sich wieder – wie bisher – an eine Vielzahl von Objekten klammern, von denen er sich eine Annäherung an das Schloß und damit einen Ausgleich aller quälenden Gegensätzlichkeiten verspricht. An die Stelle des einen, "wahren" Übergangsobjektes treten also eine Vielzahl "falsch" aufgebauter, zerspaltener Übergangsobjekte, die nach Art von Gegensatzpaaren angeordnet sind: jedes positive Partialobjekt besitzt sein negatives Gegenstück, das die Hoffnung wieder zunichte macht oder die Fortbewegung wieder verzögert.[28]

Diese Dissoziation auf der Ebene der Übergangsobjekte ist aber letztlich nur ein Ausdruck jener tieferen Spaltung, wie wir sie gleich eingangs am Gegensatz von "Bau"bewohner und (selbst-)beobachtendem Verfolger feststellen konnten. Man findet sie auch in einer anderen Erzählung Kafkas – *Eine kleine Frau* –, deren Titelfigur jenes Introjekt oder archaische Über-Ich verkörpert, dessen Einfluß (ein sich *unangenehm* aufdrängender Einfluß) etwas mit der Dissoziation in zwei Persönlichkeitsteile zu tun zu haben scheint. Hier kommt – jenseits der Vaterproblematik – die "innere Mutter" zum Vorschein, die der Sohn als Teil seines Kern-Selbst mit sich genommen und von der er sich in diesem Sinne niemals wirklich getrennt hat. Sie partizipiert noch immer an seinem Erleben: wiederum gibt es hierzu eine Parallele in der Dichtung Rilkes, in dessen späten, französischen Gedichten (dem achten Stück der *Vergers*) ein mit der Mutterfigur kontaminiertes Gewissen mahnt, nach den Worten des Elends zum Schluß ein Wort der Bejahung zu sprechen. Kafka faßt sein Verhältnis zur "kleinen Frau", die immerfort Anstoß an ihm nimmt, folgendermaßen zusammen:

> Es besteht ja gar keine Beziehung zwischen uns, die sie zwingen würde, durch mich zu leiden. Sie müßte sich nur entschließen, mich als völlig

27. Vgl. H. Stierlin (Anm. 4).
28. Vgl. Peter Dettmering (Anm. 15).

Fremden anzusehen, der ich ja auch bin und der ich gegen einen solchen Entschluß mich nicht wehren, sondern ihn sehr begrüßen würde, sie müßte sich nur entschließen, meine Existenz zu vergessen, die ich ihr ja niemals aufgedrängt habe oder aufdrängen würde – und alles Leid wäre offenbar vorüber.[29]

Die endgültige Trennung von der "kleinen Frau" ist aber wohl – ebenso wie die Auge-in-Auge-Konfrontation mit dem unsichtbaren Verfolger im *Bau* – nur im Augenblick des Todes möglich, den Kafka so in verschiedener Form antizipiert. Und diese implizite Form der Auseinandersetzung mit dem Sterben nimmt in Kafkas letzter vollendeter Erzählung eine explizite Form an; von *Josefine, der Sängerin* heißt es, daß sie schon bald "erlöst von der irdischen Plage" sein wird:

> Mit Josefine aber muß es abwärts gehen. Bald wird die Zeit kommen, wo ihr letzter Pfiff ertönt und verstummt. Sie ist eine kleine Episode in der ewigen Geschichte unseres Volkes und das Volk wird den Verlust überwinden. Leicht wird es uns ja nicht werden; wie werden die Versammlungen in völliger Stummheit möglich sein? Freilich, waren sie nicht auch mit Josefine stumm? War ihr wirkliches Pfeifen nennenswert lauter und lebendiger, als die Erinnerung daran sein wird? War es denn noch bei ihren Lebzeiten mehr als eine bloße Erinnerung?[30]

Die Art, in der Kafka hier seine Protagonistin in das Kollektiv des Mäusevolkes einmünden läßt, erinnert an die von Heinz Kohut beschriebene Überwindung der narzißtischen Vereinzelung durch Weisheit und Humor[31] – die übrigens auch Freud gemeint haben muß, wenn er in seiner Abhandlung über den Humor davon spricht, "daß die Person des Humoristen den psychischen Akzent von ihrem Ich abgezogen und auf ihr Über-Ich verlegt habe."[32] Freilich ist das "Über-Ich" in diesem Zusammenhang nicht mehr die als konkreter innerseelischer Fremdkörper erlebte "kleine Frau", sondern eine die private Pathologie überhöhende mythisch-überpersönliche Sehweise, wie sie ja auch der Untertitel der Erzählung – *Das Volk der Mäuse* – mit nicht zu übertreffender Genauigkeit zum Ausdruck bringt.

29. Franz Kafka: *Die Erzählungen* (Anm. 1), 168.
30. Ebd., 203.
31. Heinz Kohut: *Narzißmus* (Anm. 8).
32. Sigmund Freud: *Der Humor* (1928). In: S.F.: GW, Bd. XIV, 387.

GOTTFRIED BENNS PSYCHOTHERAPIE BEI HITLER

von

Oskar Sahlberg

"Führer: das ist das Schöpferische"

Für den Psychologen sind Benns Essays von 1933/34 der interessanteste Teil seines Werkes, da in ihnen das Unbewußte in Form von Visionen hervorbricht. Frühe Konflikte der Ichbildung steigen auf und werden einer Lösung zugeführt; Benn vollzieht einen Wandel der Identität. Die Grundlagen des späteren Werkes entstehen hier, zugleich wird das Frühwerk transparent. Die Auseinandersetzung mit dem Vater, die Benn in dieser Phase durchführt, ist auch deswegen von so großem Interesse, weil der ganze Vorgang durch Hitler ausgelöst wurde. Benn war der einzige bedeutende deutsche Schriftsteller, der sich der Faszination durch den Nationalsozialismus hingab und somit der einzige, der ihn von innen sah und beschrieb.

I. Das Frühwerk: Die Ablehnung des Vaters

Die Thematik, um die es 1933/34 gehen wird, ist schon im Frühwerk angelegt.[1] In dem Gedicht "Pastorensohn" zeichnet Benn eine Kindheit von Armut und Demütigungen, mit einer krebskranken Mutter und einem Vater, der ständig Kinder zeugt ("hat schon wieder Frucht am Stecken"). Der Haß auf ihn bricht aus: Die Söhne "haun dir [...] den alten Zeugeschwengel lahm." Doch scheint dieser Vater eine tödlich bedrohende Figur zu sein, er wird "Abra-

1. Eine ausführliche Darstellung enthält mein Buch: *Gottfried Benns Phantasiewelt — "Wo Lust und Leiche winkt"*. München 1977. (Zu den euphorischen Regressionen des frühen Benn vgl. auch meinen Aufsatz *Garben verklärter Lust*, in: *HOREN* 106/1977.) — Zu dem Gedicht "Pastorensohn" vgl. Peter Schünemann: *Gottfried Benn*. München 1977, 24-29.

ham" genannt, die Söhne sind "Isaake". – Benn war das zweite
Kind eines protestantischen Pfarrers (das erste Kind war ein Mädchen); es folgten fünf Brüder und eine Schwester. Man kann annehmen, daß der kleine Gottfried sich ständig zurückgesetzt fühlte
und an narzißtischen Entbehrungen und Verletzungen litt. (Die
"Wunde", die in mehreren frühen Gedichten erwähnt wird, dürfte
hier entstanden sein.) Es bildete sich eine ambivalente Fixierung
an die Mutter, die nicht durch eine Identifizierung mit dem Vater
gelöst wurde, da dieser (als "Abraham") zu große Angst einjagte;
Benn blieb in einer passiven, als weiblich empfundenen Rolle ("ne-
gativer Ödipus"), die in der Pubertät zur Ablehnung des Vaters
führte. Benn gab das vom Vater gewünschte Theologiestudium auf
und wechselte zur Medizin. Seine frühen Werke ab 1912 sind ein
aggressiver Protest gegen Welt und Werte des Vaters. Benn kultiviert das Schockierende (die Leichendarstellungen in *Morgue*), das
Obszöne ("Fleisch", "Nachtcafé"). Die Beziehung zum Vater erscheint offen in dem Zyklus *Söhne*:

> Ein Trupp hergelaufener Söhne schrie:
> Bewacht, gefesselt des Kindes Glieder schon
> durch Liebe, die nur Furcht war;
> [...]
> sind wir Hasser geworden,
> erlösungslos.
> [...]
> Jetzt haben Sorgen und Gebete
> beschnitten uns und klein gemacht.

Wichtig ist dabei das "wir" (das kurz danach nicht mehr vorkommen wird); es findet sich auch in dem Zyklus *Alaska*:

> I Wir wollen nach Alaska gehn.

> II Wir gerieten in ein Mohnfeld,
> [...]
> Wir sind und wollen nichts sein als Dreck.
> Man hat uns belogen und betrogen
> mit Gotteskindschaft, Sinn und Zweck
> [...].

Als Protest des Sohnes gegen den Vater lassen sich auch die wilden
Attacken von Rönne und Olf in den Dramen *Ithaka* und *Etappe*
auffassen, wo aber der revoltierende Protagonist nun schon isoliert
ist; sein Aufstand sinkt denn auch in sich zusammen, am Ende träumen diese Figuren von der Flucht in den Süden, zu warmen Mee-
ren hin. Viele Gedichte sprechen vom Haß gegen die "Stirn" oder

are stelle

das "Hirn", die als Zwang empfunden werden: Es sind Symbole des Vaters, der nicht integriert wurde. Benn sucht sich von ihm durch Regression zu befreien, er will 'Auflösung', 'Verströmen', 'Zerstäuben', 'Entformung', das Versinken in ein Ur (besonders deutlich in "Gesänge"), in dem sich die Mutter verbirgt. Die mit größter Lust (doch auch mit Angst) verbundene Wunschphantasie, Frau zu werden, ist in vielen Gedichten erkennbar (z.B. "Untergrundbahn", "Kokain"). In der Erzählung *Der Geburtstag* fühlt sich Rönne im Orgasmus zur Frau werden. In *Die Reise* wird Rönne durch die Begegnung mit Männern an den Rand des nervlichen Zusammenbruchs geführt und flieht in die Regression. Hinter den Männern steht der Vater, der die unbewußte weibliche Identität Rönnes (und das heißt auch: Benns) evoziert und damit Ängste (und Wünsche) nach Vergewaltigung auslöst. Eine Reaktion darauf ist der Traum von einer "Männer-Menschheit", die "nur noch in Formen denkt" (*Etappe*); in *Querschnitt* heißt es: "das Leben formend überwinden"; in *Diesterweg* ist von der "Sicherheit des Geformten" die Rede. In dem Drama *Der Vermessungsdirigent* beginnt Benn über "das Ich" zu reflektieren (Pameelen versuche, "dies Ich experimentell zu revidieren"). Diese Thematik zeigt sich dann in Titeln wie *Das moderne Ich* (1920), *Das letzte Ich* (1921), *Das späte Ich* (1922).

1922 beginnt mit "Palau" die Phase der achtzeiligen Gedichte, in denen die Realität, das reale Ich zunehmend verschwindet; Benn bewegt sich nun in Mythen (was schon in den Rönne-Erzählungen begann), sie sind ein Schleier, mit dem er seine Wünsche vor der inneren Zensur tarnt, ein fremdes Medium, in dem nun die Sehnsucht nach dem gefürchteten Vater aufsteigen kann, der Wunsch nach Wiedergeburt als Mann. In "Palau" phantasiert Benn von "Thor" und den "Caesaren", die aber (noch) zerfallen. In "Die Dänin" (1924/25) spricht er von der "Mythe des siegenden Manns", die aber "vergeht". Frühe Götter werden beschworen ("Orphische Zellen"; "Osterinsel"). Ab 1925 wird die Stimmung zunehmend düsterer,[2] die religiösen Wünsche werden stärker. In dem Gedicht "Siehe die Sterne, die Fänge" (1927) deutet die "Götterkohorte" (die er "nicht mehr sehen" wird, aber sehen möchte) auf Achill und seine homosexuellen Freunde. In "Du mußt dir alles geben"

2. Die ökonomischen Hintergründe habe ich in meinem Benn-Buch dargestellt.

heißt es: "Götter geben dir nicht". Benn träumt von einer "Schöpfergestalt" ("Trunkene Flut"). Was er sucht, ist "der Gott, der eine, / der alle Qualen löst." ("Immer schweigender"); aber dieses letzte Gedicht der 20er Jahre endet: "immer schweigender, keiner / wartet und keiner ruft." Der Tiefpunkt der Stimmung ist in dem Prosastück *Urgesicht* von 1929 erreicht, wo der Erzähler sagt, er habe "die Höhe des Lebens überschritten". "Ich sah in die Nacht, die nichts mehr für mich barg, nichts mehr als den Dämmer meines Herzens, eines Herzens, das altert: vage Luft, Ergrauen der Affekte". Am Ende heißt es: "auch die Götter schwiegen nur" und Benn schließt: "Uralter Wandel, Dämmer und Mohn, der Stiege abwärts zu, dem Murmel verfernter Wässer." Er steigt in den Hades, ins Totenreich hinab.

II. Die Annäherung an den Vater

Ab 1930 schreibt Benn so gut wie keine Gedichte mehr (mit Ausnahme des lyrischen Oratoriums *Das Unaufhörliche*, das aber von außen angeregt wurde), doch beginnt nun, ganz im Gegensatz zur Resignation von *Urgesicht*, eine intensive und offensive essayistische Produktion. (1930 erscheinen *Zur Problematik des Dichterischen, Der Aufbau der Persönlichkeit — Grundriß einer Geologie des Ich, Genie und Gesundheit, Das Genieproblem*.) Benn polemisiert gegen den Fortschrittsglauben, die Geschichte überhaupt sei sinnlos; er wendet sich gegen Aufklärung und Rationalismus, sie hätten einen banalen, flachen, optimistischen, lustbetonten Menschen hervorgebracht: "Zivilisationsschotter, analytisch applanierte Psychen, hedonisierte Genitalien". Dem zu dienen könne nicht "Aufgabe und Berufung des großen Mannes, des Dichters" sein, der tieferen Schichten verpflichtet sei. Unter Berufung auf Freud und Jung, auf die moderne Psychiatrie (Kretschmer, Kraepelin, Storch, Kronfeld und andere), auf Biologen wie Driesch und Semi Meyer, auf Edgar Dacqué, schreibt Benn, daß nicht das Großhirn das Zentrum der Persönlichkeit sei, wie man bisher angenommen habe, sondern die "Affektivität", das Stammhirn, die biologisch älteren Teile des Gehirns, in denen Erinnerungen an die gesamte Evolution gespeichert seien. Diese frühen Gedächtnisinhalte könnten wieder aufsteigen, sie tun es in Traum und Rausch, auch in der Inspiration des Genies und in den Halluzinationen des Schizophrenen. "Wir tragen die frühen Völker in unserer Seele". "Der Körper" ist "mit Mysterien beladen von jenen frühen Völkern her, die noch den Ursprung, die Urzeit in sich trugen". "Der Körper ist der letzte Zwang und die Tiefe der Notwendigkeit" (*Zur Problematik des Dichterischen*).

In die Essays sind Szenen eingestreut, in denen Benn Phantasien entfaltet. Schon in *Urgesicht* dachte er an die "mit Runen bedeckten Stäbe der Zauberer und die an heiligen Stätten dargebrachten Opfer unserer Ahnen". Nun schreibt er, daß der Dichter "sich tiefer sinken läßt in einer Art Rückfallfieber und Sturzgeburt nach innen, Niederem bis in jene Sphären", wo sich die "Partizipation" ereignet, "wo in der Totalität uralt die Sphinxe stehen". Dort ist das Denken "promiskuitiv in seinem Wirken mit Inzest und Polyandrie", "über den Wassern immer den kontuitiven Gott". Das Ich "beschwört die Mischwesen vom Tartarus gezeugt —: zurück, o Wort: einst Brunstruf in der Weite; herab, o Ich, zum Beischlaf mit dem All". "Ekstase süße, die ihm die Ferne bringt; Stimme ganz dunkle, die von den Müttern singt." "Hingebungsorgien, Gemeinschaftsgefühle": "o Heimkehr der Schöpfung, wenn gelackte Doppelhorden ihre Lippenpflöcke salben und unter Hakenschnabelmasken das Opfer bringen im Schrei des Totemtiers." Es gibt "nur eine Ananke: den Körper, nur einen Durchbruchsversuch: die Schwellungen, die phallischen und die zentralen, nur eine Transzendenz: die Transzendenz der sphingoiden Lust" (*Zur Problematik des Dichterischen*). In *Der Aufbau der Persönlichkeit* schreibt er: "Das Erbgut des Stammhirns" ist "lustbereit", "im psychotischen Zerfall, stößt, aus dem primitiv-schizoiden Unterbau emporgejagt von den Urtrieben, das ungeheure, schrankenlos sich entfaltende, archaische Trieb-Ich durch das zerfetzte psychologische Subjekt empor"; der Schizophrene "wächst ins Kosmische, wird zum Mythos", "in der mystischen Ekstase der indischen Introversion schwillt er bis zum Erschauen letzten Sinnes, er wird zum Gott". Benn weist auf die "epileptoide Mischung unserer Persönlichkeitsentstehung".

Benn hat die Wiedergeburtsphantasie, die sich seit *Morgue* immer wieder andeutete, nun durchgeführt. Der Dichter kehrt in den Leib der (als Sphinx vorgestellten) Mutter zurück; der Inzest vollzieht sich zwischen dem in der Mutter befindlichen Dichter und dem (Vater-)Gott, damit der Dichter neu geboren wird, nun selbst zum Gott geworden. Freud deutete die Wiedergeburtsphantasie als "zensurierte Wiedergabe der homosexuellen Wunschphantasie":

Man "wünscht sich in den Mutterleib zurück [...], um dort beim Koitus vom Vater getroffen zu werden" und schließlich, um "vom Vater geboren worden zu sein".[3] Die Rückkehr in die Mutter und die Neugeburt durch den Vater bilden den Inhalt der Initiationsrituale,[4] über die Benn damals in ethnologischer Literatur nachlas, was ihn zu (aus seinem Unbewußten aufsteigenden) Phantasien stimulierte. Die zitierte Szene mit den "Hakenschnabelmasken" stellt ein Initiationsritual dar. G. Bleibtreu-Ehrenberg erwähnt eine melanesische Plastik, "ein papageienähnliches Wesen, vermutlich eine Ahnendarstellung, das mit einem bäuchlings unter ihm liegenden Mann Analkoitus ausübt." Sie schreibt weiterhin, daß die nichtinitiierten Knaben noch zur Klasse der Frauen gezählt werden; jedes Kind wird zuerst als weiblich angesehen, weil es in einer Frau gewachsen sei. Um die Jungen zu Männern zu machen, ist eine Vermännlichung nötig; sie erfolgt durch homosexuellen Analverkehr. Das Sperma des Älteren baut in dem Jungen die Männlichkeit auf. Dieser Verkehr wird als schöpferischer Akt angesehen, der Junge wird dadurch neugeboren. Die passive Rolle des Jungen bei der Päderastie macht ihn bzw. seinen Penis groß und stark. Bei Stämmen, wo es schon eine Aristokratie gibt, kann eine Initiation in diese Kaste und damit die Gewinnung der Unsterblichkeit erfolgen.[5]

1931 tritt Benns Beschäftigung mit dem Urmenschen zurück, es ist nun die Kunst "als letzte metaphysische Tätigkeit", durch die er die "Transzendenz der frühen Schicht" zu erreichen hofft (*Heinrich Mann zum sechzigsten Geburtstag*). 1932 greift er die Themen von 1930 wieder auf; er ist nun vom baldigen Erscheinen des Urmenschen überzeugt: Unter dem gegenwärtigen "Realitätszerfall" bereite sich "ein radikaler Vorstoß der alten noch substantiellen Schichten" vor (*Akademie-Rede*). "Der uralte, der ewige Mensch" wird wiederkommen, "mit Bindungen an Räusche und an Züchtung" (*Nach dem Nihilismus*). Betont wird auch, daß es der Deutsche ist, in dem sich dieses Geschehen anbahnt (ebd.; auch schon 1931 in der Rede auf Heinrich Mann).

3. Freud: GW, Bd. XII, 135 (*"Wolfsmann"*).
4. Vgl. z.B. Theodor Reik: *Probleme der Religionspsychologie*, Teil I: *Das Ritual*. Leipzig usw. 1919. – Mircea Eliade: *Das Mysterium der Wiedergeburt*. Zürich 1961.
5. Gisela Bleibtreu-Ehrenberg: *Mannbarkeitsriten*. Berlin 1980, 49ff. und 96ff.

III. Die Begegnung mit dem Vater

1. Die Geburt des neuen Menschen

In den beiden Rundfunkreden vom 24.4. und 24.5.1933[6] verkündet Benn: "Die Geschichte spricht"; eine "Wendung vom ökonomischen zum mythischen Kollektiv" habe stattgefunden. "Alles, was das Abendland berühmt gemacht hat", entstand "in Sklavenstaaten". "Geistesfreiheit, um sie für wen aufzugeben? Antwort: für den Staat!" "Der Mensch will groß sein, das ist seine Größe; dem Absoluten gilt unausweichlich sein ganzes inneres Bemühen" (24.4.33). Die Geschichte hat "einen neuen menschlichen Typ aus dem unerschöpflichen Schoß der Rasse" geschickt. "Die Geschichte mutiert und ein Volk will sich züchten". Es herrschen jetzt "ewiges Urgesicht", "Schöpfungsräusche", "eine neue Vision von der Geburt des Menschen" (24.5.33).

Was Benn 1930 wünschte und 1932 prophezeite, ist eingetreten: Der mythische Mensch ist wiedergeboren worden, "unter dem Flügelschlagen einer transzendenten Tat". Bemerkenswert ist die suchtartige Unterwerfungslust Benns.

2. Die Züchtungsvision auf dem Sinai

Der im Mai verkündete Züchtungswille des neuen Menschen ist das Thema von vier Aufsätzen vom Juni bis Oktober 1933, deren erster und wichtigster den Titel *Züchtung* hat. Benn deutet hier "die geschichtliche Verwandlung" als eine "anthropologische Verwandlung", deren zentraler Begriff "der totale Staat" sei. "Das Neue, Aufrührerische [...] der Verwandlung zeigt sich in dem spezifischen Führerbegriff." "Führer" ist "als höchstes geistiges Prinzip gesehen. Führer: das ist das Schöpferische"; "er beruft sich selbst, man kann natürlich auch sagen, er wird berufen, es ist die Stimme aus dem feurigen Busch, der folgt er, dort muß er hin und besehen das große Gesicht." Aus dieser Verwandlung wird "der neue Mensch" entstehen, "halb aus Mutation und halb aus Züchtung". Benn erläutert dann: "Der größte völkische Terrorist aller Zeiten und großartigste Eugeniker aller Völker" war "Moses". Benn fragt dann, "was soll gezüchtet werden?" Da "ein Jahrhundert großer Schlachten" bevorsteht, "der Donner wird sich mit

---

6. Über die äußeren Vorgänge, in die Benn verwickelt war, vgl. Reinhard Alter: *Gottfried Benn. The Artist and Politics (1910-1934)*. Bern 1976, 79ff.

dem Meer, das Feuer mit der Erde sich begatten", "gibt es nur eins: *Gehirne* muß man züchten, große Gehirne, die Deutschland verteidigen, Gehirne mit Eckzähnen, Gebiß aus Donnerkeil. *Verbrecherisch, wer den neuen Menschen träumerisch* sieht [...] statt ihn zu hämmern; *kämpfen* muß er können", "also Gehirne mit Hörnern, dessen Hörner sind wie Einhornshörner, mit denselben wird er die Völker stoßen zu Hauf bis an des Landes Enden."[7]

Die in der Rede vom 24.5.33 angekündigte Vision findet hier statt: Moses wird auf dem Sinai von Gott zum Propheten berufen und züchtet dann den neuen Menschen, dem Hörner aus dem Kopf wachsen. Es handelt sich hier offensichtlich nicht um Züchtung im Sinne von Zeugung und Geburt von Kindern, sondern ein schon existierender Mensch (und zwar ein Mann oder ein Junge) wird hier gezüchtet, gehärtet, 'gehämmert', 'unten am Stamm okuliert". Stellt man sich Moses als gehörnten vor, wie ihn Michelangelo darstellte, so formt Moses den neuen Menschen nach seinem Ebenbild, er macht ihn zum Gehörnten, zum Führer, zum Züchter.

Ich folgere daraus, daß der Inhalt von Benns Vision eine Wiederholung des Initiationsrituals darstellt, das er 1930 phantasiert und erhofft hatte: Es geht um die Identifizierung mit einer riesigen Vaterfigur durch den Analkoitus, was zur Vergöttlichung des Initianden führt. Die Aspekte von Unfreiheit, Unterwerfung, Gewalt, Härte, Opferbereitschaft sind sehr betont; die Maßnahmen des "Terroristen" Moses waren "Prügelstrafen, Handabhauen, Steinigung, Erschießen, Feuertod". Ich nehme an, daß der Kern von Benns Züchtungsvision nicht ein Analkoitus war, sondern eine Prügelstrafe. In dem Aufsatz *Ein Kind wird geschlagen* beschreibt Freud, wie ein Junge die väterlichen Prügel zum Analkoitus umphantasiert und so einen Liebesakt daraus macht. Die Folge kann sein, daß sich der Junge auf diese Weise mit dem Vater identifiziert, in einer Identifikation mit dem Aggressor. So ist Benns Züchtung eigentlich eine Züchtigung; die Zuchtrute ist Penis und Stock in einem ("hat schon wieder Frucht am Stecken", hieß es in "Pastorensohn"). In Benns Moses verbirgt sich sein Vater, von dem Benn 1932 schrieb: Er war "heroisch wie ein Prophet des Alten Testaments" (*Fanatismus zur Transzendenz*).[8]

7. Die Stelle ist nicht ein "Psalmenwort", wie Benn schreibt, sondern 5. Moses 33,17.

8. Ein ähnlicher, 'heroischer' Pfarrersvater findet sich in M. v.Trottas Film *Die bleierne Zeit* (beim Predigen).

Eine der Voraussetzungen für Benns Vision war die Aufspaltung des Vaterbildes in zwei Figuren, in Gott und Moses. Moses ist nur der Prophet, über ihm steht eine noch mächtigere Gestalt. Damit ist der Vater (als Moses) nicht mehr allmächtig und weniger angsteinflößend. Gott dürfte in einem sehr frühen Vaterbild wurzeln, das später zu einer Phantasiegestalt ausgebaut wurde, um sich gegen den realen furchtbaren Vater aus späterer Zeit zu wehren.[9] Der Ursprung von Benns Gottesbild dürfte in einer sehr frühen Wahrnehmung des Kindes liegen: Es hatte im Vater dessen Über-Ich erkannt, den Kern des väterlichen Prophetentums, seines "Fanatismus zur Transzendenz", nämlich Benns Großvater (als Introjekt im Vater), der auch ein Pfarrer gewesen war. (Benns Obsession durch die züchterische Tradition des protestantischen Pfarrhauses ist hier begründet. Benns Sicht wirkt historisch korrekt: Auch Luther war als Kind enorm geprügelt worden, vgl. E.H. Erikson.) Eine derartige Beobachtung kann zu einer Entspannung führen, zu einer Verringerung der Angst, auch zu einem Staunen, was dann eine Icherweiterung mit sich bringen kann, und zugleich wird das Kind auf diese Weise fähig, den Vater innerlich näher an sich heranzulassen. Diese, später verdrängte, Episode war meiner Ansicht nach die Basis für Benns Züchtungsvision, in der er nun selbst zum Propheten wird.

Freud schrieb: "Kindliche Gefühlsregungen sind in ganz anderem Ausmaß als die Erwachsener intensiv und unausschöpfbar tief, nur die religiöse Ekstase kann das wiederbringen. So ist ein Rausch der Gottesergebenheit die nächste Reaktion auf die Wiederkehr des großen Vaters." Das Verdrängte kehrt wieder, wenn "im rezenten Erleben" Erfahrungen auftauchen, "die dem Verdrängten so ähnlich sind, daß sie es zu erwecken vermögen."[10] Benns rezentes Erleben war der Triumph Hitlers. In Benns Vision vermischen sich Kindheitserlebnisse und rezentes Erlebnis: Moses und Hitler werden in eins gesetzt, in der Idee des "Führers". (Benn vermeidet es,

9. Gott als "anderer Vater", schreibt Erik H. Erikson: *Der junge Mann Luther*. München 1958, 102. (Ich würde sagen: als Gegenvater.)

10. Vgl. Freud: *Der Mann Moses und die monotheistische Religion*. In: GW, Bd. XVI, 185 und 242. – Zu Freuds These von Gott als dem Vater der Urhorde, der als archaische Erbschaft aus dem Gedächtnis aufsteigen kann (z.B. evoziert durch einen Führer) vgl. Marianne Krüll: *Freud und sein Vater*. München 1979, 239.

Hitler beim Namen zu nennen, doch ist dieser klar erkennbar: "Diesem Führer übergab sich nun in unserem Falle auch noch sukzessive die Masse.") Alice Miller betont, daß Hitler von seinem Vater maßlos geprügelt worden war und eine "Identifikation mit dem Aggressor" vollzogen habe: er verwandelte seine Ohnmacht in Allmacht und Grandiosität und es war ihm gelungen, diese real auszuagieren.[11] Zudem glaubte Hitler, daß er den Auftrag des Allmächtigen ausführe.[12] Was Benn insgeheim erträumte, machte ihm Hitler vor, er wurde zum Vorbild, zum Ideal, mit dem Benn sich identifizierte — Hitler war die Maske, in der Benn seinen Vater wiederfand und ihn lieben konnte.[13]

Als Folge von Benns Initiation in *Züchtung* läßt sich der folgende Aufsatz verstehen (*Der deutsche Mensch. Erbmasse und Führertum*), wo Benn das protestantische Pfarrhaus als das "züchterische Milieu", das die deutschen Genies hervorbrachte, vorstellt und folgert, Rassenzüchtung sei notwendig, "um den Führerbedarf eines Volkes zu decken". (Den gleichen Satz hatte er übrigens schon 1930 geschrieben in *Das Genieproblem*.) Es wird "also immer Pflege und Sicherung der Intelligenzschichten eine der wichtigsten Aufgaben des Staates und seiner Gesetzgebung bilden müssen. Zum Schluß stellt sich der Verfasser dieser Skizze selbst als Abkömmling des geschilderten Milieus vor." Zur Erfüllung dieser Aufgabe schlägt Benn die Gründung einer "nordischen Akademie" vor. Ich vermute, daß Benn sich als Präsident dieser Akademie träumte.[14] Im Pathos von *Züchtung* war bereits die Stimme des Führers, des Propheten, des großen Züchters zu vernehmen.

11. Alice Miller: *Am Anfang war Erziehung*. Frankfurt a.M. 1980, 189 und 221. — Helm Stierlin zitiert ein Gedicht des jungen Hitler, in dem es heißt: "und heilt ihm mit Prügel die Wunden." Vgl. H.S.: *Adolf Hitler*. Frankfurt a.M. 1975, 84.

12. Diesen Aspekt schildert J.P. Stern: *Der Führer und das Volk*. München 1978, 83ff. — Den gesamten Komplex untersuchte Friedrich Heer: *Der Glaube des Adolf Hitler*. München/Eßlingen 1968.

13. Über den Führer als "Ich-Ideal" vgl. Freud: *Massenpsychologie und Ich-Analyse* (Kap. XI: *Eine Stufe im Ich*). In: GW, Bd. XIII, 144-149.

14. Benn erwähnt Paul Valéry als Vorsitzenden der Mittelmeerakademie. Im Juli bat Benn um Übersetzungen von Valérys Gedichten. Vgl. *Benn-Chronik* von Hanspeter Brode. München 1978, 98.

3. Das Männerritual in Thule

Da Benn als früherer Expressionist angegriffen wurde, verteidigt er sich im November 1933 in dem Aufsatz *Bekenntnis zum Expressionismus*. Der Expressionismus sei in einer Epoche entstanden, in der "ein volkhafter und anthropologischer Substanzschwund eingetreten war". Die Expressionisten seien jetzt einer "Entwicklung von stärkstem inneren Zwang erlegen zu einer neuen Bindung". "Form und Zucht steigt als Forderung von ganz besonderer Wucht" aus ihnen auf. "Zucht will er, da er der Zersprengteste war". Der Expressionismus sei "die letzte Kunst Europas" gewesen. "Was jetzt beginnt [...], wird nicht mehr Kunst sein [...], sondern ein artneues, schon klar erkennbares Geschlecht." "Die Adler Odins fliegen den Adlern der römischen Legionen entgegen." "Heimkehr der Asen, weiße Erde von Thule bis Avalon, imperiale Symbole darauf: Fackeln und Äxte, und die Züchtung der Überrassen, der solaren Eliten, für eine halb magische, halb dorische Welt. Unendliche Fernen, die sich füllen! Nicht Kunst, Ritual wird um die Fackeln, um die Feuer stehen." "Wieder schwärmt — nah ist und schwer zu fassen — der Gott."

Wesentlich scheint mir an diesem Aufsatz, daß Benn hier nicht mehr abstrakt vom 'neuen Menschen' spricht, sondern von sich selbst ausgeht: *Er* war der 'Zersprengteste', *er* wollte die 'Zucht'. Damit wird rückblickend deutlich, daß er selbst die Züchtung durch den Führer erfuhr, die ihm ein "Gehirn mit Hörnern" gab. Benns Halluzination nähert sich nun seinem Bewußtsein, er erkennt — halb, halbbewußt — sich selbst in seiner Vision, und diese Selbsterkenntnis löst eine Verwandlung aus: Die Bilder des Alten Testaments werden durch Bilder der *Edda* ersetzt; die Vergangenheit nähert sich damit der Gegenwart. Vor allem züchtet Moses jetzt nicht mehr einen Initianden, einen Sohn (à la Abraham und Isaak), sondern junge Männer züchten sich gegenseitig — und nun bricht die Euphorie aus: "Unendliche Fernen, die sich füllen!" "Wieder schwärmt der Gott". Benn begegnet Hölderlin. — Das "Wir" der Söhne aus den frühen Gedichten ist wiedergekehrt ("Alaska" hat sich als "Thule" enthüllt) und zwar unter positiv-optimistischen Vorzeichen. Ich nehme an, daß Benn tatsächlich einen zeitlichen Sprung in seinem Gedächtnis machte: Die Szene mit Moses deutete auf eine Phantasie aus dem vierten oder fünften Lebensjahr, Thule aber auf die *Edda*-Lektüre in der Vorpubertät, als Benn mit Gleichaltrigen eine positive Phase erlebte und eine zeitweilige Verstärkung seiner Männlichkeit erfuhr.[15]

Dieser Komplex von Gefühlen und Phantasien tritt in den folgenden Aufsätzen noch stärker hervor. In der *Rede auf Stefan George* erwähnt Benn "das geheimnisvollste Erlebnis" Georges, von dem man nur in "apokalyptischen Tönen reden dürfe, ich meine: Maximin. Es war die neue Feier des Jünglings, die begann." Über Georges Werk liege "die unerbittliche Härte des Formalen", "auch der Züchtungsgedanke fällt unter dies Formproblem." Georges Werk enthalte "eine Welt, die sich gegen das Mütterliche richtet", "es ist dorische Welt." Es gibt jetzt "die neuen Götter: Form und Zucht." " 'Die Jugend ruft die Götter auf.' " In der *Rede auf Marinetti* spricht Benn von dessen "Männermaximen", von "Form und Zucht", auch vom "Führer, den wir alle ausnahmslos bewundern". In *Dorische Welt* schildert Benn "eine Männerwelt", ein "Männerlager". "Das fünfte Jahrhundert war der größte Glanz der weißen Rasse". "Ihr Traum ist Züchtung und ewige Jugend, Göttergleichheit, großer Wille, stärkster aristokratischer Rassenglaube". "Dorisch ist jede Art von Antifeminismus." "Dorisch ist die Knabenliebe, damit der Held beim Mann bleibt." "Es war erotische Mystik: der Ritter umarmte den Knaben wie der Gatte das Weib und vermischte ihn mit seiner Tugend." "Am heiligen Ort findet die Vereinigung statt". Benn wendet sich gegen die "feminine Fortdeutung von Machtbeständen." "Die Antike ist sehr nah, ist völlig in uns". Es gibt "seit der Antike arthafte ästhetische Gesetze", die "siegen und leuchten und die Zeiten überdauern". "Ein Gesetz gegen das Leben, ein Gesetz nur für Helden."

Der Kern von Benns Züchtungsvision, der homosexuelle Initiationsverkehr, tritt hier unverstellt aus der Verdrängung hervor. Wie die Betonung von Zucht, Form, Härte zeigt, geht es nicht um Lust, sondern eben um Identifizierung mit einem männlichen Prinzip, das Ewigkeitsgefühle vermittelt und das die Ablösung vom Weiblichen, vom Mütterlichen ermöglicht. Die Dorer hatten im übrigen ganz ähnliche Vorstellungen wie die Melanesier; Bleibtreu-Ehren-

15. So eine These in meinem Benn-Buch (83). — Vgl. Peter Dettmering: *Dichtung und Psychoanalyse*. München 1969, 62. — "Ums dreizehnte Jahr wird das mitreisende Ich entdeckt, daher wachsen um diese Zeit die Träume vom besseren Leben besonders üppig." Ernst Bloch: *Das Prinzip Hoffnung*. Frankfurt a.M. 1959, I, 24.

berg schreibt, die Päderastie war eine Sache des Adels, sie diente der Erziehung zur Tüchtigkeit und dem Eintritt in die Herrenklasse; der Ritter "hauchte dem Knaben sein Heldentum ein". Wie die Melanesier glaubten die Dorer, daß "das eigentliche Selbst des Ritters realstofflich in dessen Sperma anwesend" sei.

4. Der Todeskult

Der letzte Aufsatz von Benns Naziphase ist der *Lebensweg eines Intellektualisten*. Benn war verdächtigt worden, Jude zu sein und verteidigt sich durch seinen Ariernachweis ("nordische Siegschaft") und einen Rückblick auf seine Entwicklung. Er erwähnt Rönne, "der nur das rhythmische Sichöffnen und Sichverschließen des Ichs und der Persönlichkeit kannte, das fortwährende Gebrochensein des inneren Seins". "Das Problem, das Rönne solche Qualen bereitete, heißt also: Wie entsteht, was bedeutet eigentlich das Ich?" Rönnes "Existenz" war "eine einzige Wunde von Verlangen nach dieser kontinuierlichen Psychologie, der Psychologie des Herrn". Von Pameelen heißt es, "in diesem Hirn zerfällt etwas, was seit vierhundert Jahren als Ich galt". "Zerfetzt der innere Mensch". Benn zitiert seine damaligen Sätze über Pameelen (aus der Einleitung von *Der Vermessungsdirigent*): "Mit allen derniers cris aller Psychologien versucht er sich daran, dies Ich experimentell zu revidieren. Seine Grenzen sucht er abzutasten, seinen Umfang zu bestimmen." Das Ich seiner frühen Lyrik nennt Benn "ein durchbrochenes Ich", "eine Form des Ichs, das für einige Augenblicke sich erwärmt und atmet und dann in kaltes amorphes Leben sinkt." Im Kapitel *Die Probleme* heißt es (unter Berufung auf George und den Nationalsozialismus): "Das Leben ist ergebnislos, hinfällig, untragbar ohne Ergänzung, es muß ein großes Gesetz hinzutreten, das über dem Leben steht, es auslöscht, richtet, in seine Schranken weist." Dieser Satz wird dann im Schlußkapitel *Die Lehre* weitergeführt: Benn faßt die Erfahrungen seiner Generation zusammen "als die erkämpfte Erkenntnis von der Möglichkeit einer neuen Ritualität. Es ist der fast religiöse Versuch, die Kunst aus dem Ästhetischen ins Anthropologische zu überführen. [...] Es hieße ins Soziologische gewendet: in den Mittelpunkt des Kultischen und der Riten das anthropologische Prinzip des Formalen zu rücken, dies nordische Prinzip [...] der reinen Form, des Formzwanges [...], die Unwirklichungmachung des Gegenstandes, seine Auslöschung, nichts gilt die Erscheinung, nichts der Einzelfall, nichts der sinnliche Gegenstand". Dann zitiert Benn Rönne: "Wenn man aber lehrte [...], das Leben formend überwinden, würde da der Tod nicht sein der Schatten blau, in dem die Glücke stehen". Am Ende heißt es: Es gibt nur "den großen objektiven Gedanken, er ist die Ewigkeit, er ist die Ordnung der Welt", ihm werden "alle Opfer blind gebracht".

Benn knüpft hier an eine der wenigen Stellen aus dem Frühwerk (dessen Zentrum Phantasien der "Entformung" sind) an, wo bereits der "Form"-Gedanke auftauchte. "Form" bedeutet für Benn ein festes Ich mit klaren Grenzen; seine Beschreibung erinnert stark an die Ausführungen von P. Federn und G. Ammon über die "Ich-Grenzen".[16] Benn verglich das lyrische Ich (1927 in *Epilog und lyrisches Ich*) mit einem im Meer lebenden primitiven Organismus, "bedeckt mit Flimmerhaaren", sie sind "das allgemeine Tastorgan", das Worte "herantasten" kann. Dies Ich wird als Körper-Ich erkennbar, das durch Worte anstelle von Hautkontakt seinen Reizhunger und seinen Wunsch nach Kommunikation mit der Umwelt befriedigt, auf autistische Weise. Reale Konfrontationen mit der Umwelt wurden als schmerzhaft empfunden. Es entstand der Wunsch nach einem harten, unempfindlichen Ich, der dann zur Phantasie des 'Gehämmert'- und 'Ausgelöschtwerdens' führte (was real heißen dürfte: Prügel bis zur Bewußtlosigkeit). Diese Phantasien stiegen 1933 auf, zuerst euphorisch, jetzt zeigt sich der nackte Kern: Benns Ritual ist ein Opferritual,[17] sein Kult ein Todeskult. ("Ein Gesetz gegen das Leben, nur für Helden" – für den Heldentod.) Ähnliche kultische Ideen entwickelten die Nazi-Dichter Baumann und Schumann,[18] doch zeigt Benn (als großer Dichter, der er eben war) die psychischen Wurzeln dieses Kultes, die man eine "archaische Ich-Krankheit" (Ammon) nennen kann.

Es handelt sich hierbei um ein kollektives Phänomen, das K. Theweleit im zweiten Band seiner *Männerphantasien* untersuchte. Un-

16. Vgl. Günter Ammon: *Dynamische Psychiatrie*. München 1980, 51f.
17. Vgl. Reik (Anm. 4) zur Erklärung für die von Bleibtreu-Ehrenberg beschriebenen Phänomene.
18. Vgl. Klaus Vondung: *Magie und Manipulation*. Göttingen 1971. Er zitiert Schumann: "Bis uns die Hämmer aus den Fäusten fallen. / Dann mauert uns in die Altäre ein." Vondung schreibt, das Bild symbolisiere ein "'Bauopfer'", "wie es viele Religionen kennen" (169). – Benns Todeskult erinnert an die Prozedur in Kafkas *Strafkolonie*.

235

ter Bezug auf den frühen Freud und M. Mahler schreibt er, das Ich entstehe durch "Verschiebung von Libido vom Körperinnern zur Körperperipherie als Reaktion auf lustvolle Belebungen der Körpergrenzen von außen." "Ich *wird* als Gefühl vom eigenen Leib". Dieser Prozeß führt im Verlauf der ersten zweieinhalb Lebensjahre zur Lösung aus der Symbiose mit der Mutter und zu einem "sicheren Gefühl äußerer Grenzen", das Theweleit als "Individuation" und als "extra-uterine Geburt" bezeichnet. Verhindert wird diese zweite Geburt z.B. durch "Eindämmung und Negativisierung" der "Körperflüsse" des Kindes, "durch den Zugriff strenger harter Hände, die die Lustempfindungen aus der Haut vertrieben, durch schmerzhafte Eingriffe körperlicher Strafen", möglicherweise auch durch eine "'verschlingende' Emotionalität" der Mutter. Das Resultat ist dann ein Gefühl innerer Fragmentierung, das zum Rückzug in den Autismus führen kann. Die Untersuchung der faschistischen Charakterstruktur zeigt, daß es möglich ist, einen solchen "nicht zu Ende geborenen Menschen" später "künstlich funktionabel" zu machen, nämlich "durch den *Schmerz*". Ein solcher Mensch kann "ins Leben geprügelt" werden (246ff.). Jetzt spürt er sich, da er "ein Ich von außen übergestülpt" erhält. Sein Körper gehorcht nun einem "Schmerzprinzip" anstatt dem Lustprinzip (175). Die Prügel vermitteln ihm ein neues Geburtserlebnis, das dann später durch den soldatischen Drill wiederholt wird. Dieser neue Mensch ist ein "Kampfmensch", "gezeugt ohne Zuhilfenahme der Frau" (185). Auch die von Benn seit 1930 erwähnten Gemeinschaftsgefühle, die Unterwerfung unter das Gesetz (was zu 'transzendenten Schwellungen' führt) werden von Theweleit dargestellt: Die "faschistische Organisationsbildung" beruhe auf dem "Gestus des Zusammenfügens", er befriedigt das "Bedürfnis des nicht zuende geborenen Typs nach der fehlenden Hälfte, ohne die er nicht *ist*"; er braucht ein "Herrschaftsverhältnis, das eine gewaltsame Symbiose" ist (248f.). Die in "Ganzheitsgebilden vereinigten folgsamen Söhne" ersehnen "die Gestalt eines 'Vaters', der ihnen ewige Ganzheit und die Verbindung mit der Macht garantiert, mit dem Prinzip des glänzenden, allmächtigen Phallus der Höhen". Die Unterwerfung unter den Führer bringt sie in den "Besitz der Phallusattrappe im Namen des Gesetzes" (426ff.).[19]

19. Klaus Theweleit: *Männerphantasien*, 2. Band. Frankfurt a.M. 1978. Er bringt auch den homosexuellen "Analverkehr als Erhaltungsakt" (366) sowie

Benn war offenbar als Kind in starkem Maße in der 'verschlingenden Emotionalität' der Mutter geblieben, was zugleich heißt, er war nicht genug geprügelt worden, um sich schon als Kind mit dem harten "Form"-Ich zu identifizieren. Theweleit schreibt, "autistische Kinder scheinen wenig geschlagen worden zu sein", doch sei ihre Selbstaggression augenfällig (257). Diese Selbstaggression ist in Benns Ritual dominierend, in dem der Todestrieb, die Nekrophilie, rein zum Ausdruck kommt.[20] Es gelang ihm auch 1933/34 nicht, die Aggression nach außen zu wenden. (Den Elan, der ihn 1914 beim freiwilligen Kampf in vorderster Front und zum Eisernen Kreuz beflügelte, fand er später nicht mehr wieder.) In seinen Schriften von 1933/34 fehlt das Aggressionsobjekt. Benn richtet sich weder gegen die Kommunisten noch gegen die Juden, nur gegen die Intellektuellen und gegen das "Feminine", das "Mütterliche", womit er aber in seiner eigenen Psyche bleibt und sich keine äußeren Handlungsperspektiven eröffnet. Auch die homosexuellen Tendenzen, die auf Kontakt abzielen und die für Benn mit so starken Euphoriegefühlen verbunden waren, durchbrachen nicht den narzißtischen Rahmen. So gelang es Benn nicht, sich der Volksgemeinschaft anzuschließen. In der Realität blieben seine Berührungsängste erhalten; dahinter standen Allmachtsphantasien, ein narzißtisches Reservat, das auch 1933 nicht aufgebrochen wurde. Dementsprechend blieb Benn gegenüber der neuen Realität zwiespältig und setzte seine Phantasien nicht in Handlungen um; er bot sich dem neuen Regime mit seinen Texten an, aber er ergriff keine praktische Initiative. Der innere Zwiespalt äußerte sich in privaten Bemerkungen (z.B. gegenüber Loerke) und auch in seinen Schriften: Schon im Sommer 1933 deuten sich gewisse Reserven an, er erwähnt die "Eigengesetzlichkeit der Kunst" (wie Wellershoff einen

---

die Wiedergeburt als Gott (234). — Er erwähnt Höß, dem "das Ich ausgewechselt" wurde (266) und Goebbels, der (fast genau wie Benn) schrieb: "Das eigene Leben muß überwunden werden" (274).

20. Todestrieb nicht im Sinn von Freud; vgl. W. Reich: *Charakteranalyse* (Einige Bemerkungen über den Urkonflikt Bedürfnis — Außenwelt). Köln 1970. — "Adolf Hitler, ein klinischer Fall von Nekrophilie", in: Erich Fromm: *Anatomie der menschlichen Destruktivität*. Reinbek 1975. — "Adolf Hitler ist ein *permanenter Selbstmörder*", schreibt Friedrich Heer, er weist auf die " 'Abtötung' " und auf die "ars moriendi" des Mittelalters hin (s. Anm. 12, 375). — Stierlin spricht von Hitlers "Todeskult", den er in "liturgischen Riten zelebrierte" (s. Anm. 11, 105).

Aufsatz nannte). Im *Bekenntnis zum Expressionismus* kommen Euphorien zum Ausdruck, doch schreibt Benn sie einer neuen Jugend zu. In *Dorische Welt* werden am Ende Kunst und Macht dann doch wieder als getrennte Bereiche betrachtet. In *Lebensweg eines Intellektualisten* sieht Benn dann den großen Aufbruch schon fast ganz von außen. Seine latenten Impulse zur Aktivität hatten keine Ermunterung, keine positive Verstärkung erfahren, statt dessen kamen Angriffe von Seiten der Nazis und stachelten seine Aggressionen nun wieder auf der intellektuellen Ebene an, was ihn schließlich ganz in sich selbst zurücktrieb.

IV. Die Ersetzung des Vaters

1. Die narzißtische Rekonstruktion
Benns Wandlungsprozeß endet mit einer überraschenden Pointe. In Briefen vom Sommer 1934 zeigt er sich völlig ernüchtert, er ist tief enttäuscht von der Kulturpolitik des neuen Regimes. (Am 27.8.: "Schaurige Tragödie! Das Ganze kommt mir allmählich vor wie eine Schmiere, die fortwährend *Faust* ankündigt, aber die Besetzung langt nur für *Husarenfieber*. Wie groß fing das an, wie dreckig sieht es heute aus.") Er beschließt, seine Existenz zu ändern. (Rücktritt von der Vizepräsidentschaft der 'Union nationaler Schriftsteller', Aufgabe der fast eingegangenen Arztpraxis, Übertritt in die Armee.) Im Oktober 1934 schreibt er das Gedicht "Am Brückenwehr". Es ist ein Zwiegespräch. In Teil I sagt ein Ich am Anfang:

"Ich habe weit gedacht,
nun lasse ich die Dinge
und löse ihre Ringe
der neuen Macht.["]

Die letzte Strophe von I heißt:

["]Ich habe weit gedacht,
ich lebte in Gedanken,
bis ihre Häupter sanken
vor welcher Macht?"

In Teil II spricht eine zweite Stimme das Ich an:

"Vor keiner Macht zu sinken,
vor keinem Rausch zur Ruh,
du selbst bist Trank und Trinken,
der Denker, du.

[...]
du bist der Formenpräger
der weißen Spur.

[...]
du bleibst gebannt und bist
der Himmel und der Erden
Formalist.["]

In Teil III spricht wieder das Ich und sagt am Ende:

["]laß mich noch einmal reich sein,
wie es die Jugend gedacht,
laß mich noch einmal weich sein
im Blumengeruch der Nacht,

nimm mir die Hölle, die Hülle,
die Form, den Formungstrieb,
gib mir die Tiefe, die Fülle,
die Schöpfung – gib!"

In Teil IV spricht wieder die zweite Stimme:

["]nahe am Schöpfer züchten
wenige Arten sich.

[...]
formen, das ist deine Fülle,
der Rasse auferlegt,
formen, bis die Hülle
die ganze Tiefe trägt,

[...]."

Liest man das Gedicht von Benns damaliger Situation aus, so ist die 'Macht', vor der das Ich 'sank', die Macht Hitlers. In Teil II wird das Ich aufgerichtet und erhält eine große Aufgabe zugewiesen: "Formenpräger der weißen Spur", was heißen dürfte: der weißen Rasse, soll es sein. Das war damals die Rolle Hitlers, jetzt hat sie das Ich zu übernehmen. Es ist auch "der Himmel und der Erden Formalist". Der Formalist ist der Former, der Schöpfer, womit der Anfang der Bibel erscheint: "Am Anfang schuf Gott Himmel und Erde." Das Ich soll also Gott sein, aber die zweite Stimme dürfte auch Gott sein. Das Paradox löst sich in der Gestalt von Christus, des Sohnes, der vom Vater erhöht wird, an seiner Schöpferkraft teil hat und mit ihm wesenseins ist. In Teil III ist das Ich wieder schwach, es möchte den Auftrag nicht, sondern will 'reich' und 'weich' sein: Es wendet sich zurück in die Regression, in die weibliche Rolle des frühen Benn, doch verlangt das Ich dann auch die "Schöpfung". Das Ich gehorcht am Ende vermutlich der zweiten Stimme, da diese das letzte Wort hat: In IV wiederholt sie den Auftrag, der jetzt aber weniger nach außen gerichtet erscheint, er ist nach innen hineingenommen: Es geht um "sich züchten", um "(sich) formen", aber in diesem Innern scheint dann doch zugleich alles Äußere enthalten zu sein ("die ganze Tiefe").

Das Gedicht ist Benns Reaktion auf die Enttäuschung durch Hitler. Benn sah Hitler im Sommer 1933 als den von Gott berufenen Führer, bzw. als den Führer, der sich selbst beruft. Jetzt, in der Situation der Schwäche, möchte ein Teil von Benn in die alte weibliche Rolle zurücksinken, aber da erinnert sich Benn an jenen Moment des Glücks: Damals wurde der neue harte Kampfmensch in ihm gezüchtet, und so wiederholt er, was er von Hitler lernte, er macht ihn nach: Er wiederholt die Berufungsszene, aber jetzt mit sich selbst – mit dem Hitler in sich rächt er sich an dem Hitler draußen: Er entmachtet ihn, er wirft ihn aus dem Weltendrama hinaus (bzw. stößt ihn mit dem Einhorn "bis an des Landes Enden") und nimmt selbst dessen Stelle ein: Er übertrumpft ihn, er überhitlert ihn!

Hinter Hitler steht die Schicht der Vaterbeziehung. Benn hatte sich 1933 vom Vater züchten lassen, um wie der Vater zu werden, Führer und Züchter. Die Enttäuschung durch Hitler wurde auch als Enttäuschung durch den Vater verspürt, und zwar auf einer sehr frühen Ebene: Die 'Macht, vor der das Ich sinkt', ist der böse Vater, der "Prophet des Alten Testaments", angesichts dessen der Sohn zurück zur Mutter regrediert war. Wie schon erwähnt, muß Benn zu einer sehr frühen Zeit das Über-Ich des Vaters wahrgenommen und darüber Phantasien entwickelt haben; so entstand die Gottesidee in Benn. Zugleich mit diesem imaginären Über-Vater bildete sich ein imaginärer Sohn, ein imaginäres Ich, das sich später als Christus verstand. Indem Benn in dem Gedicht die Berufung von 1933 wiederholt, setzt er sich an Stelle von Moses, an die Stelle des Vaters, d.h. er ist der Berufene, nicht der Vater. Dieser Vorgang entspricht dem Christusmythos, der ja insgeheim den Vatermord impliziert, wie Freud schrieb. (Dieser Sachverhalt ist auch dadurch gegeben, daß eben der Vater nur Moses war, der Prophet Gottes, der Sohn aber Christus, der Sohn Gottes.)

Die Wünsche, die sich Benn in diesem Gedicht erfüllt, lassen sich verdeutlichen. Im Expressionismus-Aufsatz sieht der Dichter "im akausalen Dauerschweigen des absoluten Ich der seltenen Berufung durch den schöpferischen Geist entgegen". Hier ist ein absolutes, losgelöstes, isoliertes, vereinsamtes Ich, autistisch schweigend, das die Ursachen für sein Schweigen (die Mutter) nicht mehr kennt und auf den schöpferischen Geist wartet: auf Zuwendung durch den Vater. Das Kind phantasierte sich dann diese Zuwendung (als "hohes Geistergespräch", wie Benn später einmal schreiben wird); jetzt hat Benn diese Phantasie wiedergefunden: Er kann selbst den 'schöpferischen Geist' sprechen lassen, das Über-Ich des Vaters – das er diesem damit weggenommen hat. Benn kann sich nun selbst Zuwendung, Anerkennung, Erhöhung und die Erfüllung seiner Allmachtsphantasien geben. –

Auf noch Früheres weist das "Sich züchten" und 'Formen'. Dieser Wunsch war der Kern des Züchtungsrituals, des Prügelrituals, das jetzt aber nach innen hineingenommen worden ist. Benn hat sich gespalten (vergleiche Nietzsche: "Und plötzlich wurde eins zu zwei und Zarathustra ging an mir vorbei"): Er hat den Vater in sich hineingenommen, auf Rat des Über-Vaters. Die reale – psychische, nervliche – Grundlage dieser Phantasie ist der "Selbsterreger" (wie ein Gedicht von 1915 heißt) mit seiner "Selbstentzündung". Gottfried muß sich sehr früh nach Art hospitalisierter Kinder durch Selbststimulation die entbehrten Reize gegeben haben (vgl. oben K. Theweleit).

Ich nehme an, das Kind produzierte Nervenspannungen, Zuckungen, um sich zu spüren. (Ein Reflex dieser Vorgänge ist Benns Satz über "die epileptoide Mischung unserer Persönlichkeitsentstehung" von 1930. "Der Körper ist der letzte Zwang und die Tiefe der Notwendigkeit.") Später, in der analen Phase, ergaben sich weitere Möglichkeiten der Selbstlust;[21] diese Einstellung prägte dann auch die genitale Phase. (Vgl. das Gedicht "Synthese" und viele andere Stellen.) – In "Am Brückenwehr" erscheint auch die orale Selbstbefriedigung: "du selbst bist Trank und Trinken, / der Denker, du." Im Denken gibt er sich die Brust. Im Expressionismus-Aufsatz hatte Benn geschrieben: "Unendliche Fernen, die sich füllen!" Dieser zentrale Euphoriesatz war die Umkehrung einer frühen Entbehrung: einer unendlichen Leere, eines totalen Mangels an Zuwendung und Befriedigung. Im Sommer 1934, als sich die Enttäuschung abzeichnete, stieg eine tiefe Depression auf: In Lebensweg schrieb Benn

---

21. Vgl. mein Benn-Buch, 49f.

über das lyrische Ich, es sei eine "Form des Ichs, das für einige Augenblicke sich erwärmt und atmet und dann in kaltes amorphes Leben sinkt." Jetzt, im Herbst 1934, erscheint der Wunsch nach einer Fülle von metaphysischen Dimensionen in Teil III des Gedichts und in Teil IV kann Benn als Urvater diesen Wunsch sich selbst befriedigen: "formen, das ist deine Fülle, / [...] formen, bis die Hülle / die ganze Tiefe trägt". Benn ist Gott geworden; er phantasiert sich als biblischen Schöpfergott — es geht um das Kind, das sich selbst, sein Ich ("die Hülle") selbst erschaffen mußte, und ja auch erschaffen hat!

Mit den Bildern erfüllter Wünsche staffiert Benn sein Ich aus und baut es auf: Er nimmt eine "Selbstgestaltung" vor (die ihm früher nicht gelungen war: "Levkoienwelle"), eine Rekonstruktion seines Narzißmus, seines Selbst. Er holt alle frühen Entwürfe von Selbstbildern aus seinem Unbewußten herauf. Er vollzieht das "Prinzip der Form" an sich, er praktiziert die "Lehre", die er in *Lebensweg* aufgestellt hatte, die dort entworfenen "Kulte und Riten" und zwar mit viel weniger Todessehnsucht. Es heißt in dem Gedicht "Am Brückenwehr": Die "Adler" sind "schweigend und unfruchtbar", auch wird nicht mehr auf "Stimmen" gehofft, aber diese Sätze widerlegen sich selbst, sie entstammen ja einer Stimme, eben einer inneren, und diese spricht vom "züchten".

Benn hat die Phantasmagorie, die er außen erlebte, in sich hineingenommen, er ist sein eigener Hitler, sein Führer geworden. Er hat das "Loch im Ich" (das durch die Mutter entstanden war) durch eine 'Plombe im Ich' gefüllt.[22] Er hat eine psychische Transplantation vorgenommen (von "Transplantationen" psychischer Art sprach er schon 1916 in *Der Vermessungsdirigent*), indem er Phantasien, Wunscherfüllungen aus dem dritten bis fünften Lebensjahr auf Stellen der Entbehrung aus dem ersten Jahr zurückverpflanzt hat. Er hat die "Triangulierung", die Ablösung von der Mutter und die Identifizierung mit dem Vater, nachgeholt, in einer für Kreative typischen Weise.[23]

22. "Loch im Ich", s. Günter Ammon: *Psychoanalyse und Psychosomatik*. München 1974, 94. — 'Plombe im Ich', s. Morgenthaler, zit. nach Margarethe Mitscherlich: *Das Ende der Vorbilder*. München 1980, 144.

23. Zur Triangulierung vgl. Michael Rotmann: *Über die Bedeutung des Vaters in der "Wiederannäherungsphase"*. In: *Psyche* 32 (1978) 5, 1105-1147. — Ein 'typisches' Beispiel ist Baudelaire (wo auch eine Prügelphantasie eine

2. Hitler als Therapeut

Benns Wandlungsprozeß, sein Abstieg in die Unterwelt, begann 1930, mit dem Aufstieg des Nationalsozialismus. Die Art, wie das Unbewußte von äußeren Ereignissen beeinflußt wird, ist schwer durchschaubar. Im Falle Benns ist seine eigene Deutung sehr plausibel: Der Künstler "lebt nur seinem inneren Material, für das sammelt er Eindrücke in sich hinein, das heißt zieht sie nach innen, so tief nach innen, bis es sein Material berührt, unruhig macht, zu Entladungen treibt" (*Lebensweg*, III). Benn sah den Nationalsozialismus nicht als eine neue "Regierungsform" (24.5.33), sondern als Heraufkommen eines neuen Menschen, als "anthropologische Verwandlung". Benn fühlte sich 1933 in die Kindheit zurückversetzt. Tatsächlich machte Hitler ja nicht Politik im üblichen Sinne, sondern "inszenierte auf der weltpolitischen Bühne unbewußt sein wahres Kindheitsdrama".[24] Er tat damit das, was die Künstler in ihren Werken tun (Hitler sah sich selbst als Künstler, Benn teilte seine Ansicht, vgl. den Expressionismus-Aufsatz), aber er tat es real, d.h. das, was sich im Kunstwerk hinter der Form verbirgt, wurde offen ausagiert. Die Welt als Kunstwerk wurde zur Bühne des Unbewußten, der Kindheit, der frühen Familie. Hitler vollzog die von Benn geforderte Überführung der Kunst vom Ästhetischen ins Anthropologische, die ja nur die Formulierung von Hitlers Praxis war! (Benjamins These, der Faschismus habe die Ästhetisierung des Politischen gebracht, scheint mir oberflächlich; Benn sah tiefer: es ging um die Psychologisierung des Politischen.) Auf perverse Weise hob Hitler die Entfremdung auf und verwandelte das deutsche Volk in eine therapeutische Gruppe. Stierlin schrieb: "Hitler versprach Lösung von Konflikten und Wiedergutmachung von Schaden, die jeder Deutsche als Familienangehöriger erlitten hatte".[25] Im Falle Benns hielt er sein Versprechen.

Benn befand sich seit 1930 in einer Übertragungsbeziehung zu Hitler (die ihm unbewußt blieb). Vor 1933 war die Abwehr Benns noch stark, seine Phantasien haben den Charakter von zensierten Träumen. 1933 bricht die Abwehr weitgehend zusammen. ("Der

---

wichtige Rolle spielt). Vgl. mein Buch: *Baudelaire und seine Muse auf dem Weg zur Revolution*. Frankfurt a.M. 1980.

24. Alice Miller (Anm. 11), 219. – ("Das Lust-Ich auf der Bühne der Geschichte" ist der Titel der Einleitung zu meinem Baudelaire-Buch.)

25. Stierlin (Anm. 11), 153.

Acheron hat den Olymp überflutet", d.h. das Unbewußte das Bewußtsein, "der Ganges bewegt sich nach Wittenberg". Die Prophezeiung von 1930 hatte sich erfüllt.) Benn erlebt einen Sturm freier
Assoziationen, er halluziniert. Er ist im Hochgefühl der positiven
Übertragung: "Das ganze gequälte Leben versinkt" (Rede vom 24.
5.33). Benn projizierte seine Konflikte auf Hitler als den Guru, der
die Lösung vormacht. Hitler war Benn psychisch ähnlich, doch viel
aktiver; er zeigte, wie man mit dieser Art von Psychose umgehen
kann. Da Hitler seine Traumata ausagierte, konnte auch Benn sie
hochlassen: Er hielt sich dabei innerlich an Hitler als dem Garan-
ten eines guten Endes fest, wie in einer therapeutischen Übertragungsbeziehung. So wurde Hitler zum Geburtshelfer für Benns
neues Ich, er verhalf ihm zur "magischen Ichumwandlung und
Identifizierung" (*Der Aufbau der Persönlichkeit*), die Benn seit
1930 ersehnte, zur "menschlichen Umgestaltung", die er dann
1933 vollzog (Rede vom 24.5.33). In Hitlers Stimme hörte Benn
die göttliche Stimme des eigenen Urvaters, die ihn einst aus der
suizidalen Depression herausgezogen hatte. (Hitler wurde so zum
großen Inspirator.[26])

Die Ähnlichkeit mit einer Psychotherapie (mit deren emotionalen Prozessen, nicht den rationalen)[27] tritt besonders am Ende
hervor: Benn wird zurückgewiesen, d.h. der Therapeut weigert sich,
die narzißtischen Ansprüche (die Hoffnung auf deren Erfüllung ist
nach B. Grunberger der Motor des therapeutischen Prozesses)[28]
des Patienten weiter zu erfüllen. Jetzt ist Benn fähig, auf die Erfüllung dieser Wünsche durch den Therapeuten zu verzichten: Er löst
die Übertragung auf, beendet die Therapie (verläßt die therapeutische Gruppe) und erfüllt sich seine narzißtischen Wünsche (die er
durch die Arbeit in der Übertragung als narzißtische zugelassen
und erkannt hat) selber, als narzißtische. Er kann nun praktizieren,
was er gelernt hat. Er ist selbständig und unabhängig geworden, so

26. Ernst Kris sieht den Ursprung der Inspiration in der "verdrängten
Phantasie", "vom väterlichen Phallus befruchtet zu werden und, besonders,
ihn sich einzuverleiben." (*Die ästhetische Illusion*. Frankfurt a.M. 1977, 194.)
27. Eine gewisse Parallele ist die "Proto-Psychoanalyse", die Goethe in der
Beziehung zu Charlotte von Stein machte (wo es auch um den Aufbau von
Ichgrenzen ging). Vgl. Kurt R. Eissler: *Goethe*. Frankfurt a.M. 1983.
28. Bela Grunberger: *Vom Narzißmus zum Objekt*. Frankfurt a.M. 1976,
211ff.

daß man sagen kann: Hitler war ein erfolgreicher Therapeut und Benn ein erfolgreicher Patient. — Das Resultat der Therapie war im übrigen stabil, Benn bewahrte seine neue Identität und machte sie zur Grundlage seiner späteren Werke.[29]

3. "Wer halluziniert, erblickt das Reale"

Benn vollzog eine Widerspiegelung des historischen Prozesses, nicht der äußeren, sondern der inneren, psychischen Vorgänge. Sein Unbewußtes kommunizierte mit dem Unbewußten des Führers und seines Volkes, nach der Methode, die Benn 1930 formuliert hatte: "Wer halluziniert, erblickt das Reale" (*Zur Problematik des Dichterischen*). Wie luzide Benn 1933/34 die politische Umwälzung wahrnahm, zeigt ein Vergleich mit Zeitgenossen wie Papen, einem Konservativen, Heuss, einem Liberalen, Schumacher, einem Sozialdemokraten, und auch die Kommunisten waren blind.[30] Nur Wilhelm Reich erkannte die Lage. Und Benn. Klaus Mann nannte ihn zurecht "Prophet des 3. Reiches".[31] Später verdrängte Benn seine Halluzinationen (und die traditionelle Germanistik machte es ihm nach).[32] — Thomas Mann hatte in seinem Aufsatz

29. Vgl. mein Benn-Buch.
30. Über die Ansichten der Kommunisten vgl. Theo Pirker: *Komintern und Faschismus*. Stuttgart 1966.
31. Zit. nach der *Benn-Chronik*. — In der Darstellung Benns als "Dr. Pelz" übersetzt Klaus Mann dann die Metaphorik von Benns Aufsätzen in die Realität, die folgte, was sich wie eine psychoanalytische Interpretation des tief verdrängten Sadismus Benns liest. (*Mephisto*. Edition du Soleil, 302ff.) — Bei Lion Feuchtwanger erscheint Benn als F.W. Gutwetter, dem Passagen aus *Züchtung* ("Gehirne mit Hörnern") in den Mund gelegt werden. (*Die Geschwister Oppermann*. Frankfurt a.M. 1983 (FT 2291) 109. Vgl. auch 270.)
32. Einige neuere Arbeiten seien erwähnt. R. Alter (Anm. 6) bringt eine gute Darstellung der Fakten, aber schreibt nicht über den 'Artist' als Dichter, sondern als Kunsttheoretiker, so daß Benns visionäre Texte so gut wie nicht erscheinen. Das Gleiche trifft im Prinzip in Bezug auf den Benn von 1933/34 auch auf Jürgen Schröder (*Gottfried Benn — Poesie und Sozialisation*. Stuttgart 1978) zu. Er stellt drei Thesen auf: "1. Die Prämissen und Dispositionen für Benns Handeln und Schreiben in den Jahren 1933/34 liegen u.a. in seiner frühen Sozialisationsgeschichte. [...] 2. Es ist ein kontinuierlicher, schrittweiser Weg, der Gottfried Benn in das Jahr 1933 führte. Er beginnt bereits im Jahre 1928/29 und läßt sich [...] als ein allmählicher Prozeß der *Resozialisierung des Außenseiters* Benn beschreiben. 3. Diese Resozialisierung, die mit seiner Aufnahme in die Preußische Akademie der Künste, Abteilung für Dich-

Bruder Hitler (1939) die Faszination, die von Hitler ausging, erkannt, doch im *Doktor Faustus*, der eigentlich ein Hitler-Roman

---

tung, zu Beginn des Jahres 1932 endet, bringt Gottfried Benn in nächste Nachbarschaft und Affinität zum Geist der sog. "Konservativen Revolution". In ihrem Zeichen steht alles, was er 1933/34 schreibt und tut." (10) Die 3. These ist zur Hälfte ("im Jahre 1932 endet") völlig falsch, der Rest trifft nur partiell zu. Die 'Resozialisation' (ein durchaus passender Begriff für wichtige Aspekte des Benn von 1933) wird erst 1933 — imaginär — vollzogen. Ein Grund dafür, daß Schröder den Wald vor lauter Bäumen nicht sieht und seine ursprüngliche und richtige Intuition im entscheidenden Moment aufgibt, dürfte in seinem vagen Begriff von 'Sozialisation' liegen: Er faßt mit ihm die soziale Herkunft Benns, die durch den Kontrast zwischen der Armut des Pfarrers und dem Reichtum des Adels geprägt wurde (wobei der Vater als geistliche Autorität aber eine Zwischenstellung einnahm). Schröder spricht vom "Geburtsmoment des Künstlers Benn und seiner Kunst aus einem extremen sozialen Spannungsfeld" (27). Dies Spannungsfeld prägte zweifellos Benns Werk, doch entstand es nicht daraus. Dichtung wurzelt in tieferen Schichten (in der "primären Sozialisation", die Schröder einmal erwähnt (51), doch nicht auf das 1.-6. Lebensjahr bezieht, sondern auf die spätere Zeit, auf die sekundäre Sozialisation). In den Teilen des Buches, die sich auf den Benn *vor* 1933 beziehen, ist Schröder oft brillant, er wiederholt die wichtigen Themen 'Ohnmacht und Allmacht', den Übergang von der 'Mutterwelt zur Vaterwelt' ab 1930 u.a. aus meinem Buch, doch bewegt er sich fast durchweg auf einer genetisch späten, sekundären Ebene, womit seine Darstellung — wenn man sie mit Benns Werk vergleicht — abstrakt und steril wird, akademisch und körperlos. Benn war aber der Dichter des Körpers, wie er zurecht so oft betonte. Die 'Schöpfungsräusche' Benns, die Euphorien, die ganze Dimension der Phantasie als Eruption unbewußter Vorgänge fehlt bei Schröder. So erwähnt er den *Epilog* von 1921, "dem ein mehrjähriges Schweigen folgt" (23); die Jahre von *richtig* 1922-1927 "haben ihn fast verstummen lassen" (89). Aber es war die Zeit, in der fast alle achtzeiligen Gedichte entstanden, der Höhepunkt von Benns lyrischer Produktion! Wer hier also verschweigt und verstummt, ist Schröder. Den Benn von 1933 reduziert er dann, mit enormem Fleiß, auf Parallelen zur 'Konservativen Revolution' und begräbt damit den Visionär Benn. Schröders "Hermeneutik" (11) dient der Verdrängung. Er verwendet gelegentlich modische Schlagwörter aus der Psychoanalyse (manchmal ganz mutig, wenn auch oberflächlich (76)), aber auf die konsequente Anwendung der Psychoanalyse, wie ich sie durchführte, antwortet er statt mit Argumenten nur in der Manier der traditionellen Psychoanalyse-Beschimpfung (11). — Brodes *Benn-Chronik* (Anm. 14) ist eine hilfreiche Arbeit, allerdings mit einer gewissen Tendenz zur Abschwächung von Benns Positionen z.B. durch Kommentare Benns aus *Doppelleben* von 1950 (zum 6./7. Juni 1933). Ohne Begründung wird z.B. auch hätte werden sollen, wandte er sich wieder der Kunst als solcher zu.[33] Erst Syberberg hat in seinem Film über Hitler die Phantasmagorie, die dieser Mann inszenierte, wieder sichtbar gemacht. Der Film beginnt und endet mit dem Gral, dem Symbol der Heilung, der Wiedergeburt — und der Männergesellschaft. Syberberg stellt Hitler in die abendländische Tradition, übers Mittelalter zurück bis nach Rom und Griechenland. Reich sah den autoritären Charakter, der im Faschismus triumphierte, in den Anfängen der Geschichte vor 6000 Jahren wurzeln.[34] Benn scheint das Züchtungsritual über die protestantischen Pfarrhäuser zurückverfolgt zu haben zu den Germanen, zu den Römern, den Griechen, den Juden, bis zu den primitiven Stämmen, und er bezog auch noch die tierischen Ahnen ein, vielleicht dachte er an die Paviane, bei denen das Dominanzverhalten sich im 'Aufreiten' äußert, worin man schon die Andeutung des rituellen Analkoitus sehen könnte. Stellt man sich diese Vision Benns vor Augen und bedenkt, daß ja tatsächlich die Verhaltensweisen von Generation zu Generation tradiert werden, mittels Erziehungsritualen, so hat es den Anschein, als sei im Innersten von

---

von "tieferen Ursachen der Krankheit" gesprochen (14.9.33) oder vom "Signal des Rückzugs" (Okt. 1933). Die 'Röhm-Affäre' habe "die Wende in Benns Einstellung zu den Nazis" herbeigeführt (30.6.-2.7.34). Es scheint dafür keinen einzigen Beleg zu geben! — Auslassungen: Am 27.3.33 ist Benn bereits kommissarischer Leiter der Abteilung für Dichtung und schreibt als solcher an Werfel. (Bei Joseph Wulf: *Literatur und Dichtung im Dritten Reich*. Reinbek 1966, 28.) Das "Treuegelöbnis" auf den Führer vom Okt. 1933, das Benn neben vielen anderen unterzeichnete, wird nicht erwähnt. (Vgl. Wulf, 112. Auch Klaus Mann, *88 am Pranger*, in: Ernst Loewy: *Exil*. Frankfurt a.M. 1981, 1. Bd., 210ff.) — Joachim Vahland (*Gottfried Benn — der unversöhnte Widerspruch*. Heidelberg 1979) sah Benns Wandlung von 1933 richtig (z.B. 48) und wies auch auf die Weiterwirkung hin (66). Erwähnen möchte ich noch einen fabelhaften Fund Vahlands: Er zeigte, daß ein Kapitel aus dem *Roman des Phänotyp* auf *Traum und Leben einer Königin* von Maria v. Rumänien zurückgeht (100f.). Vgl. mein Benn-Buch 169ff. — Peter Schünemann (Anm. 1) verwendet teilweise die psychoanalytische Methode und gelangt zu den Wurzeln von Benns Dichtung.

33. Vgl. dazu Peter Fischer: *Bruder Hitler, Faustus und der Doktor in Wien*. In: *Freiburger literaturpsychologische Gespräche*. Bd. 3. Frankfurt a.M./Bern 1983.

34. W. Reich: *Die sexuelle Revolution*. Frankfurt a.M. 1966, 20. — Auch Ernest Borneman: *Das Patriarchat*. Frankfurt a.M. 1976 und Gerard Mendel: *La révolte contre le père*. Paris 1968.

Benns Irrationalismus ein rationaler, analytischer Geschichtsphilosoph verborgen, der zwar blind für die ökonomischen und politischen Prozesse war, doch die psychischen Determinanten der patriarchalischen Geschichte klar erkannte. 1933/34 jedenfalls war er der "Radardenker", als den er sich später ausgab.[35]

35. Zum Schluß eine Bemerkung über die Schwierigkeit des Umgangs mit dem Benn von 1933. Mit diesen Texten assoziiert man heute den 2. Weltkrieg, Auschwitz usw. Wer Benns Gedichte liebt (wie z.B. "Palau" oder manche aus den 50er Jahren), wird dazu neigen, die Phase von 1933 zu verharmlosen und zu verdrängen (z.B. indem man Benns Eloge auf Horst Wessel kurzerhand unterschlägt. Vgl. Vahland, 11). Oder man attackiert Benn als Nazi, wobei man leicht ins Moralisieren kommt (was ich auch in meinem Buch tat, wo diese Phase auch etwas zu kursorisch behandelt wurde. Eine systematischere Darstellung erschien in *Kürbiskern* (1/1977, 72-88), leider, ohne mein Wissen, durch die Redaktion gekürzt). Man muß den Benn von 1933 *mit seinem Impuls, von innen her* sehen, den psychischen Prozeß nachvollziehen und darstellen, von damals aus, etwa so wie es Syberberg mit Hitler machte: Nur so wird erkennbar, was geschah.

DER FRÜHE WERFEL BLEIBT.
Seine Beiträge zu der expressionistischen Gedichtsammlung
Der Kondor

von

Frederick Wyatt

Von den in der expressionistischen Lyriksammlung *Der Kondor*[1] veröffentlichten Dichtern haben es nur zwei zu jener umfassenden Berühmtheit gebracht, die bis in die Tageszeitungen reicht und den Namen des Dichters auch einem breiten Publikum vertraut macht, das sich sonst nicht viel um die Literatur kümmert. Sinn und Dauer solchen Ruhmes stehen hier nicht zur Debatte. Gewiß erweist er sich oft als unbeständig, so daß von den dazu Berufenen durchaus nicht alle auserwählt sind, dem Bewußtsein künftiger Generationen mit anzugehören. Man sollte sich freilich überlegen, daß auch von jenen Dichtern, die den breiten Schichten unbekannt bleiben und sich gerade deswegen gern als heimliche Könige vorkommen, die meisten auch nicht in den Status olympischer Gültigkeit erhoben werden.

Daß Else Lasker-Schüler und Franz Werfel[2] berühmt geworden sind, macht uns ihre Bewertung nicht leichter. Beide stellen sich als hinreichend vielfältig und vieldeutig dar, so daß man sie in jenes Pantheon der Gültigkeit weder mit Sicherheit aufnehmen, noch schlechthin davon ausschließen kann. Franz Werfel war es bestimmt, mit seinen Romanen eine noch viel größere Leserschaft anzuspre-

1. Kurt Hiller (Hrsg.): *Der Kondor*. Heidelberg 1912.
2. Kasimir Edschmid hat sie auch tatsächlich verglichen: "Werfel ist mächtiger mit der fanatischen Flamme, die Lasker-Schüler ist nur Gedicht", behauptet er. Diese aufgeblasene Sottise sagt mehr über den Urteilenden als über die Beurteilten aus. Vgl. Leopold Zahn: *Franz Werfel*. (= Köpfe des XX. Jahrhunderts) Berlin 1966, 87.

chen, von dem Publikum der Verfilmungen, wie *Das Lied von Bernadette*, ganz zu schweigen. Daß damit nichts über die dauernde Bedeutung seiner Prosa oder seiner Lyrik entschieden ist, hat sich bald nach seinem Tode im Jahre 1945 zu zeigen begonnen. Die Kritik ist ihm bisher eine Gesamtwürdigung schuldig geblieben. Vielleicht zeigt sich aber gerade darin etwas wie Unsicherheit und Abrücken. Literaturgeschichten, Abrisse und Artikel, die sich mit der Literatur im ersten Drittel des Jahrhunderts befassen, und besonders mit der Rolle des Expressionismus, setzen die Tradition der Bewunderung, die Werfel so früh zuteil geworden ist, fort. Sie zeigt sich auch in den Nekrologen, die nach Werfels Tod erschienen.[3] Wenn man das Schrifttum durchsieht, das seit diesem Datum erschienen ist, so kann man sich des Eindrucks einer gewissen Unentschlossenheit nicht erwehren. Niemand scheint recht Lust zu haben, sich ein Werk, das vom Esoterischen bis ins Handfest-Populäre reicht, mit kritischer Unbefangenheit von neuem vorzunehmen — unbefangen von dem Urteil einer noch gar nicht so weit zurückliegenden Zeit und ihren literarischen Fehden und Kliquen; unbefangen von überlieferter Pietät, die in diesem wie in vielen anderen Fällen etwas Unerlebtes und Nachgesagtes an sich hat, wie eine Kondolenzphrase oder eine Litanei; unbefangen sogar von den Wirkungen einer Katastrophengeschichte, deren Schockwellen sich in den literarischen Bewertungen unserer Zeit unvermeidlich zeigen.

Die Werfel-Biographie ist an sich recht umfassend.[4] Das Abklingen des Interesses in Fachzeitschriften und in der Spezialliteratur ist aber doch unverkennbar. Werfel wurde früh berühmt, und als seine Gedichte im *Kondor* erschienen, war er schon auf dem Wege, *per acclamationem* zum repräsentativen Dichter des Expressionismus ernannt zu werden. Die meisten seiner Zeitgenossen haben ihn für ein bedeutendes, ja vielleicht das bedeutendste Talent der Dichtung ihrer Gegenwart gehalten. Selbst die Dichter seiner Zeit, die uns heute als repräsentativ erscheinen — Rilke, Hofmannsthal, Kafka — nahmen ihn bei aller Verschiedenheit der Einschätzung sehr

3. So in Friedrich Torberg: *Gedenkrede auf Franz Werfel*. In: *Die neue Rundschau* 56/57 (1945), 125-134, und in Joachim Maass: *Das begnadete Herz*. In: *Die neue Rundschau* 56/57 (1945), 134-145.
4. Vgl. Lore B. Foltin (Hrsg.): *Franz Werfel 1890-1945*. Pittsburgh, Pa.: University of Pittsburgh Press 1961. Lore B. Foltin: *Franz Werfel*. Stuttgart 1972 (= Samml. Metzler 115).

ernst.[5] Das hat auch Karl Kraus getan, so viel polemischen Eifer er auch später darauf verwandt hat, zu erklären, warum er sich geirrt und dabei gleichzeitig doch auch immer recht gehabt hätte. Denn selbst in dem bekannten Artikel *Dorten*[6] kann er sich noch immer nicht recht entscheiden, so daß die Polemik trotz ihrer unverminderten Schärfe und gelegentlichen Häßlichkeit zur Beurteilung von Werfels früher Lyrik wenig beiträgt. Das Essay wirkt übrigens, soweit es sich nicht mit der Zulässigkeit jenes unglückseligen Adverbs "dorten" beschäftigt, als rhetorisches Argument erstaunlich vage, obwohl dies selbst einem bewundernden, aber gelassenen Beobachter wie Kurt Wolff[7] nicht auffiel. Es entwickelt sich nicht aus einer prinzipiellen Position, sondern setzt sich eigentlich aus einer Reihe sarkastischer Paraphrasen und ironischer Aperçus zusammen, ohne sich um den logischen Fortschritt des Gedankens und seinen Zusammenhang im Ganzen besonders zu kümmern. Wollte man den Gehalt der Polemik an wirklichen Aussagen zusammenfassen, so könnte man es in wenigen Sätzen tun. Überdies ist Kraus erstaunlich defensiv, als ob ihn Werfels unangebrachter und kindischer Angriff doch beunruhigt hätte.

Interessanter aber als den literarischen Dimensionen dieser Polemik[8] nachzugehen wäre es, die Psychologie solcher in langwierige und böswillige Zänkereien umgekippten Beziehungen, wie die zwischen Kraus und Werfel, zu erfassen. Sie beginnen häufig, wie auch in diesem Fall, als Gönnerschaft auf der einen und als unmäßige Verehrung auf der anderen Seite. Etwas führt dann unvermeidlich zur gegenseitigen Kränkung; aber anstatt damit zu enden, zieht sich die Beziehung noch jahrelang als Haßliebe hin. Falls man klinische Beobachtung zur Erklärung zuläßt und nicht *a priori* darauf besteht, daß es sich *nur* um ästhetische und ethische Wertfragen handle — genau das, was beide, Kraus und Werfel, mit mehr Über-

5. Vgl. L. Zahn (Anm. 2) und L.B. Foltin (Anm. 4).

6. Karl Kraus: *Dorten*. In: *Die Fackel* Nr. 445, 18.1.1917, 133-147.

7. Kurt Wolff: *Autoren, Bücher, Abenteuer. Betrachtungen und Erinnerungen eines Verlegers*. Berlin [1973].

8. Vgl. Herbert W. Reichert: *The feud between Franz Werfel and Karl Kraus*. In: *Kentucky Foreign Language Quarterly* 4 (1957), 146-149. — Roger Bauer: *Kraus contra Werfel. Eine nicht nur literarische Fehde*. In: *Sprache und Bekenntnis*. Hermann Kunisch zum 70. Geburtstag. (Sonderbd. des Literaturwiss. Jahrbuchs) Berlin 1971, 315-334.

zeugung als Überzeugungskraft getan haben – so würde man zu dem Schluß kommen, daß auf beiden Seiten die Beziehung von Anfang an eine wesentliche, obgleich unbemerkte Portion von Illusion und Übertragung enthielt. Wenn man den anderen als ein Auxiliar des eigenen Ich behandelt, so führt dies unvermeidlich zur Kränkung: denn der andere stößt sich mit Recht daran, wenn er entdeckt, daß er nicht der Zweck, sondern nur das Mittel gewesen sei. Anders ausgedrückt stellt sich die Situation so dar, daß der Narzißmus des einen den andern unvermeidlich anzieht, aber dann den Angezogenen auch ebenso unvermeidlich enttäuschen wird. Gönnerschaft auf der einen, übertriebene Bewunderung auf der anderen Seite enthalten an sich schon ein beträchtliches Maß von Ambivalenz. Die manifeste Haltung hat die Aufgabe, diese Ambivalenz zu verhüllen und zu verneinen, wird aber, der Natur der Sache nach, nie auf die Dauer erfolgreich sein können.

Wenn man Werfels Beiträge zum *Kondor* liest und sie mit den späteren Gedichten vergleicht, so wird deutlich, daß die Themen des Dichters sich im Laufe seines Lebens naturgemäß verändert haben. Gewiß hat sich sein poetischer Bereich erweitert. Gleichzeitig wurde der Ausdruck des poetischen Gedankens zielsicherer und mehr ausgewogen und vereinigte sich effektiver mit seinem Gegenstand. Die eigentümliche Qualität, die seelische Stimmlage seines Dichtens, ist aber im wesentlichen die gleiche geblieben. Darin hat sich Werfel nicht verändert. Er hat nie aufgehört, das Erlebnis, den Einfall, die Vision (und vor allem das Erlebnis des Dichtens selbst) auf Kosten der Form zu betonen. Die Gedichte im *Kondor* sind naturgemäß die eines jungen Dichters, der auch gerne auf seine Jugend hinweist. Seine Themen sowohl wie seine Perspektive sind die der Jugend. Man kann also diese Kombination von Überschwang und Abgeschmacktheit gewiß dem Mangel an Erfahrung im Formen zuschreiben, und nicht nur dem Mangel an Urteil, obwohl sich diese Regel gewiß nicht immer verallgemeinern läßt. Umso schwieriger wird es für uns, den großen Erfolg, den diese Gedichte bei ihren Zeitgenossen gehabt haben, zu begreifen. Nichts an ihnen ist besonders neu. Wenn man sie liest, ist es schwer, sich vorzustellen, warum sie für viele Leser nicht nur eine neue poetische Ausdrucksform, sondern etwas wie eine Erneuerung des poetischen Lebensgefühls bedeutet haben sollen. Diese Gedichte expressionistisch zu nennen würde heißen, diesen Begriff jedes spezifischen Sinnes zu entkleiden.[9] In der Bemühung um die Erlebniswirklichkeit hinter der Konvention, und im Anschlagen bestimmter Themen nahm Werfel allerdings an einer Umwandlung teil, die in Wirklichkeit weit über Dichtung und Kunst hinausging. Die stilistisch-formalen Erneuerungen Werfels in den *Kondor*-Gedichten und im *Weltfreund*[10] erscheinen uns heute geringfügig, im Vergleich mit der unbekümmert subjektiven Selbstdarstellung, die immer das Hauptanliegen seiner Lyrik geblieben ist. Der Eindruck, den diese Gedichte auf ihr Publikum gemacht haben, weist vielleicht darauf hin, daß der junge Werfel wenigstens für den zeitgenössischen Leser eine Unmittelbarkeit des Ausdrucks dargestellt haben muß, die ihn trotz, oder vielleicht gerade wegen ihrer naturalistischen Trivialität und ständig brodelnden Ekstatik überraschte und dann unmittelbar berührte. Die Bereitwilligkeit, mit der der junge Werfel seine Seele vorführt und sie dabei gern mit Kinderkleidern ausstaffiert, mag ein nicht unbedeutender Aspekt seiner Wirkung gewesen sein. Denn Werfel wirbt immer um die Gunst des Lesers, der mit ihm die Vereinsamung des Individuums in einer Massengesellschaft teilte, deren Spannungen zu wachsen und deren Unbehagen ständig zuzunehmen schien. Daraus ergab sich vermutlich der Wunsch nach kindlich vereinfachten Lösungen. Der Leser mag dabei nicht bemerkt haben, daß die Anziehung der Werfelschen Gedichte eben in der etwas überhitzten Werbung um seine Zuneigung lag. Denn das Bild, das Werfel von sich geben will, ist immer das der Unschuld und der weit aufgeschlagenen Augen eines großen Kindes. Wir fragen uns heute, warum niemand die Geziertheit darin erkannt hat. Selbst Kafka[11] und Karl Kraus[12], von denen jeder in seiner Art wohl verstand, daß die Liebe des Weltfreundes vor allem denen gehörte, die sie ihm mit Zinsen zurückerstatten würden, haben die eigentümliche Pose der frühen Werfelschen Lyrik offenbar

9. Vgl. Rothraut Straube-Mann: *Franz Werfel*. In: *Expressionismus. Gestalten einer literarischen Bewegung*. Hrsg. von H. Friedmann und O. Mann. Heidelberg 1956, 129-139.

10. Franz Werfel: *Der Weltfreund*. München 1911.

11. Franz Kafka: *Tagebücher 1910-1923*. Hrsg. von Max Brod. Frankfurt a.M. 1967, 199, 204f., 266, 291, 318, 349, 380.

12. Karl Kraus: *Die Sprache*. Wien: Verlag "Die Fackel" 1937, 26-43.

nicht erfaßt; jedenfalls haben sie nicht davon gesprochen.[13] Das haben erst spätere Kritiker getan (Kahler, Politzer).[14] Unsere Untersuchung hat also auch die Aufgabe, zu erklären, soweit dies möglich ist, was die latente psychologische Botschaft der im *Kondor* abgedruckten und schließlich im *Weltfreund* gesammelten Gedichte gewesen sein mag.

Auch Rilke[15] hat in jenem literarischen Erkundungsbericht an Hofmannsthal (s. unten) intuitiv das Richtige verspürt. Dadurch wird für uns aber noch nicht erklärlich, warum er dem jungen Werfel soviel Lob zollte, eine Korrespondenz mit ihm begann und ein Zusammentreffen vorschlug. Bei dieser Begegnung merkte auch Rilke, daß der junge Werfel *in vivo* sich vom Welt- und Kinderfreund der Gedichte merklich unterschied. Rilke schrieb dann an Hofmannsthal (am 22. Oktober 1913) eine Art von Gesandtschaftsbericht über die neuen Mächte in der literarischen Republik. Der Geist dieser Mission mag ihn veranlaßt haben, sich auch auf beklagenswerte antisemitische Andeutungen einzulassen. Sie kompromittieren einen sonst bemerkenswert scharfsichtigen Bericht von der Be-

13. Wie Kraus es darstellte (in *Dorten*), "war die Bekanntschaft mit dem jungen Werfel sicherlich eine, deren Schein von der Sonne schien und die eine zeitlang die Echtheit des 'schönen strahlenden Menschen' zu versprechen schien." (134) Er sah aber auch die eigentümliche Bezogenheit auf das Kindsein in Werfels Lyrik: "Es ist die eigenste lyrische Note des Franz Werfel, daß er das Kindheitserlebnis, welches ihn eine Zeitlang an der Hand der Sprachkönnerschaft in den Verdacht der Echtheit gebracht hat, über die angemessene Altersgrenze hätschelt, und wenngleich ich nicht imstande war, dem Aufschwung des Dichters aus dem Kinderpark in den Kosmos bewundernd nachzublicken, sondern im Gegenteil auch hierin nur eine Kinderei erblickt habe, so muß ich doch sagen, daß jene pantheistischen Sonntagsausflüge noch immer Horizont hatten im Vergleich mit der Kinderei dieser Auseinandersetzung mit mir, die Herr Werfel bereits in einem alliebenden und allverzeihenden Gedicht versucht hat [...]." (136)
Schon recht, wenn auch etwas umständlich, möchte man dazu sagen. Vielleicht käme man aber doch der Eigenart des jungen Dichters näher, wenn man psychologisches Verständnis, literarische Kritik und moralisches Urteil schärfer voneinander unterschiede.
14. Erich Kahler: *Franz Werfel's poetry.* In: *Commentary* 5 (1948), 186-189. – Heinz Politzer: *Franz Werfel: Reporter of the Sublime.* In: L.B. Foltin (Hrsg.): *Franz Werfel 1890-1945* (Anm. 4), 19-25.
15. Rainer Maria Rilke: *Briefe aus den Jahren 1910-1913.* Leipzig 1930.

gegnung mit einem Menschen, dem es offenbar wichtiger war, sich
selber reden zu hören, als seinen distinguierten Gesprächspartner,
und der mehr mit dem Eindruck, den er auf diesen zu machen hoffte, präokkupiert war, als mit dem Dichter und Menschen Rilke.
Dieser erkannte schnell, daß er, in den Worten von Werfels Gedicht
"An den Leser", "hart sein" müsse und sich mit dem jungen Werfel nicht "in Tränen auflösen" dürfe; oder daß die Beziehung, um
nicht pathetisch zu werden, besser peripatetisch bliebe. Rilke erkannte aber nicht, daß die Gedichte, die ihn zu so vielem generösen
Lob veranlaßt hatten, im Grunde genommen auch das ausdrückten,
was ihn in der persönlichen Begegnung als so "fremd" berührt hatte.

Ähnlich erging es Kraus, der sagte: "Ich habe so lange nicht gewußt, ob seine Verse etwas taugen, bis ich gewußt habe, daß er
nichts taugt".[16] An diesem Argument stimmt jedoch etwas nicht.
Wären Harden und Kerr und Salten bessere Schriftsteller gewesen,
wenn sie sich als famose Menschen erwiesen hätten? Villon scheint
als Mensch nicht viel getaugt zu haben; auch mit der bürgerlichen
Tauglichkeit von Verlaine und Rimbaud läßt sich nicht Staat machen. Die Zeitgenossen Werfels, Trakl und Benn, scheinen für unseren Geschmack unvergleichlich bedeutendere Dichter gewesen zu
sein als er selbst. Ob sie etwas "getaugt" haben, scheint angesichts
ihrer dichterischen Leistung nicht zur Debatte zu stehen. Wir begreifen, warum sich Kraus für den Dichter Trakl eingesetzt hat;
aber wir begreifen noch immer nicht, warum Kraus nicht schon
vor jener ersten Polemik in Versen, "Elegie an Kurt Wolff"[17], hätte
wissen können, daß sowohl "Nächtliche Kahnfahrt" wie "An den
Leser" schlechthin als Gedichte nicht viel taugten.

Statt Werfels Beiträge zum *Kondor* im einzelnen zu besprechen,
möchte ich mich auf diese beiden Gedichte beschränken. Man kann
aus der Editionsgeschichte schließen, daß sowohl der Dichter wie
seine Leser und die Herausgeber von Zeitschriften, Anthologien
und Werfels eigenen Gedichtbänden, sie als repräsentativ angesehen
haben müssen. Im folgenden wollen wir die beiden Gedichte kritisch durchsehen, und dann auf die eigenartige und paradoxe Frage
von Werfels dichterischer Wirkung zurückkommen.

"Nächtliche Kahnfahrt" mag eines von den Gedichten gewesen
sein, das die Zeitgenossen als besonders echt und neu beeindruckt

16. Karl Kraus: *Dorten* (Anm. 6), 141.
17. In Kurt Wolff: *Autoren, Bücher, Abenteuer* (Anm. 7).

hat. Es wurde unter anderem in der *Fackel* vom 8. Juli 1911 publiziert (S. 37) und gehört, wie "An den Leser", offenbar zu den Gedichten, von denen der Herausgeber der *Fackel* (am 30. Dezember 1911) sagen konnte, sie hätten ihm Freude gemacht. Er spricht dabei von sich in der dritten Person als "Weltfeind", im Gegensatz zu eben jener Gedichtfigur, die im folgenden Jahr Werfels erstem Gedichtband den Namen gegeben hat. Wie der "Weltfreund", der sich auf nächtlicher Kahnfahrt weder um die Syntax noch um den Sinn seiner Wörter kümmert, wenn sie sich nur reimen, dem so sehr auf Wahrheit und Lauterkeit des literarischen Wortes bedachten Weltfeind mit diesem Gedicht hat Freude machen können, ist heute schwer zu verstehen. Der Ausspruch "In wessen Liebe die Welt so liebenswert wird, der schafft dem Weltfeind eine frohe Stunde"[18] klingt uns vielleicht etwas preziös, aber er hat gewiß den jungen Poeten beglückt und die aufnahmewilligen Leser der *Fackel* beeindruckt. Wir werden uns daher noch einmal fragen müssen, warum Karl Kraus dieses und die anderen von ihm in der *Fackel* veröffentlichten Gedichte, von denen die meisten auch im *Kondor* abgedruckt wurden, pries, statt an ihren offensichtlichen Schwächen Anstoß zu nehmen. Er scheint sie erst nach dem Bruch mit Werfel bemerkt zu haben.

Einige dieser Gedichte zeigen, was Literaturhistoriker als charakteristisch für den Expressionismus ansehen[19]: die Brüderlichkeit, die Neigung, im Traum wie im Wahn die wahre Erkenntnis zu suchen (Es ist alles schon einmal dagewesen, Ronald Laing!), die Erregtheit als Grundstimmung — was freilich von vornherein den Bereich der Ausdrucksmöglichkeiten einschränkt — daher die Gehobenheit als normale Stimmung des Ausdrucks, und die Hymnik als die ihr angemessene Form. Aber bei Werfel wurde die Gehobenheit sogleich zur Methode gemacht; damit wird sie aber allzu leicht zur fiebrigen Gewohnheit. Wenn die Hymnik zur Umgangssprache wird, so wird sie auch naturgemäß lässig. Sie besinnt sich nicht mehr auf ihre Erscheinung und sie vergißt das Decorum, das für

18. Karl Kraus: *Die Fackel* 339/340, 30.12.1911, 51.
19. R. Straube-Mann: *Franz Werfel* (Anm. 9); Walter Sokel: *The Writer in Extremis. Expressionism in Twentieth-Century German Literature*. Stanford: Stanford University Press 1959; Paul Stöcklein: *Franz Werfel*. In: *Deutsche Literatur im 20. Jahrhundert. Gestalten und Strukturen*. 2. Aufl. Heidelberg, 362-380.

das Hymnische doch so wesentlich ist. Die Werfelsche Hymnik läuft darum wie in fleckigen Kleidern und mit ungewaschenem Haar herum, so daß sie nonchalant ihre Erscheinung mit dem Credo des Expressionismus zu legitimieren scheint. Gedankenmühe und Formstrenge haben Werfel trotz seiner späteren Neigung zum Mystisch-Religiösen nie bekümmert. Das beständig zum Wallen angehaltene Gefühl wirft Blasen und verdampft. Was bleibt, wird unvermeidlich zur Sentimentalität, der sich der Dichter dann auch bedenkenlos hingibt. Weder Bescheidenheit noch Schüchternheit belasten ihn, wenn die selbstgewählte Rolle des "Weltfreundes" ihm berechtigt zu sein scheint, sein Innenleben mit jedermann zu teilen. Begreiflicherweise muß er sich dann auch wünschen, daß so viel Verständnis und gereimte Liebe zum Nächsten der Aufmerksamkeit desselben nicht entgehen wird.

NÄCHTLICHE KAHNFAHRT

Tschibuktürke überm Ladenschild,
Was verbeugt sich dein verstorbnes Bild?

Mit dem Nacht- und Wassergang im Bund
Grüßt dein pfiffig zugespitzter Mund.

Während Boot und Welle steigt und taucht,
Zum gemalten Blau dein Pfeiflein schmaucht.

Und es spricht, der längst zerspalten ward:
Nimm mich mit auf deine Ruderfahrt!

Ach, wie Wasser drängend sich nicht läßt,
Halt ich dich mit leichten Farben fest.

Kind, vernimm zu nächtlichem Geleit:
Ewig sind wir. – Wahn ist alle Zeit!

Dieser Turban, der dich einst gerührt,
Wird von dir unendlich fortgeführt.

Dich und ihn gibst du im Wechsel preis,
Bis ihr wieder euch berührt im Kreis.

Den zur Kinderstund dein Auge sah,
Trauter Bruder, schmauchend ist er da.

Tschibuktürke überm Ladenschild,
Was verbeugt sich dein verstorbnes Bild?

"Nächtliche Kahnfahrt" hat sich über die verschiedenen von Werfel unternommenen Sammlungen seiner Gedichte bis zuletzt erhalten. Der Gegenstand des Gedichts ist offenbar eine Eingebung, die Erkenntnis, die ein Stück Kindheitserinnerung anregen und nach sich ziehen kann, wenn sie im Traum oder Wachtraum wieder erscheint. Die Traumfigur ruft dem Träumenden zu, sich an sie, den Tschibuk-Türken zu erinnern und die altvertraute Gedankenbeziehung zu ihm wieder aufzunehmen. Es handelt sich dabei, wie wir im weiteren lesen, um ein Bild, wie man es zu Werfels Zeiten oft auf Ladenschildern über dem Eingang zu den staatlichen 'Tabakverschleißstellen' sehen konnte. Der Leser erwartet darum etwas Echtes und Unmittelbares von der Erscheinung dieser altertümlichen, gleichzeitig exotischen und trivialen Ladenfigur. Dieses Bild aus der Kindheit weissagt uns doch gewiß verborgenen Sinn!

Wenn wir uns als Leser nun an dieser nächtlichen Kahnfahrt beteiligen, so dauert es erst eine Zeitlang, bis wir uns zwischen den Gedankenbildern des Dichters und den sie zum Ausdruck bringenden Worten zurechtfinden. Der Tschibuk-Türke will offenbar auf die Rundfahrt mitgehen, und belehrt den Dichter sowohl wie seine Leser:

Ewig sind wir. – Wahn ist alle Zeit!

was wohl philosophisch keine große Neuigkeit ist, und was sich im weiteren als ein Hinweis auf das Gedächtnis erklärt, in dem alles das, was das Kind einst beeindruckt hat, erhalten bleibt und von Zeit zu Zeit wieder zum Bewußtsein kommt. Wir können darum nicht umhin, uns ein wenig zu wundern, warum der Tschibuk-Türke im letzten Vers noch einmal in österreichischer Mundart gefragt wird:

Was verbeugt sich dein verstorbnes Bild?

Erst jetzt besinnen wir uns, wie das Bild überhaupt "verstorben" sein kann. Später hören wir doch, daß er "längst zerspalten ward", was sich nur auf das Stück Holz beziehen kann, auf das er gemalt war. "Verstorbnes Bild" weist dann vielleicht auf das Erinnerungsbild hin, das ihm, dem einstmaligen Kind, längst entschwunden und daher "verstorben" ist. Die dritte Zeile bleibt aber noch immer unklar; im Bund "mit dem Nacht- und Wassergang" – soll sich dies auf "Fahrt" beziehen, wie man es aus der fünften Zeile schließen möchte? Warum aber "Gang" und die ungewöhnliche Wortbildung "Wassergang"? Man stellt sich vor, daß Boot und Welle einmal den Hintergrund des gemalten Türken gebildet haben. Dann könnte er aber wieder nicht sagen: "Nimm mich mit auf deine Ru-

259

derfahrt!'' Wir werden uns offenbar damit abfinden müssen, daß in diesem Gedicht manches leichthin gesagt wird: zuerst schmaucht das Pfeiflein selbst, und erst in der sechzehnten Zeile tut es der Raucher. Oder: "Kind, vernimm zu nächtlichem Geleit", was wohl heißen soll: "vernimm zum Geleit für deine nächtliche Fahrt"; während "Ach, wie Wasser drängend sich nicht läßt," sich wohl auf "Halt ich dich mit leichten Farben fest" beziehen muß — nämlich das drängend(e) Wasser, und von der Frustrierung des Dichters spricht, der sich in diesem Moment als Maler vorkommt, aber erkennt, daß sich das invertiert drängende Wasser nicht, wie der Tschibuk-Türke, mit leichten Farben festhalten läßt. Verglichen mit all diesem Aufwand ist die Botschaft des Tschibuk-Türken recht banal. Die Kombination der beiden Gedankengänge, der Freude des Wiedererkennens in der Erinnerung, und der in ihr gleichzeitig erhaltene Schock (Edmund Wilsons *shock of recognition*) könnte immer noch ein gefälliges Gedicht abgeben, wenn der Dichter nicht so viel verspräche, und die Unmittelbarkeit der träumerischen Reflektion durch hochgeschraubte Sprache ins Prätentiöse verzerrte. Die Kindlichkeit der ganzen Idee ist zu aufgetragen. Der Leser wird bald den Verdacht haben, daß ihm mit dieser Kindheitserinnerung und Kindersehnsucht etwas vorgemacht wird.

AN DEN LESER

Mein einziger Wunsch ist, Dir, o Mensch, verwandt zu sein!
Bist du Neger, Akrobat, oder ruhst Du noch in tiefer Mutterhut,
Klingt Dein Mädchenlied über den Hof, lenkst Du Dein Floß im
Abendschein,
Bist Du Soldat oder Aviatiker voll Ausdauer und Mut.

Trugst Du als Kind auch ein Gewehr in grüner Armschlinge?
Wenn es losging, entflog ein angebundener Stöpsel dem Lauf.
Mein Mensch, wenn ich Erinnerung singe,
Sei nicht hart, und löse Dich mit mir in Tränen auf!

Denn ich habe alle Schicksale durchgemacht. Ich weiß
Das Gefühl von einsamen Harfenistinnen in Kurkapellen,
Das Gefühl von schüchternen Gouvernanten im fremden Familienkreis,
Das Gefühl von Debütanten, die sich zitternd vor den Souffleurkasten
stellen.

Ich lebte im Walde, hatte ein Bahnhofsamt,
Saß gebeugt über Kassabücher und bediente ungeduldige Gäste.
Als Heizer stand ich vor Kesseln, das Antlitz grell überflammt,
Und als Kuli aß ich Abfall und Küchenreste.

So gehöre ich Dir und allen!
Wolle mir, bitte, nicht widerstehn!
Oh, könnte es einmal geschehn,
Daß wir uns, Bruder, in die Arme fallen!

Auch "An den Leser" hat sich in allen Gedichtsammlungen Werfels bis zur letzten, posthum veröffentlichten, erhalten. Was die Zeitgenossen an diesem Gedicht angezogen haben mag, war vermutlich die Kombination von Unmittelbarkeit, poetisch-emotionellem Draufgängertum und jener Pose des ewigen Kindes, das, wie das göttliche Kind in der Jungschen Mythologie[20], ein neues Ethos der Offenheit und universellen Brüderlichkeit und Liebe ankündigt. Daß sich der Dichter mit Alltag und Kinderstube befaßt, muß vielen Lesern nach all der Affektation willkürlich stilisierter Lebensformen, den barocken Attrappen des neuromantischen Dekors, recht wohl getan haben. Werfel schien manchmal das Prätentiöse und Unechte dieses Stils zu persiflieren, ohne dabei die in seinen Gedichten so betonte Unschuld aufs Spiel zu setzen. Das Gedicht soll die freilich auch stilisierte Unmittelbarkeit des Kinderherzens zur Schau stellen.[21] Seine rhetorische Absicht scheint zu sein, die naive Macht jener Liebe zu demonstrieren: Gemeinsamkeit ist alles! Durch meine Liebe und meine bedenkenlose Offenheit bin ich sogleich mit allen Menschengeschicken verbunden. Du, Leser, gehörst darum zu mir, wie ich zu Dir – Du *mußt* es anerkennen und mir darum in die Arme fallen.

Nun geht aber die Menschenliebe des Weltfreundes offensichtlich zu weit. Takt gehört weder zu den Tugenden wirklicher Kinder noch zu denen Werfels in der Rolle des göttlichen Kindes. In dieser Hinsicht hat sich an den Gedichten der späteren Jahre nichts geändert. In den Gedichten im *Kondor* handelt es sich nicht nur um jugendlichen Überschwang, sondern auch um gereimte Zudringlichkeit.[22]

Mein einziger Wunsch ist, Dir, o Mensch, verwandt zu sein!

20. Carl Gustav Jung und Karl Kerényi: *Das göttliche Kind in mythologischer und psychologischer Beleuchtung.* Amsterdam 1940 (= Albae Vigiliae VI/VII).

21. Karl Kraus: *Dorten* (Anm. 6), 136.

22. Die Parodie – wenn sie gelingt – bringt, wie die gute Karikatur, das heraus, was sich im Parodierten bemerklich machte, obwohl es aufs entschiedenste von der bewußten Intention des Werkes abweicht. Die Parodie ent-

Das muß wohl heißen, 'dir nahe, oder in Beziehung zu dir zu stehen'. Die Verschiedenartigkeit der Geschicke, in die sich der Dichter so völlig einfühlen kann, daß sie ihm als selbst erlebt vorkommen, werden nun in kunterbunter Reihenfolge aufgezählt. Nichts ist ihm verschlossen, alles in ihm, er in allem. "Denn ich habe alle Schicksale durchgemacht." Das Nebeneinanderstellen des scheinbar Unbezogenen und darum zunächst Verblüffenden gehört zum expressionistischen Stil.[23] Es hat das technische Repertoire der Lyrik bereichert, aber zugleich den Manierismus gefördert. Vielleicht wäre die Strophe wirkungsvoller gewesen, wenn sich Werfel nicht so sehr auf abgeschmackte Klischees verlassen hätte; "in tiefer Mutterhut" paßt einfach nicht zu der stürmischen Deklaration der

---

hüllt, mit anderen Worten, nicht nur die Schwächen des Geformten, sondern etwas von seinen nicht zugegebenen, verleugneten und häufig unbewußten Absichten. Robert Neumanns Parodie des Gedichtes "An den Leser" sagt in ihrer Art mehr über die Schwächen und die unbewußten Bedürfnisse, die in diesem Gedicht fühlbar werden, als die eben vorgelegte kritische Analyse. Im Großen und Ganzen funktioniert die Parodie in dieser Hinsicht, wie es Freud für den Witz beschrieben hat (in *Der Witz und seine Beziehung zum Unbewußten*, GW, Bd. VI).

AN DEN LESER
Nach Franz Werfel

Mein einziger Wunsch ist, dir, oh Mensch, zu sagen: Ich bin dir gut!
Bist du Schiffskoch, Antisemit oder Klavierfabrikant im Abendschein,
Bist du Staatsanwalt, Neger oder Toilettefrau voll Ausdauer und Mut —
Treibst du Wasserleiche stromab, gehst ins Versatzamt oder Kaffeehaus hinein.

Machtest du dir als Kind auch immer die Hose naß?
Wenn du heimkamst, klopfte dein Mütterchen dich auf den Popo.
Oh, mein Mensch, wenn ich dir schon sag', ich bin vor Empfindung ganz blaß,
Dann mach keine Geschichten, wein endlich mit mir und zier dich nicht so!

Wir haben Knaben um Regenwürmer und Federstiele gestritten,
Wir machten Matura, freuten uns Kadettaspiranten des Trommelschalls,
Wir saßen Kaffeehausgäste vereint, wir wurden Kosmopoliten. —
Jetzt aber genug! Und fall mir schon endlich, oh Mensch, um den Hals!

(Aus Robert Neumann: *Mit fremden Federn. Der Parodien erster Band.*
Frankfurt a.M. 1960, 33.)

---

23. Vgl. W. Sokel: *The Writer in Extremis* (Anm. 19).

Allverwandtschaft. Das "Floß im Abendschein" würde vielleicht dem "Aviatiker voll Ausdauer und Mut" gefallen haben, weil es so konventionell vertraut klingt. Daß andere, kritischere Leser nicht mehr Anstoß daran genommen haben, ist heute kaum zu begreifen. Die zweite Strophe führt wieder ins Kinderland. Es ist nicht klar, ob die feierliche Sprache der zweiten Zeile in einem komischen Kontrast zum Kindergewehr stehen soll. Aber hier kommt es zur ersten gefühlvollen Aufforderung:

Sei nicht hart, und löse Dich mit mir in Tränen auf!

Aber warum denn? Worüber wäre da zu weinen? Der Dichter drängt den Leser, sich an seinem Tränenüberschwang zu beteiligen. Man fragt sich, wie schon in der ersten Strophe: kann er das im Ernst gemeint haben, oder wird der Leser aufs Eis geführt, da er sich vielleicht zu ernst nimmt, während der Dichter nur so zu tun scheint? Soll die Ähnlichkeit von Kindergeschicken zu Tränen rühren? Es scheint sich vielmehr um das Entzücken des Dichters zu handeln, daß er mit so vielen Lebensformen vertraut ist. "Sei nicht hart, und löse Dich mit mir in Tränen auf" heißt auch, daß der Dichter – falls er es wirklich ernst meint – vom Leser verlangt, daß er sich ihm anschließen, ihn in seinen eigenen Gefühlsbedürfnissen unterstützen soll. Auch das ist expressionistisch. Wie der Zuschauer ein Requisit der expressionistischen Bühne ist – unbezahlte Komparserie sozusagen – so wird der Leser zum Mittel, die Wünsche des Dichters zu erfüllen.

Die dritte Strophe erklärt, worauf die Aufforderung des Dichters zur Gemeinsamkeit beruht: er selbst hat das Lebensschicksal aller anderen geteilt, er weiß, wie es ist. Das Ganze ist aber nicht nur zu frenetisch und gar nicht so sehr gekonnt, wie ihm Kraus später vorwarf, sondern zu aufgesetzt. Es hat etwas von der Tonlage des Lieferanten, der sagt, "Auf mich können Sie sich verlassen"; oder des Versicherungsagenten, der vorgibt, aus reiner Menschenliebe dem Kunden eine Lebensversicherung zu verkaufen. Denn hätte Werfel uns wirklich vermitteln wollen, daß er sich in andere einfühlen kann, so hätte er es zeigen müssen, anstatt darüber zu reden. Wollte er aber wirklich behaupten, daß er vom Bahnhofsvorstand bis zur Debütantin alles in einer endlosen Metempsychose erlebt hätte, so kann man sich wieder nicht gut vorstellen, warum er dann noch darauf besteht, diesen Umstand mit Tränen und Umarmungen zu feiern.

Was Werfel in "An den Leser" zu sagen hat, kulminiert in der Aufforderung: halte mich doch nicht vom Genuß meiner eigenen weltumfassenden Gefühlsinnigkeit ab! Vielleicht ist das aber psychologisch gesehen das Problem des Sentimentalen schlechthin. "Man merkt die Absicht, und man wird verstimmt." Der Leser weiß nur gewöhnlich nicht, warum. Erst in der Reflexion wird ihm klar, daß er trotz aller gefühlvollen Worte den Absichten und Bedürfnissen des anderen — in dem Fall, des Dichters — dienstbar gemacht worden ist, während dieser andere nur mit dem eigenen Selbst beschäftigt war, und mit den Wünschen und Gedanken des Lesers nicht viel zu tun hatte. Wollte man dies nun von einer tieferen, psychologischen Schicht her erklären, so sähe es vielleicht so aus: Der Dichter als Weltfreund erlebt sich in der Konzeption eines solchen Gedichtes zunächst als das bewunderte Kind, das sich seiner Einzigartigkeit so sehr bewußt ist, daß sie ihn beinahe erdrückt. Zugleich erlebt er sich aber auch als die Eltern, die, ständig von der Begabung ihres Kindes entzückt, ihn liebend umarmen. Darum besteht er auf dramatische Rührung in der ungehemmten Hoffnung, daß man sich doch endlich in die Arme falle. In diesen überschwänglichen Bildern liegt nämlich immer wieder die gesuchte Bestätigung der subjektiven Leitphantasie des Dichters.

Das hat Kraus in seiner polemischen Antwort auf Werfels *Spiegelmensch*, der magischen Operette *Literatur*[24], intuitiv verstanden — besser als in jener ersten Abrechnung, dem Essay *Dorten*. Nur hielt ihn die Ambivalenz, deren eigentümliche Befangenheit vorhin angedeutet wurde, davon ab, rational zu verstehen, was er intuitiv erfassen konnte. Die Aufgabe, die er sich in beiden Schriften gestellt hatte, war gewiß keine psychologische, obwohl er in *Dorten* immer wieder zu psychologischen Begriffen zurückkehrt, als ob sie ihn unwiderstehlich anzögen. Paradoxerweise hatte er mit Werfel auch die Unwilligkeit gemein, zur Kenntnis zu nehmen, worum es sich in der Psychoanalyse handelt.

In den Kommentaren zu Thomas Manns Briefen heißt es im Zusammenhang mit Briefen an C.M. Weber (18. Januar 1917) und E. Korrodi (3. Februar 1936):

Franz Werfel (1890-1945): Österreichischer Dichter; kehrte der Gruppe expressionistischer Lyriker und Dramatiker, an deren Spitze er stand, bald

24. Karl Kraus: *Literatur, oder man wird doch da sehen.* Wien: Verlag 'Die Fackel" 1921.

den Rücken. Autor, seither, naturalistischer Romane und Novellen und einer Lyrik, die, auf ihren Gipfeln, zum Besten zählt, was die deutsche Sprache seit Rilke und Hofmannsthal kennt.[25]

Diese Huldigung bezieht sich besonders auf Thomas Manns Brief an Korrodi, in dem er schrieb "[...] Franz Werfel — Romandichter und bewundernswürdige[r] Lyriker zugleich." Erika Mann, die offenbar als Herausgeberin der Briefe diese Kommentare verfaßte, hätte wissen sollen, daß der Zauberer es, wie so oft, ironisch meinte, auch wenn er lobte. Man kann verstehen, daß Erika Mann in ihrer doppelten Funktion als Herausgeberin und Tochter mit Thomas Manns Meinungen in Einklang bleiben wollte. Man muß sich aber doch fragen, warum sie Werfel auf ein solches Podest gestellt hat. Ihre Würdigung klingt, als ob es Trakl, Benn und Brecht überhaupt nicht gegeben hätte und der Rang von Werfels Lyrik über jeden Zweifel erhaben wäre. Sie gibt damit ein prototypisches Beispiel jener Einstellung zu Werfel, die ich eingangs erwähnt habe, und deren Prinzip sich in der Wiederholung von oft etwas formelhaft anmutenden Lobsprüchen manifestiert. Sie belassen den heutigen Leser mit dem Eindruck, daß für die Verfasser dieser Würdigungen nicht nur die Zeit stehen geblieben ist, sondern auch Urteil und Gegenstand (nämlich Werfels Gedichte) nicht aufeinander bezogen wären. Warum sollten dann die beiden vorhin besprochenen Gedichte auf den heutigen Leser eine so anders geartete Wirkung haben?[26] In der Sekundärliteratur wird dieses Thema in verschie-

25. Thomas Mann: *Briefe 1889-1936*. Hrsg. von Erika Mann. Frankfurt a.M. 1962, 410, 473.

26. Es soll aber kein Zweifel darüber bestehen, daß 'der Leser' ein wirklicher und nicht generischer Singular ist, mit anderen Worten: es handelt sich um *mein* Urteil, nicht um das einer repräsentativen Auswahl von Lesern. Damit hätte es freilich große Schwierigkeiten. Literarisches Urteil läßt sich nicht durch öffentliche Umfrage fundieren. Da aber seit Lore Foltins Buch *Franz Werfel 1890-1945* (Anm. 4) Werfels Lyrik nicht besprochen zu sein scheint, ersuchte ich mehrere Kollegen, die mit der Lyrik unseres Jahrhunderts im allgemeinen vertraut sind, aber Werfels nicht kannten, um eine Beurteilung. Die Reaktion war der meinen so ähnlich, daß ich wenigstens annehmen darf, mich nicht in einer idiosynkratischen Auffassung seiner Dichtung verfangen zu haben. Das Problem der kritischen Beurteilung Werfels scheint vor allem in der Breite und Vielfalt seiner literarischen Produktion gelegen zu sein. Man spricht öfter, ausführlicher und kritischer über seine Romane, die ihn ja auch weithin bekannt gemacht haben, als von seiner Lyrik.

denen Varianten wiederholt.[27] In seiner Besprechung der posthumen Gedichtsammlung Werfels bezieht Erich Kahler ganz offensichtlich das Gesamtwerk mit ein, wenn er sagt, die besten Gedichte in diesem Band — in dem Werfel diesmal mit sicherem und strengem Blick wirklich seine besten Gedichte gesammelt habe — seien direkt persönliche Erklärungen... Er fährt dann fort:

The lyric poetry is concise and specific, firm and fast and of a new and deep power of illumination. The prose is second-hand, it was faded and obsolete from the first day he began writing it. The lyric poetry will always retain its original freshness: i.e. the sphere of emotions it won by and for itself.
These differences spring from the fact that the public is absent from Werfel's lyrics. The individual, the suffering individual is alone with himself — which is the precondition of all true poetry.[28]

Dem folgt eine Besprechung der Schwächen Werfels als Schriftsteller, im besonderen in seinen Romanen, welche an Klarheit und Unabhängigkeit des Urteils nichts zu wünschen übrig läßt. Was aber die Lyrik anbelangt, stellt Kahler in essentieller Weise dar, was Werfels Zeitgenossen an ihm erlebt haben müssen.

Das galt schon für Rilke, der selbst in jenem Brief an Hofmannsthal (vom 22. Oktober 1913 — also ein Jahr nach der Veröffentlichung des *Kondor*) schrieb: "Alles war da, eine jedenfalls außergewöhnliche Begabung, eine starke Entschlossenheit zur vollkommensten Leistung, eine unerfundene natürliche Not [...]."[29] Ebenso an Marie von Thurn und Taxis am 14. August 1913: "Schrieb ich Ihnen neulich, wie sehr mich diese ganze Zeit der junge Dichter beschäftigt, Franz Werfel, den ich mir kürzlich entdeckt habe?" Am 21. August 1913 fährt Rilke fort: "Sollten Sie nicht kommen, so muß ich Ihnen gleich das eine Buch von Franz Werfel schicken, dem jungen Dichter, von dem ich Ihnen neulich schrieb, je mehr ichs lese und vorlese, desto mehr erfüllt es mich mit Überzeugung und mit glücklichster Freude."[30]

27. Vgl. R. Straube-Mann: *Franz Werfel* (Anm. 9); Clemens Heselhaus: *Deutsche Lyrik der Moderne. Von Nietzsche bis Yvan Goll.* Düsseldorf 1961, 205-212; Wilma Brun Merlan: *Franz Werfel, Poet.* In: L.B. Foltin (Hrsg.): *Franz Werfel 1890-1945* (Anm. 4); P. Stöcklein: *Franz Werfel* (Anm. 19); L.B. Foltin: *Franz Werfel* (Anm. 4).
28. Erich Kahler: *Franz Werfel's poetry* (Anm. 14).
29. R.M. Rilke: *Briefe aus den Jahren 1910-1913* (Anm. 15).
30. R.M. Rilke und Marie von Thurn und Taxis: *Briefwechsel.* Bd. 1. Zürich 1951, 309 u. 312.

Ein paar Monate später hatte er, vielleicht mit mehr Abstand, aber keineswegs geringerer Bewunderung über *Jesus und der Äserweg* in einem Brief an Eva Cassirer (vom 17. September 1913) gesprochen. Er schrieb:

> er [Werfel] schafft, wenngleich einsam, so doch aus dem Gemeinsam-Menschlichen heraus, mehr als aus der Natur; aber es ist um so erschütternder oft, wie er da ans Elementare kommt, ans fast anorganisch Rücksichtslose, hinaustritt aus der Stube unmittelbar ins All [...].[31]

Die interessanteste unter den neueren Beurteilungen Werfels scheint mir die von Heinz Politzer zu sein.[32] Kahlers Kritik ist viel unverhohlener; aber sie beschränkt sich sonderbarerweise auf die Prosa und idealisiert, gewissermaßen auf ihre Kosten, die Lyrik. Politzer zollt Werfel die höchste Anerkennung und bleibt im Wesentlichen in der Tradition, die sich so früh um sein Werk gebildet hat. Zugleich erfaßt er aber die Werfels Begabung eigene Ambiguität schärfer und tiefer als andere Kritiker. Er erkennt in Werfel

> an exuberant boyishness that surrendered itself wholly to every possible source of inspiration; and to his journalistic dependence on his subject matter. Werfel gave himself half as an enthusiast does to the things he loves, half as a reporter to the thing he must deal with professionally. This twofold passivity on the part of his overflowing talent accounts for both the high and the low points in his work.

Er stimmt mit Kahlers vorhin zitiertem Urteil nicht überein. Stattdessen sieht er in Werfel

> the courage, the foolhardy courage of the ageless schoolboy with which he plunged from reality abruptly into the depth of mystery [...] finally a stylistic bravura so great as to cast a doubt upon the authenticity of his vision.[33]

Diese Zitate mögen genügen, um zu zeigen, daß wir wenigstens Ansätze zu einer kritischen Beurteilung haben. Sie demonstrieren aber auch zugleich, daß die Wirkungsgeschichte Werfels ein viel größeres Problem darstellt, das im Wesentlichen ungelöst bleibt. Die vorliegende Arbeit hat nur vermocht, darauf hinzuweisen, ohne zur Lösung viel beigetragen zu haben.

Vielleicht lassen sich aber wenigstens ein paar Vermutungen formulieren, die sich aus dem latenten, psychologischen Gehalt von

31. R.M. Rilke: *Briefe aus den Jahren 1910-1913* (Anm. 15).
32. Heinz Politzer: *Franz Werfel. Reporter of the Sublime* (Anm. 14).
33. Ebd.

Werfels typischen Themen ergeben. Wohlgemerkt, es handelt sich hier nur um den *latenten* Gehalt, um unbewußte Motive, wie sie sonst nur in der klinischen Arbeit bekannt werden. Meine Bemerkungen beziehen sich daher nicht auf den Menschen, den viele als liebenswert und eindrucksvoll erlebt haben[34], sondern auf die Eigenart einer poetischen Sensibilität, jene Erlebnisse, die zum poetischen Ausdruck führen und in anderen durch unbewußte Ansprache gleichgestimmte Erlebnisse hervorrufen. Es handelt sich um bestimmte psychologische Chiffren, die im Werk immer wiederkehren und die der Leser ebenso unbewußt perzipiert, wie sie der Dichter ausgedrückt hat. Gewiß lassen sie sich von der Person und ihrer Geschichte nicht trennen und gehen unvermeidlich hinter die Dichtung und zu ihren Ursprüngen im Subjektiv-Menschlichen zurück. Damit gehen sie freilich auch unvermeidlich über die Dichtung hinaus. Die psychologische Betrachtung der Literatur kann die Beziehung auf das Biographische nicht verleugnen; aber sie muß sie nicht notwendig zum Hauptzweck ihrer Bemühung machen. Hier handelt es sich vor allem um Mutmaßungen über unbewußte Motive, die mit der Hoffnung vorgelegt werden, daß ihr Verständnis etwas zur Erklärung der Wirkung des dichterisch, und dabei natürlich bewußt Gestalteten, beitragen mögen.

Wenn man sich das Gedicht "Hekuba" ansieht, das Rilke so sehr gefiel, daß er es für die Fürstin von Thurn und Taxis in eigener Hand abschrieb[35], und viele ähnlich gestimmte Gedichte in den Sammlungen von 1937 und 1950, so würde man schließen (insoweit ein solcher Schluß aus der Lyrik und der Prosa möglich ist), daß Werfels Gestalten nicht so sehr von der klassisch-ödipalen Entfremdung beeinflußt waren, als es zunächst geschienen haben mag, sondern vielmehr von einer tiefen, passiven Abhängigkeit von dem frühkindlichen Erlebnisbild (Imago) seiner Mutter. Die kurze Periode der Auflehnung gegen die Autorität des Vaters in seinen Gedichten und Romanen (*Der Abituriententag*, *Nicht der Mörder, der Ermordete ist schuldig*) und die noch kürzere Periode seines radikalen politischen Aktivismus erscheinen vom Gesichtspunkt

34. Vgl. F. Torberg (Anm. 3) und vor allem H. Politzer, dem ich auch für seine Schilderung von Werfel im persönlichen Umgang verbunden bin.
35. R.M. Rilke und Marie von Thurn und Taxis: *Briefwechsel*. Bd. 1 (Anm. 30), 356 u. 358f.

seiner späteren Einstellung als typische Umwege in der Entwicklung eines Charakters, der von Anfang an zu der mystisch-fügsamen Religiosität und dem Konservatismus seiner späteren Jahre bestimmt war. Die Zeit, in der Werfels literarische Karriere begann, ihre Neigung zum Protest und der sich daraus ergebende Stil, sich den Vätern und ihren Geboten wenigstens in Versen öffentlich entgegenzustellen, half seiner frühen Prominenz. Für ihn selbst war das nur eine vorübergehende Phase. Werfel fand bald die ihm angemessene Lebensform, beschützt von einer energischen, geistreichen und erzkonservativen Frau, tätig und erfolgreich, und im übrigen mit den Jahren zunehmend der schuldbeladene Büßer, der sich in seinen Phantasien immer mehr als verworfen, leidend und passiv vorkam. Dies deutet auf eine frühe Identifizierung mit dem Mutterbild der ödipalen, vielleicht sogar einer früheren, Periode. Der Zweck dieser einer solchen Einstellung ist die Verleugnung jener in der Phantasie erlebten Furcht, verletzt und zerstört zu haben, die sich aus den natürlichen, phallischen Wünschen des kleinen Jungen seiner Mutter gegenüber ergibt. Die Verleugnung führt zu einem System von Vorschriften und Einschränkungen, die sich das Ich auferlegt und die den Charakter dann lebenslänglich beeinflussen (Reaktionsbildungen). Ihr vorzüglicher – und unbewußter – Zweck besteht darin, für die eigene Unschuld zu plädieren und zu betonen, wie harmlos, d.h. wie weit entfernt man von jenen gefürchteten, destruktiven Impulsen sei.

Werfels Bedürfnis, Enthusiasmus und sentimentales Hochgefühl mit anderen zu teilen – es von ihnen zu fordern, sowohl wie es ihnen aufzunötigen, scheint aus dieser psychologischen Grundposition zu folgen. Sie zeigt sich schon in "An den Leser" und ist in vielen anderen Gedichten im *Weltfreund* erkennbar. Sie erreicht eine sonderliche Apotheose in dem etwas späteren "Jesus und der Äserweg", ein Gedicht, das – wenigstens meinem Gefühl nach – nicht nur zu den anspruchsvollsten, sondern auch zu den forciertesten, unechtesten und abgeschmacktesten gehört, die Werfel jemals kreiert hat. Die tränenvolle Umarmung, die er den Lesern, seinen Brüdern (und Schwestern) anbietet, erklärt sich als eine Beschwörung der Unschuld: 'Ich bin *nicht* aggressiv und zerstörerisch, im Gegenteil, mein Herz ist voll von Liebe und gutem Willen.' Dann geht es so weiter: 'Laßt uns eins werden! Laßt uns im Moment des Hochgefühls ineinandersinken, so daß wir uns nicht um die Individualität des Einzelnen kümmern müssen, und uns nicht mehr zu fragen brauchen, ob sie zuletzt nicht doch voneinander sehr verschieden sind.' Mit anderen Worten, die Haltung des Weltfreundes ist zum Teil die eines ungewöhnlich ausdrucksnahen, sich gerne selbst zur Schau stellenden, volatilen und hysteroiden Temperamentes: sein unbewußtes Ziel ist es, die eigenen aggressiven und sexuellen Impulse zu verleugnen und sie gleichzeitig zu bekennen, und darum öffentlich Buße zu tun, wenn sie sich nicht mehr verleugnen lassen. Die manifesten Gedankengänge und Bilder der Gedichte dienen der Andeutung sowohl wie der gleichzeitigen Verhüllung. Die beständigen Züge dieses psychologischen Unternehmens ergeben sich aber erst aus der Struktur des Gesamtwerkes; so daß wir zuletzt zugeben müssen, daß sich die im *Kondor* abgedruckten Jugendgedichte nur aus Werfels Gesamtwerk wirklich verstehen lassen.

Über die Beziehung Werfels zur Psychoanalyse ist bisher wenig gesagt worden. Bernd Urban hat in einer wichtigen Arbeit resümiert, was gegenwärtig − das heißt vor allem, nach dem Stand der bisher aus Archiven verfügbar gewordenen, relevanten Schriftstükke − über Werfels zunächst sehr widerspruchsvolle Einstellung bekannt ist.[36] Die in Urbans Arbeit angeführten Äußerungen und Dokumente rühren von einer Zeit in Werfels dichterischer Karriere her, viele Jahre nach den im *Kondor* veröffentlichten Gedichten. Sie sollen aber doch hier besprochen werden, da sich in ihnen das Wechselspiel zwischen Gesinnung und Selbstdarstellung, zwischen weltfreundlichem Liebesbedürfnis und der Insistenz seiner Glaubensartikel gerade an der Beziehung zu Freud und der Psychoanalyse besonders deutlich zeigt. Denn gerade in seinen Äußerungen zu beiden macht Werfel die subjektive Bedeutung, den psychologischen Sinn seiner religiösen Privatideologie deutlich, so wie er vorhin angemerkt wurde. Er mußte vor sich und anderen immer wieder verneinen, was er dennoch immer wieder von neuem in sich selbst erkennen, und eben darum verwerfen mußte. Er versuchte, sich bestimmten Ideen seiner Zeit entgegenzustellen, insbesondere dem Rationalismus der Wissenschaften und dem um sich greifen-

---

36. Bernd Urban: *Franz Werfel, Freud und die Psychoanalyse. Zu unveröffentlichten Dokumenten.* In: *DVjs* 47 (1973) 2, 267-285. Die Arbeit entstammt einer mit Johannes Cremerius unternommenen mehrbändigen Studie über die Rezeption der Psychoanalyse durch deutschsprachige Dichter.

den Säkularismus im allgemeinen – Ideen, die er freilich mehr mit
Eifer als sachlichem Verständnis aufgriff, um sie anzugreifen. Seine
Neigung, aus der Gefühlsbewegung heraus zu denken und zu formulieren, zusammen mit seiner Disposition zur opernhaften Selbst-
dramatisierung, die ihn sein Leben lang nicht verließen, trugen
dazu bei, daß er zuletzt mehr über den eigenen Widerspruch aus-
sagte, als über die kosmischen Zusammenhänge, denen er ekstatisch nachhing.

Es sieht auch vom Standpunkt der Psychoanalyse, die ihn so oft
beunruhigte, so aus, als ob er ebenso nach der mit Gemütsbewe-
gung verbundenen Erregung wie nach metaphysischen Antworten
suchte. Er war sich dessen auch nicht ganz unbewußt. Im zweiten
der Briefe an Freud sagt er:

> Ich selbst muß gestehen, daß ich an Entlastungsphantasien heftig leide, [...].
> Jeder starke [...] Eindruck setzt sich in solche Ekstasen und Trunkenheiten
> um [...]. Wenn ich sage, daß ich an solchen Phantasien 'leide', so ist das ei-
> ne Lüge, denn das Lustgefühl, das sie begleitet, ist unbeschreiblich. –[37]

Anders ausgedrückt, in diesen formalistisch so ehrfürchtigen, sozusagen hieratisch-unterwürfigen Briefen wird auch etwas über Sinn
und Bedeutung dieser Unterwerfung, kurz, über Werfels Charakter
ausgesagt. Denn in diesen Verhaltensweisen blieb er sich sein Leben lang gleich. In beiden Schriftstücken, den *Kondor*-Gedichten
und den beiden Briefen an Freud, die nicht nur durch die Jahre,
sondern mehr noch durch Anlaß und Absicht so weit voneinander
abliegen, kann man dennoch ähnliche Grundtendenzen erkennen.

Die Briefe folgten einem Besuch bei Freud, bei dem Werfel ihm
sein jüngstes Drama *Paulus unter den Juden* (1926) überreicht
hatte. Freud scheint etwas an Werfels mystischer Annäherung an
das Christentum auszusetzen gehabt zu haben. Werfel schrieb ihm
am 13. September 1926. Freud antwortete sogleich, wie es seine
Gewohnheit war – der Brief ist offenbar verloren gegangen. Werfel
schrieb ihm zwei Tage später noch einmal. In diesem zweiten Brief
entschuldigt er sich zunächst umständlich für seine Beharrlichkeit,
nachdem er Freud nahegelegt hatte, ja nicht weiter zu lesen, wenn

---

37. Zit. nach B. Urban: *Franz Werfel, Freud und die Psychoanalyse* (Anm.
36), 283. Werfel bezog sich mit 'Entlastungsphantasien' auf Freuds Erklärung
über die Funktion der Religionen. Werfels Brief ist vom 15. September 1926.
Ein Jahr später benannte Freud diese Funktion 'Illusion'. Vgl. *Die Zukunft
einer Illusion* (1927) in: GW, Bd. XIV, 323-380.

es ihn störe. Dann geht er daran, gewiß nicht ohne Umstände, aber auch ohne weitere Bedenken über den Aufwand, darzutun, warum er zuletzt doch recht habe. Dabei versucht er, auch die Psychoanalyse in den Dienst seiner mystisch-religiösen Bedürfnisse zu stellen. Er zeigt dabei nicht viel Verständnis für die Begriffe, die er für sein Anliegen beschwört; aber er sagt daneben etwas Wichtiges über die Anpassungsfunktion seines zunächst sonderlich wirkenden Anliegens.

Liest man die beiden Briefe, so hat man zuerst den Eindruck, es werde damit ein Paradebeispiel jener Übertragungsbeziehung vorgeführt, die für die psychoanalytische Situation zentral ist. Man wendet dann sogleich ein, daß man, selbst im Gespräch mit dem Entdecker eben jener Übertragungsbeziehung, auf Grund eines kurzen Besuches und zweier Briefe nicht gut von Übertragung im klinisch-technischen Sinn reden könne. Warum aber nicht, wenn man bedenkt, daß Werfel jedenfalls mit einem Phantasiebild von Freud schon seit einiger Zeit im Gespräch war. Er hatte ihn, könnte man sagen, schon seit langem zu einem halb Ehrfurcht gebietenden, halb drohenden Gegenspieler gemacht, auch wenn man großzügige Lektüreangaben, wie "ziemlich den ganzen Freud" [gelesen],[38] nicht allzu wörtlich nehmen soll. Anders ausgedrückt, Werfel hat der seinem inneren Selbst immer wieder präsenten, ihn immer wieder zur Rede stellenden Urfigur für einen Abschnitt seines Erlebens und Denkens den Namen und die *Imago* Freuds verliehen. *Mutatis mutandis* verhielt sich der junge Werfel nicht anders, als die Urfigur noch den Namen und die *Imago* 'Karl Kraus' führte. Wie jede Beziehung hat auch die Übertragung ihre Stadien und Erscheinungsformen. Eine davon ist die fertig mitgebrachte, die dem Analytiker zunächst ohne weitere Bedenken aufgesetzt wird, wie sie ist und wie sie schon seit langem im Unbewußten des späteren Analysanden auf Verwirklichung geharrt hatte. Werfels 'Übertragung' enthält charakteristische Züge von Unterwerfung und Sich-klein-machen. Sie zeigt auch etwas von dem unbewußten Zusammenhang, in dem diese Ausdrucksformen stehen:

> [...] dem umwühlenden Ereignis, das Ihre Werke für mich bedeutet haben [...]; unbeholfen und beklommen [...]; so sehr ich Sie auch damit zu langweilen fürchte [...]; Ich fürchte, daß ich Ihnen mit meinem unbescheidenen Kommentar [...]; auf die Gefahr hin, Ihren gerechten Unwillen zu erregen.

38. Vgl. B. Urban: *Franz Werfel, Freud und die Psychoanalyse* (Anm. 36).

272

Ich bitte Sie daher, wenn es Sie stört, dieses Schreiben ungelesen fortzu-
werfen, keinesfalls aber die Höflichkeit soweit zu treiben, mir auch diesmal
zu antworten.

Der frenetisch übertriebene Ton fällt auf. Warum muß er Freud so
betulich beraten, wie er ihn abweisen sollte, da doch Freud, wenn
er schon so groß ist, doch selber wissen müßte, was in einer solchen Lage zu tun sei. Gewiß, Werfel ringt mit seinem Engel, aber
dabei fallen zwei charakteristische Züge auf: der Mangel an Distanz,
der schon im *Weltfreund* auffällig war, und die Selbsterhöhung, die
sich hinter der Selbstverkleinerung bemerkbar macht. Denn Werfel
setzt eigentlich Gefühle voraus, wie sie einem erregten, konflikt-
beschwerten Kind natürlich wären: gewiß muß, was immer ich tue,
ihm (oder ihr) ungeheuer wichtig sein! Er unterwirft sich zuerst,
indem er aus dem Nachwort zum *Paulus* etwas zurücknimmt, wovon er freilich hätte wissen müssen, daß es dem, was Freud bisher
über die Religion gesagt hatte, diametral entgegengesetzt sei. Nachdem er sich noch einmal zu der überragenden Wichtigkeit bekennt,
die Freud für ihn hätte ("wenn es mich nicht sehr ernst dazu triebe
mich Ihnen anzuvertrauen"), kommt der unterwürfige Widerspruch
("Darf ich Ihnen gestehen [...]") gegen das, was Freud mit seiner
Bemerkung über Werfels noch nicht überwundenen "frommen
Kinderglauben" gemeint haben könnte, wenn er auch freilich auf
einem vielleicht unabsichtlichen Mißverständnis beruht. Er wird
schnell zum Argument, in dem Werfel die Kausalität, die er als das
Kernprinzip der Wissenschaft ansieht, zum Beweis für seine Ideen
zu verwenden versucht. Auffallend ist, daß das Argument auch
etwas von List, von einem rhetorischen Kunstgriff an sich hat: daneben auffallend ist auch Werfels philosophischer Dilettantismus.

Vielleicht läßt sich an diesem Punkt die verborgene Struktur
dieser Folge von übertragungshaften Selbstbekenntnisssen erfassen.
Sowohl Selbstverkleinerung und Bescheidenheit wie der unerwartete Widerspruch scheinen nötig, um schließlich zu der Erklärung
führen zu können, *was* Werfel sucht und für sich verlangt. Was er
sucht, hat die Qualität einer lustvollen Überwältigung: "die Gewalt
des Lebens trifft mich und erzeugt einen unerträglichen Affekt";
oder: "Jeder starke Natur-Menschen und ethische Eindruck [sic]
setzt sich in solche Ekstasen und Trunkenheiten um [...]". *Dann*
erkennt Werfel "blitzhaft die Wirklichkeit des Wortinhaltes 'Gott'".
Analytisch formuliert: in diesen Briefen an Freud überträgt Werfel
einen für ihn prototypischen Phantasieablauf. Die Reverenzfigur,

gegen die er-sich auflehnt, muß zunächst durch exemplarische Bescheidenheit versöhnt werden, um ihrer Zuneigung sicher zu sein. Die Phantasie enthält auch das Angebot, sich die geistige Macht dieser Ehrfurchtsperson zu eigen zu machen, sie in sich aufzunehmen ("Auch beuge ich mich gerne Ihrem Grundsatz [...]" und "Auch Ihrer anderen Definition beuge ich mich"), um zuletzt auf das eigene Bedürfnis bestehen zu können: "es ist wahr, ich entlaste mich durch eine 'Gott'-Phantasie". Tatsächlich kommt es auch im Sinne der eben vorgebrachten Deutungsvermutung nicht unerwartet, daß Werfel an seiner Gottesvorstellung festhalten muß, "[...] denn das Lustgefühl, das sie begleitet, ist unbeschreiblich. —" Hat nicht das Ergriffensein von dieser Urmacht etwas an sich, das sich mit entsprechender Abwandlung in der Übertragungsepisode dieser Briefe wiederholt? Dazu kommt noch das Motiv der lustvollen Überwältigung, das Selbstdarstellung und — freilich nur partielle — Selbstverwirklichung begleitet. Werfels Grundphantasie enthält beides, die wollüstig erwartungsvolle Passivität, und den Widerstand gegen die Macht, *sowie* den Versuch, sie doch immer wieder für sich zu gewinnen. Widerstand und Unterwerfung sind unlösbar miteinander verstrickt, und merkbar erotisiert. Daher führen sie zu immer neuen Versuchen, sie aus der zwiespältigen Seele des Phantasierenden nach außen zu verschieben.

"Ich beschwöre Sie, in meinen Worten keine Respektwidrigkeit, sondern nur die Aufrichtigkeit meiner Verehrung zu sehen." Und: "Noch einmal beschwöre ich Sie, mir diesen ungebührlichen Brief zu verzeihen, der Ihre Güte so kühn mißbraucht hat." — Abgesehen vom unverkennbaren Werfelschen Gestus führt der Schluß dieses zweiten Briefes wieder zu der Frage, ob jemand, der 'Ungebührlichkeit und Mißbrauch' so stark spürt, nicht auch innere Gründe dafür haben muß. Die kämen dann freilich von frühen, unbewußten Motiven und den aus ihnen folgenden Konflikten, und nicht von den im Briefe immer wieder betonten, und als 'kühn' hingestellten Vergehen.

Die zuerst angeführte Deutung über die versuchte Verneinung und Umkehrung sexueller und aggressiver Impulse bedarf also einer Erweiterung. Die eben dargestellten Vermutungen über den Konflikt zwischen lustvoll passiven Wünschen und der eigenen Autonomie soll die erstausgeführte ergänzen. In anderen Worten: Der Gottsucher der Briefe an Freud steckt schon im *Weltfreund*.

Am 8. März 1939 notierte Werfel in seinem Tagebuch:

Psychoanalytischer Traum, geträumt in meinem 48. Lebensjahr. Ich erinnere mich an keinen früheren dieser Art. Papa tritt ein, so hinfällig alt, wie er ist. Seine Hose ist offen, das Glied zu sehen. Ich erschrecke, als ich es sehe. Da fragt er: "Hast Du gesehen?" Ehe ich aber noch antworten kann, wächst er, wird jung und stark, stürzt sich auf mich und schlägt mich zur Strafe.[39]

39. Zit. nach B. Urban: *Franz Werfel, Freud und die Psychoanalyse* (Anm. 36), 284f.

BRECHTS VERHÄLTNIS ZUR PSYCHOANALYSE

von

Carl Pietzcker

"Kunstwerke haben das Recht, intelligenter zu sein als die wissenschaftliche Psychologie ihrer Zeit, aber nicht das Recht, dümmer zu sein"[1] notierte Brecht um 1940. Sind seine Werke nun wirklich "intelligenter" als die Psychoanalyse, die er ausdrücklich zur 'modernen Psychologie' zählte,[2] oder sind sie nicht vielleicht doch "dümmer"? Fragen wir besser: Inwiefern sind sie "intelligenter"? Inwiefern "dümmer"? Wie verhielt sich Brecht zur Psychoanalyse? Und warum? Wie verhielt er sich in seiner vormarxistischen Zeit? Und wie als Marxist? — Wir werden ein trauriges Kapitel zu studieren haben, eine Geschichte halber Kenntnisse, versäumter Chancen, verblendeter, aber auch erhellender Kritik, eine Geschichte, wie sie nachgerade typisch ist für das noch immer gespannte Verhältnis von Marxismus, Psychoanalyse und Literatur.

Brecht schätzte Freud. 1938 zählte er ihn zu den "bedeutenden Emigranten"[3] und später schrieb er, daß "schönberg, einstein, freud, eisenstein, meyerhold, döblin, eisler, weigel nicht jüdische, sondern andere kulturen verkörpern".[4] Dennoch hat er ihn wohl wenig gelesen. Nachweisen läßt sich derzeit einzig die Lektüre des Briefwechsels Freuds mit Einstein[5] und die von *Das Unbehagen in*

---

1. Bertolt Brecht: *Gesammelte Werke in 20 Bänden*. werkausgabe edition suhrkamp. Frankfurt a.M. 1967 (künftig = w.a.) 19, 411; vgl. w.a. 17, 1071 und Bertolt Brecht: *Arbeitsjournal* Bd. 1 u. 2. Frankfurt a.M. 1973 (künftig = AJ), Bd. 1, 323 (2.12.1941).
2. w.a. 15, 269f.
3. B. Brecht: *Briefe*. Frankfurt a.M. 1981 (künftig = Br), Bd. 1, 373.
4. AJ II, 698 (22.10.1944).
5. w.a. 20, 272f. (*Über die realen Gründe der Kriege*); w.a. 20, Anm. S. 36.

der Kultur 1930, im Jahr des Erscheinens also[6] – und auch hier ist nicht sicher, ob er beide Texte überhaupt ganz gelesen hat. Nachzuweisen ist ferner, daß er psychoanalytischem Gedankengut 1942 in einer Arbeit Adornos begegnete[7] und 1944 in einem Aufsatz Bettelheims,[8] sowie vorher schon im persönlichen Gespräch mit Benjamin,[9] den er 1929 kennenlernte.

Wir können jedoch davon ausgehen, daß er mit der Psychoanalyse auch anderswo in Berührung kam; vor der Bekanntschaft mit Benjamin sicherlich schon im Feuilleton und im Gespräch der Literaten. Hedda Kuhn, eine Geliebte seiner Augsburger, Münchner und ersten Berliner Zeit, damals Studentin der Medizin, der von einer auf Lektüre beruhenden Freudkenntnis Brechts nichts bekannt ist,[10] berichtet von unregelmäßigen Kollegbesuchen bei dem Psychoanalytiker Max Isserlin, dessen 'Klinische Experimentalpsychologie' Brecht im Sommersemester 1917 und im Wintersemester 1917/18 belegt hatte.[11] Die literarischen Zeitschriften, und nicht nur sie, diskutierten damals die Psychoanalyse. In der Münchner literarischen Szene, in der sich auch Brecht bewegte, hatte seit 1908 der rauschgiftsüchtige Psychoanalytiker Otto Groß die Psychoanalyse verbreitet.[12] Noch kurz vor dem Ersten Weltkrieg war es in München zu einem örtlichen Zusammenschluß der Internationalen Psychoanalytischen Vereinigung gekommen.[13] Schon in München

6. w.a. 17, 1015f.

7. AJ I, 360 (18.1.1942).

8. AJ II, 690 (20.9.1944).

9. AJ I, 20 (13.8.1938).

10. Brief an den Verf. vom Sommer 1976.

11. In: *Brecht in Augsburg* (hrsg. v. W. Frisch und K.W. Obermeier). Frankfurt a.M. 1976, 161. – Isserlin veröffentlichte seit 1907 auf dem Gebiet der Psychoanalyse. Er war auch kulturpsychologisch interessiert. So erschien 1922 sein Aufsatz *Neuere Anschauungen über das Wesen sexueller Anomalien und ihre Bedeutung im Aufbau der Kultur*. In: *Zeitschrift für Pädagogische Psychologie*. Berlin 1922, 23 (10).

12. Siehe Emanuel Hurwitz: *Otto Groß. Paradies-Sucher zwischen Freud und Jung*. Frankfurt a.M. 1979. – Martin Green: *Else und Frieda, die Richthofen-Schwestern*. München 1976, 59, 62f., 161.

13. Hans-Dieter Brauns: *Die Rezeption der Psychoanalyse in der Soziologie im deutschsprachigen Raum bis 1940*. In: Johannes Cremerius (Hrsg.): *Die Rezeption der Psychoanalyse in der Soziologie, Psychologie und Theologie im deutschsprachigen Raum bis 1940*. Frankfurt a.M. 1981. Dort 33f.

konnte Brecht durch Feuchtwanger mit der Psychoanalyse in Berührung kommen, in Berlin dann durch Döblin, mit dem er sich seit 1925 öfter traf, und durch Tucholsky; im Exil wahrscheinlich durch Ruth Berlau.[14] Seine Kenntnis der Psychoanalyse war freilich weder ausgedehnt noch tief. Psychoanalytische Begriffe verwendete er im Sinn der Umgangssprache[15], den Begriff 'unbewußt' nur unspezifisch[16] oder polemisch[17]. Von den zentralen Begriffen der Psychoanalyse erscheint einzig der der Verdrängung etwas genauer und sogar positiv gewertet:

[...] die Handlungen, die eben jetzt unwürdig geworden sind, wo nach Wochen ein Neues durchgelebt wird, fast ohne Übergang und schon wieder mit Liebe und noch nicht ohne Gewissensbisse, und es ist so lächerlich, das Märtyrertum, das geendet hat, das durch ein anderes Gefühl ersetzte Gefühl, der glatte Übergang, die Verdrängung, der Verschleiß der Reste![18]

Selbst hier versteht Brecht die Verdrängung jedoch nicht psychoanalytisch, vom Konzept des Unbewußten her. Das war 1920. Wenn später dann der Marxist den Begriff verwendet, hat er ihn nahezu aller psychoanalytischen Bedeutung beraubt, und das sogar dort, wo er ihn auf die Psychoanalyse bezieht:

wiesengrund-adorno hier. er ist rund und dick geworden und bringt einen aufsatz über RICHARD WAGNER, nicht uninteressant, aber ausschließlich nach verdrängungen, komplexen, hemmungen im bewußtsein des alten

14. Vgl. AJ I, 20 (13.8.1938).
15. Z.B.: "premiere von hays HABEN [...]. miserable aufführung, hysterisch verkrampft, völlig unrealistisch" (AJ II, 848; 23.10.1948); "jetzt [...], wo die amerikanischen drohungen so hysterisch sind" (AJ II, 943; 15.1.1951).
16. "es ist nämlich von der größten bedeutung, daß es für (teilweise unbewußtes, aber doch) theater angesehen wird, was die menschen machen, wenn sie soziale ränge usurpieren" (AJ II, 526; 10.10.1942).
17. MAULER: "[...] Und es zieht mich zum Geschäft / Unbewußt!" (w.a. 2, 786).
18. Bertolt Brecht: *Tagebücher 1920-1922. Autobiographische Aufzeichnungen 1920-1954.* Frankfurt a.M. 1975 (künftig = Tb), 104; Okt. 1921. Vgl. auch:
"es ist klar aus allem, daß deutschland seine krise noch gar nicht erfaßt hat. der tägliche jammer, der mangel an allem, die kreisförmige bewegung aller prozesse, halten die kritik beim symptomatischen. weitermachen ist die parole. es wird verschoben und es wird verdrängt. alles fürchtet das einreißen, ohne das das aufbauen unmöglich ist" (AJ II, 814; 6.1.1948).

mythenschmieds stöbernd, in dieser routine der lukács, bloch, stern, die alle nur eine alte psychoanalyse verdrängen.[19]

Das ist borniert und von nahezu keiner Kenntnis getrübt, nicht einmal von der des Marxisten Lukács.

Seine geringe Kenntnis der Psychoanalyse schließt jedoch ein Gespür für jene psychischen Vorgänge nicht aus, denen auch die Psychoanalyse ihr Interesse schenkt — Brecht deutet sie nur nicht explizit in deren Sinne. So achtet er auf die Redeweise anderer und bemerkt Fehlleistungen: "hitlers rede im radio auffallend unsicher ('ich bin entschlossen, entschlossen zu sein')"[20] ; oder an anderer Stelle:

dem rezitator hardt passierte ein bezeichnendes mißgeschick. er las kleists 'gebet des zoroaster', und anstatt der bitte, er möge fähig sein, die torheiten und irrtümer seiner gattung zu übersehen, las er die bitte feierlich mit dem wort 'gattin' statt 'gattung': döblin hatte mit seiner frau gerade das weekend in hardts haus verbracht.[21]

Dieses psychologische Gespür zeigte er auch bei der Beschreibung des Schreibprozesses. 1921 notierte er:

Gleich allen andern Künstlern ist auch der Dichter wohl fähig, nach einem Frauenkörper zu arbeiten. Nicht, indem er diesen darstellt, sondern indem er in allen Proportionen seines Werkes sein Maß gestaltet. Die Linien des Körpers werden zu jenen seiner Komposition; wie der Anblick dieser das Lebensgefühl steigert, so muß auch der Genuß jener es steigern.[22]

Wenige Jahre zuvor schon hatte er gereimt:

Was er, vom Schmerz um ein Weib einst gepackt
Stumm in sich hinein verschwieg —
Seine Lieder verrieten's am trunkenen Takt.

Und ein Weib schwamm auf Wogen jener Musik:
Nackt.[23]

Der junge Brecht beobachtete, was in ihm vorging:

Alles ist im Fluß, ich liebe das Ungefähr. Dazwischenhinein entwerfe ich Sätze aus allen Szenen und einzelne Auftritte. Es wächst alles, fast von selbst, dem Mittelpunkt zu, als schriebe ich aus der Erinnerung.[24]

19. AJ I, 360 (18.1.1942).
20. AJ I, 56 (1.9.1939).
21. AJ II, 605 (14.8.1943). Über die Geburtstagsfeier Döblins. Brecht schreibt von Döblins "leben mit einer ungewöhnlich dummen und spießigen frau".
22. Tb 154 (Sept. 1921).
23. w.a. Suppl. III. 31.
24. Tb 147 (Sept. 1921).

Noch um 1938 beschreibt der Marxist Brecht seine Arbeit am *Cäsar*-Roman:

> Während ich in einem Haufen historischer Wälzer blättere [...], habe ich Farbenvorstellungen vager Art im Hinterkopf, Eindrücke bestimmter Jahreszeiten, höre Tonfälle ohne Worte, sehe Gesten ohne Sinn, denke an wünschbare Gruppierungen von nicht benannten Gestalten und so weiter. Die Vorstellungen sind reichlich unbestimmt, keineswegs aufregend, ziemlich oberflächlich, wie mir scheint. Aber sie sind da. Der "Formalist" in mir arbeitet.[25]

Um 1927 schreibt er: "Ein Künstler ist derjenige, bei dem der Augenblick der größten Leidenschaft mit dem der größten Klarheit zusammenfällt"[26] − ein sehr allgemeiner Satz freilich, aber doch einer, der sich mit psychoanalytischer Literaturtheorie sehr wohl verträgt.

Auch daß Sexuelles durch die Kunst gesellschaftsfähig und offen genießbar wird, war Brecht aufgefallen:

> ZIFFEL Weil wir heute gerade beir Pornographie sind: haben Sie das bemerkt, wie tugendhaft die wird, wenn sie mit Kunst betrieben wird? Benutzen Sie die fotografische Methode, und was herauskommt, ist eine Schweinerei. Sie würden nicht dran denken, so was an die Wand zu hängen als gebildeter Mensch. Es ist der pure Geschlechtsakt, mehr oder minder umständlich betrieben. Und dann nehmen Sie Leda mit dem Schwan, ein delikat gemaltes Stück Sodomie, an sich keine gesellschaftsfähige Gewohnheit, aber plötzlich ist dem Ganzen der Stempel der Kunst aufgedrückt, und Sie könnens zur Not Ihren Kleinen zeigen. Und die sexuelle Wirkung ist die zehnfache, weils eben Kunst ist![27]

Ästhetische Form schafft der Sexualität Zutritt zu ihr sonst verwehrten gesellschaftlichen Räumen − ganz wie Freud dies schon erkannt hatte. Sogar eine kleine Psychoanalyse führt der Marxist uns vor:

> Meister Me-ti unterhielt sich mit Kindern. Ein Junge ging plötzlich hinaus. Als Me-ti nach einiger Zeit ebenfalls hinausging, sah er im Garten den Jungen hinter einem Strauch stehen und weinen. Im Vorbeigehen sagte Me-ti zu ihm gleichgültig: Man kann dich nicht hören, der Wind ist zu stark. Als er zurückkehrte, bemerkte er, daß der Junge aufgehört hatte zu weinen. Der Junge hatte den Grund, den ihm Meister Me-ti für sein Weinen genannt hatte, nämlich gehört zu werden, als einen Hauptpunkt erkannt.[28]

25. w.a. 19, 300.
26. w.a. 15, 120.
27. w.a. 14, 1415.
28. w.a. 12, 463.

Das ist eine geglückte Intervention, möglich durch Einfühlung —
wenn das auch keineswegs Brechts Selbstverständnis entsprach.
In all diesen Fällen bewegte er sich auf der Ebene gelungener
Selbst- und Fremdbeobachtung. Zu ihrer begrifflichen Fassung
und Systematisierung, wie sie die Psychoanalyse anbietet, drang er
jedoch nicht vor.

Wie Freud und seine Schüler kritisierte auch Brecht die bürgerliche Sexualmoral. Um 1938 verteidigte er den von Joyce im *Ulysses* verwendeten inneren Monolog, den er zu dem Monolog eines
Patienten in der "Sprechstunde eines Psychoanalytikers" in Beziehung setzte:

> Eine Kleinbürgerin, morgens im Bett liegend, meditierte. Ihre Gedanken
> wurden ungeordnet, durcheinander, ineinander überfließend wiedergege-
> ben. Das Kapitel wäre kaum geschrieben worden ohne Freud. Die Vorwür-
> fe, die es seinem Verfasser einbrachte, waren dieselben, die Freud sich sei-
> nerzeit zutrug. Es regnete: Pornographie, krankhafte Freude am Schmutz,
> Überwertung von Vorgängen unterhalb des Nabels, Unmoral und so weiter.
> Erstaunlicherweise schlossen sich diesem Unsinn auch einige Marxisten an,
> die ekelerfüllt den Ausdruck Kleinbürger hinzufügten.[29]

Brecht, der als Gymnasiast eine Zeit lang "die Lektüre van de Vel-
des" bevorzugte[30] und später beklagte, "daß wir in deutschland
keinerlei anzeichen einer verfeinerten sinnlichkeit haben",[31] tritt
für Freud auch gegen Marxisten ein, wenn es die Realität des Sexuellen zu betonen gilt.[32] Er wendet sich dort gegen ihn, wo er glaubt,

29. w.a. 19, 303.

30. So eine ehemalige Angestellte der Augsburger Leihbücherei. In: *Brecht
in Augsburg*. Eine Dokumentation v. W. Frisch und K.W. Obermeier. Frankfurt a.M. 1976, 104.

31. AJ I, 248 (8.3.1941). "auffällig, daß wir in deutschland keinerlei anzeichen einer verfeinerten sinnlichkeit haben! die liebe ist dort (siehe faust!) etwas himmlisches oder etwas teuflisches [...]. der deutsche adel war genußunfä-
hig, das bürgertum dann idealiter puritanisch, dh realiter schweinisch. der
deutsche student 'tat es' nach solchem bierkonsum, daß andere gekotzt hätten, wo er koitierte." — Es ist bezeichnend für Brechts Verhalten zu psychischen Phänomenen, daß er die Spaltung der Sexualität feststellt, jedoch nicht
zu ihrer Herleitung vordringt, wie sie die Psychoanalyse anbietet (Freud, GW
Bd. VIII, 78ff. und GW Bd. V, 101f.). Diese Spaltung findet sich bei Brecht
selbst (siehe Carl Pietzcker: *Die Lyrik des jungen Brecht*. Frankfurt a.M. 1974,
275ff. — In diesem Band suchte ich die Psychoanalyse auf Brecht anzuwenden).

32. Vgl. auch w.a. 14, 1504.

daß Freud die Sexualität unabhängig von ihrer Geschichte in der Klassengesellschaft betrachtet:

benjamin behauptet, freud sei der meinung, die sexualität werde einmal überhaupt absterben. unsere bourgeoisie ist der meinung, sie sei die menschheit. als der kopf des adels fiel, stand ihm wenigstens noch der schwanz. der bourgeoisie ist es gelungen, sogar die sexualität zu ruinieren. ich helfe eben R[UTH], einen band novellen mit dem titel JEDES TIER KANN ES fertigzustellen. 70% aller frauen sollen frigid sein. [...] unproduktivität der technik. der orgasmus als glücksfall.[33]

Freud erscheint ihm hier als Denker der Bourgeoisie. Er selbst begreift dagegen – wie er meint, im Gegensatz zu Freud – die Sexualität als Moment der Klassengeschichte.

Der von ihm erwähnte Band *Jedes Tier kann es*[34] enthält "Erzählungen von sieben Frauen, die in ihrem Sarg im Schauhaus nebeneinander aufgebahrt sind und sich dort Rechenschaft über ihr Leben geben. Keine hat Freude beim Liebesakt empfunden, nur Schmerz, denn jede Umarmung geschah nur als eine 'Umarmung von Ringern'."[35] Ruth Berlau, der er bei der Fertigstellung dieses Bandes half, war seit Brechts dänischem Exil – er kam im Sommer 1933 nach Dänemark – seine Geliebte. Sie war Journalistin und Schauspielerin am Kopenhagener Königlichen Theater und als engagierte Kommunistin am 'Revolutionären Theater'. Verheiratet war sie mit einem Arzt. Es könnte sein, daß Brecht über sie mit Vorstellungen Wilhelm Reichs vertraut wurde, die dann in die Novellen und in diese Notiz eingingen. – Reich ließ sich im September 1933 in Malmö, also in Bootsnähe zu Kopenhagen, nieder.[36]

33. AJ I, 20 (13.8.1938). Das ist nicht Freuds feste Meinung, er gibt sie nur zu bedenken: "So müßte man sich denn vielleicht mit dem Gedanken befreunden, daß eine Ausgleichung der Ansprüche des Sexualtriebes mit den Anforderungen der Kultur überhaupt nicht möglich ist, daß Verzicht und Leiden sowie in weitester Ferne die Gefahr des Erlöschens des Menschengeschlechts infolge seiner Kulturentwicklung nicht abgewendet werden können." (GW Bd. VIII, 91). – Freud war das klassenspezifische Schicksal der Sexualität bewußt. (GW Bd. XI, 365ff.)

34. Erschienen in dänischer Sprache. Maria Stern [d.i. R. Berlau]: *Ethvert Dyr kan det.* Kopenhagen: Arthur Jensens Forlag 1940. Bruchstücke deutscher Übersetzungen befinden sich im Brecht-Archiv (siehe Bertolt Brecht Archiv: *Bestandsverzeichnis des lit. Nachlasses.* Bd. 4, Berlin und Weimar 1973, 199f.).

35. Klaus Völker: *Bertolt Brecht. Eine Biographie.* München 1976, 234f.

36. Ilse Ollendorf-Reich: *Wilhelm Reich. A Personal Biography.* London 1969, 29.

In Kopenhagen begegnete er der kommunistischen Tänzerin und künftigen Therapeutin Elsa Lindenberg, die später in ihrer norwegischen Zeit in der 'Roten Revue' als Choreographin wirkte.[37] Mit ihr lebte er während des skandinavischen Exils zusammen. Es ist wahrscheinlich, daß sich die beiden engagierten Kommunistinnen Berlau und Lindenberg, die beide am Theater arbeiteten, in Kopenhagen begegneten. So könnte Brecht mit Gedanken Reichs in Berührung gekommen sein. Nachweisen kann ich dies allerdings nicht.

Im Zusammenhang mit Ruth Berlaus Novellenband schrieb Brecht das Gedicht

ÜBER DEN VERFALL DER LIEBE

Ihre Mütter haben mit Schmerzen geboren, aber ihre Frauen
Empfangen mit Schmerzen.

Der Liebesakt
Soll nicht mehr gelingen. Die Vermischung erfolgt noch, aber
Die Umarmung ist eine Umarmung von Ringern. Die Frauen
Haben den Arm zur Abwehr erhoben, wärend sie
Von ihren Besitzern umfangen werden.

Die ländliche Melkerin, berühmt
Wegen ihrer Fähigkeit, bei der Umarmung
Freude zu empfinden, sieht mit Spott
Auf ihre unglücklichen Schwestern in Zobelpelzen
Denen jedes Lüpfen des gepflegten Hinterns bezahlt wird.

Der geduldige Brunnen
Der so viele Geschlechter getränkt hat
Sieht mit Entsetzen wie das letzte
Ihm den Trunk entreißt mit verbissener Miene.

Jedes Tier kann es. Unter diesen
Gilt es für eine Kunst.[38]

Hier ist die Sexualität historisch gesehen: als Ware, die im Äquivalententausch zumindest für die bürgerliche Frau ihren Gebrauchswert verliert. Wie jedoch der Tauschwertcharakter der Liebe die Psyche durchdringt und zur Frigidität führt, bleibt außer acht — dazu hätte es der Psychoanalyse bedurft. Selbst hier also, wo er möglicherweise von der Psychoanalyse Anregungen erfuhr, nahm Brecht ihr Erklärungsmodell nicht auf. Er benannte Verhalten, nicht dessen Ursachen, und schon gar nicht die psychischen.

37. Ebd., 35.
38. w.a. 9, 625; vgl. w.a. 12, 677ff. (*Über die Kunst des Beischlafs.*)

Es gibt allerdings ein Gedicht, mit dem er sich weiter vorwagte und Frigidität aus dem Konflikt von Vorstellungen im Innern der Frau zu begreifen suchte. Dieses erst aus dem Nachlaß veröffentlichte Gedicht entstand vermutlich zwischen 1928 und 1932, vielleicht schrieb es Brecht aber auch etwas später in Dänemark.

> Das Gehabe der Märkte hat es mit sich gebracht, daß
> Die physische Liebe verkümmert und das Verhältnis der Geschlechter
> In Abhängigkeit geraten ist von allerlei Vorstellungen
> So daß auf physische Art, durch Berührung mit der Hand
> Oder durch den Ton der Stimme, nichts mehr ausgerichtet wird.
> Nur mehr durch bestimmte Vorstellungen wird
> Der Geschlechtsteil der Frau naß oder bleibt trocken.
> Der Wunsch, ausgebeutet zu werden, oder der Wunsch
> Nicht ausgebeutet zu werden
> Hemmen die Wirkungen der Berührungen
> Gewisse Vorteile erregen mehr die Physis als alles andere.
> Sie erwarten nicht, beisammenliegend, die Folgen der Wärme
> Die sacht streichelnde Hand erweckt nicht das Begehren
> Unter ihr richtet nicht mehr die Brust sich auf
> Noch öffnen sich den drängenden Knien die Knie
> Keine Welle der Zuneigung spült
> Die Gedanken hinweg.
>
> Denn in ihnen wohnt die Vorstellung eines Zustandes
> Freilich von ihnen nicht abhängig, also törichte Vorstellung
> Eines Zustandes, der alles erlaubte, selbst die natürliche Regung
> Endlich zustandegekommener günstiger Abmachungen
> Und abhängig hievon wieder die Vorstellung
> Einer solchen Befriedigung eines solchen Rausches
> Wie er niemals erlebt wurde.[39]

Gerade der Wunsch phantastischer rauschhafter Befriedigung also verhindert einen mit marktgesellschaftlicher Ausbeutung gekoppelten Orgasmus. Das ist zwar nicht inhaltlich, wohl aber von der Struktur her psychoanalytisch gedacht: Ödipale und narzißtische Wünsche erscheinen so wenig wie ihre lebensgeschichtliche Herkunft und ihr infantiler und unbewußter Charakter, doch die Frigidität selbst wird als Ergebnis eines inneren Konflikts begriffen, der sich aus einer äußeren Situation, dem "Gehabe der Märkte" ergibt. Selten ist Brecht der Psychoanalyse so nahe gekommen. Es ist sicher kein Zufall, daß dies hier gelang, wo er nicht unmittelbar selbst betroffen war, wo es um andere, um Frauen ging, nicht aber um sei-

39. w.a. Suppl. III, 239f.

ne Männlichkeit, um Schreiben, Literatur- und Gesellschaftstheorie oder Politik.

Brecht schätzte Freud, und hier spiegelt sich wahrscheinlich sein Verhältnis zu Nietzsche,[40] als einen Kritiker der Moral. Ziffel bemerkt über Freud: "Er hat eine Art Relativitätstheorie der Moral aufgestellt. Aber wo er geistige Brüche medizinisch behandelt hat, war er nicht so glücklich".[41] Die Relativierung der Moral treibt Brecht historisch-materialistisch weiter. So notiert er 1940 nach einem Gespräch über Ethik — wohl unter dem Einfluß von Fr. Engels *Ursprung der Familie* und vielleicht auch von W. Reichs *Einbruch der Sexualmoral* —:

am schluß schlage ich [...] eine praktische formel vor. im interesse des klassenkampfs sind vorkommende soll-und-darf-sätze, die ein 'du schwein' enthalten, zu verwandeln in sätze, die ein 'du ochs' enthalten. sätze, welche ein 'du schwein' enthalten und nicht in 'du ochs'-sätze überführt werden können, müssen ausgeschaltet werden. beispiel: der satz 'du sollst nicht mit deiner mutter schlafen' war einst ein 'du ochs'-satz, denn in einer frühen gesellschaftsordnung bedeutete er große verwirrung in den besitz- und produktionsbeziehungen. was das betrifft, ist er heute kein 'du ochs'-satz mehr, nur noch ein 'du schwein'-satz.

im grund müßte also der satz fallengelassen werden. das kämpfende proletariat wird ihn jedoch unter umständen verwenden als einen 'du ochs'-satz, und zwar so: 'du ochs sollst nicht mit deiner mutter schlafen, weil deine mitkämpfer hier vorurteile haben und dein kampf dadurch gefährdet sein kann, auch weil die gerichte dich sonst einsperren.'[42]

Ohne Freud wäre dieser Abschnitt wohl kaum geschrieben worden. Doch Brecht hat nur aufgegriffen, was er in eine sozialgeschichtliche Analyse übernehmen und im Klassenkampf verwenden konnte. Die innerpsychischen Vorgänge und ihre psychoanalytische Herleitung ließ er außer acht.

Dieses Verhalten zieht sich durch. Wo der Marxist Brecht sozialpsychologisch denkt, tritt die psychologische Argumentation hinter der sozialgeschichtlichen zurück. So hellsichtig die sozialgeschichtliche auch sein mag, die psychologische bleibt vage, verwaschen,

40. Vgl. R. Grimm: *Notizen zu Brecht, Freud und Nietzsche*. In: *Brecht-Jahrbuch 1974*. Frankfurt a.M. 1975, 50.
41. w.a. 14, 1501.
42. AJ I, 79 (15.1.1940).

ohne ausgewiesene Begrifflichkeit und berücksichtigt die psychische
Genese nicht:

> Und die Krisen berauben die Bevölkerung um alles. [...] Außer den großen
> allgemeinen Krisen drohen die kleinen persönlichen. Die Krankheit eines
> einzigen Mitglieds kann die Familie aller ihrer Ersparnisse berauben und
> der meisten ihrer Zukunftspläne. Unter diesen Umständen haben die nie
> verschütteten, kaum je ventilierten, stinkenden Vorurteile breiter Schichten
> gegen die Neger, die Juden und die Mexikaner eine finstere Bedeutung.[43]

> Überall ist dieser Geruch der hoffnungslosen Roheit, der Gewalt ohne Be-
> friedigung.[44]

Psychologische Begriffe verwendet er auch hier ungenau. 'Neur-
asthenie' und 'Neurose' z.B. setzt er als moralisierend abwertende
Schlagwörter ein, die den von ihnen Getroffenen ins Abseits der
Pathologie verweisen, nicht aber als zur Analyse geeignete Instru-
mente:

> das pathologische ist etwas durchaus klassenmäßiges. hitlers neurasthenie
> ist die neurasthenie des postsekretärs. alles zielhafte ist notgedrungen pure
> ideologie, schlechter mythos, unreal.[45]
> der nationalsozialismus muß betrachtet werden als der sozialismus der
> kleinbürger, eine verkrüppelte, neurasthenische, pervertierte volksbewe-
> gung, die für das von tiefer unten geforderte einen der herrschenden klasse
> nicht unliebsamen ersatz lieferte oder zu liefern versprach.[46]
> Und sie [die Amerikaner; C.P.] haben nicht das verkniffene neurotische
> Wesen der deutschen Kleinbürger, noch die Unterwürfigkeit und Überheb-
> lichkeit.[47]

Falls diese Äußerungen auf die Lektüre der *Massenpsychologie des
Faschismus* von Wilhelm Reich zurückgehen sollten, so zeigen sie
doch auch, wie sehr Brecht gerade das der Psychoanalyse Eigene in
sozialpsychologischen Werken überging. Das läßt sich vielleicht
deutlicher noch an der Notiz zu einer Schrift des Psychoanalytikers Bettelheim ablesen:

> aufsatz eines bruno bettelheim *behaviour in extreme situations* über das
> verhalten von konzentrationslagerhäftlingen. borchardts wahrnehmung
> wird bestätigt, daß häftlinge ausdrucksweise und auftreten ihrer quäler an-
> nehmen. interessant der rapide (galoppierende) persönlichkeitsschwund de-

43. w.a. 20, 296 (*Briefe an einen erwachsenen Amerikaner*).
44. w.a. 20, 298.
45. AJ I, 381 (28.2.1942).
46. AJ II, 801 (24.12.1947).
47. w.a. 20, 294.

rer, die die ihnen erwiesene behandlung nur ablehnen können, weil sie ihnen widerfährt, die nur eine gesetzwidrige anwendung des gesetzes sehen.
und interessant die gruppenmäßige behandlung der häftlinge durch die ge-
stapo. (eine gruppe wird mißhandelt, weil ein mann für sie eintrat.)[48]

Brechts Interesse richtet sich auf von außen beobachtbares Verhalten, auf die Bedeutung des Klassenbewußtseins für individuelle Reaktionen ('persönlichkeitsschwund') und auf die Bedeutung des
Kollektivs. Die psychoanalytische Rekonstruktion der Prozesse,
die zu jenem Verhalten führten, erwähnt er nicht einmal.

Da er unter dem Primat sozialgeschichtlicher Deutung die psychoanalytische überhaupt nicht beachtet, kann er selbst dort, wo
er sich der Terminologie der Psychoanalyse zu nähern scheint, nicht
erkennen, wie das Gesellschaftliche als Individuelles entsteht, wie
sich z.B. der 'Forschungstrieb' entwickelt und in welchem Zusammenhang er mit dem 'Zeugungstrieb' steht:[49]

Ich hoffe, das Werk zeigt, wie die Gesellschaft von ihren Individuen erpreßt,
was sie von ihnen braucht. Der Forschungstrieb, ein soziales Phänomen,
nicht weniger lustvoll oder diktatorisch wie der Zeugungstrieb, dirigiert
Galilei auf das so gefährliche Gebiet, treibt ihn in den peinvollen Konflikt
mit seinen heftigen Wünschen nach anderen Vergnügungen.[50]

Der 'wissensdurstige Brecht', der die Handlung der *Heiligen Johanna*
und des *Galilei* durch ein "Ich muß es wissen" weitertreibt,[51] begründet diesen Wissensdurst allenfalls sozialgeschichtlich.

Seinerseits kritisiert er dann aus soziologischer und naturwissen-
schaftlicher Perspektive die Analytiker, die sich zu sozialen Phänomenen äußern:

nachmittag bei dem physiker REICHENBACH, der hier an der kaliforni-
schen universität philosophie liest, empiriker, logistiker, einstein-schüler.
er macht mir komplimente über den physikalischen teil des GALILEI und
das historische daran, aber dann kommen ein paar psychoanalytiker, und
ich lenke das gespräch auf astrologie. und aus dem glauben an die astrologie wird sogleich ein mutterkomplex – der glaube an hitler ist auch nur so

48. AJ II, 690 (20.9.1944). – Bruno Bettelheim: *Individual and mass
behavior in extreme situations.* In: *Journal of Abnormal and Social Psychology*
38 (1943), 417-452.
49. Hierzu Freud, GW Bd. V, 95; VII, 460; VIII, 145-148, 194, 205.
50. w.a. 17, 1109 (1947).
51. w.a. 2, 678; w.a. 3, 1312. Thema des Galilei ist, "daß in dieser gesellschaftsform wissensdurst zu einer lebensgefährlichen eigenschaft wird, da ihn
die gesellschaft hervorbringt und bestraft" (AJ II, 747; 30.7.1945).

was; dann ist da narzißmus darin, daß man die gestirne mit sich beschäftigt usw usw. r[eichenbach] spricht von wishful selection bei den aussagen, aber auch er verschont die totemisten mit seiner neuen logik. ich selber nehme kaum noch an einer diskussion teil, die ich nicht sogleich in eine diskussion über logik verwandeln möchte.[52]

Wer von den unbewußten Antrieben irrationalen Verhaltens spricht, wird ihm zum Irrationalisten. Da begibt Brecht sich lieber, und scheinbar ganz rational, "in eine diskussion über logik".

Den Analytikern aber wirft er vor, sie führten gesellschaftliche Vorgänge sogar wider eigene Erfahrung auf individuelle Komplexe zurück. In einer Notiz zum *Tui-Roman* heißt es:

> Die Schmiedeherren [Kapitalisten; C.P.] mieten eine Privatarmee von Totschlägern [Faschisten; C.P.]. Diskussion der Tuis [Intellektuellen; C.P.] von Frud [Freud; C.P.] über Minderwertigkeitskomplexe, Fetischglauben,Urinstinkte. Verbot der Uniformen. Weiterbestehen der Mordbanden. Ta Tse, der Abt von Frud, wird von einem Zivilisten angefallen. Auf dem Totenbette gibt er an, es sei ein Uniformierter gewesen, der Theorie wegen lügt er.[53]

Die Psychoanalytiker, eine Intellektuellensekte, der ein Abt vorsteht, reden, so Brecht, angesichts faschistischer Gewalt, die im Dienste des Kapitals steht, von individuellen Komplexen. Sie führen die Uniformen der SA auf Fetischglauben zurück und beharren, von der Wirklichkeit blutig widerlegt, auf ihrer Theorie, die den Blick abzieht von den wirklichen Ursachen gesellschaftlicher Gewalt.

Diese Blickverschiebung hin zu individuellen psychischen Vorgängen macht die Analytiker zu geeigneten "Kopflangern" bestehender Herrschaft. Brecht führt es am Beispiel Emil Ludwigs vor, der – zwar kein Psychoanalytiker, aber doch ein Adlerianer – "den ersten weltkrieg auf kaiser wilhelms geltungsdrang, verursacht [durch] einen zu kurzen linken arm"[54] zurückgeführt hatte: Im *Tui-Roman* prüft die Hitlerfigur Gogher Gogh im Auftrag des Kaisers Lü Tsiang, ob ein Buch über den verlorenen Krieg, für den Kaiser Jü die Verantwortung trägt, verboten werden soll.

> "Warum machte der Kaiser Jü mit?" fragte Gogher Gogh streng. "In meinem Buch", sagte der Historiker [Emil Ludwig; C.P.] schwitzend, "macht er mit, weil er ein zu großes Geltungsbedürfnis hat, und dieses Geltungsbedürfnis kommt daher, daß er von Geburt an einen zu kurzen linken Arm

52. AJ I, 305 (26.10.1941).
53. w.a. 12, 666.
54. AJ I, 366 (24.1.1942). Vgl. auch Freud, GW Bd. XV, 72.

hatte. Dieses von ihm selber als Schwäche empfundene Gebrechen verführte ihn zu einem ganz besonders kraftvollen Benehmen und somit zu einem allzu herausfordernden Ton gegenüber den Fünf Mächten. Diese Theorie", fuhr der Historiker etwas frecher fort, "habe ich von den Leuchten der modernen psychologischen Wissenschaft, welche behaupten, daß die kühnen Leistungen von bestimmten Mängeln und Gebrechen herrühren."

"Also wurde der Krieg begonnen und verloren, weil der Kaiser Jü einen zu kurzen linken Arm hatte?" fragte Gogher Gogh interessiert.

"Ja", sagte der Historiker mit gequälter Stimme, "es ist so, vielleicht nur etwas kurz ausgedrückt."

"Das ist nicht schlimm", sagte Gogher Gogh nachdenklich, "da kann sein Buch zugelassen werden. Ja, es ist sogar in allen Bibliotheken zu erwerben und umsonst an das Volk auszuleihen, denn es kann, soweit ich sehe, keinen Schaden anrichten. Hat etwa unser Kaiser Lü Tsiang einen zu kurzen Arm?"[55]

Wer einen Krieg auf psychische Schwierigkeiten eines einzelnen zurückführt, dessen Schriften werden mit gutem Grund verbreitet.

Diese Blickverschiebung auf den einzelnen ergibt sich für Brecht daraus, daß die Psychoanalytiker der bürgerlichen Klasse angehören. Hieraus erklärt sich für ihn auch ihre Tendenz, gesellschaftliche Vorgänge auf natürliche zurückzuführen. Er untersucht es am Beispiel des Briefwechsels zwischen Freud und Einstein, nennt jedoch lediglich Einstein:

Einstein nimmt einen dunklen Trieb der Menschheit an, ab und zu in scheußlichen Ausschreitungen, Kriege genannt, ihre ganze Zivilisation zu vergessen [...]. Reale Gründe braucht er [der Krieg; C.P.] zum Losbrechen nicht. Da ein reales, nüchternes, diskutierbares Interesse am Krieg für gewöhnlich nicht sichtbar ist [...], muß der Kriegsgrund ganz im Dunklen, Triebhaften, Uninteressierten gesucht werden.

Was verdeckt Einstein die Einsicht in die realen Gründe der Kriege, die in materiellen Interessen liegen? Die Antwort lautet: der Klassenkampf, den er nicht wahrnimmt.[56]

Der Marxist Brecht wandte sich zu Recht gegen die psychologisierende Tendenz der Psychoanalyse, d.h. gegen ihre Tendenz, Gesellschaftliches allein aus der Psyche des einzelnen zu erklären. Er verfiel jedoch seinerseits dem Soziologisieren, d.h. dem Versuch, menschliches Verhalten allein aus gesellschaftlichen Vorgängen und Zuständen zu erklären, die dem Bewußtsein zugänglich sind,

55. w.a. 12, 655f.
56. w.a. 20, 272.

und unbewußte Vorgänge nicht zu beachten. Im Entweder–Oder zwischen der Reduktion des Verhaltens auf seine Bestimmung durch die Klassensituation oder aber durch unbewußte individuelle Motive verfangen, hat er sich ganz auf die eine Seite geschlagen und die andere dabei übersehen oder verspottet. Mit gutem Grund deckte er erhebliche Schwächen der bürgerlichen Psychoanalyse auf, die meist bis heute bestehen, war jedoch unfähig, zur Kenntnis zu nehmen, welche Aufgaben der Psychoanalyse – und nur ihr! – als einer kritischen Theorie des Subjekts im Rahmen des Historischen Materialismus zufallen können: das gesellschaftlich bestimmte Individuum zur Selbstreflexion zu führen, die in ihm verankerte Herrschaft bewußt zu machen und zu zeigen, wie und warum es zu jener Verankerung kommt.[57] Nur so könnten die Ursachen ja beseitigt werden.

Der Marxist Brecht beurteilt die Psychoanalyse von ihrer gesellschaftlichen Funktion her. – Während des Zweiten Weltkriegs stiegen in den USA Zahl und Ansehen der Analytiker; unter ihnen waren viele Emigranten. Anders als Freud und seine ersten Schüler hatten sie kaum noch neue und umstürzende Ideen entwickelt; die psychoanalytische Gesellschaftskritik trat weit hinter die Therapie zurück. Diese Analytiker rempelte Brecht 1946 in einem der *Briefe an einen erwachsenen Amerikaner* (*Zwei Wissenschaften* = ZW) an[58] und wohl etwas früher schon in den *Flüchtlingsgesprächen* (= Fg).[59] Er lachte über sie, vor allem über ihre Kunden, und nahm die stets bereite Abwehr der Analyseverteidiger ironisch vorweg:

> Wenn oberflächliche Naturen, wie zum Beispiel der Verfasser [also: Brecht], über die Psychoanalyse lachen (das heißt über ihre Kunden), so wissen sie nur nicht, wie es mit ihnen selber steht. (ZW)

Er wußte, wie schnell der Spieß umgedreht wird: "nach Ansicht der Gesellschaft war er mehr als reif für die Psychoanalyse" (ZW). Doch das hielt ihn nicht ab. Lachend und mit dem heimtückischen

57. Siehe hierzu den auch heute noch grundlegenden Aufsatz Adornos: *Zum Verhältnis von Soziologie und Psychologie.* In: Theodor W. Adorno: *Gesammelte Schriften.* Bd. 8. Frankfurt a.M. 1972, 42ff.
58. w.a. 20, 293ff. Dritter Brief: *Zwei Wissenschaften* (künftig = ZW). Zitat: 301.
59. w.a. 14, 1500ff. (künftig = Fg). Zitat: 1503.

Hohn seiner zum Widerspruch reizenden Formulierungen setzte er seinerseits zur Analyse an, zur Analyse der Psychoanalyse als eines Gewerbes, das der kapitalistischen Gesellschaft und den in ihr entstehenden Bedürfnissen entspricht.

Den Gewerbe- und so mittelbar auch den Wissenschaftscharakter der Psychoanalyse nimmt er aufs Korn. Als Gewerbe muß sie es sich gefallen lassen, mit Astrologie und Kino den Platz zu teilen:

> Zwei Fakultäten, die Astrologie und die Psychoanalyse, nehmen sich der Nation da an. Beide operieren, da es hier verlangt wird, auf wissenschaftlicher Grundlage, die erstere übrigens mehr, die letztere weniger. (ZW)

> Ich hoffe, Sie beabsichtigen nicht eine Diskussion über die Psychoanalyse vom wissenschaftlichen Standpunkt aus. Der wissenschaftliche Standpunkt ist der Psychoanalyse gegenüber nicht am Platze. Sie ist ein riesiges Gewerbe und in gewissem Sinn so unentbehrlich wie der Film. (Fg)

Die Unsicherheit der vereinzelten Individuen im Kapitalismus und ihre Abhängigkeit von nicht durchschauten Vorgängen – von Brecht besonders in den Vereinigten Staaten beobachtet – läßt sie irrational Sicherheit und Verständnis suchen, nicht aber Erkenntnis. Hier hat, nach Brecht, neben Vergnügungsindustrie und Astrologie die Psychoanalyse ihren Ort. Wo alles Ware ist, liefert auch sie die ihre. Sie liefert Illusion und Verständnis, nicht etwa Einsicht oder gar emanzipierende Reflexion.

> Diese Wissenschaft ist zu spät ins Leben gerufen worden; die Welt war schon zu gut kommerzialisiert. Man hat das Wunderkind sofort so entwickelt, daß es grausig anzuschauen war bereits bei der Taufe. Der Freud hat gesehn, daß die Welt Scharlatane gebraucht hat, so hat er schnell eine Schule gegründet, und die Welt hat sich daraus Scharlatane nehmen können. (Fg)
> – Was sie zu verkaufen haben, ist Verständnis. (ZW)

Sie verkaufen es teuer und machen aus der Bezahlung noch ein Ideologem: "Die Psychoanalytiker sehen bekanntlich eine starke Heilkraft im Zahlen – der Patient nimmt sie ernst, weil er zahlt; sehr ernst, weil er sehr viel zahlt" (ZW). (Was Brecht noch nicht beobachten konnte: Als die Kassen die analytische Behandlung übernahmen, rückte die Zunft verschämt davon ab, daß die vom Patienten selbst geleistete Bezahlung therapeutisch unabdingbar sei – nun war sie medizinisch nicht mehr relevant. Freud selbst hatte dies allerdings auch nicht vertreten.)

Teure Ware verlangt zahlkräftige Abnehmer. So sieht Brecht als Kunden Großindustrielle und hoch bezahlte Produzenten der Kulturindustrie, die "ob man es glaubt oder nicht, wenn sie von der

Arbeit zu ihren Schwimmbassins heimkehren, ein Gefühl der Leere empfinden" (ZW). Die Therapie soll sie von ihrer realen Situation, ihrem Verhalten und dessen Folgen ablenken.

KALLE   [...] Es ist Monate und Monate gegangen bis der Doktor herausgebracht hat, warum der Großindustrielle sich dauernd schuldig gefühlt hat, es war etwas mit seiner Kinderfrau, glaub ich, wie er ein paar Monate alt war, etwas Kompliziertes.

ZIFFEL   Unter uns, ich glaubs nicht, wenn in gewissen Theaterstücken die Kapitalisten ein schlechtes Gewissen haben. Das kann meiner Meinung nach nur vorkommen, wenn sie es versäumt haben, jemandem die Haut abzuziehen.

KALLE   Der Großindustrielle soll sich jedenfalls nach der Psychoanalyse immer sehr erleichtert gefühlt haben. Zumindest hat er etwas ausplaudern können, ohne daß es ihm geschadet hat. Er hat gestehen können. Und nichts Schlimmes, d.h. was zur Sprache gekommen ist, war harmlos, aber es hat für das Schlimmste gegolten, was es gibt, so Schweinereien. Und dann hat ihm der Doktor versichert, daß er gar kein Schwein war, sondern es war natürlich. (Fg)

Die analytische Therapie schafft dem einzelnen das Gefühl, eine ernstzunehmende Person und Besitzer eines Innenlebens zu sein: "Es ist ein unleugbares Verdienst der Psychoanalyse, daß sie bei den besitzenden Klassen eine Seele entdeckt hat" (Fg).

So wehrt Brecht die Psychoanalyse ab, indem er sie als Therapie für Reiche begreift und dann vom Klassenstandpunkt des Proletariats aus verurteilt. Freilich sieht er ihr auch bei den Ärmeren Absatzmöglichkeiten winken:

Eine Trumpfkarte der Psychoanalytiker ist, daß die ärmere Bevölkerung ebenfalls eine riesige Anzahl von Neurotikern aufweist. Allerdings verschwinden die Neurosen, höre ich, wenn der Patient eine Anstellung bekommt: Der Psychoanalytiker wird arbeitslos, wenn der Patient Arbeit bekommt. Für den Armen ist das ein fast unlösbares Problem. Wenn er nicht verdient, braucht er Psychoanalyse, kann sie aber nicht erschwingen. Wenn er verdient und sie erschwingen kann, braucht er sie nicht mehr. Eine Art Lösung wäre es, wenn er, solange er Arbeit hat, in eine Kasse einzahlte, aus der er, wenn er arbeitslos wird, eine Behandlung finanziert bekäme. (ZW)

Ein zynischer Vorschlag, ganz dem Verständnis Brechts von den "Methoden der Psychoanalytiker" folgend, über die er noch 1950 in den *Stanislawski-Studien* schrieb:

Es handelte sich [...] um die Bekämpfung einer Krankheit sozialer Art, und sie erfolgte nicht durch soziale Mittel. So konnten nur die Folgen der Krankheit bekämpft werden, nicht ihre Gründe.[60]

60. w.a. 16, 848.

In der kapitalistischen Gesellschaft ist die Psychoanalyse für Brecht ein Gewerbe, das deren Gesetzen folgt und den in ihr entstandenen Bedürfnissen entspricht, auch dem nach Anpassung, das er in den Vereinigten Staaten diagnostizierte:

> Nichtübereinzustimmen wird gemeinhin als bloßes Nichtkennen des allgemein Gebilligten angesehen, als ein gefährliches Unvermögen, sich anzupassen. Die Anpassung ist ein eigenes Lehrfach; der Intelligentere bringt es darin weiter, der Widerstrebende ist ein Problem der Ärzte und Psychologen [61]

— also wohl auch der Analytiker. Als bürgerliches Heilverfahren wendet die Psychoanalyse nach Brecht den Blick von der verursachenden gesellschaftlichen Situation — dem Klassenantagonismus und den ökonomischen Krisen — weg und dem abgespaltenen individuellen Leiden zu. Kein Wunder, daß sie sich durchsetzen konnte. Brecht sieht hierfür noch weitere Gründe und läßt Ziffel ironisch beginnen:

> Der Hauptgrund ist natürlich, daß sie am Anfang als schweinisch verschrieen wurde, so daß die Liberalen sie in Schutz nehmen mußten. Idiotische Feinde sind für eine Theorie Gold wert. (Fg)

Kalle fügt hinzu:

> Vergessen Sie nicht, daß es eine Gelegenheit war, von geschlechtlichen Dingen zu reden. Je weniger das Geschlechtliche vorgekommen ist im täglichen Leben, desto mehr hat man darüber reden wollen, [...]. (Fg)

Und erst als letzten Grund führt Ziffel an:

> Eine Zeitlang waren die Intellektuellen auch froh, gegenüber den stark langweiligen Nachweisen der Marxisten, daß das Ökonomische alles bestimmt, eine Konkurrenztheorie zu haben, nachdem das Geschlechtliche alles bestimmt. (Fg)

Wer würde hier nicht aufhorchen? Wertete Brecht die Psychoanalyse ab, weil sie ihn als "Konkurrenztheorie" bedrohte? Hat er den Spieß nicht einfach umgedreht und sie unterm Aspekt des Ökonomischen analysiert, das "alles bestimmt"? — Doch lesen wir genauer: Nicht einmal Ziffel — und um wieviel weniger sein Autor — gibt zu erkennen, daß er die Psychoanalyse als Konkurrenztheorie betrachtet, sie wurde lediglich seiner Ansicht nach von anderen Intellektuellen so aufgenommen. Schon vorher hatte er die Psychoanalyse nicht so sehr als Wissenschaft kritisiert, sondern als eine

61. w.a. 20, 295. Aus dem ersten der *Briefe an einen erwachsenen Amerikaner*.

Therapie im Kapitalismus. Und nicht Freud hatte er als Scharlatan denunziert, sondern die Gesellschaft, die Scharlatane braucht.

Nicht den theoretischen Ansatz, das Begriffssystem und die Ergebnisse der Psychoanalyse als Wissenschaft kritisiert Brecht hier, sondern ihre Funktion im gesellschaftlichen Zusammenhang und das Verhalten ihrer Vertreter. Dieser Blick von außen läßt ihn erkennen, was die Analytiker selbst allzu gerne übersehen, sofern sie sich nur ihrem Gewerbe zuwenden und psychischem Leiden als isoliert individuellem. Sie könnten von ihm lernen und die der Psychoanalyse eigene befreiende Kraft gegen die gesellschaftlichen Ursachen individuellen Leidens lenken. Dann allerdings wären sie mehr als Analytiker. Brecht seinerseits ließ freilich die psychischen Phänomene, den analytischen Prozeß, die aus ihm entwickelte Metapsychologie und damit die schon damals nicht mehr neue Frage nach der Vermittlung von Historischem Materialismus und Psychoanalyse außer acht. Er schaute nur auf die eine Seite, auf die der gesellschaftlichen Bestimmtheit des Individuums, nicht auf die der Eigengesetzlichkeit seiner einmal erworbenen psychischen Struktur. Damit übersah er die Notwendigkeit, bei der gesellschaftlichen Befreiung auch hier anzusetzen. Sein Affekt gegen das kapitalistische System und besonders gegen die USA hatte es ihm erleichtert, 'dümmer zu sein als die Psychologie seiner Zeit'.

Es stimmt: Der gesellschaftliche Druck auf die Psychoanalyse, eine Anpassungsveranstaltung zu werden, die Angehörige der bürgerlichen Klasse für gutes Geld mit ihresgleichen betreiben, ist groß. Er ergibt sich aus den Erwartungen der Analysanden, inzwischen auch der Kassen und aus der in kastenähnlichen Institutionen erfolgenden Sozialisation der Analytiker. Die zunehmende Bedeutung der Therapie führte sicherlich auch dazu, daß das gesellschaftskritische Potential allmählich aus der Psychoanalyse verschwand. Der Therapeut vergißt über dem — natürlich legitimen — Wunsch, seinen Patienten zu heilen, leicht eine Forschung, die weiterfragt nach der Entstehung und den außerpsychischen Ursachen psychischen Leidens. So verkommt die Psychoanalyse zur bloßen Symptombeseitigung. Diese Gefahr ist mit dem Heilverfahren selbst gegeben. Erfordert es doch, daß der Therapeut darauf achtet, daß der Analysand zunächst sein in ihm selbst verankertes Leiden bearbeitet und nicht auf dessen gesellschaftliche Ursachen ausweicht. Nur so kann er dessen psychische Verankerung lösen. So ist der therapeutische

Ansatz in sich selbst zunächst individualistisch und kann dazu verführen, vor der Gesellschaft die Augen zu schließen.

Das alles stimmt. Doch die Erkenntnismöglichkeiten einer Wissenschaft müssen sich nicht auf die derzeitige gesellschaftliche Funktion ihrer Anwendung beschränken. Der Versuch, die Psychoanalyse als eine Veranstaltung nur einer Klasse (des Bürgertums) zu relativieren, hat die Illusion zur Voraussetzung, die menschliche Natur ließe sich völlig historisieren – und verschließt anderen Klassen wichtige Erkenntnisse bürgerlicher Wissenschaft. Auch hat der psychoanalytische Prozeß selbst eine emanzipatorische Kraft, die zwar vielfach gehemmt sein mag, der sich aber sehr wohl die Bahn öffnen läßt: Der kunstgerecht verfahrende Therapeut läßt den Analysanden auf die Widersprüche zwischen seiner Lebenspraxis und seinem Selbstverständnis stoßen und setzt so einen Prozeß in Gang, in dessen Verlauf der Analysand seine eigenen Konflikte selbst aufdeckt. Wird dieser Prozeß nur weit genug getrieben, so stößt der Analysand auch auf die gesellschaftlichen Verhältnisse, denen sich seine inneren Konflikte verdanken. Dann ist Psychoanalyse nicht zur Symptombeseitigung verkürzt und die Therapie wird zu einer Forschung, die sich zur Sozialwissenschaft öffnet.

Brecht freilich blickte auf die Kundschaft und den Geldbeutel des Analytikers und ließ sich dadurch die Sicht auf den möglichen Gebrauchswert einer bürgerlichen Wissenschaft verstellen, die auch seine Sache hätte fördern können. Er hat diese Wissenschaft mit ihrer Bürgerlichkeit ausgeschüttet und sich so eines wichtigen Bundesgenossen begeben.

Auf diese so berechtigte wie verzerrende Polemik gegen die Psychoanalyse beschränkte Brecht sich jedoch nicht. Um seiner Kunst willen suchte er die Wissenschaft und begegnete so auch der Psychoanalyse. Er betonte, daß er "ohne Benutzung einiger Wissenschaft als Künstler nicht auskomme", weil "die großen verwickelten Vorgänge in der Welt von Menschen, die nicht *alle* Hilfsmittel für ihr Verständnis herbeiziehen, nicht genügend erkannt werden können." Hier gelte auch (das schrieb der Marxist Brecht!): "Ein wichtiges Gebiet für die Dramatiker ist die Psychologie":

So wie der gewöhnliche Richter bei der Aburteilung kann auch ich mir nicht ohne weiteres ein ausreichendes Bild von dem seelischen Zustand eines Mörders machen. Die moderne Psychologie von der Psychoanalyse bis zum Behaviorismus verschafft mir Kenntnisse, die mir zu einer ganz anderen Beurteilung des Falles verhelfen, besonders wenn ich die Ergebnisse der Soziologie berücksichtige und die Ökonomie sowie die Geschichte nicht außer acht lasse.[62]

Eine an den realen Vorgängen zwischen Menschen ausgerichtete Kunst kann auf die Psychologie nicht verzichten: "Kunstwerke haben das Recht, intelligenter zu sein als die wissenschaftliche Psychologie ihrer Zeit, aber nicht das Recht, dümmer zu sein."[63] Die jeweilige Psychologie ist nach Brecht freilich von ihrem historisch-gesellschaftlichen Ort her zu begreifen:

> das Psychische wurde weiterhin als Motor des Weltgeschehens betrachtet, da blieb alles beim alten, aber die Psychologie wurde geändert, indem Psychoanalyse oder Behaviorismus eingeführt wurde, das war das Neue. Zugrunde lag diesem Prozeß die Unruhe, die in die depravierte bürgerliche Kultur gekommen war — die erschöpfte Stute Psychologie wurde zu neuen Kapriolen und Rennleistungen gepeitscht.[64]

— oder wie es genauer noch zum Behaviorismus heißt:

> Der Behaviorismus ist eine Psychologie, die von den Bedürfnissen der Warenproduktion ausgeht, Methoden in die Hand zu bekommen, mit denen man den Käufer beeinflussen kann, also eine aktive Psychologie, fortschrittlich und revolutionierend katexochen. Sie hat, ihrer kapitalistischen Funktion entsprechend, Grenzen (die Reflexe sind biologische, nur in einigen Chaplin-Filmen sind sie schon sozial). Der Weg geht auch hier über die Leiche des Kapitalismus, aber dies ist auch hier ein guter Weg.[65]

Die fortgeschrittene bürgerliche Psychologie muß aus Brechts Sicht verwendet, zugleich aber aufgehoben werden. Als solch eine "Psychologie" erscheint ihm jedoch allenfalls der Behaviorismus, nicht die Psychoanalyse: Er wendet sich gegen "eine Psychologie ohne Experimente", insbesondere gegen eine "Psychologie introspektiver Art"[66] — das entspricht seinem naturwissenschaftlichen Denken und seiner mangelhaften Kenntnis der Wissenschaftstheorie wie der Psychoanalyse. Er übersieht, daß die Wissenschaften das ihrem Gegenstand angemessene Verfahren wählen müssen; die Astronomie z.B. kennt auch nicht das Experiment im strengen Sinne und gilt dennoch als Naturwissenschaft. Die Psychoanalyse ist, das entgeht ihm, nicht rein introspektiv. Sie vollzieht sich auch als

62. w.a. 15, 269f.
63. w.a. 19, 411; vgl. w.a. 17, 1071 und AJ I, 323 (2.12.1941).
64. w.a. 19, 525.
65. w.a. 18, 171f.
66. w.a. 19, 357.

Interaktion, Beobachtung von Interaktion und Gespräch. Zudem hat die psychoanalytische Situation quasi-experimentellen Charakter: Die Rahmenbedingungen sind vorgegeben, im analytischen Prozeß werden dann Hypothesen aufgestellt und überprüft; das Ergebnis liegt nicht schon zu Beginn fest.

Seit seinen literarischen Anfängen suchte Brecht das sichtbare Verhalten der Menschen, und bald schon das sozialhistorisch bedeutsame darzustellen und begrüßte deshalb "die Ablösung der introspektiven Psychologie durch die behavioristische, soziologische, experimentelle Psychologie".[67] Doch selbst ein sozialhistorisch begriffener Behaviorismus genügte ihm nicht[68]: Er kann das individuell-einmalige Verhalten nicht begreifen lehren.

> es kommt darauf an, reiche, komplexe, sich entwickelnde figuren zu schaffen − ohne introspektive psychologie. die gewöhnlichen behavioristischen bilder sind sehr flach und verwischt (wenn sie nicht die klarheit des schemas F haben). auch wenn man nicht nur die biologischen, sondern auch die sozialen reflexe sammelt, kommen selten konkrete figuren heraus. so wie der k[apitalismus] die kollektivisierung der menschen durch depravation und entindividualisierung besorgt und wie zuerst vom k[apitalismus] selber eine art 'gemeineigentum an nichts' geschaffen wird, so spiegelt die behavioristische psychologie zunächst nur die gleichgültigkeit der gesellschaft am individuum ab, von dem nur gewisse reflexe wichtigkeit haben, da ja das individuum nur objekt ist. andrerseits ist die zertrümmerung, sprengung, atomisierung der einzelpsyche eine tatsache, dh, es ist nicht nur eine beobachtungsgewohnheit fehlerhafter art, wenn man diese eigentümliche

67. w.a. 15, 274.

68. Brechts Verhältnis zum Behaviorismus wird in der Forschung vielfach diskutiert; einen Überblick gibt Knopf, 80-90 (Jan Knopf: *Bertolt Brecht. Ein kritischer Forschungsbericht*. Frankfurt a.M. 1974); er wendet sich gegen die 'Phasentheorie', nach welcher Brecht in seiner Entwicklung mit dem Behaviorismus eine erste materialistische, noch nicht dialektische Position eingenommen habe, insbesondere wendet er sich gegen Rosenbauers These von Brechts "marxistischem Behaviorismus" (Hansjürgen Rosenbauer: *Brecht und der Behaviorismus*. Bad Homburg 1970). Die Position Rosenbauers wurde zuletzt von M. Adler vertreten, der sich allerdings weder mit Knopf noch mit den Äußerungen im *Arbeitsjournal* auseinandersetzt (Meinhard Adler: *Brecht im Spiel der technischen Zeit*. Berlin 1976). Auch auf Brechts Nähe zur Ausdruckspsychologie wurde hingewiesen (Heinrich Berenberg-Gossler, Hans-Harald Müller, Joachim Stosch: *Das Lehrstück − Rekonstruktion einer Theorie oder Fortsetzung eines Lernprozesses?* In: J. Dyck u.a.: *Brechtdiskussion*. Kronberg/Ts 1974, 121ff.; dort 144ff.).

kernlosigkeit der individuen feststellt. nur bedeutet kernlosigkeit nicht substanzlosigkeit. man hat eben neue gebilde vor sich, die neu zu bestimmen sind. selbst auflösung ergibt nicht nichts. dabei ist auch die abgrenzung der einzelpsychen immer noch deutlich wahrnehmbar. auch das neue gebilde reagiert *und agiert* individuell, einmalig, 'unschematisch'.[69]

Von dieser sicher berechtigten Kritik aus hätte Brecht zur Psychoanalyse kommen können. Sie hätte bei der Herleitung und Darstellung solch individuellen Verhaltens ihren sinnvollen Ort gehabt,[70] vorausgesetzt, sie würde historisch-materialistisch begriffen. In Brechts künstlerischer Praxis hat sie ihn nicht gefunden. Wenn er schreibt, die Psychoanalyse verschaffe ihm Kenntnisse, die er wie ein Richter zur Beurteilung seines Falles benötige (Anm. 62), so meint das nicht seine eigene Praxis, sondern eher die Ferdinand Bruckners, auf dessen "interessante Versuche, die psychoanalytischen Theorien auf der Bühne anzuwenden" er in einem Interview hinwies.[71]

Die Psychoanalyse blieb für die literarische Praxis und Theorie Brechts ohne Bedeutung. Ihren individualistischen Ansatz und — in der Literaturtheorie — ihre Betonung des Unbewußten und der Phantasie konnte er nicht mit seiner Absicht vereinbaren, eine Literatur zu schaffen, an der die Zuschauer ihre Situation erkennen und verändern lernen. Die Situationen, in denen die Menschen sich befinden, lassen sich für den Marxisten Brecht aus individualistischer Perspektive nicht begreifen:

> Die entscheidenden Vorgänge zwischen den Menschen, welche eine Dramatik der großen Stoffe heute darzustellen hätte, finden in riesigen Kollektiven statt und sind vom Blickpunkt eines einzelnen Menschen aus nicht mehr darzustellen.[72]

Auch hat das einzelne Individuum nicht mehr die schicksalgestaltende Kraft, die ihm früher zugeschrieben wurde. Seine seelischen Regungen sind für Brecht deshalb unwichtig geworden:

69. AJ I, 270 (21.4.1941).
70. Vgl. auch w.a. 15, 402f.
71. In der Zeitung *Ekstrabladed*, Kopenhagen, den 20. März 1934. Die Übersetzung findet sich in: Helge Hultberg: *Die ästhetischen Anschauungen Bertolt Brechts*. Kopenhagen 1962, 206. — Ferdinand Bruckner (Pseudonym für Theodor Tagger) kann als ein Wegbereiter des epischen Theaters gelten. Brecht nennt in dem Interview auch Bruckners Stück *Verbrecher*, auf das er sich hier wahrscheinlich bezieht.
72. w.a. 15, 274.

In der modernen Gesellschaft hat das, was sich in der Seele des einzelnen Menschen regt, überhaupt kein Interesse – nur in feudalen Zeiten spielten die Leidenschaften eines Königs oder eines Führers eine Rolle. Das tun sie nicht mehr. Nicht einmal die persönlichen Leidenschaften Hitlers tun das – leider – es sind nicht diese, die Deutschland dahin gebracht haben, wo es jetzt ist. Er ist in weit höherem Grade als er selber glaubt, das Werkzeug und nicht die Hand.[73]

Die Darstellung oder Deutung gesellschaftlicher Vorgänge aus individualpsychologischer Sicht ist also nicht angebracht. Doch gerade ihr begegnete Brecht bei dem Adlerianer Emil Ludwig:

Der stark entwickelte Glaube an die Persönlichkeit zeigte sich in seinem komischsten Lichte, wenn das Kriegsproblem als psychologisches Problem gezeigt wurde [...], wobei die Persönlichkeiten einer Psychose, eben der Kriegspsychose, "verfallen" waren. Ohne Psychose war nichts erklärbar, da ja die gewissen geschäftlichen Differenzen auch "anders" (gemeint war: billiger) hätten "beigelegt" werden können.[74]

Die über den einzelnen hinweggehenden Prozesse müssen für Brecht als solche dargestellt werden, nicht aber als Erlebnis einzelner, wie dies die bürgerliche Weltkriegsliteratur tat, die sogar noch den Untergang des Ideologems vom autonomen Individuum aus individueller Perspektive gestaltet:

Die schöne Literatur stellte die Persönlichkeit vollends ganz in den Vordergrund und schilderte das Apparaterlebnis. (Die stärksten Erleber erlebten Auflagen bis zu einer Million. Sie schilderten, wie schrecklich es war, vier Jahre lang keine Persönlichkeit gewesen zu sein.) Jeder einzelne fühlte, daß der Krieg nicht sein eigener Krieg war, [...].[75]

Aber der alte Begriff der Kunst, vom Erlebnis her, fällt eben aus. Denn auch wer von der Realität nur das von ihr Erlebbare gibt, gibt sie selbst nicht wieder. Sie ist längst nicht mehr im Totalen erlebbar. Wer die dunklen Assoziationen, die anonymen Gefühle gibt, die sie erzeugt, gibt sie selbst nicht mehr.[76]

Der individualistische Standpunkt gegenüber gesellschaftlichen Vorgängen ist blind und verantwortungslos:

Sie waren hauptsächlich Psychen, und sie redeten sich hinaus mit einer Psychose. Wußten sie, wo das Korn wuchs, das sie aßen? Kannten sie den Namen des Ochsen, den sie als Filet verspeisten? Sie kannten ihn nicht, und ihr himmlischer Vater nährte sie doch.[77]

73. Interview im *Ekstrabladed* (s. Anm. 71).
74. w.a. 15, 209f. Vgl. w.a. 18, 65.
75. w.a. 15, 210.
76. w.a. 18, 162.
77. w.a. 15, 210.

Da die individuelle Perspektive beschränkt ist, darf der Künstler dem Publikum auch keinen Helden zur Identifikation anbieten: Der einzelne Mensch

registriert nur schwache, dämmrige Eindrücke von der Kausalität, die über ihn verhängt ist. Mit ihm als Mentor erkennt das Publikum, in ihn sich einlebend, erlebt das Publikum nur wenig.[78]

Und wichtiger noch: Der einzelne, in den sich der Zuschauer einfühlt, verliert seine historisch-gesellschaftliche Konkretion:

Das Individuum, dessen innerstes Wesen [in der von Brecht bekämpften aristotelischen Dramatik] herausgetrieben wird, steht dann natürlich für "den Menschen schlechthin". Jeder (auch jeder Zuschauer) würde da dem Zwang der vorgeführten Ereignisse folgen, so daß man, praktisch gesprochen, bei einer *Ödipus*-Aufführung einen Zuschauerraum voll von kleinen Ödipussen [...] hat.[79]

Dem zu begegnen, fordert Brecht Figuren, die "keine einfühlbaren Helden" sind. "Der Zuschauer befindet sich ihnen gegenüber verstandes- *und gefühlsmäßig* im Widerspruch, er identifiziert sich nicht mit ihnen, er 'kritisiert' sie".[80] Er macht keine Erfahrungen mit ihnen, sondern über sie.[81] Solch eine kritische, durchaus genußvolle Haltung, "ein psychisches Erlebnis des Menschen von heute",[82] soll ihm erlauben, die individualistische Perspektive zu überwinden. Mit dieser Forderung befindet sich Brecht im Widerspruch zu Freuds Einsicht, daß sich der Rezipient mit dem Helden identifiziert,[83] die Freud zuerst am Ödipusdrama entwickelt hatte.[84] In Wirklichkeit arbeitet aber auch Brecht mit der Identifikation des Rezipienten, die er mit Hilfe des V-Effekts dann teilweise aufhebt. Sie ist Voraussetzung dieses V-Effekts.[85] Schon mit seinen Lehrstücken suchte er die Spieler einem Wechselbad von Identifikation und Distanz auszusetzen, ließ sie erst die eine Rolle spielen und dann die Gegenrolle.

78. w.a. 15, 274.

79. *Bertolt Brechts Dreigroschenbuch*. Frankfurt a.M. 1978, 180.

80. w.a. 15, 275.

81. Vgl. AJ II, 943 (15.1.1951).

82. w.a. 15, 275.

83. Z.B. Freud: *Psychopathische Personen auf der Bühne*. In: S.F.: Studienausgabe. Bd. X. Frankfurt a.M. 1970, 161-168, dort 163.

84. GW Bd. II/III, 267ff.

85. Vgl. auch *Dreigroschenbuch* (Anm. 79), 191.

Auch zu Freuds Überlegungen zur literarischen Produktion, zu seiner Betonung des Unbewußten und der Phantasie setzte er sich in Widerspruch. Er betonte Erkenntnis und bewußte Produktion. Der Dichter solle nicht in sich hinein horchen und "die Augen in holdem Wahnsinn" rollen.[86]

Man nimmt an, [...] ein Dichter [...] müßte "aus Eigenem" ein Bild von dem seelischen Zustand eines Mörders geben können. Man nimmt an, es genüge in einem solchen Fall, in sich selbst hineinzuschauen, und dann gibt es ja auch die Phantasie... Aus einer Reihe von Gründen kann ich mich dieser angenehmen Hoffnung, ich könnte auf so bequeme Weise zurechtkommen, nicht mehr hingeben. Ich kann in mir selber nicht mehr alle Gründe finden, die, wie man aus Zeitungs- oder wissenschaftlichen Berichten ersieht, bei Menschen festgestellt werden.[87]

Der Dichter benötigt die Wissenschaft. Die Berufung auf das Gefühl, gar auf das Unbewußte, verdeckt nach Brecht die mangelnde gedankliche Erfassung der Wirklichkeit. So vermerkt er zu Hays Stück *Haben*:

feuchtwanger bestätigt, daß für hay der marxismus 'nicht nur gedanke geblieben ist, sondern vielmehr sein ganzes wesen, sein gefühl bis tief in die schächte des nicht mehr bewußten erfüllt'. wobei die hauptsache natürlich ist, daß er eben kein gedanke geblieben oder besser gesagt, geworden ist. das stück ist 'von innen her durchtränkt mit marxismus'. also gefärbt, leider nicht indanthren.[88]

Er dagegen fordert bewußte Produktion:

Es gibt viele Schriftsteller, die beim Abfassen ihrer Werke Gewicht darauf legen, daß sie aus ihrem Unterbewußtsein schöpfen können. Sie sind nicht imstande und nicht willens, beim Abfassen ihrer Werke einen allzu hohen Grad von Bewußtheit einzuschalten. Diese Schriftsteller muß man dazu zu bewegen suchen, neben ihren bewußtlosen Werken noch andere Arbeiten in Angriff zu nehmen, solche, deren Abfassung Bewußtheit verträgt, das heißt ausgesprochen lehrende Werke. Man kann sich vorstellen, daß auf diese Weise das "Unterbewußtsein" dieser Schriftsteller geformt werden kann: Auch ihre "eigentlichen" bewußtlosen Werke profitieren dann aus ihrer "Nebenarbeit".[89]

Was uns schon mehrfach begegnete, finden wir auch hier: Brecht greift zu Recht ein psychoanalytisches Verständnis von Kunst an,

86. w.a. 15, 269.
87. w.a. 15, 269.
88. AJ I, 17 (27.7.1938); vgl. w.a. 15, 325.
89. w.a. 19, 375.

das sich auf das Unbewußte und die individualistische Perspektive
verengt. Er übersieht dabei jedoch die Ansatzpunkte, die er als
Marxist in der Psychoanalyse hätte finden können: Die Überwindung der individualistischen Perspektive durch die Massenpsychologie[90] und die Tatsache, daß Freud von früh an neben den unbewußten Antrieben der Phantasieproduktion die 'sekundäre Bearbeitung' betont hatte.[91] Dort hätte Brecht seine Forderung nach
Erkenntnis und bewußter Wirkung mit einer psychoanalytischen
Literaturtheorie sehr wohl vermitteln können. – Diesen Weg ging
er jedoch nicht. Er verleugnete mit seiner Literaturtheorie seine
eigenen unbewußten Phantasien, das Ausmaß, in dem er von ihnen bestimmt war,[92] seine Lust am Schreiben, ja seinen Schreibzwang,[93] und gab sich, als schriebe er gänzlich bewußt und a l l e i n
in gesellschaftskritischer Absicht.

Wenn Brecht auf eine distanziert-genußvolle, an der Realität
ausgerichtete Haltung der Rezipienten zielt, so steht er auch hier
im Widerspruch zumindest zum damaligen psychoanalytischen
Verständnis des Rezeptionsvorganges und der Funktion der Kunst,
wie es uns z.B. bei Rank/Sachs begegnet ("Nur wer sich an ein
Kunstwerk vollkommen verliert, kann seine tiefste Wirkung fühlen
und dazu ist die vollständige Abwendung von den Gegenwartszielen
notwendig").[94] Die Rezipienten sollen sich nach Brecht gerade

90. Insbesondere Wilhelm Reich: *Massenpsychologie des Faschismus*. Kopenhagen-Prag-Zürich 1933.

91. Freud, GW Bd. II/III, 503.

92. Vgl. hierzu Hans Hartmann: *Von der Freundlichkeit der Weiten oder
Auf der Suche nach der verlorenen Mutter. Der junge Brecht*. In: *Bertolt
Brecht – Aspekte seines Werkes, Spuren seiner Wirkung*. (Schriften der
Philosophischen Fakultät der Univ. Augsburg) München 1983, 31ff. Peter
von Matt: *Brecht und der Kälteschock. Das Trauma der Geburt als Strukturprinzip seines Dramas*. In: *Neue Rundschau* 1976, 87, 613-629. Carl Pietzcker:
Die Lyrik des jungen Brecht. Frankfurt a.M. 1974. Ders.: *Gleichklang. Psychoanalytische Überlegungen zu Brechts später Lyrik*. In: *Der Deutschunterricht* 34 (1982) 5, 46-72.

93. In den Zwanziger Jahren war er noch offen genug, zu bekennen: "ich
muß schreiben, auch wenn es nicht gut ist, was ich schreibe; ich muß, ich kann
nicht anders". Zit. nach Paula Banholzer: *So viel wie eine Liebe. Der unbekannte Brecht. Erinnerungen und Gespräche*. Hrsg. v. Willibald Eser und Axel
Poldner. München 1981, 175.

94. Otto Rank und Hans Sachs: *Die Bedeutung der Psychoanalyse für die
Geisteswissenschaften*. Wiesbaden 1913, 87.

nicht an das Kunstwerk verlieren. Deshalb wendet er sich gegen suggestive künstlerische Verfahren, die er hypnotisierenden nahe sieht.[95] Er wendet sich gegen sie auch bei gesellschaftlich engagierten Künstlern; denn zur Erkenntnis und zur nötigen Veränderung werden sie nicht führen: "Die Massen scheinen eben eine Revolution in der Hypnose nicht so ohne weiteres vollziehen zu können".[96] Die Kunst hat den Verstand anzusprechen, zugleich aber auch das Gefühl. Keinem von beiden kann sie jedoch vertrauen; denn beide sind sie in der bürgerlichen Gesellschaft korrumpiert und voneinander getrennt: "als ob die emotionen nicht mindestens so korrumpiert wären als die verstandesfunktionen!"[97]

es wird mir klar, daß man von der kampfstellung 'hie ratio – hie emotio' loskommen muß. das verhältnis von ratio zu emotio in all seiner widersprüchlichkeit muß exakt untersucht werden [...]. die 'instinkte', welche, automatisierte reaktionen auf erfahrungen, zu gegnern unserer interessen geworden sind. die verschlammten, eingleisigen, vom verstand nicht mehr kontrollierten emotionen. andrerseits die emanzipierte ratio der physiker mit ihrem mechanischen formalismus.[98]

Genau hier hätte die Psychoanalyse anzusetzen. Doch daß zu Erkenntnis und 'Entschlammung' der 'Instinkte' eine historisch-materialistisch fundierte Psychoanalyse beitragen könnte, lag außerhalb von Brechts Vorstellungsbereich.

Zusammenfassend läßt sich feststellen, daß er zu Recht eine psychologisierende Ästhetik ablehnt, welche die Kunst allein von den psychischen Vorgängen des einzelnen Produzenten oder Rezipienten her versteht und das Kunstwerk als individuelle Problemlösung, als bloße Tröstung oder Lust begreift, ohne die gesellschaftlichen und technischen Momente der Kunstarbeit angemessen zu berücksichtigen. Doch auch hier schüttet er das Kind mit dem Bad aus, eine psychologische Ästhetik mit einer psychologisierenden, und soziologisiert sich seine eigene zurecht.

Dagegen benutzt er Freud wie jeden anderen, den er hierzu gebrauchen kann, als Eideshelfer in seinem Kampf gegen die bürgerliche Kunst. 1930 schreibt er in den Anmerkungen zur Oper "Auf-

95. Z.B. AJ I, 228 (15.1.1941). Deshalb vermeiden nach Brecht die Emotionen, auf welche die epische Darbietung zielt, auch "als Quelle das Unterbewußtsein und haben nichts mit Rausch zu tun." (w.a. 15, 479)

96. w.a. 15, 325.

97. AJ I, 31 (12.9.1938).

98. AJ I, 246 (4.3.1941).

stieg und Fall der Stadt Mahagonny": "In der jetzigen Gesellschaft ist die alte Oper sozusagen nicht 'wegzudenken'. Ihre Illusionen haben gesellschaftlich wichtige Funktionen. Der Rausch ist unentbehrlich; nichts kann an seine Stelle gesetzt werden." Das stützt er durch eine Anmerkung:

"Das Leben, wie es uns auferlegt ist, ist zu schwer für uns, es bringt uns zuviel Schmerzen, Enttäuschungen, unlösbare Aufgaben. Um es zu ertragen, können wir Linderungsmittel nicht entbehren. Solcher Mittel gibt es vielleicht dreierlei: mächtige Ablenkungen, die uns unser Elend geringschätzen lassen, Ersatzbefriedigungen, die es verringern, Rauschstoffe, die uns für dasselbe unempfindlich machen. Irgend etwas dieser Art ist unerläßlich. Die Ersatzbefriedigungen, wie die Kunst sie bietet, sind gegen die Realität Illusionen, darum nicht minder psychisch wirksam, dank der Rolle, die die Phantasie im Seelenleben behauptet hat." (Freud, *Das Unbehagen in der Kultur*, Seite 22.) "Diese Rauschmittel tragen unter Umständen die Schuld daran, daß große Energiebeträge, die zur Verbesserung des menschlichen Loses verwendet werden könnten, nutzlos verlorengehen." (Ebendaselbst, Seite 28.)[99]

Vergleicht man diese Anmerkung mit dem freudschen Originaltext,[100] wie dies Reinhold Grimm unternahm,[101] so erweist sie

99. w.a. 17, 1015f.
100. GW Bd. XIV, 432f.: "Das Leben, wie es uns auferlegt ist, ist zu schwer für uns, es bringt uns zuviel Schmerzen, Enttäuschungen, unlösbare Aufgaben. Um es zu ertragen, können wir Linderungsmittel nicht entbehren. (Es geht nicht ohne Hilfskonstruktionen, hat uns Theodor F o n t a n e gesagt). Solcher Mittel gibt es vielleicht dreierlei: mächtige Ablenkungen, die uns unser Elend gering schätzen lassen, Ersatzbefriedigungen, die es verringern, Rauschstoffe, die uns für dasselbe unempfindlich machen. Irgendetwas dieser Art ist unerläßlich. Auf die Ablenkungen zielt V o l t a i r e , wenn er seinen "C a n d i d e" in den Rat ausklingen läßt, seinen Garten zu bearbeiten; solch eine Ablenkung ist auch die wissenschaftliche Tätigkeit. Die Ersatzbefriedigungen, wie die Kunst sie bietet, sind gegen die Realität Illusionen, darum nicht minder psychisch wirksam dank der Rolle, die die Phantasie im Seelenleben behauptet hat. Die Rauschmittel beeinflussen unser Körperliches, ändern seinen Chemismus." – (436) Es geht um die "Intoxikation": "Man weiß doch, daß man mit Hilfe des 'Sorgenbrechers' sich jederzeit dem Druck der Realität entziehen und in einer eigenen Welt mit besseren Empfindungsbedingungen Zuflucht finden kann. Es ist bekannt, daß gerade diese Eigenschaft der Rauschmittel auch ihre Gefahr und Schädlichkeit bedingt. Sie tragen unter Umständen die Schuld daran, daß große Energiebeträge, die zur Verbesserung des menschlichen Loses verwendet werden könnten, nutzlos verloren gehen." (436f.)

sich als Zitatmontage. Während Freud 'Ablenkungen', 'Ersatzbefriedigungen' und 'Rauschstoffe' einzeln bestimmt – als Ablenkung
z.B. die wissenschaftliche Tätigkeit, als Ersatzbefriedigung die
Kunst und als Rauschstoff chemische Mittel – erscheint bei Brecht
die Kunst als Ablenkung, Ersatzbefriedigung und Rauschmittel zugleich. Während Freud anläßlich der toxischen Mittel schreibt, sie
trügen "unter Umständen die Schuld daran, daß große Energiebeträge, die zur Verbesserung des menschlichen Loses verwendet
werden könnten, nutzlos verloren gehen", bezieht Brecht dies auf
die Kunst. Die Tendenz ist deutlich: Die Kunst wird stärker als im
Originaltext als schädliches, in der Gesellschaft jedoch nötiges
Rauschmittel denunziert. Diese Montage geht nicht völlig an Freud
vorbei, der im selben Buch von der milden "Narkose, in die uns die
Kunst versetzt",[102] schreibt und von der Aussöhnung mit den für
die 'Kultur' gebrachten Opfern, die sie bewirke.[103] Doch wo Freud
die Kunst – und sei es auch nur als eine 'Hilfskonstruktion' – be-
jaht, wird sie von Brecht angegriffen. Er bekämpft das "zähe Festhalten am Genießerischen, an der Berauschung"[104] und an der
Illusion und benutzt Freud als einen Analytiker der bürgerlichen
Kunst, nicht – wie Freud sich verstand – als Analytiker der Kunst
schlechthin. Bei seinen Bemühungen um die von ihm als notwendig
verstandene Kunst ließ der Marxist Brecht die Psychoanalyse jedoch außer acht – ein Verhalten, zu dem die triebpsychologische
Orientierung der Literaturtheorie des Bildungsbürgers Freud Anlaß
mehr als genug bot.

Der junge Brecht freilich war Freuds Literaturverständnis, vielleicht ohne es zu kennen, nicht so fern gestanden. Als Marxist
konnte er es dann gegen die bürgerliche Kunst einsetzen, weil es
seinem eigenen Verständnis von früher entsprach: Er wandte sich
gegen sich selbst. 1921 hatte er im Tagebuch notiert:

101. Reinhold Grimm: *Notizen zu Brecht, Freud und Nietzsche*. In: *Brecht-
Jahrbuch 1974*. Frankfurt a.M. 1975, 34ff.; Grimm untersucht 39ff. eingehend Brechts Textänderungen.
102. GW Bd. XIV, 439. Vgl. auch GW Bd. XV, 173: "Die Kunst [...] will
nichts anderes sein als Illusion".
103. GW Bd. XIV, 335.
104. w.a. 17, 1015.

Seit zum ersten Male billige Bretter über Schnapsfässer gelegt wurden und zwei Burschen öffentlich irgend einen Handel austrugen, war die Unterhaltung der Zuschauer das bezahlte Ziel. Immer ruhten diese glotzenden Bierbrauer, Steuerpächter, Küfer hier aus, und erst ein wenig später befriedigten sie hier am billigsten ihre unterirdischen, aber sehr irdischen Triebe und auch die himmlischen und schufen sich so einen Ersatz für jede gefährliche Ausschweifung, mitten hinein in ihre umfriedete, gesicherte Bauchperipherie. Die naiven Abenteuer mußten bald durch lebenskluge, praktische Maximen gewürzt, durch leicht eingehende Stimmungen leicht verdaulich gemacht, durch halbverhüllten oder frech platzenden Witz gepfeffert werden.[105]

Ungefähr so hätte das auch ein Psychoanalytiker schreiben können. Und anders als in der Zitatmontage aus dem *Unbehagen in der Kultur* sind sogar der dynamische und der genetische Gesichtspunkt miteinbezogen. Als Marxist hätte Brecht gut hinzufügen können: 'Und spätestens ab heute sollten Erkenntnis gesellschaftlicher Realität und bewußte Wirkungsabsicht nicht vergessen werden!'

Diese frühe Nähe zu Freud macht verständlich, warum später auch der Marxist Brecht Freuds Äußerungen zur Kunst verwenden konnte. Sie entsprachen eigener Ansicht und trafen die alte, insbesondere die von ihm angegriffene bürgerliche, nicht die von ihm intendierte neue Kunst: "unter der diktatur des proletariats verliert die literatur ihre abreagierungsfunktion".[106] Die alte Kunst, die Freud richtig, jedoch als allgemeine beschrieb, wird von der neuen abgelöst werden, selbst wenn besorgte Stimmen fragen:

Wird der Arbeiter euch auch verstehen? Wird er verzichten
Auf das gewohnte Rauschgift, die Teilnahme im Geiste
An fremder Empörung, an dem Aufstieg der anderen; auf all die Illusion
Die ihn aufpeitscht für zwei Stunden und erschöpfter zurückläßt
Erfüllt mit vager Erinnerung und vagerer Hoffnung?[107]

Brechts Kritik an der Psychoanalyse und der Ausschluß weiter ihr zugehöriger Bereiche aus dem Horizont seines Interesses erklärt sich aus seinem Umgang mit sich selbst, aus dem damaligen Verhältnis zwischen Historischem Materialismus und Psychoanalyse sowie dem damaligen Stand psychoanalytischer Theorie.

Den jungen Schriftsteller Brecht faszinierte die Intensität leidender Innerlichkeit, nicht so sehr dagegen die Überwindung solchen

105. Tb 145 (Sept. 1921).
106. AJ II, 775 (24.3.1947).
107. w.a. 17, 1056.

Leidens durch Selbstreflexion. So notierte er z.B. zu einer Figur:

Er setzt sich in den Regen, der ihm das Hirn ausgewaschen hat, und besieht seine Hände. Er hat Löcher in sich und viele Geheimnisse, verwegene Bretterkonstruktionen über Abgründen, schauerliche Böden über Moderabgründen, alles in sich drin. Es ist alles zu verwickelt, er löst es nicht, er löst *sich* nicht, die Dinge sind zu stark [...]; er verreckt mittendrin, [...].[108]

Um diese Zeit schreibt er, der Mensch

ist so gesund, daß er die Tragik erfunden hat und die Algolagnie. Der Pathologische ist der eigentliche Held. Erstens durch seine Vitalität und zweitens: weil er aus der Menge herausragt, um eines Hauptes oder um eines Phallus' Länge.[109]

Der junge Brecht genießt das Leiden; er kann dies, wenn er es abwehrt und an anderen darstellt − immer möglichst von außen:[110] Genuß und Abwehr zugleich. So finden sich in seinen Texten genügend Stellen, auf die sich Hugo Bieber hätte berufen können, als er 1928 schrieb:

Der Zusammenhang der modernen Dramatik Hasenclevers, Bronnens und Brechts mit der Richtung der psa. Hauptinteressen ist unverkennbar. Er ist aber auch mitschuldig an der dogmatischen Verengung des Weltbildes dieser Dichter.[111]

Das stimmt so zwar nicht. Doch gemeinsam war Brecht und der Psychoanalyse damals das Interesse am Leiden des einzelnen und an den Varianten seiner Pathologie. Brecht ging jenem Leiden mit seinen Dichtungen anfangs fasziniert nach, die Psychoanalyse aber suchte es zu begreifen. Ironisch genug, daß ausgerechnet ihn der Vorwurf der "dogmatischen Verengung des Weltbildes" selbst hier noch erreichte, ein Vorwurf, der Psychoanalytiker wie Marxisten oft genug trifft, wenn sie nur konsequent genug denken. Diesmal hatte er ihn wirklich nicht verdient.

Er zeichnete menschliches Verhalten von außen und wehrte dadurch Gefühle ab. Wo er sich dem Gefühl überließ, konnte er nicht darstellen. "Warum kann ich nicht über Menschen schreiben, die ich liebe? Man sieht nur das Sachliche. Das Gefühl ist zu stark",

108. Tb 52 (Sept. 1920).

109. Tb 159 (Okt. 1921).

110. Siehe Carl Pietzcker: *Die Lyrik des jungen Brecht* (Anm. 31), 239-245.

111. Hugo Bieber: *Dichtung und Psychoanalyse*. In: *Auswirkungen der Psychoanalyse*. Hrsg. v. Hans Prinzhorn. Leipzig 1928, 400ff.; dort 407.

schrieb er 1921. Ihm fehlte, wenn er fühlte, die Distanz zu sich und dem Gegenstand. Ganz allgemein und auch später noch sah er vom Gefühl seine Herrschaft über sich selbst bedroht. Es "sprengt alle bande":

> schon als junge, als ich die matthäuspassion in der barfüßerkirche gehört hatte, beschloß ich, nicht mehr so wo hinzugehen, da ich den stupor verabscheute, in den man da verfiel, dieses wilde koma, und außerdem glaubte, es könne meinem herzen schaden (das durch schwimmen und radfahren etwas verbreitert war). bach kann ich jetzt, wie ich denke, ungestraft hören, aber den beethoven mag ich immer noch nicht, dieses drängen zum unter- und überirdischen, mit den oft (für mich) kitschigen effekten und der 'gefühlsverwirrung'. Das 'sprengt alle bande' wie der merkantilismus, da ist diese innige pöbelhaftigkeit, dieses 'seid umschlungen, millionen', wo die millionen den doppelsinn haben (als ginge es weiter, 'dieses coca cola der ganzen welt!').[112]

Die Angst, sich auf Gefühle einzulassen, die Ablehnung des Psychischen und – so berechtigt sie sein mag – die Darstellung immer nur äußeren Verhaltens dient bei ihm auch der Abwehr des Bedrohlichen. Vor seinen Verschmelzungswünschen und Abhängigkeitsängsten schützt er sich durch Distanzierung,[113] durch ihre Verurteilung an anderen, durch sozialgeschichtliche Analyse und eine ausgewachsene Literaturtheorie. Er betont das Denken und setzt es gegen die bedrohlichen Wirkungen, denen er z.B. die "Zuhörer der Konzerte" ausgeliefert glaubt:

> Wir sehen ganze Reihen in einen eigentümlichen Rauschzustand versetzter, völlig passiver, in sich versunkener, allem Anschein nach schwer vergifteter Menschen. Der stiere, glotzende Blick zeigt, daß diese Leute ihren unkontrollierten Gefühlsbewegungen willenlos und hilflos preisgegeben sind. Schweißausbrüche beweisen ihre Erschöpfung durch solche Exzesse. Der schlechteste Gangsterfilm behandelt seine Zuhörer [!] mehr als denkende Wesen.[114a]

Brecht wünscht Gefühl und Nähe des anderen, hat jedoch Angst, wenn er sich öffnet, von seinem Gefühl überschwemmt zu werden, wehrt es deshalb in angstvoller Überheblichkeit als "stupor", "Rauschzustand" und 'wildes Koma' ab, 'verabscheut' es und findet, klug wie er ist, eine literaturtheoretische und sogar eine politische Begründung: "Die Massen scheinen eben eine Revolution in

112. AJ II, 676 (16.8.1944).
113. Vgl. H. Hartmann (Anm. 92) und C. Pietzcker: *Gleichklang* (Anm. 92).
114a. w.a. 15, 480.

der Hypnose nicht so ohne weiteres vollziehen zu können".[114b]
Gefühl zu zeigen, bedeutet für ihn Abhängigkeit vom anderen, der sich von ihm abwenden und ihn so seine Ohnmacht erfahren lassen könnte: Er wäre verletzlich. Hellsichtig schreibt er 1920 im Tagebuch:

> Warum bin ich zu feig, großen Kränkungen in die schielenden Augen zu sehen? Immer sehe ich gleich ein, was mich lähmt: Daß ich über niemanden Macht habe.[115]

Um sich vor Kränkungen und der ihnen folgenden Lähmung zu schützen, braucht er Macht: Er muß die ihm wichtigsten Mitmenschen und seine eigenen Gefühle kontrollieren. Um 1920 unterwarf er seine Geliebte einem wirkungsvollen Kontrollsystem.[116] Und als Schriftsteller suchte er auch künftig die sichere Distanz des kontrollbewußten Machthabers seiner Gefühle: Beobachterhaltung, Intellektualität und historisch-materialistisches Begreifen — wofür ja mehr als gute Gründe sprachen und auch heute noch sprechen. So konnte er in aller Sachlichkeit schreiben, "daß ich selbst mich für privates nicht eben sehr interessiere"[117] — und die Psychoanalyse, die solches Verhalten thematisiert und infrage gestellt hätte, fiel dem zum Opfer. Sie mußte es. Sie weist ja auf etwas hin,

114b. w.a. 15, 325.
115. Tb 69 (Sept. 1920).
116. Paula Banholzer berichtet: "Denn nach wie vor versuchte er, mich zu beherrschen und gänzlich von anderen Männern fernzuhalten. Ich war sein persönliches Eigentum, und er ließ mich das durchaus fühlen. So gebärdete er sich im steigenden Maße immer wilder, wenn er glaubte, fürchten zu müssen, daß ein Rivale auftauchte. Es genügte schon die geringste Bemerkung, ein scheuer Blick oder andere Reaktionen junger Männer, die in ihm eine derartige Befürchtung keimen ließen. Ohne Umschweife bestellte er entschlossen den jeweiligen Rivalen zu sich aufs Zimmer und bombardierte den mit fortschreitender Zeit immer eingeschüchterter werdenden Gegner mit hochtrabenden Reden." (Paula Banholzer [Anm. 93], 39) und: "Wenn er selbst auch nicht in der Lage war, mich zu beobachten, so ließ er mich ganz einfach von zuverlässigen Freunden überwachen, die ihm danach einen detaillierten Bericht zu liefern hatten. Wurde ich angesprochen, oder begegnete mir jemand, mit dem ich einige Worte auf der Straße wechselte, so wurde der Name notiert oder eine Beschreibung skizziert. Dieser Name stand fortan auf Brechts Liste, bis er ihn — nach dem üblichen Vortrag in seinem Zimmer — beruhigt streichen konnte." (Ebd., 40f.)
117. AJ I, 269 (21.4.1941).

das es nicht geben darf, oder dessen Bedeutung wenigstens herabgesetzt werden muß: auf die unbewußten Anteile des Schriftstellers Brecht, auf die der Menschen, welche er sich zum Gegenstand nimmt, und auf die seiner Zuschauer und Leser. "dieses 'seid umschlungen, millionen' ", das seine Verschmelzungswünsche anspricht, muß schleunigst abgewehrt, ökonomisch eingekleidet und voll Abscheu in die Nähe des Monopolkapitalismus gerückt werden: "als ginge es weiter, 'dieses coca cola der ganzen welt' ". Da brauchts dann auch keine Psychoanalyse mehr. Der Brecht denkt: Brecht lenkt.

Mit der Theorie des epischen Theaters — so berechtigt sie auch sonst sein mochte — wehrte er angstvoll seine Verschmelzungswünsche ab, denunzierte die Einfühlung und forderte vom Zuschauer jene Beobachterhaltung des Virginienrauchers, die er zu Beginn der Zwanziger Jahre als Schutz vor seinen Gefühlen selbst einzunehmen suchte: "Bei den Erdbeben, die kommen werden, werde ich hoffentlich / Meine Virginia nicht ausgehen lassen durch Bitterkeit".[118] Die rettende Geste wurde zum sorgfältig begründeten literaturtheoretischen Postulat. Hatte er sich jetzt mit Hilfe des Historischen Materialismus weiter in die gesellschaftliche Realität hineingearbeitet und eine rationalere Haltung gewonnen, so wich er nun doch stärker als früher davor zurück, sich emotional und in der Reflexion seiner Emotionen auf die Realität einzulassen. Er hatte jetzt ja eine Theorie, mit der er sich schützen konnte. Zumindest dem Theoretiker Brecht hatte sich damit der Blick nicht nur erweitert, sondern eben auch verengt. Zusammen mit seinen frühen Wünschen wehrte er die Psychoanalyse ab, die sie ihm zu zeigen drohte.

Wie sehr sein Sträuben, psychische Momente gesellschaftlichen Verhaltens auch nur zur Kenntnis zu nehmen, geschweige denn, sie zu analysieren, bei ihm mit der Verdrängung eigener Wünsche und eigener Vergangenheit einherging, das zeigt ein ironischer Artikel aus der Zeit des Zweiten Weltkriegs. Er nimmt ein Werk über Massenpsychologie zum Anlaß, wahrscheinlich die *Psychologie des Foules* von Le Bon:

Durch Zufall geriet ich neulich an das Buch eines französischen Wissenschaftlers, in dem dieser den Nachweis führt, daß Massenpsychosen einen mikrobenartigen Erreger haben: sie sind eine ansteckende Krankheit. [...]

118. w.a. 8, 263.

vom ersten Moment an erregte mein besonderes Entsetzen der Gedanke, ich könnte beim Auftreten einer solchen Epidemie von diesem Erreger — nicht befallen werden. [...] Erinnerungen [...] lassen mich befürchten, daß ich [...] immun sein könnte. Schon im Weltkrieg, umgeben von Besessenen, nicht älter als 16 Jahre, vermochte ich nicht, an der allgemeinen Begeisterung teilzunehmen. [...] blieb ich so kalt gegen diese stürmischen Wogen! Ich muß immun sein. Das ist aber entsetzlich.
Angenommen, es käme wieder eine der großen Massenpsychosen herauf, [...]. Ich könnte natürlich die Menschen nicht hindern, völlig unschuldige Individuen zu foltern [...], aber im Gegensatz zu allen andern [...] stände ich ohne Begeisterung, womöglich von Ekel erfaßt, in der rasenden Menge. [...] Die Psychose könnte auch eine sein von der Art jener plötzlich ausbrechenden Messiasbegrüßungen. Da durchschritte dann das Idol die Massen, die sich jubelnd vor ihm beugten, und wieder stände ich, der Immune, unberührt in dem Trubel, [...].[119]

Zieht diese Masse dann in den Krieg, würde er "an der Selbstlosigkeit derer zweifeln, die an all den Kriegsgeräten verdienen"; er würde also nach den ökonomischen Ursachen fragen.

Was ihn an diesem Buch beschäftigt, ist merkwürdigerweise die Gefahr der Ansteckung. Wir wissen inzwischen, warum: Die "stürmischen Wogen" der Masse sprechen seine eigenen Verschmelzungswünsche an. Insgeheim möchte auch er 'angesteckt' werden und in der Masse aufgehen. Das aber ängstigt ihn. So wehrt er seine Wünsche ab und mit ihnen die Massenpsychologie. Er wird ironisch, führt die Ansteckung spöttisch auf Mikroben zurück, betont seine Immunität und sein Entsetzen, immun zu sein. Mit diesem spielerisch vorgetragenen Entsetzen kehrt jedoch sein wirkliches Entsetzen vor der gewünschten Verschmelzung wieder, deutlicher vielleicht noch mit dem "Ekel", von dem erfaßt er sich "in der rasenden Menge" stehen sieht. Ekeln wir uns doch gerade vor dem, was wir zugleich begehren und fürchten.

Dem spöttisch-rationalen Verächter der Massenpsychologie unterläuft — wie könnte es anders sein? — bei seiner Abwehr jedoch ein Fehler. Er behauptet, schon im Weltkrieg habe er "an der allgemeinen Begeisterung" nicht teilgenommen. Nach über zwanzig Jahren Brecht-Philologie wissen wir jedoch: Er hat. 1914 und noch 1915 feierte er in den *Augsburger Kriegsbriefen*,[120] in Gedichten[121] und kurzen Erzählungen[122] den Krieg, den patrioti-

119. w.a. 20, 275ff. (*Eine Befürchtung*).
120. In: *Brecht in Augsburg* (Anm. 30), 229ff.
121. w.a. 8, 4ff.; w.a. Suppl. III, 17ff.
122. w.a. 11, 11ff.

schen Massenrausch und Wilhelm II.[123] Das hat er vergessen, verdrängt. Der Kampf gegen die eigenen Wünsche hält jene Vergangenheit drunten, in der sie zur Erfüllung gekommen waren. Diese Vergangenheit wird verdreht und läßt sich so gegen die gefürchtete Massenpsychologie einsetzen.

Diese Abwehr der Massenpsychologie erspart es Brecht, die Wirkung Hitlers, des 'Idols' der Gegenwart, das 'die Massen durchschreitet, die sich jubelnd vor ihm beugen', psychologisch zu begreifen. Er muß den Massenrausch der "Messiasbegrüßung" nicht analysieren, bleibt "kalt gegen diese stürmischen Wogen", zieht sich auf die Ausschließlichkeit einer ökonomischen Herleitung zurück, erdichtet sich seinen Hitler als bloßen Vollstrecker rational begreifbarer Interessen des Kapitals, als Gangster und – um das Idol vom Podest zu reißen – als Clown.[124] Die den Faschismus tragenden Schichten aber zeichnet er nicht im Massenrausch ihrer Idealisierungen, sondern nur als Rädchen im Getriebe faschistischer Gewalt.[125]

Psychoanalyse ist für ihn nun weder als Erkenntnismittel nötig noch als Therapie. Gegen 'seelische Beschwerden' empfiehlt er politische Tätigkeit. Aus der Sicht der Psychoanalyse sicherlich auch zu Recht, denn der Kampf und der Blick in die Zukunft verringern die Neigung zur Regression und damit die Flucht in Leiden und 'seelische Beschwerden'. Die psychischen Strukturen lassen sich so allerdings kaum verändern.

Tu-su klagte dem Me-ti über seelische Beschwerden und erzählte von seiner Absicht, eine große Reise zu unternehmen. Me-ti erzählte ihm folgende Geschichte:
Mi-ir fühlte sich nicht wohl in seiner Haut. Er wechselte nacheinander seine Freundin, seinen Beruf und seine Religion. Als er sich danach bedeutend kränker fühlte, unternahm er eine große Reise, die ihn über den ganzen Erdball führte. Von dieser Reise kam er kränker als je heim. Er lag zu Bett und erwartete sein Ende, als sein Haus in Brand geriet durch eine Bombe, welche, da Bürgerkrieg herrschte, von Soldaten geschleudert wurde, um einige Arbeiter zu töten, die sich hinter dem Haus versteckt hatten. Mi-ir stand böse auf, löschte zusammen mit den Arbeitern das Haus, verfolgte die Soldaten und beteiligte sich die nächsten Jahre am Bürgerkrieg, der den mißlichen Zuständen ein Ende bereitete. Wenn man ihn zu dieser Zeit nicht

123. Siehe C. Pietzcker: *Die Lyrik des jungen Brecht* (Anm. 31), 129ff.
124. *Der aufhaltsame Aufstieg des Arturo Ui*, w.a. 4, 1719ff.
125. Z.B. in *Furcht und Elend des Dritten Reiches*, w.a. 3, 1073ff.

hat sagen hören, daß er sich seelisch wohl befinde, so kann es nur darum gewesen sein, weil ihn nach seinem Befinden niemand gefragt hat.[126]

Dieses Rezept können sich all diejenigen hinters Ohr schreiben, die sich im warmen Pfühl der Couch einrichten und ihre Seelenwehwehchen bis an ihr kontemplatives Ende pflegen − und all die Analytiker, die dies offenen Geldbeutels und sanften Auges zulassen. Doch eine Lösung psychischen Leidens bedeutet das nicht − und erst recht keine politische Lösung. Wer sein seelisches Leiden nach diesem Rezept behandelt, regrediert zunächst wohl weniger, bleibt dem unbewußten Wiederholungszwang jedoch ausgeliefert und wird seine unbewältigten Konflikte auch im politischen Handeln wiederholen. Er wird trotz politischer Perspektive nur schwer in der Lage sein, realistisch zu handeln und in der Gesellschaft eine Freiheit zu gestalten, die er nicht in sich selbst trägt: Brechts Haltung ist illusionär.

So sehr er sich durch seine politische, insbesondere auch durch seine literarische Arbeit wandeln konnte,[127] zum reflexiven Umgang mit den eigenen Wünschen und Ängsten gelangte er hierbei nicht. Seine unbewußten Strukturen hat er entscheidend nicht zu ändern vermocht. Das zeigt z.B. sein Verhalten gegenüber Frauen. Noch im Alter reagierte er wie früher[128] sehr verletzt, wenn er nicht alle Zeit im Mittelpunkt des Interesses seiner Geliebten stand. Wie früher mußte er sich mit Entwertung und narzißtischem Rückzug aus seiner Not helfen lassen, nach dem Motto "Das Bubilein will seine Mammi für sich ganz allein":

In mein Arbeitszimmer tretend, traf ich die Geliebte heute mit einem jungen Mann an. Sie saß neben ihm auf dem Sofa; er lag, etwas verschlafen. Mit einer gezwungen heiteren Bemerkung über "allerdings sehr mißverständliche Situationen" stand sie auf und war während der folgenden Arbeit ziemlich betreten, ja erschrocken. Erst zwei Tage darauf, als wir mehr oder weniger wortlos und ohne die üblichen Freundlichkeiten nebeneinander gearbeitet hatten, fragte sie, ob ich über sie ärgerlich sei. Ich warf ihr vor, sie schmiere sich an ihrer Arbeitsstätte mit den nächstbesten Männern herum. Sie sagte, sie habe sich nichtsdenkend für ein paar Minuten zu dem

126. w.a. 12, 572.
127. C. Pietzcker: *Die Lyrik des jungen Brecht* (Anm. 31), 299, 302-308 und ders.: *Gleichklang* (Anm. 92).
128. Siehe z.B. Marieluise Fleißer: *Avantgarde*. In: M.F.: *Gesammelte Werke*. Frankfurt a.M. 1972, Bd. 3, 117-168; dort 157-160; Banholzer (Anm. 93), 32-41.

jungen Mann gesetzt, habe nichts mit ihm usw. Ich lachte. Ich finde, daß ich die Achtung für sie verloren habe; sie kommt mir billig vor. Nicht ohne alle Erleichterung konstatiere ich das völlige Verschwinden meiner Verliebtheit.[129]

'Wenn ich nicht dein Pascha sein darf, entziehe ich dir meine Liebe! Und außerdem bist du eine Hure!'

Da Brecht durch politisches Handeln seine unbewußten psychischen Strukturen nicht wesentlich ändern konnte, bestand bei ihm – wie bei jedem anderen, der so verfährt, auch – die Gefahr, daß schwierige Situationen seine frühen unbewußten Phantasien wiederaufleben ließen und zu zwanghaftem Handeln drängten. So mag es vielleicht Empörung auslösen, bleibt aber dennoch bemerkenswert, wenn Meinhard Adler schreibt, Brechts

psychosomatisches Ende, verbissen, mit Herzinfarkt und Grippe, zur Arbeit zu fahren und dabei zu rauchen, von denen, die ihn brauchten, als 'Ethos' stilisiert, kann man nicht anders als einen *Selbstmord* interpretieren.[130]

Brechts frühe Betonung des äußeren Verhaltens fand ihre willkommene Rechtfertigung in der damals herrschenden Position des Historischen Materialismus. Bereits Marx hatte den Blick allein auf das äußere Verhalten und dessen Ergebnisse gerichtet.

Die innere Lebendigkeit, den geistigen Reichtum der Individuen, den Stand ihres Bewußtseins [...] dies alles schlägt Marx [...] vor, an ihren wirklichen Aktionen und ihren Werkzeugen als objektivierten Leistungen [...] abzulesen. Was die Menschen tun, vor allem wie sie es tun, gibt Aufschluß über das, was sie (jeweils) sind. Ihre Innerlichkeit, soweit sie nicht entäußert vorliegt, ist ein Wahn, – bloße abstrakte Möglichkeit.[131]

Eine "Theorie der sozialen Ontogenese der Individuen" klammert Marx aus,[132] während er zur Konstitution des bürgerlichen Individuums und damit zur Kritik des Individualismus, wie er schließlich auch das Verfahren der bürgerlichen Psychoanalyse bestimmt, ent-

129. Tb 237 (1953 oder 1954).
130. Meinhard Adler: *Brecht im Spiel der technischen Zeit* (Anm. 68), 225, dort Anm. 295. Vermutlich wiederholte sich hier einer der herzneurotischen Anfälle, die bei Brecht mit der Pubertät begannen (Hartmann [Anm. 92], 36ff.). Das masochistische Verhalten, das Adler hier sieht, ist beim jungen Brecht sehr stark ausgeprägt. Vgl. C. Pietzcker: *Die Lyrik des jungen Brecht* (Anm. 31), 219ff. und H. Hartmann (Anm. 92).
131. Helmut Dahmer: *Libido und Gesellschaft*. Frankfurt a.M. 1973, 138.
132. Ebd., 141.

scheidende Erkenntnisse beitrug.[133] Die sowjetische, naturwissen-schaftlich-empirisch ausgerichtete Psychologie griff von dieser Po-sition aus die Psychoanalyse an[134] : Brecht konnte sie als Marxist nun mit guten Gründen ablehnen. Er übernahm das Schema der marxistischen Verwerfung der Psychoanalyse und sicherte sich so einmal mehr gegen seine eigenen Verschmelzungswünsche. Den Versuch des später von der KP wie der Psychoanalytischen Ver-einigung exkommunizierten Wilhelm Reich, Psychoanalyse und Historischen Materialismus zu vermitteln, und die entsprechenden Versuche der Frankfurter Schule nahm er ebensowenig ernsthaft zur Kenntnis wie Trotzkis Anerkennung der Psychoanalyse. Die marxistisch orientierten Analytiker Fenichel und Bernfeld kannte er vermutlich gar nicht.

Die Psychoanalyse andererseits, wie sie offiziell auftrat, be-kämpfte den Historischen Materialismus oder schenkte ihm allen-falls ein skeptisches Wohlwollen wie Freud im *Unbehagen in der Kultur.* So war Brecht als Marxist unbesehen ihr Gegner. Angriffs-flächen bot sie genug: ihren Gewerbecharakter, ihr weitgehend un-historisches, ontologisierendes Vorgehen, ihr häufiges Übersehen ökonomischer Ursachen psychischen Verhaltens, ihren unreflek-tierten Ansatz am bürgerlichen Individuum, ihre einseitig an die-sem Individuum und dessen Unbewußtem ausgerichtete Literatur-theorie und das gelegentlich recht ungezügelte Spekulieren man-cher ihrer Vertreter. So konnte der sonst wissensdurstige Brecht sie guten Gewissens ablehnen und brauchte sich mit ihrer rekon-struierenden Analyse psychischer Phänomene, mit ihrer Metapsy-chologie und dem ihr eigenen Prozeß der Selbstreflexion nicht aus-einanderzusetzen.

Der Preis, den Brecht gerade als marxistischer Schriftsteller hier-für zu zahlen hatte, war nicht gering. Das von ihm verleugnete eige-ne Unbewußte schaffte sich in den bewußt politisch konzipierten

133. MEW 1, 362-370; Grundrisse 74f., 81f., 153-160; 908-917; Resultate 56-59.
134. Siehe H.J. Sandkühler (Hrsg.): *Bernfeld, Reich, Jurinetz, Sapir, Stol-jarow: Psychoanalyse und Marxismus. Dokumentation einer Kontroverse.* Frankfurt a.M. 1970; Hans-Peter Gente: *Marxismus Psychoanalyse Sexpol.* Frankfurt a.M. 1970; Michael Schneider: *Neurose und Klassenkampf.* Rein-bek b. Hamburg 1973, 7-81.

Werken seinen Platz und behinderte die bewußte, auf Befreiung zielende Absicht. Und die Tatsache, daß er die Psychoanalyse nicht als Instrument zur Erkenntnis der darzustellenden Wirklichkeit benutzte, ließ ihn die Wirklichkeit mit seinen Darstellungen eben auch verfehlen – und damit seine ebenso politische wie ästhetische Absicht.

Ein Beispiel dafür, daß unbewußte Wünsche und Ängste die politische Absicht verfälschen, bieten seine Frauengestalten. In ihnen phantasiert er – eine Folge seiner nie ganz gelösten Mutterbindung, seiner Sexual- und Trennungsangst – das alte bürgerliche Frauenbild als ein guter Sohn seiner Eltern weiter aus und versieht es mit einigen roten Tupfern – brav und im Dienst der Befreiung. Daß im *Baal* die Frau unselbständig, triebhaft und dumm ist, mag beim vormarxistischen Brecht noch hingehen; da muß er als Mann eben angstvoll seine bedrohte Potenz retten. Doch wie der Marxist dann in der *Mutter* verfährt, sollte selbst psychoanalysefremden Marxisten zu denken geben. Die Frau ist hier eben 'Mutter', hat die 'typisch weiblichen' Eigenschaften fürsorglicher Aufopferungsbereitschaft. Diese werden dann über den privaten Bereich, in dem sie das Bürgertum festmacht, hinaus auf den revolutionären und öffentlichen ausgedehnt und in den Dienst der Revolution gestellt (rote Tupfer!). Aus der bürgerlichen Arbeitermutter wird die ideale Mutter der Revolution: 'Mamma, geh du voran!'. Ihre 'typisch weiblichen' Eigenschaften bleiben – eine Frau ist eben kein Mann und ein Mann keine Frau. Der gesellschaftskritische Marxist verharrt im Klischee, analysiert es nicht und fragt schon gar nicht, wie Befreiung denn überhaupt möglich sein kann, solange hier noch Herrschaft besteht (die er nicht sieht). – Ein Blick auf den *Guten Menschen* mag uns belehren, daß dies kein Ausrutscher war. Shen-Te muß sich spalten in einen privat-häuslichen und einen privatwirtschaftlichen Teil. Und wer ist in häuslich-lebensuntüchtigem Idealismus gütig, aufopferungsvoll und hingabefähig? – Shen-Te, die Frau. – Und wer ist geschäftstüchtig, brutal und kann kämpfen? – Shui-ta, der Mann. So ungefähr sagt es der Herr Schiller auch (z.B. in der *Glocke*) – und mit ihm das ganze Bürgertum. Der Epilog fordert eine Veränderung der Situation ein, die Shen-Te zur Spaltung zwang. Er setzt jedoch nicht einmal an zu einer Reflexion der Aufteilung in die Bereiche des Mannes und der Frau.

In unreflektierter männlicher Angst vor der Frau übernimmt

Brecht unkritisch das bürgerliche Frauenbild und setzt es leicht umgemodelt für seine politischen Ziele ein, ohne es zuvor einer angemessenen sozialgeschichtlichen Analyse zu unterziehen. Wie kann er mit seinen Stücken aber auf Befreiung zielen, wenn er in ihnen mit der Idealisierung seiner Heldinnen die Unterdrückung der Frau weitergibt? Bei Engels konnte er lesen

Er [der Mann] ist in der Familie der Bourgeois, die Frau repräsentiert das Proletariat.[135]

Da hat sich der Marxist Brecht, der seine unbewußten Ängste nicht wahrhaben wollte, dann doch lieber auf die Seite des 'Bourgeois' geschlagen.

Unbewußte Phantasien haben wir alle, läßt sich hier einwenden. Und selbst eine Analyse kann uns nicht gänzlich davor schützen, ihnen zu verfallen. Das stimmt. Doch die Psychoanalyse kann helfen, mit solchen Phantasien reflektiert umzugehen, denen Brecht sich preisgab, indem er die Psychoanalyse abwehrte. Und mag hier auch ein durch die frühe Sozialisation geprägtes Verhalten mitspielen, das Brecht vielleicht nicht mehr beeinflussen konnte, so läßt sich doch sehen, daß ihm der Verzicht auf die Psychoanalyse als Instrument zur Erkenntnis der gesellschaftlichen Vorgänge, die er darstellen wollte, nicht wenig schadete. Das zeigt sich am deutlichsten vielleicht an seinen eher harmlos-abstrakten Stücken, in denen er den Faschismus zu bewältigen suchte, an den *Rundköpfen und den Spitzköpfen* und dem *Arturo Ui*. Aus der genauen Lektüre von Freuds *Massenpsychologie und Ich-Analyse* und besonders von Reichs *Massenpsychologie des Faschismus* hätte er etwas darüber lernen können, wie Individuen gesellschaftlich und so auch im Faschismus reagieren. Er hätte dann vielleicht sogar empirisch vorfindbares durchschnittliches Arbeiterbewußtsein genauer studieren, anerkennen und in seinen Stücken berücksichtigen können. So aber blieben seine 'Kunstwerke' gelegentlich 'dümmer' "als die wissenschaftliche Psychologie ihrer Zeit".

Ihm das zum Vorwurf machen, hieße, zuviel von ihm verlangen. Auch er war ein Kind seiner Zeit. Es gab keinen Schriftsteller, der psychoanalytisches und historisch-materialistisches Denken

---

135. Friedrich Engels: *Der Ursprung der Familie, des Privateigentums und des Staates*. Berlin 1969, 85. – Engels übernahm diesen Satz von der französischen Frühsozialistin Flora Tristan.

überzeugend zu vermitteln wußte. Eine Notwendigkeit erkennen, kann nicht heißen, den zu verwerfen, der ihr nicht entsprach.

Zusammenfassend läßt sich sagen, daß der Preis, den der Schriftsteller Brecht für die Ablehnung der Psychoanalyse zu zahlen hatte, darin bestand, daß es ihm nicht gelang, jene Unschärfe zu überwinden, die der Historische Materialismus in Bezug auf das Individuum aufweist:

'es ist unmöglich, das innere eines körpers zu sondieren, wenn die sonde größer ist als der ganze körper.'
auch der historische materialismus weist diese 'unschärfe' in bezug auf das individuum auf.[136]

Die Psychoanalyse ihrerseits täte gut daran, die kleinere Sonde nicht für die größere zu halten — oder gar für die einzige.

136. AJ I, 397 (26.3.1942). Das Zitat stammt aus Max Plancks Vortrag *Determinismus oder Indeterminismus.* Leipzig 1938.

'SUJET BARRÉ' UND SPRACHE DES BEGEHRENS: DIE AUTORSCHAFT 'ANNA SEGHERS' *

von

Bernhard Greiner

Auf eine Umfrage gab Anna Seghers 1971 den Bescheid:

Ich zögere, Ihre Frage "Wie entdeckte ich Literatur" zu beantworten. Eher hat die Literatur mich entdeckt, als ich die Literatur.[1]

Anna Seghers leistet hier mehr, als auf eine einfallslose Frage eine originelle Antwort zu finden. Sie verweigert sich der Absolutsetzung des Subjektbegriffs, die die neuzeitliche Philosophie, konstituierend auch noch für Marx, kennzeichnet. Im Ich als Selbstbewußtsein wird nicht mehr der Grund allen Realitätsbewußtseins, das der Welt Vorausgehende, absolut und einzig Gewisse erkannt, eine Größe, die, sich entäußernd und in sich zurückkehrend, die Welt, auch die der Bücher, sich aneignen würde. Das Ich erscheint vielmehr als Entdeckung der Literatur, als Effekt einer Ordnung von Zeichen, als aus Texten hervorgehend. Mit solchem Verständnis des Subjekts provozieren der Strukturalismus und die auf ihm auf-

---

* Umgearbeitete Fassung des Vortrags *Der Bann der Zeichen: Anna Seghers' Entwürfe der Identitätsfindung*, der im Dezember 1982 auf der Jahrestagung des 'Arbeitskreises für Literatur und Germanistik in der DDR' in Bonn gehalten wurde. Gegenüber dem Vortrag wird hier versucht, Lacans Theorie, in beiden Fassungen der Verstehenshorizont, ausführlicher der Interpretation von Anna Seghers' literarischem Schaffen zugrunde zu legen: zugleich ein Gegenentwurf zu den primär politisch bestimmten Portraits der Autorin, wie sie anläßlich ihres Todes im Mai 1983 nochmals verbreitet wurden.

1. Anna Seghers: *Wie ich zur Literatur kam*. In: *Sinn und Form* 23 (1971) 6, 1264.

320

bauende neuere Texttheorie.[2] Gegen deren Verabschieden des Subjekts als des allem Realitätsbewußtsein vorausgehenden Selbstbewußtseins richtet sich der Vorwurf, die Errungenschaften von Aufklärung und Rationalität preiszugeben. Erstaunlicherweise aber zeigt sich das Textcorpus, das hier zur Debatte steht und das gemeinhin als Werk einer Autorin gilt, die dem Marxismus und der sozialistischen Bewegung zugehört, solchen Ansätzen, die das Subjekt dezentrieren, offen. Denn dieses Textcorpus tritt uns nicht als Repräsentation der Sinnentwürfe eines Autors entgegen, der unabhängig und vor den Texten anzusetzen wäre, sondern als eine Textentfaltung, die die Autorschaft 'Anna Seghers' erst hervorgebracht und damit seine Gründung in einer historisch-konkreten Person ausgelöscht hat.

Wird damit ein Pseudonym überfordert? – wenn wir es jenem "Verschwinden des Autors" einreihen, das Foucault zu neuer Besinnung auf Autorschaft angeregt hat, an deren Beginn er den Beckett-Satz stellt: "Wen kümmerts wer spricht?"[3] Es kümmerte jedenfalls 1928 einen Schreiber im *Berliner Börsencourier*, als dem Namen 'Seghers', der unter den Erzählungen *Grubetsch* und *Aufstand der Fischer von St. Barbara* gestanden hatte, der Kleist-Preis zuerkannt worden war. Er schrieb "bekümmert": "Wer ist Seghers?", damit man vom Namen zu einer konkreten geschichtlichen Person vordringe. Die Richtung war verständlich, aber falsch. Denn der Name, der Signifikant 'Anna Seghers', führt nicht auf eine reale Person als das 'Bezeichnete', sondern auf einen Text als seinen Ursprung, auf einen Text zugleich, der von nichts anderem als dem Umkehren des gewohnten Verhältnisses von wirklichem Dasein (als dem Signifikat) und Text (als Kette von Signifikanten) handelt.

Die Autorschaft 'Anna Seghers' entsteht aus dem Text *Die Toten auf der Insel Djal* (1924 in der Weihnachtsbeilage der *Frankfurter Zeitung* erschienen).[4] Erzählt wird vom Pfarrer der Insel,

2. Als Übersicht: François Wahl: *Einführung in den Strukturalismus.* (dt.) Frankfurt a.M. 1973; Hans-Thies Lehmann: *Das Subjekt als Schrift. Hinweise zur französischen Texttheorie.* In: *Merkur* 33 (1979) 7, 665-677.
3. Michel Foucault: *Was ist ein Autor?* In: M.F.: *Schriften zur Literatur.* Frankfurt a.M. 1979.
4. Wiederabdruck in: *Blätter der Carl-Zuckmayer-Gesellschaft* 6 (1980). Zahlen im Text beziehen sich auf die jeweils angegebenen Textausgaben.

einem wilden Teufel (vgl. 223), der nicht häusliches Glück sucht, sondern "großartigere Wollust" (223). Sie besteht darin, Seeleute zu bergen, deren Schiffe an den Klippen der Insel zerschellten, sie zu begraben und, wenn diese auch im Grabe keine Ruhe geben wollen, sie zur Raison zu bringen.

Einer dieser Toten sucht einst den Pfarrer auf, um ihn in der Geisterstunde an seiner statt ins Grab zu zwingen. Der Pfarrer aber führt den Toten an einen Grabstein, auf dem Namen und Taten eines Jan Seghers verzeichnet sind und gibt sich ihm als dieser tote Jan Seghers zu erkennen. Er habe nach seinem Tode Gott so lange bestürmt, bis dieser ihn in seiner alten Gestalt wieder ins Leben gelassen habe. Jan Seghers ist aus einem Text (dem Text auf dem Grabstein) ins Leben gelangt; seine "wildere, großartigere Wollust" besteht darin, Leben (die an der Insel zerschellten Seeleute) in Text (Schrift auf dem Grabstein als Signifikanten der Person) zu verwandeln.

Mit dieser Struktur gibt sich die Erzählung in einem doppelten Sinn als G r u n d t e x t (nicht nur als der zeitlich erste) der Autorschaft 'Anna Seghers' zu erkennen. Netty Reiling, Tochter einer bürgerlichen Mainzer Familie, Doktorin der Kunstgeschichte, führt sich als Nachkomme der erzählten Gestalt in den literarischen Raum ein, d.h. als aus einem Text hervorgegangen. Die Erzählung hatte den Untertitel *Sage aus dem Holländischen. Nacherzählt von Antje Seghers.*[5] Im Rückblick akzentuiert Anna Seghers diese Abkunft noch entschiedener, als der Text selbst dies leistet, macht sie sich sogar zur Enkelin der erzählten Gestalt. 1970 berichtet sie Christa Wolf:

> Ich schrieb und veröffentlichte doch schon kleine Geschichten vor dem *Aufstand der Fischer*. Darunter war eine – wie sagt man: gruslige oder grausliche Geschichte von einem holländischen Kapitän. Ich schrieb sie in der Ich-Form, als ob dieser Kapitän mein Großvater war. Ich mußte ihm ja auch einen Namen geben. Auf der Suche nach einem holländischen Namen kam ich auf Seghers, das ist ein Grafiker aus der Rembrandt-Zeit; wahrscheinlich ging mir das als Lautverbindung durch den Kopf. Nun mußte ich die Geschichte ja irgendwie zeichnen, und da dachte ich mir, als Enkelin des Alten müßte ich mich auch Seghers nennen...[6]

5. Ebd., Hinweis des Herausgebers, 223.
6. Christa Wolf: *Bei Anna Seghers.* In: Ch.W.: *Lesen und Schreiben.* Darmstadt 1972, 112.

322

Die Erzählung *Die Toten auf der Insel Djal* ist Grundtext im Sinne eines Ursprungstextes. Sie läßt die Autorschaft 'Anna Seghers' aus einem Text entstehen. Sie ist Grundtext aber auch in dem zweiten Sinn, daß sie die Grundstruktur aller folgenden Texte dieser Autorschaft schon entwirft: aus einer Ordnung von Zeichen gewinnt das Subjekt ein wahrhaft wirkliches, lebendiges Dasein, das sich aber in nichts anderem als in Akten der Verwandlung in neue Zeichen manifestiert und so der Ordnung der Sprache verhaftet bleibt, aus der es hervorging. In der abstrakten Formulierung ist diese Struktur noch schwer nachvollziehbar. Die Erzählung *Auf dem Wege zur amerikanischen Botschaft* (1929/30) schreibt sie reich instrumentiert aus. Der Text beginnt mit dem inneren Monolog eines Mannes, der in einer Stadt angekommen ist:

> In dieser fremden Stadt will ich ganz anders sein. Ich werde nie mehr hierher zurückkommen, aber diese eine Woche will ich für mich haben. Was ich in dieser Stadt mache, das zählt nicht mit, das gilt gar nichts, sowenig wie etwas gilt, was man im Schlaf macht. Was ich in dieser Stadt mache, wird einfach nicht mitgerechnet. Das kann ich. Das geht. (IX, 79)[7]

Ein Ausbruch aus dem alltäglichen Dasein kündigt sich an. Er ist in den Horizont des Traumes gerückt (der Verantwortungslosigkeit, die für das gilt, "was man im Schlaf macht"). Träume aber sind Wunscherfüllungen. Der Text ist die Phantasie einer Wunscherfüllung. Welchen Wunsches jedoch? Hören wir weiter; der Fremde gerät in einen Demonstrationszug:

> Es war aber leichter aus einem Knäuel herauszukommen als aus einer Viererreihe. Er sah mit einem langen Blick die Querstraße hinunter. Die lief wirklich mitten in die Stadt hinein. Etwas in ihm platzte bei diesem Anblick auf, wurde verrückt und stürzte davon, die eisig leuchtende Straße entlang, überschlug sich und ging verloren. Hinter ihm sagte wer: "Wenn die nur nicht absperren." "Wo denn?" – "Die Brücke." – "Mal abwarten." Der Fremde horchte hin, verstand nichts, erblickte plötzlich die Stümpfe von zwei Türmen. Er erschrak vor Freude. Sie waren so schön wie die Türme auf seinen Bildern, aber sie hatten, was diese Türme nie gehabt hatten, den Geruch von Wirklichkeit, den man nur spürt, wenn er da ist. Denn wenn die Türme wirklich waren, dann war auch die Stadt wirklich, und auch er war wirklich, er ganz allein, in der fremden Stadt, wo alles anders war, endlich ganz wirklich. (IX, 79f.)

7. Soweit nicht anders vermerkt, werden Texte von Anna Seghers zitiert nach: A.S.: *Werke in 10 Bänden*. Darmstadt, Neuwied 1977; Bandzahl in römischen, Seitenzahl in arabischen Ziffern.

Der Wunsch ist, wirklich zu sein. Im Erkennen zweier Bilder erfährt sich der Fremde so. Im Bild der Straßenflucht, durch die der Zug gehen wird und im Bild der beiden Turmstümpfe:

> Der Fremde nahm seinen Hut in die Hand und rannte. Er nahm sich vor, bei der nächsten Querstraße abzuspringen. Er warf einen schnellen Blick in die Reihe angespannter, feuchter Gesichter. Niemand gab auf ihn acht. Er bog scharf ums Eck, aber zu seinem Erstaunen bogen alle scharf um. Sie trieben wie ein Keil in die Querstraße [...]. Der Fremde hätte sich am liebsten drüben hingesetzt, um einfach alles vorbeiziehen zu lassen, aber die anderen dauerten ihn, die drei in seiner Reihe, die dann ohne ihn waren. Er hob den Kopf und erblickte wieder seine beiden Türme in unerwarteter Nähe. Sein Herz zog sich vor Freude zusammen. Diese Türme standen wie Wächter über seinem Wunsch, über dem unerfüllbaren, verrückten Wunsch seiner Jugend, der heftigen, in Scham und Angst geheimgehaltenen Begierde, der letzten Hoffnung der letzten Jahre: allein in die Stadt zu fahren.
>
> (IX, 80f.)

Die Dynamik des Demonstrationszuges entfaltet sich aus der Spannung der beiden Bilder, die als "Wächter" über dem "unerfüllbaren, verrückten Wunsch" des Fremden stehen, die seinen Wunsch bezeichnen, wirklich zu sein. Wirklich-Sein wird aus der Wirklichkeit dieser Zeichen abgeleitet. Das eine, die Straßenflucht, ist Zeichen für Davonstürzen, in der Masse Voranstoßen, das andere, die beiden Turmstümpfe, ist Zeichen für Verharren, Stehen, aber auch für Sperre, Gegendruck. Die Erzählung vom Fremden im Demonstrationszug nimmt als immer neues Konkretisieren und Aufeinander-Beziehen dieser beiden Zeichen ihren Fortgang, wobei die Wendung in schwülstige Erotik immer nahe liegt. An den Figuren der Viererreihe, in der der Fremde geht, wird in wechselnden inneren Monologen vorgeführt, wie ihr bisher unterdrücktes Innerstes (das, was in den tiefsten Wünschen und Begierden, in der Scham und den Ängsten enthalten ist) frei wird in der Überantwortung an diese Zeichen. Hierin finden die Figuren ihre Identität. Gestaltet wird dies so, daß sie sich der Dynamik hingeben, die aus der Spannung der beiden Zeichen entsteht. Das Frei- und Wirklich-Werden des Innersten in der Identifikation mit den Zeichen 'vorstoßender Zug' und 'drohend aufgerichtete Sperren' wird als Aufplatzen vorgestellt. Solches Aufplatzen kehrt am Höhepunkt der Erzählung wieder, als orgastisches Verschmelzen der beiden Zeichen:

> Zurück — weiter — zurück. Die Vorderen drängten rückwärts, und die Hinteren wollten sie zwingen und stemmten dagegen. Der Zug riß durch und strömte in zwei Teilen gegen Park und Querstraße. Sie hatten jetzt keine

Windjacken mehr vor sich, sondern alles. Die kleine Straße, die vom Park nach dem Platz führte, war von Polizisten aufgefüllt. Zwischen der Polizeistraße und den beiden Teilen des Zuges gab es ein großes weißes Dreieck. Einige Sekunden lang hielt das Dreieck die Menschen zurück, wie eine magische Fläche, deren bloßer Anblick die Gedanken erstarrt und die Muskeln erfriert. Von den Hinteren fiel es zuerst ab, es zuckte von hinten nach vorn; der Mann regte sich [...]. Er setzte den Fuß darauf. Da riß die Sprungfeder, die die Reihen im Zug und die Menschen in den Reihen gehalten hatte; die einzelnen schnellten ab, Schwere und Leichte, die Stille war aufgeplatzt und alle Wildheit, die in ihr drin gewesen war, zerknallte in Schüssen. Der Fremde flog unter dem Arm des Mannes durch, drehte sich und blieb liegen. Als wäre er hier geboren, schlug die Stadt über ihm zusammen, Beine und Röcke, Himmel und Häuser. Der Zug war mit einem Ruck tief in die weiße Straße geschnellt. (IX, 93)

Der Augenblick, da die Figuren der Viererreihe ihren niederdrükkenden Alltag ganz hinter sich lassen, da sie ihrem Innersten zur Wirklichkeit verhelfen und insofern ihre Identität finden, ist der Augenblick, da ein neues Zeichen entsteht: das magische Dreieck zwischen vorstoßenden Zügen und aufgerichteter Sperre, dessen gedrängte Energie ("wilde Stille") aufplatzt in Schüssen. Aufplatzen des Innern, Aufplatzen des Demonstrationszuges und Aufplatzen der Stille des Raumes zwischen Demonstrierenden und Polizisten sind eins. Der ekstatische Augenblick der Identitätsfindung (als Ausbrechen aus uneigentlichem Dasein in wirkliches Leben) ist der Augenblick neuer Verwandlung von Leben in Zeichen, in Text, in neue − andere − Uneigentlichkeit.

Der Vorgang der Identitätsfindung wird in den Figuren der Viererreihe gebrochen, wodurch unterschiedliche Aspekte der Identitätsfindung manifestiert werden. Für den F r e m d e n hat Identitätsfindung den Gehalt von Untergang, eines lustvollen Untergangs allerdings, da er mit Zügen der Rückkehr in einen pränatalen Zustand ausgestattet ist ("Als wäre er hier geboren, schlug die Stadt über ihm zusammen, Beine und Röcke, Himmel und Häuser."). Am z w e i t e n Mann der Viererreihe, der im Zeichen des Aufplatzens seine Identität findet, wird die kommunikative Funktion dieser Zeichenbildung herausgestellt. Sie verbürgt deren geschichtliche Wirkung:

Er hob sein rundes braunes Gesicht gegen die Fenster und prägte sein Lächeln für immer den Knaben ein, die ihn neugierig und eifersüchtig betrachteten. (IX, 93)

Die Identitätsfindung schreibt sich als Zeichen in das Innerste anderer Figuren ein, woraus erst jene Spannung entsteht, die einen analogen Vorgang der Identitätsfindung bei diesen fördert (Freisetzung des Innersten, als ein dort Eingeschriebenes, in der Identifikation mit einem Zeichen der Außenwelt). Für die beiden anderen Figuren der Viererreihe, einen mürrischen A l t e n und eine F r a u, die von ihrem bisherigen elenden Dasein ausgelaugt ist, hat die Identitätsfindung den Gehalt von Vitalität, Lusterfüllung:

> Die Frau wurde noch einmal herumgerissen, so fest wurde ihr Körper in den Platz hineingeknetet, daß sie ihn selbst nicht mehr herausfand; ihr Gesicht wurde gegen die vergoldeten Stäbe des Gittertores gepreßt. Aus dem Gesicht des Mannes fiel die Mürrischkeit wie Mörtel herunter. (IX, 94)

Identitätsfindung mit dem Gehalt von Vitalität und Lusterfüllung treibt am hierin gebildeten Zeichen des Aufplatzens das Moment des Expressiven heraus. Das erreichte Wirklich-Werden in Körpern, die von Triebimpulsen skandiert werden, teilt sich einem Ruf mit, vor dem es kein Entrinnen gibt:

> Es war unmöglich, daß es im ganzen Haus auch nur einen Winkel gab, in dem man sie nicht rufen hörte. (IX, 94)

Vor diesem Ruf gibt es kein Entrinnen, weil er mit dem Gehalt von Vitalität und Lusterfüllung die Sprache als gesellschaftliches Ordnungssystem durchschlägt, das solche Rufe als anarchische unterdrückt.

Am Zeichen der Identitätsfindung arbeitet Anna Seghers drei Aspekte heraus, einen m i m e t i s c h e n (Heimkehr in die Lusterfüllung des pränatalen Zustandes), einen k o m m u n i k a t i - v e n (Zeichenbildung als Einschreibungsvorgang) und einen e x - p r e s s i v e n (Zeichenbildung als Durchschlagen dessen, was in der gesellschaftlich etablierten Signifikantenordnung unterdrückt wird). Die erreichte Identität hat mit dieser Zeichenbildung aber auch immer ein Moment des Unwirklichen, Fiktiven (das Zu-Sich-Selbst-Kommen ist ein Zu-Einem-Anderen-Kommen). Sie ist an den Untergang des Betroffenen geknüpft, aus dem ein neues Zeichen entsteht und verlangt – als Einschreibungsvorgang wie als Ruf – Verwandlung dieses neuen Zeichens in Leben als ein neuer Prozeß des Wirklich-Werdens. Identität wird im Zeichen gefunden, steht nicht in der Position des Signifikats, sondern wieder des Signifikanten und zeigt sich so in einer unabschließbaren Reihe immer neu ernötigter Stellvertretungen. Auch für dieses Strukturmoment hat der Text ein Bild gefunden. Der Zug der Demonstranten,

326

der im ekstatischen Augenblick des Wirklich-Werdens, der Identitätsfindung gipfelt, führt zu einer Botschaft (einem Signifikanten), nicht zu der realen gesellschaftlichen Macht, die diese Botschaft 'vertritt'.

Die dargestellte Identitätsfindung führt wesentlich ein Moment des Uneigentlichen mit sich. Sie überantwortet das Subjekt, das sein Innerstes verwirklichen will, dem Universum der Zeichen, die eine Sperre ('barre') in ihm errichten, es als 'sujet barré' konstituieren, dessen fundamentaler Wunsch, seine "in Scham und Angst geheimgehaltene Begierde" (IX, 81), im Zeichen abwesend, aber in der verweisenden Abwesenheit zugleich präsent gehalten wird. Ehe wir solche Identitätsfindung nach allzubereiten Mustern historisch-soziologisch erklären – als Antwort auf entfremdende gesellschaftliche Wirklichkeit – ist zu bedenken, daß der Text einen Vorgang auf einer gesellschaftlich fortgeschrittenen Stufe wiederholt, der j e d e r Subjektbildung zugrunde liegt. Da Anna Seghers diesen Vorgang auf das Feld der Zeichen, damit der Sprache und des Textes verlagert, in ihm Identität entstehen läßt, die diesem Feld dann notwendig verpflichtet bleibt, erscheint es geboten, als Verstehenshorizont jene radikal sprachorientierte Theorie der Subjektbildung heranzuziehen, die Jacques Lacan im Ausarbeiten von Theorien Freuds entwickelt hat.[8] Zwei Konzepte werden dabei wesentlich, die verschiedenen Stadien der Entwicklung Lacans angehören, darum nicht bruchlos miteinander zu verknüpfen sind. Einmal das Konzept der Identitätsbildung im Bann des Imaginären, das Hegels Dialektik der "Selbständigkeit und Unselbständigkeit des Selbstbewußtseins" verpflichtet ist, in: *Das Spiegelstadium als Bildner der Ich-Funktion wie sie uns in der psychoanalytischen Erfahrung erscheint*[9]; zum anderen das Konzept des Subjekt-Werdens als Sprache-Werden, der Subjektbildung als Eintritt in die symbolische Ordnung, worin die Sprachtheorie Lacans, seine an der Linguistik geschärfte Lesart des Unbewußten wie sein Angriff auf den Logozentrismus der Ich-Psycho-logie-analyse angelegt ist, z.B. in: *Funk-*

8. Hinführungen zu Lacan: August Ruhs: *Die Schrift der Seele. Einführung in die Psychoanalyse nach Jacques Lacan.* In: *Psyche* 34 (1980) 10, 885-909. Hermann Lang: *Die Sprache und das Unbewußte. Jacques Lacans Grundlegung der Psychoanalyse.* Frankfurt a.M. 1973; Samuel Weber: *Rückkehr zu Freud. Jacques Lacans Ent-stellung der Psychoanalyse.* Frankfurt a.M. 1978.
9. Dt. Text in: Jacques Lacan: *Schriften* I. Frankfurt a.M. 1975.

tion und Feld des Sprechens und der Sprache in der Psychoanalyse.[10] Zur Debatte steht dabei der Prozeß, der in der Theorie Freuds als Übergang von der narzißtischen zur ödipalen Beziehungskonstellation als Grundlage der Subjektbildung beschrieben wird. Gegenüber anderen, auf Freud sich berufenden Interpretationen dieses Prozesses begnügt sich Lacan aber nicht damit, "empirischen Akzidenzien in der Beziehung zu den realen Eltern nachzugehen und daraus die Determinanten der späteren Lebensgeschichte abzuleiten", sondern er sucht "die Grundlagen aufzuzeigen, die dergleichen überhaupt erst ermöglichen können. Die Eltern fungieren nicht als letzte Instanzen eines Subjekts, sondern sind selbst vermittelte und vermittelnde Glieder einer Ordnung, die sie in ihrem Dasein bestimmt."[11]

Die Identitätsfindung in der Überantwortung an ein Bild, die Anna Seghers' Text vorstellte, erörtert Lacan am Modell frühester Ich-Erfahrung im "Spiegelstadium". Lacan geht vom Jubel des Kindes (zwischen dem sechsten und achtzehnten Lebensmonat) vor seinem erkannten Spiegelbild aus. Er deutet ihn nicht als Bestätigung, sondern als Konstitution des Ich. Das Ich konstituiert sich durch die Identifikation mit einem Bild, dessen Andersheit dabei in einem wesentlichen Sinn übergangen wird (das Bild im Spiegel hat die Attribute der Einheit, Festigkeit und Dauer, die das Kind am eigenen Körper gerade als Mangel erlebt). Das Ich, das so der Identifikation mit dem Bild im Spiegel entspringt, hat seinen Platz in der Dimension des Imaginären, die entwirklicht, zu immer neuer Ich-Bestätigung (in anderen 'imagines') nötigt. Das Ich, das aus der Identifikation mit dem Bild im Spiegel entsteht, gibt dem Subjekt das Gefühl seiner Selbst-Identität, seiner unveränderten, dauernden Gleichheit und Einheit, dieses Ich entsteht aber aus der Identifikation mit einem anderen, aus dem Verinnerlichen einer Beziehung, die erst durch ihre Heterogenität wirksam wird. Das Gefühl der Identität und Realität, die das Subjekt durch diese frühe Ich-Konstitution bekommt, birgt in sich Irrealität, Täuschung und Nicht-Identität, hält das Subjekt in einer unerschöpflichen Quadratur der Ich-Bestätigungen gefangen.

Das Ich, das der Spiegel zurückwirft, geht nicht auf ein reales zurück, sondern i s t erst durch das Abgebildet-Sein. In diesem

10. Dt. Text in: J. Lacan: *Schriften* I (Anm. 9).
11. H. Lang (Anm. 8), 213.

Konzept primärer Identifikation wird die uns geläufige Vorstellung von der Identität des Subjekts als einem In-Sich-Zurückkehren (Re-Flexion), als Wiedergewinnen einer Identität, die virtuell immer schon bei sich gewesen ist, erschüttert. An ihre Stelle tritt Flexion: Hindurchgehen des Ich durch andere Personen, die es konstituieren. Die Erfahrung der Ich-Konstitution im Spiegelstadium kann in die Formel gefaßt werden: das Zu-Sich-Selbst-Kommen ist ein Zu-Einem-Anderen-Kommen, Ich ist ein anderer.

Die Erfahrung im Spiegelstadium faßt die Erfahrung der frühen dualen Beziehungen, insbesondere die des hilflosen Kindes zur ersten Bezugsperson. Als Hilfe benötigendes Wesen ist das Kind darauf angewiesen, von dem es nährenden und schützenden anderen begehrt zu werden. Als solches identifiziert es sich mit seinem Abbild in der Umwelt, mit dem Bild, das der pflegende andere ihm zurückwirft, wobei es sein Begehren nach Anerkennung zum Objekt des Begehrens des anderen macht. Das entwirklicht die Ich-Konstitution; die Grenzen des Selbst sind nicht sicher, es steht unter der Drohung, dem eigenen Bild, Doppelgängern, dem Begehren des anderen unterworfen zu werden. Der Beziehungstypus, der sich so bildet, ist durch Verwechslung des Selbst mit dem anderen charakterisiert, das Ich ist zerbrechlich und flüchtig, die Einheit des Körpers ist von Auflösung bedroht. Entsprechend faßt Lacan diesen Aspekt der primären narzißtischen Identifikation in der Struktur des "zerstückelten Körpers" zusammen.

Anna Seghers' Entwürfe der Identitätsfindung stehen in diesem Bann des Imaginären, aber an dem Punkt, da er aufgebrochen wird. Die primäre duale Beziehung, der die entwirklichende Ich-Konstitution erwächst, wird mit der Erfahrung aufgebrochen, daß der andere abwesend sein kann, daß ein Wechsel von totaler Lust und abgründiger Trostlosigkeit des Alleingelassen-Seins möglich ist. Die Abwesenheit des anderen, der Mutter, verweist das Kind auf ein Begehren, mithin einen fundamentalen Mangel am anderen, der nicht auf es selbst gerichtet ist, sondern auf ein Drittes (Lacan: auf den großen Anderen[12]). Durch dieses Dritte, den Mangel am Ort des Anderen, den das Kind nicht erfüllen kann und darf, "wird das Kind auf eine Ordnung verwiesen, die sich hinter der dualen Rela-

12. Vgl. J. Lacan: *Über eine Frage, die jeder möglichen Behandlung der Psychoanalyse vorausgeht.* In: Jacques Lacan: *Schriften* II. Hrsg. von N. Haas. Olten 1975, 61-117, insbes. 80ff.

329

tion zur Mutter profiliert und von der sie selbst abhängig ist"[13] ; es ist eine Ordnung, die in der Rede zwischen Mutter und Vater manifest wird. Die Sprache des Vaters schaltet sich normierend in die primär-narzißtische Beziehungskonstellation ein, trennt das Kind von der Mutter, damit kann es in die familiäre Triade eintreten, ein Subjekt werden, das sich von den beiden anderen Subjekten unterscheidet. Das aber ist ein Eintreten in die Welt der Sprache, zugleich als Welt des verbietenden, Identifikation mit dem Mangel der Mutter verbietenden und so von ihr trennenden Gesetzes. Die traumatische Erfahrung der Abwendung der Mutter zu einem Anderen, zugleich der Begegnung mit dem Vater als dem Träger der Sprache und des Gesetzes, überwindet das Kind durch Aneignen der Sprache: wenn es ihm gelingt, die Abwesenheit der Mutter und deren Grund, den von ihm wegweisenden Mangel am Ort des Anderen, als den Vater zu bezeichnen.[14] Damit sind Sprache und Gesetz integriert, aber als Rede des Anderen, nicht des eigenen Begehrens. Lacan bestimmt diesen Vorgang als Eintritt in die symbolische Ordnung, in die Ordnung der Sprache. Der Vater ist in diesem Modell weder der Zeugende, noch das Objekt einer erlebten Beziehung, sondern der Träger eines Wortes, das das Gesetz bedeutet:

> Im Namen des Vaters müssen wir die Grundlage der Symbolfunktion erkennen, die seit Anbruch der historischen Zeit seine Person mit der Figur des Gesetzes identifiziert.[15]

Dieses Konzept der Subjektbildung als Sprache-Werden konstituiert das Subjekt als eines, durch das die Rede des Anderen hindurchgeht, in diesem Sinne als 'sujet barré', das auf die symbolische Ordnung als Bezeichnen des Anderen verwiesen ist; denn dies eröffnet die Möglichkeit, den Wunsch (das Begehren nach Anerkennung, d.i. nach der ursprünglichen Identitätsempfindung) zu 'verschieben', zeitlich: die jetzige Verweigerung in eine spätere Erfüllung, ebenso in seinem Gehalt: durch Unterwerfen der Triebe, die auf Sättigung drängen, unter die symbolische Ordnung, die sie in den Wunsch verwandeln, in die gesprochene Bitte, d.h. in die Spra-

13. H. Lang (Anm. 8), 208.
14. Lacans Interpretation des von Freud analysierten "Fort-Da-Spiels", in: J. Lacan: *Schriften* I (Anm. 9), 165ff., oder in: J. Lacan: *Les Formations de l'inconscient*. In: *Bulletin de Psychologie* XII/ 2-3, Nov. 1958.
15. J. Lacan: *Schriften* I (Anm. 9), 119.

che des Begehrens, die notwendig immer etwas offen läßt und damit das Subjekt als Begierde konstituiert:

> Die Transformation der natürlichen Bedürfnisse zur sprachlich verfaßten Bitte gebiert die dem Menschen 'spezifische Aktion' der Befriedigung, wie sie beispielsweise im universalen Tauschgesetz ihren Niederschlag fand, und läßt zugleich ein Loch entstehen, welches zu füllen das sprechende Subjekt nie aufhören zu 'begehren' wird, — ein Unterfangen freilich, das sich von vornherein zum Scheitern verurteilt sieht, da jegliche Befriedigung nur symbolischer Natur sein kann und gerade diese den Mangel immer neu ins Spiel bringt und somit die Begierde provoziert.[16]

Lacans Theorie der Ich-Konstitution im Bann des Imaginären und des Eintritts in die symbolische Ordnung, der diesen Bann aufbricht, wurde hier referiert, weil in ihr, dies ist die zentrale These dieser Untersuchung, der Grundtext der Autorschaft 'Anna Seghers' zur Debatte steht. Das Ich i s t erst durch sein Abgebildet-Sein. Aus der Identifikation mit einem Zeichen, aus dem Eintreten in deren Ordnung, d.i. der Ordnung der Sprache und des Textes, geht das Ich hervor — was für die dargestellte Identitätsfindung gilt, wie grundsätzlich für die Autorschaft 'Anna Seghers'. Der verwandelnde Akt des Wirklich-Werdens ist aber einer des Unwirklich-Werdens, des Gerinnens zu neuem Zeichen, zu neuem Text. Das Zeichen, der Text, in dem sich das Subjekt konstituiert, dekonstruiert es zugleich auf der Fluchtlinie sich fortzeugender Zeichen und Texte als einer nie erfüllbaren Sprache des Begehrens.

Das umfangreiche Textcorpus, das sich der Autorschaft 'Anna Seghers' verdankt, ist nichts anderes als ein immer neues Entfalten und Konkretisieren dieser einen Grundstruktur, die unter wechselnden gesellschaftlichen und historischen Bedingungen notwendig modifiziert wird. In diese Grundstruktur können zugleich genuin jüdische Vorstellungen eingegangen sein. Die Vorstellung vom Zeichen und damit vom Text bzw. der Schrift, die zum Leben erweckt, das gleichzeitig — heilsgeschichtlich — unter der Aufgabe steht, in lebendige, Leben bringende Zeichen bzw. Schrift verwandelt zu werden, ist der jüdischen Mystik, der Kabbala und insbesondere dem Buch Sohar vertraut. Vielleicht ist hier ein Zugang zu dem bisher völlig außer acht gelassenen und doch gewichtigen Thema des Judentums der Schriftstellerin Anna Seghers. Immerhin

---

16. H. Lang (Anm. 8), 221.

wuchs Anna Seghers in Mainz, wo es zwei jüdische Gemeinden gab, in der konservativen, orthodoxen Gemeinde auf.[17]

Die Texte der Autorschaft 'Anna Seghers' sind von ebenso großartiger wie beklemmender Monotonie. Sie wiederholen die eine Grundstruktur, bleiben auf die Situation des Aufbrechens der imaginären Ich-Konstitution im Eintreten in die symbolische Ordnung fixiert, der schon diese Autorschaft selbst entsprungen ist und sie entfalten diese Grundstruktur an einem Thema: Identifikation des, wie es in den Texten heißt, "innersten Innern" des Menschen (d.i. seines fundamentalen Wunsches, seiner "in Scham und Angst geheimgehaltenen Begierde") mit Personen, Bewegungen oder Kräften der geschichtlich-gesellschaftlichen Wirklichkeit, die auf Verwirklichen der Begierden, Sehnsüchte und Hoffnungen des "innersten Innern" gerichtet sind: also Identifikation des innersten Innern mit Signifikanten, die für einen utopischen Horizont der Außenwelt stehen, als dessen Urbild der andere der frühen dualen Beziehung durchsichtig wird. Diese Identifikation ist stets gleichbedeutend mit Zu-Sich-Selbst-Kommen: des einzelnen Menschen im Sinne erreichter Ich-Identität, wie des Geschichts- und Gesellschaftsprozesses, der in seine Wahrheit eintritt. Das Zu-Sich-Selbst-Kommen ist aber stets im Feld der Zeichen erreicht, es manifestiert sich im Bilden neuer Zeichen, die – unauflösbar – in allem Bedeuteten einen Entzug wiederholen werden (seit das Kind von dem Mangel der Mutter als dem fundamentalen Signifikanten unterschieden und auf dessen Be-Zeichnung, d.h. auf seine Verschiebung im Universum der Sprache, die ihn zum Verschwinden bringt, verwiesen worden war). Die Situation des Aufbrechens der imagi-

17. Schon der Grundtext der Autorschaft 'Anna Seghers' stellt deren Namengeber, den Pfarrer Jan Seghers, in den Horizont jüdischer Vorstellungen. Von Jan Seghers wird berichtet, daß "seinem Herzen" das Alte Testament "besser anstand" als das Neue, weiter erklärt er seine Rückkehr vom Text (auf dem Grabstein) in Leben so: "ich setzte Gott mit so wilden und zornigen Gebeten so lange zu, bis er mich auf die Fürbitte seiner sieben Engel noch einmal in meiner alten Gestalt ins Leben lassen mußte." Die "sieben Engel", die hier die Auferstehung von den Toten befördert haben, kehren in jüdischen Apokryphen mehrfach wieder, z.B. Henoch 90,21. Hierzu: Paul Volz: *Die Jüdische Eschatologie von Daniel bis Akiba*. Tübingen und Leipzig 1903; zur jüdischen Mystik: Gershom Scholem: *Zur Kabbala und ihrer Symbolik*. Frankfurt a.M. [2]1977; Martin Buber: *Die Erzählungen der Chassidim*. Zürich 1949.

nären Ich-Konstitution durch den Eintritt in die symbolische Ordnung bezeichnet im Prozeß der Subjekt-Werdung den Moment des Eintritts in den Raum der Geschichte; denn die Sprache ist der Raum der Geschichte des Menschen. Auf diese Situation aber bleibt die Autorschaft 'Anna Seghers' fixiert. Dies erklärt die charakteristische Handlungsstruktur von Seghers-Texten. Sie gestalten nicht Prozesse der Auseinandersetzung und Vermittlung, in denen sich eine Vereinigung des "innersten Innern" mit Signifikanten eines utopischen Horizontes der Außenwelt schrittweise herausbildet, um im Erreichen einer in sich vermittelten Einheit zu gipfeln (dies wäre das tradierte Konzept von Dialektik, das z.B. dem Schema des Bildungsromans zugrunde liegt). Die Texte entwerfen vielmehr A u g e n b l i c k e erreichter Identität. Notwendig stehen solche Augenblicke ekstatisch zum Zeitkontinuum der Geschichte, sie zeigen deren utopischen Gehalt als latente Gegenwart vor. So wird das Zeichen, in dem sich die Vereinigung von "innerstem Innern" mit dem Signifikanten eines utopischen Horizontes der Außenwelt manifestiert, zu einem Symbol im Sinne Blochs. Es stellt Verschmelzung, Identifikation, nicht als Bewegung in der Zeit vor, sondern als Vor-schein des erreichten Ziels im ekstatischen Augenblick (als Latenz des Ziels in der Gegenwart).[18] Im jähen Zusammenschießen zu solch einem Symbol wird das bis dahin uneigentliche Dasein eines von Elend, Not, Unterdrückung bestimmten Lebens in der Zeit wahrhaft wirklich, lebendig, aber als Zeichen, das im Universum der Zeichen Leben schafft, insofern es sich in das Innerste seiner Adressaten unauslöschlich einschreibt − in diesem Sinne es erst konstituiert −, was für den Raum der erzählten Welt gilt wie für den Kommunikationszusammenhang zwischen Literatur und Leser.

Die Erzählung *Der Führerschein* (1932) zeigt die erarbeitete Grundstruktur in gedrängtester Form. Im japanisch besetzten China steht der spätere Held, ein gefangener Chinese, in der Reihe seiner Mitgefangenen. Bei ihm wird etwas gefunden, ein Text (ein Führerschein). Der unterscheidet ihn von den anderen, macht ihn erzählerisch lebendig, d.h. zum Handlungsträger. Er hat japanische Offiziere durch die Stadt über einen Fluß (den Yang-tse-kiang) zu fahren. Als unsichtbare, aber "furchtbare Anstrengung hinter der Stirn" des Chinesen vollzieht sich die Identifikation seines inner-

---

18. Vgl. Ernst Bloch: *Das Prinzip Hoffnung*. Frankfurt a.M. 1959, 951.

sten Innern ("was in sein Herz verknotet ist") mit dem Signifikanten eines utopischen Horizontes der Außenwelt (hier: mit seinem Auftrag als Widerstandskämpfer). Die erreichte Identität hat wieder den Aspekt des Untergangs und der Bildung eines neuen Zeichens, das sich anderen unauslöschlich einschreibt. Der Schlußsatz vereint beides:

> Er drehte bei und fuhr das Auto mit den drei Generalstäblern, den beiden Zivilisten und sich selbst in einem kühnen, dem Gedächtnis der Massen für immer eingebrannten Bogen, in den Yangtse.[19]

Die Texte *Auf dem Wege zur amerikanischen Botschaft* und *Der Führerschein* vollziehen die Grundstruktur — Wirklich-Werden des Subjekts in der Überantwortung an Zeichen, die selbst wieder Zeichen schafft als unabschließbar sich fortzeugende Substitution des ersten, verdrängten Signifikanten — schon auf einer gesellschaftlich entwickelten Stufe. Mit Anna Seghers' Hinwendung zur revolutionären Arbeiterbewegung und mit ihrem Eintritt in die KPD überschreitet der Vorgang der Identitätsfindung und überschreiten die Zeichen, die in ihm entstehen, den existenzialistischen Umkreis, den sie in den frühen Erzählungen haben. Dort verheißen die Signifikanten eines "utopischen Horizontes der Außenwelt" den Ausbruch aus einer erbärmlichen gesellschaftlichen Wirklichkeit schlechthin und stehen damit von vornherein im Horizont des Todes, etwa die Außenseitergestalt Grubetsch in der gleichnamigen Erzählung von 1926. Identitätsfindung ist hier Vereinigung des Innersten der Figuren (es wird als Sehnsucht nach Leben, nach Freude umschrieben) mit Grubetsch. Das Zeichen, das Subjekt-Werden manifestiert, ist "Unglück":

> "Der Grubetsch ist wieder da", sagte Marie, die Frau, "jetzt wird es wieder ein Unglück geben." [...]

> Was ist das, ein Unglück? dachte Anna. Ist es wie der Hof dort unten und wie das Zimmer dort hinten? Oder gibt es auch noch andere Unglücke, rote, glühende, leuchtende Unglücke? Ach, wenn ich so eins haben könnte!
>
> (IX, 5f.)

In *Aufstand der Fischer von St. Barbara* haben der Signifikant des utopischen Horizontes der Außenwelt und das Zeichen des Subjekt-Werdens schon gesellschaftlicheren Gehalt. Wir finden dieses Zeichen hier im berühmten Eingangsabschnitt:

19. *Die Linkskurve* 4 (1932) 6, 25.

Der Aufstand der Fischer von St. Barbara endete mit der verspäteten Ausfahrt zu den Bedingungen der vergangenen vier Jahre. Man kann sagen, daß der Aufstand eigentlich schon zu Ende war, bevor Hull nach Port Sebastian eingeliefert wurde und Andreas auf der Flucht durch die Klippen umkam. Der Präfekt reiste ab, nachdem er in die Haupstadt berichtet hatte, daß die Ruhe an der Bucht wiederhergestellt sei. St. Barbara sah jetzt wirklich aus, wie es jeden Sommer aussah. Aber längst, nachdem die Soldaten zurückgezogen, die Fischer auf der See waren, saß der Aufstand noch auf dem leeren, weißen, sommerlich kahlen Marktplatz und dachte ruhig an die Seinigen, die er geboren, aufgezogen, gepflegt und behütet hatte für das, was für sie am besten war. (I, 7)

Von Beginn an ist alles entschieden. Kein Prozeß kann nachfolgend berichtet werden, aus dem sich Neues entwickelte. Der Aufstand der Fischer ist niedergeschlagen, die Arbeits- und Lebensbedingungen haben sich nicht verbessert. Die Geschichte einer Niederlage der Fischer im sozialen Kampf ("Klassenkampf" wäre zuviel gesagt) ist angekündigt. Dennoch beginnt und endet die Erzählung nicht niederdrückend, dank ihres leitenden Zeichens, des "Aufstands". Es wird – personalisiert – auf dem Marktplatz vergegenwärtigt, der als Ort gewesener und zukünftiger Kämpfe einen utopischen Horizont hat. Gleichzeitig ist das Zeichen 'Aufstand' als Erfahrung in das Innere der Figuren eingeschrieben. Anna Seghers gestaltet das Einschreiben des leitenden Zeichens in das Innere der Menschen häufig durch eine Metaphorik des Auges (das Auge als Führer in das Innere). Von den Fischern, die ihren Kampf ohne Erfolg abgebrochen haben, wird gesagt:

Über den Tisch weg sahen die Frauen in den Augen ihrer Männer ganz unten etwas Neues, Festes, Dunkles, wie den Bodensatz in ausgeleerten Gefäßen. (I, 58)

Der Marktplatz, der als Erinnerung und als Erwartung sozialer Kämpfe einen utopischen Horizont hat und das Innere der Menschen als Sehnsucht und Entwurf einer menschlich vollendeten Welt sind eins geworden im Akt des Aufstands. Diese Verschmelzung wird an den beiden Hauptgestalten, Hull und Andreas, vorgeführt. Sie ist nichts anderes als die Wirklichkeit des Aufstands und nur im Akt des Aufstands sind die Personen wirklich, werden sie zu unterscheidbaren Subjekten, während sie, herausgetreten aus dem Horizont des Aufstands, wie Lemuren erscheinen. In der Erzählsituation des Eingangsabschnitts sind utopischer Horizont der Außenwelt und das ganz Innere der Figuren auseinandergefallen, ist der 'Aufstand' entsprechend unwirklich, ein Zeichen, das sich dem Erzähler verdankt. Aber das Zeichen ist beiden Polen, dem utopischen Horizont der Außenwelt wie dem ganz Inneren der Figuren als latente Identitätsfindung zuerkannt. Jederzeit ist die Verschmelzung beider möglich, die das Zeichen 'Aufstand' neu aktualisieren wird. Denn diese Verschmelzung ist, als ein unvermittelter, ekstatischer Akt, nicht in ein Zeitkontinuum gebunden. In solcher Gewißheit des Zeichens verliert das vorweggenommene Scheitern des berichteten Aufstands seinen niederdrückenden Charakter.

Variation entsteht bei der immer gleichen Grundstruktur des Textcorpus von Anna Seghers dadurch, daß – zweifellos in Antwort auf geschichtliche Erfahrung – die drei Größen unterschiedlich bestimmt werden, aus der sich die Grundstruktur aufbaut: auf der einen Seite das "innerste Innere" der Menschen, auf der anderen Seite die Außenwelt, die gespalten erscheint in den realen Geschichts- und Gesellschaftsprozeß und dessen utopischen Horizont. In den frühen Texten und in jenen des Exils erscheint der äußere Geschichts- und Gesellschaftsprozeß sinnentleert, inhuman. In den frühen Texten wird er existenzialistisch gedeutet als dumpfes Dasein in der Selbstverlorenheit, dann sozial und politisch zunehmend konkreter als gnadenlos zermalmende kapitalistische bzw. unmenschliche faschistische Wirklichkeit. Menschen von Rang bewahren, dies i s t das Zeichen ihres Rangs, diesem zerstörenden Geschichtsprozeß entgegen ein unzerstörbares Inneres – das entsprechend nicht geschichtlich gegründet sein kann. Sein Gehalt ist, wie erläutert, in den tiefsten Wünschen, Begierden und Ängsten gegeben; es ist der Drang, wahrhaft wirklich, lebendig, mit sich identisch zu sein. Die Konstellation, die sich damit ergibt, formuliert der Schluß von Anna Seghers' bekanntestem Roman, *Das siebte Kreuz* (geschrieben im französischen Exil, erstmals 1942 in Mexiko und in den USA erschienen, 1946 dann in der SBZ):

> Wir fühlten alle, wie tief und furchtbar die äußeren Mächte in den Menschen hineingreifen können, bis in sein Innerstes, aber wir fühlten auch, daß es im Innersten etwas gab, was unangreifbar war und unverletzbar.
>
> (III, 288)

Die Hinwendung zur kämpfenden und revolutionären Arbeiterbewegung läßt Anna Seghers nicht nur den Geschichts- und Gesellschaftsprozeß, sondern auch dessen utopischen Horizont konkreter bestimmen. Er erscheint nicht mehr als Ausbruch aus dem gesellschaftlichen Dasein schlechthin, sondern als sozialer Kampf, der seinen Ort in der Geschichte hat, als Klassenkampf in kapitalistischer Wirklichkeit, später dann als antifaschistischer Kampf. Die Vereinigung des innersten Innern der Menschen mit einem kommunistischen Widerstandskämpfer, der als Signifikant des utopischen Horizontes der Außenwelt fungiert, bringt das Zeichen des 'siebten Kreuzes' hervor. Es ist ein Kreuz, das leer bleibt. Der Roman erzählt die Flucht von sieben Häftlingen aus einem KZ, für die der Lagerkommandant sieben Kreuze errichten läßt als Zeichen ihres sicheren Todes, sobald sie, was ebenso sicher erscheint, ergriffen sein werden. Für sechs Häftlinge wird die Todesdrohung zur Wirklichkeit, einem Häftling, einem Antifaschisten aus der revolutionären Arbeiterbewegung, gelingt die Flucht, weil er vielfach auf solidarisches Handeln im deutschen Volk trifft bzw. dieses neu zu erwecken vermag. Im leer bleibenden 'siebten Kreuz' wird eine doppelte Identitätsfindung manifest und vorgezeigt, wie dies zur Symbolik gehört. Am flüchtigen Antifaschisten als dem Signifikanten eines utopischen Horizontes in der faschistischen Welt wird das Innere der Helfer erweckt, das unter dem Druck der Verhältnisse abgestorben schien. In der Vereinigung mit diesem Signifikanten finden die Helfer ihre Identität; gleichzeitig entäußern sie in der solidarischen Tat ihr Innerstes und schaffen in der dadurch gelingenden Flucht dem utopischen Horizont der Außenwelt eine geschichtliche Identität. Die doppelte Identitätsfindung ist aber wieder der symbolischen Ordnung überantwortet. Von ihr bleibt allein ein Zeichen, das neuer Verwirklichung ebenso bedarf, wie es sie erhoffen läßt.

Die – appellative – Setzung eines "innersten Innern" der Menschen, in dem das Ethos der Humanität bewahrt werde und nur der Erweckung bedürfe, hat dem Roman nach 1945 wohl seine hohe gesamtdeutsche Identifikation beschert. Diese Setzung wird in den Texten nach Anna Seghers' Rückkehr aus dem Exil zum Problem.

1947 kehrte Anna Seghers nach Ost-Berlin zurück. Die sozialistische Gesellschaftsordnung der DDR sah und sieht sie als die Wirklichkeit an, für die die revolutionäre Arbeiterbewegung gekämpft und für die sie geschrieben hat. Das führte zu einer Umpolung in der Grundstruktur ihrer Texte. "Außenwelt" erscheint jetzt nicht mehr zerfallen in unmenschlichen Geschichts- und Gesellschafts-

337

prozeß und utopischen Horizont, sondern als eines: der reale Aufbau des Sozialismus in Deutschland als Herausbilden einer humanen Wirklichkeit.

Aus gesellschaftlichem und historischem Abstand ist dieser Ansatz als — appellative — Setzung zu beurteilen. Die Texte fragen immer noch, wie das Innerste der Menschen mit Signifikanten dieser Außenwelt — als Identitätsfindung — verschmelzen kann. Jetzt aber wird das bisher nur gesetzte Innere hergeleitet. Es entsteht in Akten der Einschreibung von Zeichen, die sich allerdings auch widersprechen, das Innerste damit in ungeklärter Spannung halten können. Ein 'wahres' Inneres, dessen 'Wahrheit' darin besteht, mit der Außenwelt (der entstehenden sozialistischen Wirklichkeit) übereinzustimmen, ist so z.b. von Prägungen des Innern zu trennen, die dieser Übereinstimmung entgegenstehen, da sie sich Einschreibungsakten aus faschistischer Zeit verdanken. Entgegen eigenen programmatischen Äußerungen, daß es nun Aufgabe des Schriftstellers sei, die Entwicklung des Menschen hin zur Annahme einer neuen, sozialistischen Wirklichkeit zu zeigen, gestaltet Anna Seghers auch weiterhin keine Entwicklungen, sondern entweder Identitätsfindung als jäh aufscheinendes Einssein von sozialistischem Gesellschaftsprozeß und Innern des Menschen[20] oder mißlingende Vereinigung beider. Die *Friedensgeschichten* von 1950 geben für beide Möglichkeiten Beispiele. "Friede" ist das Zeichen, in dem die sozialistische Außenwelt — jäh — mit dem Innern der Menschen eins wird oder aber es ist falsches Zeichen, da der Akt der Verschmelzung nur den bewußten Anteil des Ichs betrifft, der die neue Realität anerkennen muß, dabei andere Schichten des Innern unterdrückt, die Prägungen vergangener Verhältnisse bewahren. Erst Christa Wolf hat, zwei Jahrzehnte später, die Sprengkraft dieser zweiten Möglichkeit erkannt und in den Romanen *Nachdenken über Christa T.* und *Kindheitsmuster* zu entfalten gewagt: die Einheit von "neuer Zeit" und "neuem Menschen" um die Gewalttätigkeit, die Unterdrückung im Ich zu befragen, die der Preis war und ist, sie zu behaupten.

20. Brecht hat dies an einem 1950 erschienenen Erzählband erkannt, zu dem er notierte: "ein wertvolles element in annas schönen geschichten in dem bändchen *Die Linie*: identität dessen, was die partei plant und was der prolet tut.", in: *Arbeitsjournal* Bd. 2 (Eintragung vom 11.7.1951). Frankfurt a.M. 1973.

Das neue Verständnis von Außenwelt und Innern des Menschen finden wir nach der Rückkehr aus dem Exil nicht nur in Texten, die sich der zeitgenössischen sozialistischen Wirklichkeit zuwenden, sondern auch in Texten, die ferne Zeiten und Räume berufen, z.B. in den *Karibischen Geschichten*. Eine dieser Erzählungen, *Das Licht auf dem Galgen* (1960), zeigt, wie die Einheit von Gesellschaftsprozeß und utopischem Horizont, die sozialistischer Wirklichkeit einfach zugesprochen wird, aus der Geschichte herausfallen und zur bloßen Setzung werden kann, die dann wieder auseinander fällt. Die Erzählung spielt in der Zeit der Französischen Revolution. Die drei Protagonisten haben vom Direktorium den Auftrag übernommen, die Revolution als Befreiung der Neger auch in die Neue Welt zu tragen, hier in das englisch besetzte Jamaika. In diesem Auftrag, der als vielfach gestempelter Text, mithin als Ordnung von Signifikanten materialisiert ist, sind revolutionärer Geschichtsprozeß und utopischer Horizont (Sklavenbefreiung) eins. Mit ihm ist das innerste Innere der drei Helden verschmolzen. Diese haben in der Vereinigung mit ihm ihre Identität gefunden. Das Zeichen, das in dieser Vereinigung entsteht, sind körperliche Gesten des Vertrauens, die die Helden austauschen.[21] Das Zeichen weist in die Vergangenheit, auf euphorische Augenblicke kollektiver Freiheitserfahrung im Wirbel der Revolution, zugleich in die Zukunft, auf das Vertrauen im anstehenden subversiven Kampf. Der 'Auftrag' aber stößt sich schon bald an den imperialen Interessen Napoleons (die Kolonien sollen ausgebeutet, die Sklaverei daher aufrechterhalten werden). Der 'Auftrag' wird kassiert. Damit kann er nur noch als etwas Unbedingtes, als Setzung der Helden bewahrt werden, was die Frage hervortreibt, ob diese die Einheit ihres Innern mit ihm aufrechterhalten können, in der sie ihre Identität gefunden hatten. Anna Seghers macht dies von den Einschreibungsakten abhängig, die das Innerste der Figuren jeweils erzeugt hat. Von den drei Helden wird einer zum Verräter, weil in seinem Innern noch wesentlich anderes als die euphorische Freiheitserfahrung der Revolution eingeschrieben ist, die Erfahrung

---

21. Vgl.: "Im Weggehen hat Debuisson den Arm um seinen jungen Begleiter gelegt. Das fällt mir jetzt wieder ein. Sasportas sah ihn kurz an, mit großem Vertrauen. Ich fühlte eine Art Eifersucht bei diesem Lächeln und bei diesem Blick." (A.S.: *Die Hochzeit auf Haiti. Karibische Geschichten*. Darmstadt 1976, 130.)

einer glücklichen Kindheit auf Jamaika als einem blühenden und fruchtbaren Land im Umkreis von Familien, denen Sklavenhaltung selbstverständliche Wirtschaftsform war. In der Situation der Krise, des geschichtslos gewordenen 'Auftrags', wird das Zeichen, das aus der Vereinigung seines Innern mit diesem 'Auftrag' entstünde — Aufstand der Schwarzen —, zu einem Schreckenszeichen, gegen das sich die frühere Einschreibung durchsetzt:

> Die Herrlichkeit dieses Tales mit seinen Ernten, das war der furchtbare Preis, der hätte gezahlt werden müssen, nicht irgendwann, sondern augenblicklich, ohne Aufschub, ohne Bürgschaft. (221, vgl. 184)

Anna Seghers gelingt hier eine bemerkenswerte Interpretation ihrer Grundstruktur. Womit ihre Texte sonst enden, damit setzt sie hier ein. Identität ist erreicht im Vereinigen von innerstem Innern mit dem Signifikanten eines utopischen Horizontes der Außenwelt (dem Auftrag). Manifest wird dies in einem neuen, Leben verbürgenden Zeichen, den Gesten des Vertrauens. Jetzt aber wird nach der geschichtlichen Wirklichkeit dieses neuen Zeichens gefragt, das den Eintritt der Figuren in die symbolische Ordnung markiert. Dabei stellt sich heraus, daß das Zeichen auch Illusion, daß es auch Trug sein kann, was es als Zeichen im Prinzip ja immer ist. Anna Seghers entschärft diese Konsequenz jedoch, indem sie dem Zeichen, das sich als Illusion erwiesen hat, die Bildung eines neuen, gültigeren Zeichens entgegensetzt und so die Fluchtlinie der Signifikanten fortschreibt. Der zweite Protagonist wahrt die Einheit seines Innern mit dem Auftrag, beginnt den Kampf, wird gefangen und hingerichtet. Sein Tod erhält mit dem Licht, das dabei auf den Galgen fällt, ein religiös beglaubigtes Zeichen. Dieses Zeichen wird vom dritten Protagonisten aufgenommen und als Botschaft weitergegeben, so bleibt es lebendig, im Leben, bis die Botschaft über Zwischenstufen zu dem gelangt, der den Auftrag einst ausgefertigt hat. Ihn reißt das Zeichen dann aus einem inzwischen schal gewordenen Dasein heraus. So wird ein vollständiger Kreislauf der Zeichenverkettung vorgestellt: die Substitution der Signifikanten kann sich nur dadurch erfüllen, daß sie an ihren Ursprung gelangt.

Die ermittelte Grundstruktur von Anna Seghers' Texten erlaubt nach der historischen Übersicht auch einige systematische Folgerungen. Anna Seghers bleibt auf den noch ungeschichtlichen Moment des Aufbrechens der imaginären Identitätsfindung durch Eintreten in die symbolische Ordnung fixiert. Dem entspricht, daß die

340

Autorin, wo sie sich über literarisches Schaffen äußert, U n m i t -
t e l b a r k e i t zur leitenden Kategorie erhebt; denn erst der
Raum der Geschichte ist der Raum der Vermittlung. Der Künstler
habe die begegnende Wirklichkeit unmittelbar aufzunehmen, er
soll Erfahrungen nicht durch vorgängiges Wissen überformen. An
den Beginn künstlerischen Schaffens setzt Anna Seghers "primäre
Reaktion" auf die Wirklichkeit[22], d.h. der Künstler soll nicht nur
mit seinem Verstand, sondern auch mit seinen Gefühlen, Trieben,
eingefleischten Wertvorstellungen und Sehnsüchten, kurz: mit seinem innersten Innern beim Aufnehmen der Wirklichkeit beteiligt
sein. Deutlich setzt Anna Seghers so den Akt der Vereinigung von
innerstem Innern mit dem Signifikanten eines utopischen Horizontes der Außenwelt, worin ihre Werke jeweils gipfeln, analog beim
Schaffenden selbst voraus. "Primäre Reaktion" auf die Wirklichkeit ist vorausgesetzt, wenn sie den Künstler bzw. das Kunstwerk
als "Umschlagstelle [nicht: Vermittlung!] vom Objekt zum Subjekt und wieder zum Objekt" definiert.[23] "Umschlagstelle vom
Objekt zum Subjekt" meint unmittelbare Aufnahme der Wirklichkeit, die Außenwelt geht in das Innerste ein; "Umschlagstelle vom
Subjekt zum Objekt" ist dann analog die ebenso unmittelbare Ent-
äußerung des ganz Innern.[24] Ob dem schaffenden Künstler aber
ein Einswerden seines innersten Innern mit dem Signifikanten eines utopischen Horizontes der Außenwelt gelingt, hängt nicht allein von ihm ab, sondern auch von den äußeren Verhältnissen. Ist
diesen solch ein Signifikant nicht abzugewinnen, scheitern die
Künstler notwendig. Das bezeugen für Anna Seghers jene unglücklichen deutschen Autoren, auf die sie häufig zu sprechen kommt:

22. Ein Briefwechsel zwischen Anna Seghers und Georg Lukács, in: H.-J.
Schmitt (Hrsg.): *Die Expressionismusdebatte*. Frankfurt a.M. 1973, 267.

23. Ebd., 272.

24. Schreiben, das dem Prinzip 'Unmittelbarkeit' folgt, dürfte Brecht in
seinem weitsichtigen Urteil über Anna Seghers' *Woynok*-Erzählungen im Blick
gehabt haben: "An den *Schönsten Sagen vom Räuber Woynok* von der Seghers lobte Brecht, daß sie die Befreiung der Seghers vom Auftrag erkennen
lassen. Die Seghers kann nicht aufgrund eines Auftrags produzieren, so wie
ich ohne einen Auftrag gar nicht wüßte, wie ich mit dem Schreiben anfangen
soll." (Walter Benjamin: *Versuche über Brecht. Aufzeichnungen vom Juli
1938*. In: W.B.: *Versuche über Brecht*. Frankfurt a.M. 1966, 133.)

Lenz und Bürger, Hölderlin, Kleist, Günderrode und Büchner.[25]
Anna Seghers' zentrale Kategorie der Unmittelbarkeit ist psychologisch gegründet, zielt auf Akte der Identifikation und deren Unterwerfung unter die Ordnung der Sprache. Im Briefwechsel mit Lukács 1938/39 war daher das Mißverstehen vorprogrammiert. Denn Lukács faßt Unmittelbarkeit, die er zu überwinden fordert, erkenntnistheoretisch, als dem Bereich der Erscheinungen angehörend, der auf das Wesen, den gesetzhaften Zusammenhang des Geschichts- und Gesellschaftsprozesses hin durchsichtig zu machen sei. Analog sind auch Seghers' und Lukács' Modelle literarischer Wirkung grundverschieden. Für Lukács ist sie notwendig intellektuell vermittelt, Anna Seghers setzt auch hier auf Unmittelbarkeit. Das Zeichen, das im Verschmelzen von innerstem Innern mit dem Signifikanten eines utopischen Horizontes der Außenwelt entsteht, schreibe sich unmittelbar in das Innerste der Aufnehmenden ein – erzeugt es – und werde zur Wurzel von deren Handlungen. So fragt das Motto zur Erstausgabe der *Schönsten Sagen vom Räuber Woynok* (1938):

> Und habt ihr denn etwa keine Träume, wilde und zarte, im Schlaf zwischen zwei harten Tagen? und wißt ihr vielleicht, warum zuweilen ein altes Märchen, ein kleines Lied, ja nur der Takt eines Liedes gar mühelos in die Herzen eindringt, an denen wir unsere Fäuste blutig klopfen?...[26]

Haben wir die Grundstruktur von Anna Seghers' Texten erkannt, so muß in ihr nicht nur deren Gelingen, sondern auch deren Mißlingen beschlossen sein. Und Anna Seghers' Texte bieten auch viel Mißlungenes. Ein rätselhaftes Schwanken zwischen Gelingen und Mißlingen ist festzustellen, das man vergeblich politisch zu deuten versucht hat (mißlungen seien die Werke, die sich positiv auf die deutsche sozialistische Wirklichkeit einlassen). Die Texte mißlingen immer, wenn Anna Seghers versucht, die ekstatisch zur Zeit stehenden Augenblicke der Identitätsfindung, in denen die leitenden Zeichen entstehen, geschichtlich zu gründen, also in Entwicklungsprozesse zu überführen. Dies verlangte, das unvermittelte Verschmelzen des innersten Innern mit Signifikanten eines utopischen

25. *Vaterlandsliebe*. Rede auf dem I. Internationalen Schriftstellerkongreß zur Verteidigung der Kultur 1935, in: Anna Seghers: *Über Kunstwerk und Wirklichkeit*. Bd. 1. Berlin 1971, 65.
26. Zitiert nach: Anna Seghers: *Über Kunstwerk und Wirklichkeit*. Bd. 2. Berlin 1971, 16.

Horizontes der Außenwelt dem Druck der Vermittlung auszusetzen, es in einen Prozeß des Widerspruchs aufzulösen. Das aber leisten die Texte nie. Wenn sie sich auf den realen Geschichts- und Gesellschaftsprozeß einlassen, was nach ihrem Konzept der Identitätsfindung ja nicht notwendig ist, entfalten sie nicht Prozesse der Vermittlung, sondern statten sie vorgegebenes Wissen über die Wirklichkeit mit Bilderbögen von Figuren, Handlungen, Episoden aus. In den gelungenen Texten ist alles auf jähes Aufscheinen von Zeichen hin organisiert, diese verstanden als 'w i s s e n d e   B i l d e r', Bilder, die das Verschmelzen des innersten Innern mit Signifikanten eines utopischen Horizontes des Außenwelt wissen. Die mißlungenen Texte verharren dagegen im 'B e b i l d e r n   v o n   W i s s e n', das eine falsche Unmittelbarkeit vorgaukelt. Die geschichtliche Wirklichkeit erscheint in ein riesiges Konglomerat von Figuren und Episoden gebrochen, ohne neue Erkenntnis oder Erfahrung zu vermitteln, da vorgegebenes Wissen nur illustriert wird. Die Romane *Die Toten bleiben jung* (1949), *Die Entscheidung* (1959) und *Das Vertrauen* (1968) sind in dieser Weise mißlungen.

Kann die Grundstruktur der Texte von Anna Seghers auch hergeleitet werden? Was gibt dem dargestellten Modell der Identitätsfindung und deren Unterwerfung unter die symbolische Ordnung die Zugkraft, daß es das gesamte Textcorpus bestimmt? Ein Blick auf den Weg der bürgerlichen Intellektuellen Netty Reiling an die Seite der revolutionären Arbeiterbewegung gibt hier Aufschluß. Die wenigen vorhandenen Lebenszeugnisse zeigen ein stark introvertiertes, einzelgängerisches Kind, das viel allein ist. Die Trennung zwischen Innenwelt, als 'wahrem Innern', und abweisender Außenwelt wird so gefördert.[27] Das Kind kompensiert das viele Alleinsein schon früh durch Phantasieren und Schreiben, woraus Texte entstehen, die das Kind zuweilen − in Hefte gebunden, als 'Buch'

---

27. Die vorhandenen Zeugnisse sind zusammengestellt in: Jörg B. Bilke: *Auf der Suche nach Netty Reiling.* In: *Blätter der Carl-Zuckmayer-Gesellschaft* 6 (1980), 186-201. Entfremdung zur Umwelt kann auch jenen Maler und Radierer Hercules Seghers nahe gebracht haben, zumindest deutet ihn Wilhelm Fraenger so, der während Netty Reilings Studienzeit Kunsthistoriker an der Univ. Heidelberg und Verfasser einer größeren Studie über Hercules Seghers war. (Vgl. Friedrich Albrecht: *Originaleindruck Hercules Seghers.* In: Kurt Batt (Hrsg.): *Über Anna Seghers. Ein Almanach zum 75. Geburtstag.* Berlin, Weimar 1975.)

– der Mutter schenkt. So wird über Zeichen bzw. Text vital Entscheidendes, die Zuwendung der Mutter als Wiederholen der ursprünglichen Identitätsempfindung, gesucht. Auch der Schülerin und Studentin Netty Reiling verbürgen vornehmlich Bücher das Subjekt-Werden. Anläßlich Dostojewskis berichtet Anna Seghers:

> Eine Wirklichkeit ist uns aus den Büchern gekommen, die wir im Leben noch nicht gekannt haben. Für uns war es eine erregende, eine revolutionäre Wirklichkeit. Ich spreche jetzt nicht von der politischen Revolution, die ja nah war, zeitlich nah war damals, sondern ich spreche von einem revolutionären Herauswühlen, in Bewegung gehen des menschlichen Schicksals, etwas durch und durch Unkleinbürgerliches.[28]

Wieder repräsentieren Texte nicht Leben, sondern schaffen sie solches. Eine erste und offenbar nachhaltig wirkende Erfahrung der gesellschaftlichen und politischen Kräfte der Zeit gewann Netty Reiling als Studentin in Heidelberg, als sie polnische und ungarische Kommunisten kennenlernte, die wegen ihrer revolutionären Aktionen aus ihren Heimatländern hatten fliehen müssen:

> Wir horchten erregt ihren Berichten, die damals vielen in Deutschland wie Greuelmärchen erschienen oder wie Vorkommnisse, die unvorstellbar in Mitteleuropa waren. Der weiße Terror hatte die erste Welle der Emigration durch unseren Erdteil gespült. Und seine Zeugen, erschöpft von dem Erlebten, doch ungebrochen und kühn, uns überlegen an Erfahrungen, auch an Opferbereitschaft im großen und Hilfsbereitschaft im kleinen, waren für uns wirkliche, nicht beschriebene Helden.[29]

Diesem Emigrantenkreis gehörte Laszlo Radvány an, den Netty Reiling 1925 heiratete. In einer Zeit, da der Ursprungstext der Autorschaft 'Anna Seghers' entstand, l e b t e Netty Reiling so das jähe Vereinigen des 'wahren Innern' mit Repräsentanten, 'Zeichen' des Kampfes für eine menschliche, freie Gesellschaftsordnung in einer niederdrückenden gesellschaftlichen Wirklichkeit. Die Identität, die in dieser Vereinigung gefunden wurde, brachte als i h r Zeichen, das den Eintritt in die symbolische Ordnung markiert, offenbar den Ursprungstext der Autorschaft 'Anna Seghers' hervor, die dann in den Folgetexten diesen Akt des Eintretens in die symbolische Ordnung immer neu wiederholen, derart auf ihn fixiert bleiben wird (Vereinigung des innersten Innern mit dem Signifi-

28. *Christa Wolf spricht mit Anna Seghers.* In: A.S.: *Über Kunstwerk und Wirklichkeit.* Bd. 2 (Anm. 26), 37.

29. Vorwort zur zweiten Auflage des Romans *Die Gefährten*, abgedruckt in: A.S.: *Über Kunstwerk und Wirklichkeit.* Bd. 2 (Anm 26), 19.

kanten eines utopischen Horizontes der Außenwelt, in dem ein neues Zeichen entsteht). Historisch-biographisch heißt dies, daß der Akt der Vereinigung des innersten Innern mit dem kämpfenden Proletariat als solchem Signifikanten überschätzt wird. Der Akt der Vereinigung und gleichzeitigen Überantwortung an das Universum der Zeichen als der unabschließbaren Sprache des Begehrens wird schon für den revolutionären Kampf selbst (des Intellektuellen an der Seite der revolutionären Arbeiterbewegung) gehalten.[30] Das ist der gesellschaftliche Gehalt der symbolischen Ordnung in der Reihe der Identitätsfindungen, die Anna Seghers' Texte entwerfen. Das jähe Verschmelzen des innersten Innern mit dem kämpfenden Proletariat als dem Signifikanten eines utopischen Horizontes der Außenwelt ist Höhepunkt und Ziel der Texte. In ihm wird Identität erreicht, wird das Ich wirklich, ganz, lebendig — aber im Feld der Sprache, was sich im Übergang in ein neues Zeichen manifestiert, d.h. in der Verwandlung des wirklich gewordenen Lebens wieder in Text. Als Verweis auf einen unabschließbaren Prozeß ist derart die Selbstdeutung Anna Seghers' zu lesen:

Im Grunde genommen stellen meine Romane, stellt das meiste, was ich geschrieben habe, eine Art von Verwandlung dar.[31]

30. Vgl. z.B. Johannes R. Becher, *Der Weg zur Masse*: "[...] Die vollkommene Losgelöstheit der Intellektuellen vom Volk — das ist ihre Tragik, ihre Unfruchtbarkeit, ihr Untergang. Wer hier nicht den Weg zum Herzen des Volkes findet, der ist verloren. Volk? Ich spreche vom fortgeschrittensten und kampfentschlossensten Teil des Volkes, vom revolutionären Proletariat. Nur Schulter an Schulter mit dem revolutionären Proletariat, Intellektueller, kannst du dich auch selbst befreien. Lebst du heute? Nein, du lebst nicht, du gespensterst. Ich habe selten noch einen Intellektuellen getroffen, der das nicht in einer 'hellen Stunde' zugegeben hätte. Nur wenige haben dieser Erkenntnis die Tat folgen lassen. Sie gespenstern weiter, hin und her geworfen, haltlose Opfer eines unlösbaren Widerspruchs. Denn nur die Tat, das Aufgehen in den Reihen des kämpfenden Proletariats, kann retten. Wie schon gesagt: dieses Aufgehen bedeutet zweierlei — ein Sterben, ein Werden." (Zitiert nach: Friedrich Albrecht: *Deutsche Schriftsteller in der Entscheidung. Wege zur Arbeiterklasse. 1918-1933*. Berlin und Weimar [2]1975, 590.)
   31. Anna Seghers: *Bücher und Verwandlungen*. In: *Neues Deutschland* vom 21.9.1969; zitiert nach: Kurt Batt: *Anna Seghers*. Frankfurt a.M. 1980, 119.

Diese Verwandlung aber als Wirklich-Werden in der Identifikation mit einem Zeichen, das in das Universum der Zeichen überführt, mithin, wenn wir an den Ursprungstext denken, von Text in Leben und wieder in Text, der einen Prozeß immer neu sich erzeugender Texte, eben die Autorschaft 'Anna Seghers' eröffnet, diese Verwandlung hat Anna Seghers im Exil einmal tief in Zweifel gezogen, in jenem Werk, das in vielem ihr ungewöhnlichstes und sicher ihr bedeutendstes geworden ist, im Roman *Transit* (entstanden 1940/41).

In keinem anderen Werk hat Anna Seghers unmittelbar selbst Erfahrenes (Räume, Personen, Situationen) so konkret aufgenommen, in keinem anderen auch Dichter und Dichtung so ins Zentrum gerückt. Hier befragt sie die Struktur, die für ihre Texte von deren Ursprungstext an gegolten hat.

Der Roman führt in die chaotische Welt des Vichy-Frankreich unmittelbar nach dem Einmarsch der deutschen Truppen, der alle zu neuer Flucht zwang, die in Frankreich Exil gefunden hatten, zu neuer Flucht, immer bedroht von Internierung oder gar Auslieferung an die Deutschen. Anna Seghers fand den Signifikanten dieser Zeit, das Transit. Äußerlich, als Motor der Handlung, ist es der Kampf um Transits, der weithin aussichtslose Kampf der Exilanten gegen eine labyrinthische Bürokratie um Visa für neue Exilländer, Transits für Zwischenländer, Visa für die Ausreise aus Frankreich, Aufenthaltsgenehmigungen am jeweiligen Ort, Schiffspassagen etc. (der Hauptteil des Romans spielt in Marseille, 1940 der letzte Zufluchtsort, der noch eine geringe Chance für eine legale Ausreise aus Frankreich bot; Anna Seghers gelang dort die Ausreise). Transit ist das magische Papier, dessen Besitz den Flüchtigen Weiterleben garantiert, nach dem daher überall gejagt wird. Es steht aber gleichzeitig auch für die geschichtliche Wirklichkeit dieser Zeit schlechthin, für eine Welt, in der alles flüchtig ist, jeder jeden im Stich läßt, in der zuletzt auch das von Flüchtigkeit bedroht ist, was für Anna Seghers immer das Festeste blieb, das Innerste des Menschen. Dieser transitären Welt, die einzig von Im-Stich-Lassern bevölkert scheint, stellt Anna Seghers wieder Akte der Identitätsfindung entgegen, die Dauer gewinnen in Zeichen der Treue.

Der Ich-Erzähler wird ohne Namen eingeführt. Er war Arbeiter, ist aus einem deutschen KZ geflohen, lebt ständig ablenkbar dahin (vgl. IV, 158), paßt damit bestens in die transitäre Welt, schlägt sich daher auch erfolgreich in ihr durch. Seine Identitätsfindung –

wie immer bei Anna Seghers keine Entwicklung, sondern eine jähe
Verwandlung – geschieht nach einem verworrenen, von Zufällen
bestimmten Weg. Der Ich-Erzähler gerät an die hinterlassenen Papiere eines Dichters Weidel, der sich beim Einmarsch der deutschen Truppen in Paris das Leben genommen hatte (Anna Seghers
verarbeitet hier die Todesumstände des Autors Ernst Weiß, zu dem
sie in Paris Kontakt gehabt hatte):

> Aus lauter Langeweile fing ich zu lesen an. Ich las und las. Vielleicht, weil
> ich bisher noch nie ein Buch zu Ende gelesen hatte. Ich war verzaubert.
> [...] Das Ganze war eine ziemlich vertrackte Geschichte mit ziemlich ver-
> trackten Menschen. Ich fand auch, daß einer darunter mir selbst glich. [...]
> All diese Menschen ärgerten mich nicht durch ihre Vertracktheit, wie sie's
> im Leben getan hätten, [...]. Ich begriff ihre Handlungen, weil ich sie end-
> lich einmal verfolgen konnte von dem ersten Gedanken ab bis zu dem
> Punkt, wo alles kam, wie es kommen mußte. Nur dadurch, daß sie der
> Mann beschrieben hatte, erschienen sie mir schon weniger übel, sogar der,
> der mir selbst aufs Haar glich. [...] Und plötzlich, so in den dreihunderter
> Seiten, brach alles für mich ab. Ich erfuhr den Ausgang nie. Die Deutschen
> waren nach Paris gekommen, der Mann hatte alles zusammengepackt, seine
> paar Klamotten, sein Schreibpapier. Und mich vor dem letzten fast leeren
> Bogen allein gelassen. Mich überfiel von neuem die grenzenlose Trauer, die
> tödliche Langeweile. Warum hat er sich das Leben genommen? Er hätte
> mich nicht allein lassen dürfen. Er hätte seine Geschichte zu Ende schrei-
> ben sollen. [...] (IV, 18f.)

In den Ich-Erzähler schreibt sich ein Text, die literarische Gestalt
eines Buches ein, aber dies bedeutet für ihn nur, daß er sich vom
toten Dichter, der ihn nicht zu Ende geschrieben hat, zutiefst im
Stich gelassen fühlt. Eine zweite Identität wird ihm angeboten. Er
erhält von Franzosen falsche Papiere auf den Namen Seidler. Wenig später eröffnet sich ihm eine dritte Identität. Im Besitz von
Weidels Nachlaß kann er sich für den toten Dichter ausgeben, da
dessen Tod vertuscht worden war. Die letzte Identität ist verlok-
kend, da sie die Chance einer Ausreise nach Mexiko eröffnet. Von
hier an wird die Geschichte so vertrackt, wie der Ich-Erzähler dies
an Weidels Geschichte gefunden hat. Der Ich-Erzähler gerät in Marseille, wo er als Weidel seine Ausreise betreibt, in den Bann jener
Frau (Marie), mit der der Dichter Weidel zusammen gelebt hatte.
Auch Marie ist eine Im-Stich-Lasserin, sie hat Weidel im Stich gelassen, den Dichter, der sie mit seinen Texten aus einem leeren Dasein zum Leben erweckt hatte. Jetzt sucht sie ihn in Marseille, sie
weiß nichts von seinem Tod. Der Ich-Erzähler ringt mit dem toten

Dichter um die Liebe Maries. Je entschiedener er als Dichter Weidel die Ausreise aus Frankreich für sich und Marie betreibt, um so
mehr Lebensspuren des toten Weidel schafft er, die die Bindung
Maries an den toten Dichter neu erstarken lassen. Die Lösung der
vertrackten Konstellation wird nicht im Aufklären des ganzen Rol-
lenspiels und nachfolgendem Happy End gefunden, obwohl dies in
zeichenhaft erhöhten Erkennungsszenen der Liebenden sich anzu-
kündigen scheint (z.B. IV, 84), sondern im V e r z i c h t . Die Liebenden verzichten, ihre Liebe zu leben, darin geben sie Zeichen
anderer Treue, die die transitäre Welt des Im-Stich-Lassens überwindet. Der Verzicht, in dem Treue aufscheint, ist zugleich ihr
jeweiliger Akt der Identitätsfindung. Der Ich-Erzähler nimmt jetzt
die Identität 'Seidler' an, die ihm die Franzosen verschafft haben.
Er will eins werden mit dem Volk, das ihm Zuflucht gewährt hat,
es ist für ihn der Signifikant eines utopischen Horizontes der Außenwelt, mit dem sein Inneres verschmilzt:

> Was sie trifft, wird auch mich treffen. Die Nazis werden mich keinesfalls
> mehr als ihren Landsmann erkennen. Ich will jetzt Gutes und Böses hier
> mit meinen Leuten teilen, Zuflucht und Verfolgung. Ich werde, sobald es
> zum Widerstand kommt, mit Marcel eine Knarre nehmen. Selbst wenn man
> mich dann zusammenknallt, kommt es mir vor, man könne mich nicht rest-
> los zum Sterben bringen. [...] (IV, 186)

Marie aber nimmt die Bindung an den toten Dichter an, der ihr Innerstes einst erweckt hat. Sie wird auf ihn warten, ihn in immer
neuen Exilländern suchen, wissend:

> Sobald ich suche, weiß ich es, es gibt den Mann. Solange ich suche, weiß
> ich, ich kann ihn noch finden. (IV, 152)

Auch dies ist das Verschmelzen eines Innersten (Maries) mit dem
Signifikanten eines utopischen Horizontes der Außenwelt; denn
von dem Dichter wird gesagt:

> Er hat um Besseres gekämpft. [...] Um jeden Satz, um jedes Wort seiner
> Muttersprache, damit seine kleinen, manchmal ein wenig verrückten Ge-
> schichten so fein wurden und so einfach, daß jedes sich an ihnen freuen
> konnte, ein Kind und ein ausgewachsener Mann. Heißt das nicht auch, et-
> was für sein Volk tun? Auch wenn er zeitweilig, von den Seinen getrennt,
> in diesem Kampf unterliegt, seine Schuld ist das nicht. Er zieht sich zurück
> mit seinen Geschichten, die warten können wie er, zehn Jahre, hundert
> Jahre. [...] (IV, 184)

Leben, das in der Transit-Welt allgemeiner Haltlosigkeit mit diesen
Akten der Identitätsfindung Festigkeit gewonnen hat, ist erzählbar

348

geworden. Der Akt der Identitätsfindung im Aufscheinen von Zeichen der Treue ist die Verwandlung der Figuren in Zeichen, macht sie erzählbar. Die Überantwortung an das Universum der Zeichen wird dann als Übergang in die Welt eines Buches konkret. Suggeriert wird, daß der Ich-Erzähler mit seinem Verzicht auf die Liebe Maries, der ihn frei macht zum Einswerden mit dem französischen Volk und der Marie frei macht zur Vereinigung mit dem toten Dichter, daß der Ich-Erzähler mit dieser doppelten Identitätsfindung jene Geschichte zu Ende führt, die er abgebrochen in den Papieren Weidels gefunden hatte. Seidler, der darauf verzichtet, Weidel zu spielen, findet sich selbst, indem er sich als eine F i g u r des Dichters Weidel annimmt, d.h. dessen unvollendetes Buch mit seinem Leben zu Ende schreibt, das so wieder in die Bildung von Zeichen mündet.[32]

Die Grundstruktur aller Texte Anna Seghers' wird durchsichtig: Wirklich-Werden des Lebens in Akten der Verschmelzung des innersten Innern mit dem Signifikanten eines utopischen Horizontes der Außenwelt. In diesen Akten der Verschmelzung entstehen neue Zeichen, die Leben verbürgen, tritt das wirklich gewordene Leben wieder in die Welt der Texte, in den Raum der Literatur ein. Seidlers Literatur-Werden ist in *Transit* wie in allen Texten Anna Seghers' Höhepunkt des Werkes. Hier aber wird es zugleich zutiefst in Zweifel gezogen durch den Preis, um den es erreicht wird, Leere des Herzens. Der Ich-Erzähler, der den Verzicht auf Marie geleistet, jetzt als "Seidler" seine Identität gefunden hat, berichtet seinem fiktiven Zuhörer über seinen jetzigen Zustand:

Mein Herz, als ob es noch nicht die Leere verstanden hätte, die ihm von nun ab beschieden war, fuhr fort, zu warten. Es wartete immer noch weiter, Marie könnte zurückkehren. Nicht jene, die ich zuletzt gekannt hatte, an einen Toten geknüpft, und nur an ihn, sondern jene, die damals zum erstenmal der Mistral zu mir hereinwehte, mit einem jähen und unverständlichen Glück mein junges Leben bedrohend. (IV, 183)

Was hier in Handlung umgesetzt erscheint, wird auch abstrakt reflektiert. Der Ich-Erzähler formuliert:

32. Es gibt im Roman eine Figur, die mit einem übergeordneten Wissen ausgestattet zu sein scheint, die den Weg des Ich-Erzählers unmerklich lenkt, auch dessen Verzicht vorausgesehen hat: der mexikanische Konsul, mit dem der Ich-Erzähler als Revenant Weidels zu tun hat. Dieser Figur übergibt der Ich-Erzähler zuletzt den Nachlaß Weidels, damit das Buch, dessen eine Figur er geworden ist.

[...] es hat mich schon immer gestört, das Wichtigste auf der Welt so vermischt mit dem Flüchtigsten und Belanglosesten. Zum Beispiel, daß man einander nicht im Stich läßt, das ist auch etwas an dieser fragwürdigen windigen, ich möchte sagen transitären Angelegenheit, was nicht fragwürdig ist und nicht windig und nicht transitär. (IV, 113)

Nicht-Im-Stich-Lassen, lebendig werden, Identität finden in Zeichen der Treue, das gleichbedeutend ist mit Literatur-Werden, ist vermischt mit Fragwürdigem, Windigem, Transitärem; es enthält Nichtiges in sich selbst. Wir sagten bisher, es ist dem Universum der Zeichen überantwortet, hier ist dieses psychologisch konkretisiert, als "Leere des Herzens". Damit richtet Anna Seghers den schonungslosesten Blick auf die Grundstruktur ihrer Texte, spricht sie, in Gestalten und Handlungen überführt, den Gehalt der Identitätsfindung in der Überantwortung an das Universum der Zeichen aus: Verschieben, Blockade der Wunscherfüllung, Entzug des Wunsches als seine Erfüllung, die den Menschen auf den Weg nicht abschließbarer Suche, auf die Fluchtlinie der Signifikanten bringt.

In einer Zeit, da sie selbst erneut zu den Flüchtenden gehört, da sie mit einer Welt der Im-Stich-Lasser konfrontiert ist, bekennt sich Anna Seghers am rückhaltlosesten als Autorin des Mangels, des nie erfüllten Begehrens. Die Zeitverhältnisse treiben die versagenden Implikationen der Grundstruktur ihres Schreibens grell heraus, diese so in die Krise. Indem sie dies zuläßt, leistet Anna Seghers, was sie an Lenz und Hölderlin, an Kleist und Büchner gegen die Klassiker immer gerühmt hat, daß diese sich ihrer Zeit r ü c k - h a l t l o s geöffnet hätten. In diesem Sinne ist *Transit* nicht nur ein Roman ü b e r das Exil, sondern radikaler ein Roman d e s Exils, das Schreiben selbst gerät ins Exil, die Struktur, die bisher unzweifelhaft war, gerät in Zweifel.

Wie grundlegend Anna Seghers mit *Transit* in ein Exil des Schreibens geraten ist, zeigt die Weise, in der sie sich aus ihm zurückgeholt hat. Der nächste, gleichfalls berühmte Text, *Der Ausflug der toten Mädchen* (1943), kehrt wieder an den Punkt zurück, an dem im ersten Text 1924 die Autorschaft 'Anna Seghers' entstanden war. Der bisher einzige autobiographische Text läßt erneut aus einem Text, der bei der Person Netty Reiling ansetzt, die Autorschaft 'Anna Seghers' entstehen. Deren Erzeugung muß offenbar wiederholt werden, so sehr war sie zernichtet. Die aus einem Text hervorgegangene 'Anna Seghers' ruft die Person Netty Reiling, die sie vor der literarischen Selbsterzeugung war, beim Namen, arbeitet das Leben der Schülerin Netty und das ihrer Schulfreundinnen durch, um jenen herausgehobenen Augenblick zu finden, da dieses Leben sich in ein Zeichen verwandelt hat, so Text geworden ist. Es ist der Augenblick, da das Innerste der Mädchen, in der Erfahrung bzw. Teilhabe an erster Liebe, mit einer Gestalt verschmilzt, die als Signifikant eines utopischen Horizontes der Außenwelt erscheint. Das neue Zeichen, das diesen Akt der Identitätsfindung in die symbolische Ordnung überführt, ist "Heimat":

> Wir waren alle im stillen Licht still geworden, so daß man das Krächzen von ein paar Vögeln hörte und das Fabrikgeheul aus Amöneburg. Sogar Lore war völlig verstummt. Marianne und Leni und ich, wir hatten alle drei unsere Arme ineinander verschränkt in einer Verbundenheit, die einfach zu der großen Verbundenheit alles Irdischen unter der Sonne gehörte. Marianne hatte noch immer den Kopf an Lenis Kopf gelehnt. Wie konnte dann später ein Betrug, ein Wahn, in ihre Gedanken eindringen, daß sie und ihr Mann allein die Liebe zu diesem Land gepachtet hätten und deshalb mit gutem Recht das Mädchen, an das sie sich jetzt lehnte, verachteten und anzeigten. Nie hat uns jemand, als noch Zeit dazu war, an diese gemeinsame Fahrt erinnert. Wie viele Aufsätze auch noch geschrieben wurden über die Heimat und die Geschichte der Heimat und die Liebe zur Heimat, nie wurde erwähnt, daß vornehmlich unser Schwarm aneinandergelehnter Mädchen, stromaufwärts im schrägen Nachmittagslicht, zur Heimat gehörte.

(IX, 149f.)

Im rückblickenden Durcharbeiten gelebten Lebens findet die Ich-Erzählerin das Zeichen "Heimat", was sich ihr als Gewinn eines "unermeßlichen Stromes von Zeit" (IX, 154), als Gewinn von Dauer mitteilt. Das aber heißt: die Ich-Erzählerin selbst, die sich zu verlieren droht, findet im Verschmelzen mit diesem Zeichen "Heimat" ihre Identität wieder, aber nicht als Identität einer historischen Person, sondern – in Überantwortung an die symbolische Ordnung – die Identität der Autorschaft 'Anna Seghers'. Die Bewegung des Ursprungstextes dieser Autorschaft ist wiederholt: wirklich, lebendig werden im Vereinigen mit Zeichen, damit aus einem Text, der in das Bilden neuer Zeichen mündet, die Leben verbürgen im Universum der Zeichen, d.h. in neuem Text.[33] Konse-

33. Christa Wolf hat die zentrale Stellung dieses Textes erspürt. Sie schreibt: "Unter den Nachrichten aus Deutschland war auch die Nachricht von der Deportation und Ermordung der Mutter durch die Faschisten gewesen, die Meldung von der Zerstörung der Heimatstadt durch Bomben. Kurze Zeit später meldet *Freies Deutschland*, die Zeitschrift der deutschen kommunistischen

351

quent endet die Erzählung mit ihrem Ursprung, dem Entschluß zu
schreiben:

> Plötzlich fiel mir der Auftrag meiner Lehrerin wieder ein, den Schulausflug
> sorgfältig zu beschreiben. Ich wollte gleich morgen oder noch heute abend,
> wenn meine Müdigkeit vergangen war, die befohlene Aufgabe machen.

(IX, 154)

Emigranten in Mexiko, daß Anna Seghers schwer verunglückt ist. Ein Auto,
das sie angefahren hat, hat ihr eine Kopfverletzung zugefügt. Sie schwebt in
Lebensgefahr, ihr Erinnerungsvermögen kehrt nur langsam zurück. *Der Ausflug der toten Mädchen* beschreibt nicht die Entscheidung, zu leben, er i s t
diese Entscheidung, er schildert nicht, sondern i s t Genesung [...]". (Nachwort zur Ausgabe der *Werke in 10 Bänden*, X, 216.)

AUSWAHLBIBLIOGRAPHIE ZUR LITERATURPSYCHOLOGIE

I

Literaturpsychologische Arbeiten

Achten, Waltraud: Psychoanalytische Literaturkritik. Eine Untersuchung am Beispiel der amerikanischen Zeitschrift "Literature and Psychology". Frankfurt a.M. und Bern 1981.

Bartels, Martin: Traum und Witz bei Freud. Die Paradigmen psychoanalytischer Dichtungstheorie. In: K. Bohnen u.a. (Hrsg.): Literatur und Psychoanalyse. München 1981, 10-29.

Bettelheim, Bruno: The uses of enchantment. London 1976. Dt. Übers.: Kinder brauchen Märchen. Stuttgart 1977. Auch: München 1980 (= dtv 1481).

Bettelheim, Bruno: Kinder wollen die Welt begreifen. Lesen lernen durch Faszination. Stuttgart 1982.

Beutin, Wolfgang (Hrsg.): Literatur und Psychoanalyse. Ansätze zu einer psychoanalytischen Textinterpretation. München 1972 (= Nymphenburger Texte zur Wissenschaft 7) [mit Bibliographie].

Beutin, Wolfgang: Zur Rolle der Psychoanalyse bei der Literaturuntersuchung. In: Studien. Seminarberichte aus dem IPTS (Kiel) 17 (1974), 2-38.

Beutin, Wolfgang: Psychoanalytische Kategorien bei der Untersuchung mittelhochdeutscher Texte. In: D. Richter (Hrsg.): Literatur im Feudalismus. Stuttgart 1975, 261-296.

Bodkin, Maud: Archetypal Patterns in Poetry. Psychological Studies of Imagination. London 1934. Auch: Oxford, London 1965.

Bohnen, Klaus u.a. (Hrsg.): Literatur und Psychoanalyse. Vorträge des Kolloquiums am 6./7.10.1980. München 1981 (= Kopenhagener Kolloquien zur deutschen Literatur 3. Text & Kontext, Sonderreihe 10).

Brückner, Peter: Sigmund Freuds Privatlektüre. Köln 1975. Neuausg. 1982.

Condrau, Gion (Hrsg.): Transzendenz, Imagination und Kreativität. Religion. Parapsychologie. Literatur und Kunst. München 1977 (= Die Psychologie des 20. Jahrhunderts XV).

Cremerius, Johannes (Hrsg): Neurose und Genialität. Psychoanalytische Biographien. Frankfurt a.M. 1971 [mit Bibliographie].

Cremerius, Johannes (Hrsg.): Psychoanalytische Textinterpretation. Hamburg 1974.

Cremerius, Johannes: Die Konstruktion der biographischen Wirklichkeit im analytischen Prozeß. In: F. Wyatt (Hrsg.): Freiburger literaturpsychologische Gespräche. Erste Folge. Frankfurt a.M. und Bern 1981, 15-39.

Cremerius, Johannes (Hrsg.): Freiburger literaturpsychologische Gespräche. Zweite Folge. Frankfurt a.M. und Bern 1982 (= Literatur und Psychologie 10).

Crews, Frederick (Ed.): Psychoanalysis and Literary Process. Cambridge, Mass. 1970.

Crews, Frederick: Out of My System. Psychoanalysis, Ideology and Critical Method. New York 1975.

Crews, Frederick: Literatur und Psychologie. In: J. Thorpe (Hrsg.): Interdisziplinäre Perspektiven der Literatur. Überarb. von H. Jensen. Stuttgart 1977 (= Kunst und Gesellschaft 10), 91-107.

354

Curtius, Mechthild (Hrsg.): Seminar: Theorien der künstlerischen Produktivität. Entwürfe mit Beiträgen aus Literaturwissenschaft, Psychoanalyse und Marxismus. Frankfurt a.M. 1976 (= suhrkamp taschenbuch wissenschaft 166).

Deppermann, Maria: Narzißmus. Bericht über die 6. Arbeitstagung "Psychoanalyse und Literaturwissenschaft" am 30./31.1.1981 in Freiburg. In: Romanistische Zeitschr. für Literaturgeschichte 5 (1981) 4, 484-498.

Dettmering, Peter: Dichtung und Psychoanalyse. Thomas Mann – Rainer Maria Rilke – Richard Wagner. München 1969 (= sammlung dialog 33).

Dettmering, Peter: Psychoanalyse als Instrument der Literaturwissenschaft. In: Psyche 27 (1973) 7, 601-613. Auch in: J. Cremerius (Hrsg.): Psychoanalytische Textinterpretation. Hamburg 1974, 19-28. Auch in: P.D.: Psychoanalyse als Instrument der Literaturwissenschaft. Frankfurt a.M. 1981, 7-17.

Dettmering, Peter: Dichtung und Psychoanalyse II. Shakespeare, Goethe, Jean Paul, Doderer. München 1974 (= sammlung dialog 73).

Dettmering, Peter: Psychologisch und psychoanalytisch beeinflußte Interpretationsmethoden in der Literaturwissenschaft. In: G. Condrau (Hrsg.): Transzendenz, Imagination und Kreativität. München 1977 (= Die Psychologie des 20. Jahrhunderts XV), 868-875.

Dettmering, Peter: Psychoanalyse als Instrument der Literaturwissenschaft. Frankfurt a.M. 1981.

Eck, Claus D.: Psychoanalytiker deuten Gestalten und Werke der Literatur. In: G. Condrau (Hrsg.): Transzendenz, Imagination und Kreativität. München 1977 (= Die Psychologie des 20. Jahrhunderts XV), 851-867.

Erdheim, Mario: Freuds Größenphantasien, sein Konzept des Unbewußten und die Wiener Décadence. In: Psyche 35 (1981) 10, 857-874 und 11, 1006-1033.

Fischer, Jens Malte (Hrsg.): Psychoanalytische Literaturinterpretation (Aufsätze aus "Imago" 1912-1937). München 1980 (= dtv 4363; Deutsche Texte 54) [mit Bibliographie].

Frank, Axel: Einführung in psychoanalytische Literaturbetrachtung. Ein Unterrichtsversuch im Leistungskurs Deutsch. In: Der Deutschunterricht 34 (1982) 5, 24-38.

Freud, Sigmund: Bildende Kunst und Literatur. Bd. X der Freud-Studien-Ausgabe, hrsg. von A. Mitscherlich, A. Richards, J. Strachey. Frankfurt a.M. 1969 (= conditio humana).

Freund, Winfried: Phantasie, Aggression und Angst. Ansätze zu einer Sozialpsychologie der neueren deutschen Literatur. In: Sprachkunst 11 (1980) 1, 87-100.

Fromm, Erich: The Forgotten Language. An Introduction to the Understanding of Dreams, Fairy tales and Myths. London 1952. Dt. Übers.: Märchen, Mythen, Träume. Eine Einführung in ihre vergessene Sprache. Zürich 1957. Auch: Reinbek 1981 (= rowohlt sachbuch 7448).

Gallas, Helga: Das Textbegehren des "Michael Kohlhaas". Die Sprache des Unbewußten und der Sinn der Literatur. Reinbek 1981 (= das neue buch 162).

Galle, Roland: Möglichkeiten und Grenzen psychoanalytischer Literaturbetrachtung. Bericht über die 5. Arbeitstagung "Psychoanalyse und Literaturwissenschaft" am 25./26.1.1980 in Freiburg. In: Romanistische Zeitschr. für Literaturgeschichte 4 (1980) 4, 485-494.

Geismann, Georg: Psychoanalytische Literaturkritik? In: Herrigs Archiv für das Studium der neueren Sprachen und Literaturen 119 (1968) 5, 321-331.

Gibson, Eleanor J. und Harry Levin: Die Psychologie des Lesens. Aus dem Amerik. von K. Schmid und B. Fox. Stuttgart 1980.

Gilman, Sander L.: Wahnsinn, Text und Kontext. Die historischen Wechselbeziehungen der Literatur, Kunst und Psychiatrie. Frankfurt a.M. und Bern 1981 (= Literatur und Psychologie 8).

Gölter, Waltraud: Gibt es geschlechtsspezifische Themen in der Literatur? Bericht über die 3. Arbeitstagung "Psychoanalyse und Literaturwissenschaft" am 27./28.1.1979 in Freiburg. In: Romanistische Zeitschr. für Literaturgeschichte 2 (1978), 109-121. Auch in: J. Cremerius (Hrsg.): Freiburger literaturpsychologische Gespräche. Zweite Folge. Frankfurt a.M. und Bern 1982, 197-200.

Goeppert, Sebastian: Vom Nutzen der Psychoanalyse für die Literaturkritik. In: Universitas 33 (1978) 4, 377-384. Auch in: Confinia Psychiatrica 20 (1977) 2/3, 95-107.

Goeppert, Sebastian: Psychoanalytische Kunst- und Literaturkritik. In: G. Condrau (Hrsg.): Transzendenz, Imagination und Kreativität. München 1977 (= Die Psychologie des 20. Jahrhunderts XV), 1156-1163.

Goeppert, Sebastian (Hrsg.): Perspektiven psychoanalytischer Literaturkritik. Freiburg 1978 (= rombach hochschul paperback 92).

Goeppert, Sebastian: Über einige Schwierigkeiten der psychoanalytischen Kunst- und Literaturkritik. In: S. Goeppert (Hrsg.): Perspektiven psychoanalytischer Literaturkritik. Freiburg 1978, 42-54.

Goeppert, Herma und Sebastian Goeppert: Psychoanalyse interdisziplinär. Sprach- und Literaturwissenschaft. München 1981 (= Kritische Information 84).

Goette, Jürgen-Wolfgang (Hrsg.): Methoden der Literaturanalyse im 20. Jahrhundert. Ein Arbeitsbuch. Frankfurt a.M. 1973 (= Texte und Materialien zum Literaturunterricht). Kap. 3: Psychologische Literaturanalyse, 9-35.

Gombrich, Ernst H.: Freuds Ästhetik. In: Literatur und Kritik 2 (1967) 19, 511-528.

Gorsen, Peter: Literatur und Psychopathologie heute. Zur Genealogie der grenzüberschreitenden bürgerlichen Ästhetik. In: W. Kudszus (Hrsg.): Literatur und Schizophrenie. München 1977, 13-68.

Groddeck, Georg: Das Buch vom Es. Psychoanalytische Briefe an eine Freundin (1923). Frankfurt a.M. 1979 (= Fischer Bücherei 6367).

Groddeck, Georg: Psychoanalytische Schriften zur Literatur und Kunst (1902-1934). Hrsg. von H. Siefert. Wiesbaden 1964. Auch: Frankfurt a.M. 1978 (= Fischer Bücherei 6362).

Groeben, Norbert: Literaturpsychologie. Literaturwissenschaft zwischen Hermeneutik und Empirie. Stuttgart 1972 (= Sprache und Literatur 80) [mit Bibliographie].

Groeben, Norbert (Hrsg.): Literaturpsychologie. Zeitschr. für Literaturwissenschaft und Linguistik LiLi 6 (1976) 21.

Groeben, Norbert: Leserpsychologie. Textverständnis, Textverständlichkeit. Münster 1982.

Hansen, Hans-Sievert: Neuere deutsche Beiträge zur psychoanalytischen Literaturbetrachtung (1971-1976). Forschungsbericht. In: Literatur in Wissenschaft und Unterricht 11 (1978), 97-117.

Hansen, Uffe: Die unvermeidliche Inkohärenz des Kunstwerks. Literatur als Kompromißbildung zwischen Primär- und Sekundärprozeß. Strukturelle oder inhaltliche Verdrängung? In: K. Bohnen u.a. (Hrsg.): Literatur und Psychoanalyse. München 1981, 177-211.

Hauser, Arnold: Methoden moderner Kunstbetrachtung. München 1970, 43-126: Bemerkungen zur psychologischen Methode: Psychoanalyse und Kunst.

Heemskerk, L.M.: Das Unbewußte in Sigmund Freuds Rezeptionstheorie. In: Neophilologus 65 (1981) 4, 481-498.

Hermand, Jost: Synthetisches Interpretieren. Zur Methodik der Literaturwissenschaft. München 1968 (= sammlung dialog 27). Darin: Der Einfluß der Psychoanalyse, 80-97.

Hiebel, Hans: Witz und Metapher in der psychoanalytischen Wirkungsästhetik. In: Germanisch-Romanische Monatsschrift 28 (1978) 2, 129-154.

Hillenaar, H.: Literatuur en psychoanalyse in Frankrijk. In: Forum der letteren 22 (1981) 4, 293-308.

Hillmann, Heinz: Alltagsphantasie und dichterische Phantasie. Versuch einer Produktions-
ästhetik. Kronberg/Ts. 1977 (= Athenäum Taschenbuch 2130).

Hitschmann, Eduard: Great Men. Psychoanalytic Studies. New York 1956.

Hoffman, Frederick J.: Freudianism and the Literary Mind. London 1959 (= Evergreen
Books e168).

Holland, Norman N.: The Dynamics of Literary Response. New York 1968.

Holland, Norman N.: The "Unconscious" of Literature: The Psychoanalytic Approach.
In: M. Bradbury und D. Palmer (Eds.): Contemporary Criticism. London 1970, 131-
153.

Holland, Norman N.: Poems in Persons. An Introduction to the Psychoanalysis of Literature. New York 1973.

Holland, Norman N.: 5 Readers Reading. New Haven, London 1975.

Holland, Norman N.: Unity Identity Text Self. In: Publications of the Modern Language
Association of America 1975, 813-822. Dt. Übers.: Einheit Identität Text Selbst. In:
Psyche 33 (1979) 12, 1127-1148.

Holland, Norman N.: Literary Interpretation and Three Phases of Psychoanalysis. In:
Critical Inquiry 3 (1976). Auch in: A. Roland (Ed.): Psychoanalysis, Creativity and
Literature. New York 1978, 233-248.

Irle, Gerhard: Der psychiatrische Roman. Stuttgart 1965 (= Schriftenreihe zur Theorie
und Praxis der Psychotherapie 7).

Jaffe, Samuel: Freud as Rhetorician. Elocutio and the Dream-Work. In: Rhetorik. Ein
internationales Jahrbuch. Hrsg. von J. Dyck. Bd. 1. Stuttgart 1980, 42-70.

Jung, Carl Gustav: Über die Beziehungen der analytischen Psychologie zum dichterischen
Kunstwerk (1922). In: C.G.J.: Seelenprobleme der Gegenwart. Zürich 1931. Auch in:
B. Urban (Hrsg.): Psychoanalyse und Literaturwissenschaft. Tübingen 1973, 18-39.

Jung, Carl Gustav: Psychologie und Dichtung. In: E. Ermatinger (Hrsg.): Philosophie der
Literaturwissenschaft. Berlin 1930. Leicht überarb. in: C.G.J.: Gestaltungen des Unbewußten. Zürich 1950, 5-36. Auch in: W. Beutin (Hrsg.): Literatur und Psychoanalyse. München 1972, 78-100.

Jung, Emma und Marie-Luise von Franz: Die Graalslegende in psychologischer Sicht. Zürich 1960.

Kaminski, Winfred (Hrsg.): Kinderliteratur und Psychoanalyse. Hardebek 1982 (= Bulletin
Jugend und Literatur. Beiheft 19).

Kaplan, Leo: Zur Psychologie des Tragischen. In: Imago 1 (1912), 132-157. Auch in:
J.M. Fischer (Hrsg.): Psychoanalytische Literaturinterpretation. München 1980,
33-63.

Kaplan, Morton und Robert Kloss: The Unspoken Motive. A Guide to Psychoanalytic
Literary Criticism. New York 1973.

Kazin, Alfred: Psychoanalysis and Literary Culture Today. In: The Psychoanalytic Review 46 (1958) 1/2, 41-51. Niederl. Übers.: Psychoanalyse en literatuur in onze tijd.
In: H.M. Ruitenbeek (Hrsg.): Psychoanalyse en literatuur. Amsterdam 1969, 16-30.

Kiell, Norman (Ed.): Psychoanalysis, Psychology and Literature. A Bibliography. Madison,
Wisc. 1963. Neuaufl. 2 Bde. Metuchen, N.J. 1982.

Kittler, Friedrich A.: "Das Phantom unseres Ichs" und die Literaturpsychologie: E.T.A.
Hoffmann – Freud – Lacan. In: F.A. Kittler und H. Turk (Hrsg.): Urszenen. Literaturwissenschaft als Diskursanalyse und Diskurskritik. Frankfurt a.M. 1977, 139-166.

Kittler, Friedrich A. und Horst Turk (Hrsg.): Urszenen. Literaturwissenschaft als Diskursanalyse und Diskurskritik. Frankfurt a.M. 1977.

Kittler, Friedrich A. (Hrsg.): Austreibung des Geistes aus den Geisteswissenschaften?
Programme des Poststrukturalismus. Paderborn 1980 (= UTB 1054).

357

Kris, Ernst: Psychoanalytic Explorations in Art. New York 1952. Teilweise übers. in: Die ästhetische Illusion. Phänomene der Kunst in der Sicht der Psychoanalyse. Frankfurt a.M. 1977 (= edition suhrkamp 867).

Kudszus, Winfried (Hrsg.): Literatur und Schizophrenie. Theorie und Interpretation eines Grenzgebietes. München 1977 (= dtv wissenschaftliche reihe 4294).

Kudszus, Winfried: Literatur und Schizophrenie. In: Confinia Psychiatrica 22 (1979), 160-175. Auch in: F.A. Kittler (Hrsg.): Austreibung des Geistes aus den Geisteswissenschaften? Programme des Poststrukturalismus. Paderborn 1980, 175-187.

Kudszus, Winfried: Literaturwissenschaft und Psychiatrie. In: Uwe H. Peters (Hrsg.): Ergebnisse für die Medizin II: Psychiatrie. München 1980 (= Die Psychologie des 20. Jahrhunderts X), 1121-1130.

Laiblin, Wilhelm (Hrsg.): Märchenforschung und Tiefenpsychologie. Darmstadt 1969 (= Wege der Forschung 102).

Leithäuser, Thomas und Birgit Volmerg: Anleitung zur empirischen Hermeneutik. Psychoanalytische Textinterpretation als sozialwissenschaftliches Verfahren. Frankfurt a.M. 1979 (= edition suhrkamp 972).

Lesser, Simon O.: Fiction and the Unconscious. Boston 1957. Auch: New York 1962.

Lesser, Simon O.: Funktionen der Form. In: J. Strelka und W. Hinderer (Hrsg.): Moderne amerikanische Literaturtheorien. Frankfurt a.M. 1971. Auch in: W. Beutin (Hrsg.): Literatur und Psychoanalyse. München 1972, 277-300.

Lindauer, Martin S.: The Psychological Study of Literature. Limitations, Possibilities and Accomplishments. Chicago 1974.

Lorenzer, Alfred: Der Gegenstand psychoanalytischer Textinterpretation. In: S. Goeppert (Hrsg.): Perspektiven psychoanalytischer Literaturkritik. Freiburg 1978, 71-82.

Lorenzer, Alfred: Zum Beispiel "Der Malteser Falke". Analyse der psychoanalytischen Untersuchung literarischer Texte. In: B. Urban und W. Kudszus (Hrsg): Psychoanalytische und psychopathologische Literaturinterpretation. Darmstadt 1981, 23-47. [Über Dashiell Hammett, The Maltese Falcon]

Manheim, Leonard und Eleanor (Eds.): Hidden Patterns. Studies in Psychoanalytic Literary Criticism. New York 1966.

Marcuse, Ludwig: Freuds Ästhetik. In: Publications of the Modern Language Association of America 72 (1957), 446-463.

Marquard, Odo: Zur Bedeutung der Theorie des Unbewußten für eine Theorie der nicht mehr schönen Kunst. In: H.R. Jauß (Hrsg.): Die nicht mehr schönen Künste. Grenzphänomene des Ästhetischen. München 1968, 375-392.

Matt, Peter von: Literaturwissenschaft und Psychoanalyse. Eine Einführung. Freiburg 1972 (= rombach hochschul paperback 44).

Matt, Peter von: Anwendung psychoanalytischer Erkenntnisse in der Interpretation: das psychodramatische Substrat. In: J. Cremerius (Hrsg.): Psychoanalytische Textinterpretation. Hamburg 1974, 29-45.

Matt, Peter von: Zur Psychologie des deutschen Nationalschriftstellers. Die paradigmatische Bedeutung der Hinrichtung und Verklärung Goethes durch Thomas Mann. In: S. Goeppert (Hrsg.): Perspektiven psychoanalytischer Literaturkritik. Freiburg 1978, 82-100.

Matt, Peter von: Die Opus-Phantasie. Das phantasierte Werk als Metaphantasie im kreativen Prozeß. In: Psyche 33 (1979) 3, 193-212.

Mauron, Charles Paul: Des métaphores obsédantes au mythe personnel. Introduction à la psychocritique. Paris 1963.

Mauser, Wolfram: "Göttin Freude". Zur Psychosoziologie eines literarischen Themas. Ein Entwurf. In: B. Urban und W. Kudszus (Hrsg.): Psychoanalytische und psychopathologische Literaturinterpretation. Darmstadt 1981, 208-233.

Mazlish, Bruce: Autobiography and Psycho-Analysis. Between Truth and Self-Deception. In: Encounter 35 (1970) 4, 28-37. Dt. Übers. in: A. Mitscherlich (Hrsg.): Psycho-Pathographien I. Frankfurt a.M. 1972, 261-287.

Mettler, Heinrich: Literarische Werke, die der Psychoanalyse zugrunde liegen. In: G. Condrau (Hrsg.): Transzendenz, Imagination und Kreativität. München 1977 (= Die Psychologie des 20. Jahrhunderts XV), 876-885.

Mettler, Heinrich: Autoren schreiben anders: Der Einfluß der Psychoanalyse auf die moderne Literatur. In: G. Condrau (Hrsg.): Transzendenz, Imagination und Kreativität. München 1977 (= Die Psychologie des 20. Jahrhunderts XV), 836-850.

Metzner, Joachim: Persönlichkeitszerstörung und Weltuntergang. Das Verhältnis von Wahnbildung und literarischer Imagination. Tübingen 1976 (= Studien zur Literatur 50).

Meyer zur Capellen, Renate: Das schöne Mädchen. Psychoanalytische Betrachtungen zur "Formwerdung der Seele" des Mädchens. In: H. Brackert (Hrsg.): Und wenn sie nicht gestorben sind... Perspektiven auf das Märchen. Frankfurt a.M. 1980, 89-119.

Meyer zur Capellen, Renate: Kinder hören ein Märchen, fürchten sich und wehren sich. In: H. Brackert (Hrsg.): Und wenn sie nicht gestorben sind... Perspektiven auf das Märchen. Frankfurt a.M. 1980, 210-222.

Mitscherlich, Alexander (Hrsg.): Psycho-Pathographien I. Schriftsteller und Psychoanalyse. Frankfurt a.M. 1971.

Muschg, Adolf: Literatur als Therapie? Ein Exkurs über das Heilsame und das Unheilbare. Frankfurt a.M. 1981 (= edition suhrkamp 1065).

Muschg, Walter: Psychoanalyse und Literaturwissenschaft. Teilabdruck in: Die psychoanalytische Bewegung II (1930), 178-185. Auch in: B. Urban (Hrsg.): Psychoanalyse und Literaturwissenschaft. Tübingen 1973, 156-177.

M'Uzan, Michel de: Zum Prozeß des literarischen Schaffens. In: M. Curtius (Hrsg.): Seminar: Theorien der künstlerischen Produktivität. Frankfurt a.M. 1976, 151-175.

Navratil, Leo: Schizophrenie und Sprache. Schizophrenie und Kunst. Zur Psychologie der Dichtung und des Gestaltens. München 1976 (= dtv wissenschaftliche reihe 4267).

Neumann, Erich: Der schöpferische Mensch. Darmstadt 1965.

Nyborg, Eigil: Zur Theorie einer tiefenpsychologischen Literaturanalyse. In: K. Bohnen u.a. (Hrsg.): Literatur und Psychoanalyse. München 1981, 53-66.

Obermeit, Werner: Die Wirklichkeit des Fiktiven. Literatur und Psychoanalyse. In: Psyche 35 (1981) 3, 193-208.

Oberndorf, Clarence P.: Psychoanalysis in Literature and its Therapeutic Value. In: G. Roheim (Ed.): Psychoanalysis and the Social Sciences 1. New York 1947, 297-310. Auch in: H.M. Ruitenbeek (Ed.): Psychoanalysis and Literature. New York 1964, 102-113. Niederl. Übers. in: H.M. Ruitenbeek (Hrsg.): Psychoanalyse en literatuur. Amsterdam 1969, 138-153.

Oetjens, Carola: Psychoanalyse als Methode der Literaturinterpretation. Dargestellt am Beispiel von Tennessee Williams' "Suddenly Last Summer". Frankfurt a.M. und Bern 1982 (= Europ. Hochschulschriften. Reihe 14. Bd. 107).

Paulsen, Wolfgang (Hrsg.): Psychologie in der Literaturwissenschaft. 4. Amherster Kolloquium zur modernen deutschen Literatur. Heidelberg 1970 (= Poesie und Wissenschaft 32).

Pech, Klaus-Ulrich: Kritik der psychoanalytischen Literatur- und Kunsttheorie. Frankfurt a.M. und Bern 1980 (= Europ. Hochschulschriften. Reihe 1. Bd. 334).

Philipson, Morris: Outline of a Jungian Aesthetics. Evanston, Ill. 1963.

Phillips, William (Ed.): Art and Psychoanalysis. New York 1957.

Pietzcker, Carl: Zum Verhältnis von Traum und literarischem Kunstwerk. In: J. Cremerius (Hrsg.): Psychoanalytische Textinterpretation. Hamburg 1974, 57-69.

Pietzcker, Carl: Zur Psychoanalyse der literarischen Form. In: S. Goeppert (Hrsg.): Perspektiven psychoanalytischer Literaturkritik. Freiburg 1978, 124-158.

Politzer, Heinz: Hatte Ödipus einen Ödipuskomplex? Versuche zum Thema Psychoanalyse und Literatur. München 1974 (= Serie Piper 86).

Politzer, Heinz: Sigmund Freud und die Tragik der Interpretation. In: W. Strolz (Hrsg.): Dauer im Wandel. Wien 1973, 85-114.

Pongs, Hermann: Psychoanalyse und Dichtung. In: Euphorion 34 (1933), 38-72. Auch in: B. Urban (Hrsg.): Psychoanalyse und Literaturwissenschaft. Tübingen 1973, 220-261. Und in: W. Beutin (Hrsg.): Literatur und Psychoanalyse. München 1972,100-137.

Prinzhorn, Hans: Gespräch über Psychoanalyse zwischen Frau, Dichter und Arzt (1926). Hrsg. von B. Urban, mit einem Nachwort. Frankfurt a.M. 1981 (= suhrkamp taschenbuch 669).

Rank, Otto: Das Inzest-Motiv in Dichtung und Sage. Grundzüge einer Psychologie des dichterischen Schaffens. Wien 1912. Nachdr. 1971.

Rank, Otto: Der Doppelgänger. In: Imago 3 (1914), 97-164. Auch in: J.M. Fischer (Hrsg.): Psychoanalytische Literaturinterpretation. München 1980, 104-187.

Rank, Otto: [Die Leistung der neuen Psychologie in ihrer Anwendung auf Dichterpersönlichkeit und Kunstschöpfung] (1926). In: B. Urban (Hrsg.): Psychoanalyse und Literaturwissenschaft. Tübingen 1973, 54-94.

Rank, Otto: Die Inzestphantasie bei Schiller (1926). In: W. Beutin (Hrsg.): Literatur und Psychoanalyse. München 1972, 205-262.

Rank, Otto und Hanns Sachs: Die Bedeutung der Psychoanalyse für die Geisteswissenschaften. Wiesbaden 1913 (= Grenzfragen des Nerven- und Seelenlebens. Hrsg. von L. Loewenfeld. Heft 93).

Rank, Otto und Hanns Sachs: Das Unbewußte und seine Ausdrucksformen (1913). In: W. Beutin (Hrsg.): Literatur und Psychoanalyse. München 1972, 49-65.

Rank, Otto und Hanns Sachs: Das Märchen von den zwei Brüdern (1913). In: W. Beutin (Hrsg.): Literatur und Psychoanalyse. München 1972, 182-205.

Reh, Albert M.: Psychologische und psychoanalytische Interpretationsmethoden in der Literaturwissenschaft. In: W. Paulsen (Hrsg.): Psychologie in der Literaturwissenschaft. Heidelberg 1971, 34-56.

Reh, Albert M.: Die Rettung der Menschlichkeit. Lessings Dramen in literaturpsychologischer Sicht. Bern und München 1981. (1. Teil: Zur allgemeinen Literaturpsychologie, 17-84.)

Reik, Theodor: Dichtung und Psychoanalyse. In: Pan 2 (1912), 519-526. Auch in: B. Urban (Hrsg.): Psychoanalyse und Literaturwissenschaft. Tübingen 1973, 11-18.

Reik, Theodor: Künstlerisches Schaffen und Witzarbeit. In: Imago 15 (1929), 200-231. Auch in: J.M. Fischer (Hrsg.): Psychoanalytische Literaturinterpretation. München 1980, 188-220.

Ricoeur, Paul: De l'interprétation. Essai sur Freud. Paris 1965. Dt. Übers.: Die Interpretation. Ein Versuch über Freud. Frankfurt a.M. 1969. Auch: Frankfurt a.M. 1974 (= suhrkamp taschenbuch wissenschaft 76).

Ricoeur, Paul: Le conflit des interprétations. Essai d'herméneutique. Paris 1969. Dt. Übers.: Hermeneutik und Psychoanalyse. Der Konflikt der Interpretationen II. München 1974.

Robert, Marthe: La révolution de psychanalyse. Paris 1964. Dt. Übers.: Die Revolution der Psychoanalyse. Leben und Werk von Sigmund Freud. Frankfurt a.M. 1967 (= Fischer Bücherei 840).

Robert, Marthe: D'Oedipe à Moise. Freud et la conscience juive. Paris 1974. Dt. Übers.: Sigmund Freud – zwischen Moses und Ödipus. Die jüdischen Wurzeln der Psychoanalyse. Berlin 1977 (= Ullstein Buch 3393).

Roland, Alan (Ed.): Psychoanalysis, Creativity and Literature. A French-American Inquiry. New York 1978.

Roland, Alan: Toward a reorientation of psychoanalytic literary criticism. In: The Psychoanalytic Review 65 (1978) 3, 391-414. Auch in: A. Roland (Ed.): Psychoanalysis, Creativity and Literature. New York 1978, 248-271.

Rosenkötter, Rose Maria: Das Märchen – eine vorwissenschaftliche Entwicklungspsychologie. In: Psyche 34 (1980) 2, 168-207.

Rothenberg, Albert: The Unconscious and Creativity. In: A. Roland (Ed.): Psychoanalysis, Creativity and Literature. New York 1978, 144-162.

Ruitenbeek, Hendrik Marinus (Ed.): Psychoanalysis and Literature. New York 1964. Niederl. Übers.: Psychoanalyse en literatuur. Amsterdam 1969.

Ruitenbeek, Hendrik M. (Ed.): The Literary Imagination. Psychoanalysis and the Genius of the Writer. Chicago 1965.

Rutschky, Michael: Lektüre der Seele. Eine historische Studie über die Psychoanalyse der Literatur. Frankfurt a.M. 1981 (= Ullstein Buch 35106).

Sachs, Hanns: Psychoanalyse und Dichtung (1926). In: P. Federn und H. Meng (Hrsg.): Das psychoanalytische Volksbuch. Bern und Stuttgart 1957, 363-372. Auch in: H. Meng (Hrsg.): Psychoanalyse und Kultur. Darstellungen namhafter Wissenschaftler. München 1965, 123-131. Auch in: B. Urban (Hrsg.): Psychoanalyse und Literaturwissenschaft. Tübingen 1973, 94-103.

Sadger, Isidor: Von der Pathographie zur Psychographie. In: Imago 1 (1912), 158-175. Auch in: J.M. Fischer (Hrsg.): Psychoanalytische Literaturinterpretation. München 1980, 64-84.

Salber, Wilhelm: Literatur-Psychologie. Gelebte und erlebte Literatur. Bonn 1972 (= Abh. z. Kunst-, Musik- und Lit.wiss. 130).

Schmid Noerr, Gunzelin: Mythologie des Imaginären oder imaginäre Mythologie? Zur Geschichte und Kritik der psychoanalytischen Mythendeutung. In: Psyche 36 (1982) 7, 577-608.

Schneider, Daniel E.: The Psychoanalyst and the Artist. New York 1950.

Schneider, Peter: Illusion und Grundstörung. Psychoanalytische Überlegungen zum Lesen. In: Psyche 36 (1982) 4, 327-342.

Schönau, Walter: Sigmund Freuds Prosa. Literarische Elemente seines Stils. Stuttgart 1968 (= Germanistische Abhandlungen 25).

Schönau, Walter: Literaturanalyse und Psychoanalyse. Ein Plädoyer für die Verbesserung ihrer Beziehungen. In: Handelingen van het 32e Nederl. Filologencongres. Amsterdam 1974, 267-274.

Schönau, Walter: Psychoanalyse im Literaturunterricht? Eine Einführung in das Problemfeld. In: Der Deutschunterricht 34 (1982) 5, 5-20.

Schönau, Walter: Het lezen van literatuur. Een psychoanalytiese visie. In: Psychologie en Maatschappij, herfst 1983.

Schrey, Gisela: Literaturästhetik der Psychoanalyse und ihre Rezeption in der deutschen Germanistik vor 1933. Frankfurt a.M. 1974.

Seemann, Hans-Joachim: "Das Motiv der Kästchenwahl". Eine ergänzende psychoanalytische Studie unter Verwendung der Reaktionen einer Analysandin. In: Jahrbuch der Psychoanalyse 13 (1981), 171-287.

Smith, Joseph H. (Ed.): The Literary Freud: Mechanisms of Defense and the Poetic Will. New Haven und London 1980 (= Psychiatry and the Humanities 4).

Spector, Jack J.: The Aesthetics of Freud. London 1972. Dt. Übers.: Freud und die Ästhetik. Psychoanalyse, Literatur und Kunst. München 1973.

Spiegel, Yorick: Doppeldeutlich. Tiefendimensionen biblischer Texte. München 1978.

Starobinski, Jean: La rélation critique. Paris 1961. L'oeuil vivant II. Paris 1970. Teilw. dt. Übers.: Psychoanalyse und Literatur. Frankfurt a.M. 1973.

361

Sterren, Driek van der: Ödipus. Nach den Tragödien des Sophokles. Eine psychoanalytische Studie. München 1974 (= Geist und Psyche 02121).

Stevens, Anthony: Archetype. A Natural History of the Self. London 1982.

Strelka, Joseph P.: Psychoanalyse und Mythenforschung in der Literaturwissenschaft. In: V. Zmegač und Z. Škreb (Hrsg.): Zur Kritik literaturwissenschaftlicher Methodologie. Frankfurt a.M. 1973, 199-215.

Strelka, Joseph P.: Vergleichende Literaturkritik und Psychoanalyse. In: Cahiers roumains d'études littéraires 1 (1976), 65-76.

Strelka, Joseph P. (Ed.): Literary Criticism and Psychology. University Park und London 1976 (= Yearbook of comparative criticism 7).

Strelka, Joseph P.: Auf der Suche nach dem verlorenen Selbst. Zu deutscher Erzählprosa des 20. Jahrhunderts. München 1977.

Thoma-Herterich, Christa: Zur Kritik der Psychokritik. Eine literaturwissenschaftliche Auseinandersetzung am Beispiel französischer Arbeiten. Frankfurt a.M. und Bern 1976 (= Europ. Hochschulschriften. Reihe XIII. Bd. 37).

Urban, Bernd (Hrsg.): Psychoanalyse und Literaturwissenschaft. Texte zur Geschichte ihrer Beziehungen. Tübingen 1973 (= Deutsche Texte 24) [mit Bibliographie].

Urban, Bernd und Johannes Cremerius (Hrsg.): Sigmund Freud, Der Wahn und die Träume in W. Jensens "Gradiva" mit dem Text der Erzählung von Wilhelm Jensen. Frankfurt a.M. 1973 (= Fischer Bücherei 6172).

Urban, Bernd: Psychoanalyse und Literaturwissenschaft. Schwierigkeiten, Mißverständnisse, Forschungsaufgaben. In: Universitas 30 (1975) 12, 1301-1312.

Urban, Bernd: Alfred Lorenzers Konzept der Interaktionsformen innerhalb der Gegenstands- und Verfahrensproblematik psychoanalytischer Textinterpretation. In: S. Goeppert (Hrsg.): Perspektiven psychoanalytischer Literaturkritik. Freiburg 1978, 194-212.

Urban, Bernd und Winfried Kudszus (Hrsg.): Psychoanalytische und psychopathologische Literaturinterpretation. Darmstadt 1981 (= Ars interpretandi 10) [mit Bibliographie].

Urban, Bernd und Winfried Kudszus: Kritische Überlegungen und neue Perspektiven zur psychoanalytischen und psychopathologischen Literaturinterpretation. Einleitung. In: B. Urban und W. Kudszus (Hrsg.): Psychoanalytische und psychopathologische Literaturinterpretation. Darmstadt 1981, 1-23.

Verhoeff, Han: Psychoanalyse en literatuurbeschouwing. In: Forum der letteren 18 (1977) 4, 252-269.

Verhoeff, Han: De Januskop van Oedipus. Over literatuur en psychoanalyse. Assen 1981 (= Puntkomma-reeks 9).

Volmerg, Brigitte: Zum Gegenstand und zur Methode psychoanalytischer Textinterpretation. In: Th. Leithäuser u.a. (Hrsg.): Entwurf zu einer Empirie des Alltagsbewußtseins. Frankfurt a.M. 1977, 241-260.

Weiß, Karl: Von Reim und Refrain. Ein Beitrag zur Psychogenese dichterischer Ausdrucksmittel. In: Imago 2 (1913), 552-572. Auch in: W. Beutin (Hrsg.): Literatur und Psychoanalyse. München 1972, 137-159.

Wiesmann, Louis: Das Doppelgängermotiv innerhalb des Weltbilds und des Selbstverständnisses einzelner deutscher Dichter. In: G. Benedetti (Hrsg.): Psychiatrische Aspekte des Schöpferischen und schöpferische Aspekte der Psychiatrie. Göttingen 1975, 130-146.

Wijsen, Louk M.P.T.: Cognition and Image Formation in Literature. Frankfurt a.M. und Bern 1979 (= Literatur und Psychologie 2).

Wellershoff, Dieter: Literatur und Lustprinzip. Essays. Köln 1973.

Wellershoff, Dieter: Träumerischer Grenzverkehr. Über die Entstehung eines Gedichtes. In: D.W.: Das Verschwinden im Bild. Essays. Köln 1980, 127-142. Auch in: Der Deutschunterricht 34 (1982) 5, 38-45.

362

Willenberg, Heiner: Die Entdeckung des Unbewußten. Sigmund Freuds Aufsatz "Das Unbewußte". Stuttgart 1978 (= Deutsch in der Sekundarstufe II. Kurs 5).

Winterstein, Alfred und Edmund Bergler: Zur Psychologie des Pathos. In: Imago 21 (1935),
311-319. Auch in: W. Beutin (Hrsg.): Literatur und Psychoanalyse. München 1972,
159-169.

Wolff, Reinhold (Hrsg.): Psychoanalytische Literaturkritik. München 1975 (= Kritische
Information 27) [mit Bibliographie].

Wolff, Reinhold: Strukturalismus und Assoziationspsychologie. Empirisch-pragmatische
Literaturwissenschaft im Experiment: Baudelaires "Les Chats". Tübingen 1977.

Wolff, Reinhold: Die Konstruktion der biographischen Wirklichkeit im analytischen Prozeß und in der Autobiographie. Bericht über die 4. Arbeitstagung "Psychoanalyse und
Literaturwissenschaft" am 26./27.1.1979 in Freiburg. In: F. Wyatt (Hrsg.): Freiburger
literaturpsychologische Gespräche. Erste Folge. Frankfurt a.M. und Bern 1981, 217-
233.

Wolff, Reinhold: Baudelaires "Chant d'automne". Überprüfungsprobleme des traumdeutend-psychoanalytischen Verfahrens. In: B. Urban und W. Kudszus (Hrsg.): Psychoanalytische und psychopathologische Literaturinterpretation. Darmstadt 1981,
47-72.

Wolff, Reinhold (Hrsg.): Psychoanalytische Literaturwissenschaft und Literatursoziologie. Akten der Sektion 17 des Romanistentages 1979 in Saarbrücken. Frankfurt a.M.
und Bern 1982 (= Literatur und Psychologie 7).

Worbs, Michael: Nervenkunst. Literatur und Psychoanalyse im Wien der Jahrhundert-
wende. Frankfurt a.M. 1981.

Wünsch, Marianne: Zur Kritik der psychoanalytischen Textanalyse. In: W. Klein (Hrsg.):
Methoden der Textanalyse. Heidelberg 1977, 45-60.

Wyatt, Frederick: Das Psychologische in der Literatur. In: W. Paulsen (Hrsg.): Psychologie
in der Literaturwissenschaft. Heidelberg 1970, 15-34. Auch in: J. Cremerius (Hrsg.):
Psychoanalytische Textinterpretation. Hamburg 1974, 46-56.

Wyatt, Frederick: Anwendung der Psychoanalyse auf die Literatur. Phantasie, Deutung,
klinische Erfahrung. In: M. Curtius (Hrsg.): Seminar: Theorien der künstlerischen
Produktivität. Frankfurt a.M. 1976, 335-357.

Wyatt, Frederick (Hrsg.): Freiburger literaturpsychologische Gespräche. Erste Folge.
Frankfurt a.M. und Bern 1981 (= Literatur und Psychologie 6).

Wyatt, Frederick: Möglichkeiten und Grenzen der psychoanalytischen Deutung der Literatur. Überlegungen zur 5. Arbeitstagung "Psychoanalyse und Literatur" am 25./26.1.
1980. In: F. Wyatt (Hrsg.): Freiburger literaturpsychologische Gespräche. Erste Folge.
Frankfurt a.M. und Bern 1981, 7-12.

II

Literaturpsychologische Arbeiten zu einzelnen deutschsprachigen Schriftstellern,
erschienen 1945-1983 (Auswahl)

Andrian, Leopold
— Renner, Ursula: Leopold Andrians "Garten der Erkenntnis" als literarisches Paradig-
ma einer Identitätskrise in Wien um 1900. Frankfurt a.M. und Bern 1981 (= Literatur
und Psychologie 3).

Bachmann, Ingeborg
— Riedel, Ingrid: Traum und Legende in Ingeborg Bachmanns "Malina". In: B. Urban
und W. Kudszus (Hrsg.): Psychoanalytische und psychopathologische Literaturinterpretation. Darmstadt 1981, 178-208.

Benn, Gottfried
- Irle, Gerhard: Rausch und Wahnsinn bei Gottfried Benn und Georg Heym. Zum psychiatrischen Roman. In: W. Kudszus (Hrsg.): Literatur und Schizophrenie. München 1977, 104-113.
- Sahlberg, Oskar: Gottfried Benns Phantasiewelt. "Wo Lust und Leiche winkt". München 1977.

Bernhard, Thomas
- Schönau, Walter: Thomas Bernhards "Ereignisse" oder Die Wiederkehr des Verdrängten. Eine psychoanalytische Interpretation. In: Psyche 30 (1976) 3, 252-267.

Brecht, Bertolt
- Matt, Peter von: Brecht und der Kälteschock. In: Die neue Rundschau 87 (1976) 4, 613-629.
- Pietzcker, Carl: Die Lyrik des jungen Brecht. Vom anarchischen Nihilismus zum Marxismus. Frankfurt a.M. 1974.
- Pietzcker, Carl: Von der Kindesmörderin Marie Farrar. In: J. Dyck u.a. (Hrsg.): Brechtdiskussion. Kronberg/Ts. 1974, 172-206.
- Pietzcker, Carl: Gleichklang. Psychoanalytische Überlegungen zu Brechts später Lyrik. In: Der Deutschunterricht 34 (1982) 5, 46-72.

Broch, Hermann
- Dahl, Gerhard: Hermann Broch: "Der Tod des Vergil". Eine psychoanalytische Studie. In: J. Cremerius (Hrsg.): Psychoanalytische Textinterpretation. Hamburg 1974, 71-127.

Büchner, Georg
- Sharp, Francis Michael: Büchner's "Lenz": A Futile Madness. In: B. Urban und W. Kudszus (Hrsg.): Psychoanalytische und psychopathologische Literaturinterpretation. Darmstadt 1981, 256-280.
- White, J.S.: Georg Büchner or the Suffering through the Father. In: American Imago 9 (1952), 365-427.

Doderer, Heimito von
- Dettmering, Peter: Zu Werken Heimito von Doderers. Trennungsangst und Zwillingsphantasie in Doderers Roman "Die Strudlhofstiege". "Die erleuchteten Fenster". Protokoll einer Doppelgängererfahrung. In: P.D.: Dichtung und Psychoanalyse II. München 1974, 91-161.
- Dettmering, Peter: Zum Entfremdungserleben in Heimito von Doderers "Dämonen". In: S. Goeppert (Hrsg.): Perspektiven psychoanalytischer Literaturkritik. Freiburg 1978, 9-23.

Eichendorff, Joseph von
- Böhme, Hartmut: Romantische Adoleszenzkrisen. Zur Psychodynamik der Venuskult-Novellen von Tieck, Eichendorff und E.T.A. Hoffmann. In: K. Bohnen u.a. (Hrsg.): Literatur und Psychoanalyse. München 1981, 133-177.
- Paulsen, Wolfgang: Eichendorff und sein Taugenichts. Die innere Problematik des Dichters in seinem Werk. Bern und München 1976.
- Pikulik, Lothar: Die Mythisierung des Geschlechtstriebes in Eichendorffs "Das Marmorbild". In: Euphorion 71 (1977) 2, 128-140.

Frisch, Max
- Lusser-Mertelsmann, Gunda: Max Frisch: die Identitätsproblematik in seinem Werk aus psychoanalytischer Sicht. Stuttgart 1976.
- Mauser, Wolfram: Max Frischs "Homo faber". In: F. Wyatt (Hrsg.): Freiburger literaturpsychologische Gespräche. Erste Folge. Frankfurt a.M. und Bern 1981, 79-97.
- Mertelsmann, Gunda: Geschlechterproblematik und Identität im Werk Max Frischs. In: J. Cremerius (Hrsg.): Psychoanalytische Textinterpretation. Hamburg 1974, 181-207.

George, Stefan
- Matt, Peter von: Der geliebte Doppelgänger. Die Struktur des Narzißmus bei Stefan George. In: Zeitschr. für Literaturwissenschaft und Linguistik LiLi 6 (1976) 21, 63-80.

Goethe, Johann Wolfgang von
- Dettmering, Peter: Ungleiche Zwillinge in Goethes "Pandora". In: P.D.: Dichtung und Psychoanalyse II. München 1974, 19-32.
- Dettmering, Peter: Reglose und entfesselte Natur in Goethes "Wahlverwandtschaften". In: P.D.: Dichtung und Psychoanalyse II. München 1974, 33-68.
- Dettmering, Peter: Zu Goethes "Pandora". "Gleich und verschieden". In: Jahrbuch der Psychoanalyse 8 (1975), 139-152.
- Diener, Gottfried: Goethes "Lila". Heilung eines 'Wahnsinns' durch 'psychische Kur'. Vergleichende Interpretation der drei Fassungen. Frankfurt a.M. 1971.
- Eissler, Kurt Robert: Notes on the Environment of a Genius (Goethe). In: The Psychoanalytic Study of the Child 14 (1959), 267-313.
- Eissler, Kurt Robert: Goethe: A Psychoanalytic Study. 1775-1786. 2 Bde. Detroit 1963. Dt. Übers.: Goethe. Frankfurt a.M. 1983. 2 Bde.
- Greffrath, Mathias und Oskar Sahlberg: Psychoanalyse. In: H. Eggebrecht (Hrsg.): Goethe – Ein Denkmal wird lebendig. München 1982, 38-60.
- Hitschmann, Eduard: Psychoanalytisches zur Persönlichkeit Goethes. In: Imago 18 (1932), 42-66. Auch in: J. Cremerius (Hrsg.): Neurose und Genialität. Frankfurt a.M. 1971, 151-182.
- Lange-Kirchheim, Astrid: Spiel im Spiel – Traum im Traum. Zum Zusammenhang von Goethes "Triumph der Empfindsamkeit" und dem Monodrama "Proserpina". In: B. Urban und W. Kudszus (Hrsg.): Psychoanalytische und psychopathologische Literaturinterpretation. Darmstadt 1981, 125-152.
- Meyer-Kalkus, R.: Werthers Krankheit zum Tode. Pathologie und Familie in der Empfindsamkeit. In: F.A. Kittler und H. Turk (Hrsg.): Urszenen. Frankfurt a.M. 1977, 76-138.

Grabbe, Christian Dietrich
- Bergler, Edmund: Zur Problematik des "oralen" Pessimisten. Demonstriert an Christian Dietrich Grabbe. In: Imago 20 (1934), 330-376. Auch in: J.M. Fischer (Hrsg.): Psychoanalytische Literaturinterpretation. München 1980, 221-277.

Grass, Günter
- Schönau, Walter: Zur Wirkung der "Blechtrommel" von Günter Grass. In: Psyche 28 (1974) 7, 573-599.

Grillparzer, Franz
- Politzer, Heinz: Franz Grillparzer oder Das abgründige Biedermeier. Hrsg. von Wolfgang Kraus, Reinhard Urbach und Hans Weigel. Wien 1972.

Handke, Peter
- Dettmering, Peter: Der Wunsch, "niemand" zu sein. Peter Handke: Die Stunde der wahren Empfindung. In: Praxis der Psychotherapie 22 (1977), 83-88. Auch in: P.D.: Psychoanalyse als Instrument der Literaturwissenschaft. Frankfurt a.M. 1981, 69-75.
- Mauser, Wolfram: Peter Handke, "Wunschloses Unglück" – erwünschtes Unglück? In: Der Deutschunterricht 34 (1982) 5, 73-89.
- Moser, Tilmann: Spaziergänge eines Borderline-Patienten? Zu Peter Handkes "Die Stunde der wahren Empfindung" (1975). In: Psyche 35 (1981) 12, 1136-1160.

Heine, Heinrich
- Schneider, Manfred: "... Die Liebe für schöne Frauen und die Liebe für die französische Revolution ...". Anmerkungen zum romantischen Spracherwerb und zur Ikonographie des politischen Diskurses bei Heine. In: S. Goeppert (Hrsg.): Perspektiven psychoanalytischer Literaturkritik. Freiburg 1978, 158-194.

Hesse, Hermann
- Dahrendorf, Malte: Hermann Hesses "Demian" und C.G. Jung. In: Germanisch-Romanische Monatsschrift Neue Folge 8 (1958) 1, 81-97.
- Debruge, Suzanne: L'oeuvre de Hermann Hesse et la psychanalyse. In: Etudes Germaniques 7 (1952), 252-261.
- Heller, Peter: The creative unconscious and the spirit. A study of polarities in Hesse's image of the writer. In: Modern Language Forum 38 (1953), 28-40.
- Hirschbach, Frank D.: Traum und Vision bei Hermann Hesse. In: Monatshefte für deutschen Unterricht 51 (1959) 4, 157-168.
- Maier, Emanuel: The psychology of C.G. Jung in the works of Hermann Hesse. Phil. Diss. New York 1952.
- Mileck, Joseph: Freud and Jung. Psychoanalysis and Literature. Art and Disease. In: Seminar 14 (1978) 2, 105-117. Dt. Übers. in: J.M.: Hermann Hesse. Dichter, Sucher, Bekenner. Biographie. München 1979, 102-106.
- Nelson, Benjamin: Hesse and Jung. Two newly recovered letters. In: The Psychoanalytic Review 50 (1963), 11-16.
- Peters, Eric: Hermann Hesse. The psychological implications of his writings. In: German Life and Letters 1 (1948) 3, 209-214.
- Puppe, Heinz: Die soziologische und psychologische Symbolik im Prosawerk Hermann Hesses. Phil. Diss. Innsbruck 1959.
- Puppe, Heinz: Psychologie und Mystik in "Klein und Wagner" von Hermann Hesse. In: Publications of the Modern Language Association of America 78 (1963) 1, 128-135.
- Rattner, Josef: Psychologische Notiz zu Hermann Hesses "Demian". In: Der Psychologe 14 (1962) 1, 25-30.
- Rattner, Josef: Hermann Hesse. Andeutungen zu einer Psychographie. In: Jahrbuch für Verstehende Tiefenpsychologie und Kulturanalyse 2 (1982), 143-159.
- Schwartz, Armand: Création littéraire et psychologie des profondeurs. Paris 1960. [Über Hermann Hesse und C.G. Jung]
- Schweckendieck, Adolf: Sinclair in Hermann Hesses "Demian", Hans Giebenrath in Hermann Hesses "Unterm Rad", Goldmund in Hermann Hesses "Narziß und Goldmund". In: A.S.: Könnt' ich Magie von meinem Pfad entfernen. Berlin 1970, 18-21, 65-81, 93-104.
- Serrano, Miguel: C.G. Jung and Hermann Hesse. A record of two friendships. London 1966. Dt. Übers.: Meine Begegnungen mit C.G. Jung und Hermann Hesse in visionärer Schau. Zürich und Stuttgart 1968. Nederl. vert.: De hermetische cirkel – Jung en Hesse. Rotterdam 1975.
- Strelka, Joseph: Hermann Hesses "Roßhalde" psychoanalytisch gesehen. In: Acta Germanica 9 (1976), 177-186. Auch in: J.S.: Auf der Suche nach dem verlorenen Selbst. Bern und München 1977, 82-94, 157f.
- Taylor, Harley Ustus: The death wish and suicide in the novels of Hermann Hesse. In: West Virginia University Philological Papers 13 (1961), 50-64.
- Taylor, Harley Ustus: Homoerotic elements in the novels of Hermann Hesse. In: West Virginia University Philological Papers 16 (1967), 63-71.
- Wolff, Uwe: Hermann Hesse "Demian". Die Botschaft vom Selbst. Bonn 1979 (= Abh. z. Kunst-, Musik- und Lit.wiss. 216).
Heym, Georg
- Irle, Gerhard: Rausch und Wahnsinn bei Gottfried Benn und Georg Heym. Zum psychiatrischen Roman. In: W. Kudszus (Hrsg.): Literatur und Schizophrenie. München 1977, 104-113.

Hölderlin, Friedrich
- Kudszus, Winfried: Sprachverlust und Sinnwandel. Zur späten und spätesten Lyrik Hölderlins. Stuttgart 1969.
- Kudszus, Winfried: Versuch einer Heilung. Zu Hölderlins späterer Lyrik. In: I. Riedel (Hrsg.): Hölderlin ohne Mythos. Göttingen 1973, 18-33.
- Laplanche, Jean: Hölderlin et la question du père. Paris 1961. Dt. Übers.: Hölderlin und die Suche nach dem Vater. Stuttgart 1975 (= problemata 38).
- Stierlin, Helm: Hölderlins dichterisches Schaffen im Lichte seiner schizophrenen Psychose. In: Psyche 26 (1972) 7/8, 530-548.

Hoffmann, E.T.A.
- Aichinger, Ingrid: Der Sandmann und die Interpretation S. Freuds. In: Zeitschr. für deutsche Philologie 95 (1976) Sonderheft E.T.A. Hoffmann, 113-132.
- Böhme, Hartmut: Romantische Adoleszenzkrisen. Zur Psychodynamik der Venuskult-Novellen von Tieck, Eichendorff und E.T.A. Hoffmann. In: K. Bohnen u.a. (Hrsg.): Literatur und Psychoanalyse. München 1981, 133-177.
- Cixous, Hélène: La fiction et ses fantômes. Une lecture de L'Unheimliche de Freud. In: Poétique 10 (1972), 199-226. Engl. Übers.: Fiction and its Phantoms. A Reading of Freud's "Das Unheimliche". In: New Literary History 7 (1976), 525-548.
- Jaffé, Aniela: Bilder und Symbole aus E.T.A. Hoffmanns Märchen "Der goldene Topf". In: C.G. Jung: Gestaltungen des Unbewußten. Zürich 1950, 239-616.
- Kittler, Friedrich A.: "Das Phantom unseres Ichs" und die Literaturpsychologie. E.T.A. Hoffmann–Freud–Lacan. In: F.A. Kittler und H. Turk (Hrsg.): Urszenen. Frankfurt a.M. 1977, 139-166.
- Peel, Ellen: Psychoanalysis and the Uncanny. In: Comparative Literature Studies 17 (1980) 4, 410-417. [Über "Der Sandmann"]
- Schäfer, Ludger: Symbole des Individuationsprozesses in E.T.A. Hoffmanns "Die Elixiere des Teufels". Phil. Diss. Düsseldorf 1976.

Hoffmann, Heinrich
- Ellwanger, Wolfram: Zappelphilipp und der Wilde Jäger. Ein Beitrag der Psychoanalyse zum "Struwwelpeter". In: Psyche 27 (1973) 7, 636-654.

Hofmannsthal, Hugo von
- Grossert, Niels Axel: Versuch einer Anwendung von tiefenpsychologischen Kategorien bei einer Analyse der Werke Hugo von Hofmannsthals. Bemerkungen zu "Das Bergwerk von Falun" und "Die Frau ohne Schatten". In: K. Bohnen u.a. (Hrsg.): Literatur und Psychoanalyse. München 1981, 67-111.
- Mauser, Wolfram: Hugo von Hofmannsthal. Konfliktbewältigung und Werkstruktur. Eine psychosoziologische Interpretation. München 1977 (= Kritische Information 59).
- Politzer, Heinz: Hugo von Hofmannsthals "Elektra". Geburt der Tragödie aus dem Geiste der Psychopathologie. In: H.P.: Hatte Ödipus einen Ödipus-Komplex? München 1970, 78-105. Auch in: Deutsche Vierteljahrsschrift für Literaturwissenschaft und Geistesgeschichte 47 (1970) 1, 34-48.
- Urban, Bernd: "Die Wunscherfüllung unserer Kindheit". Psychoanalytisch-archivalische Notizen zu Hugo von Hofmannsthals Tragödie "Ödipus und die Sphinx". In: J. Cremerius (Hrsg.): Psychoanalytische Textinterpretation. Hamburg 1974, 284-302.
- Urban, Bernd: Hofmannsthal, Freud und die Psychoanalyse. Quellenkundliche Untersuchungen. Frankfurt a.M. und Bern 1978 (= Literatur und Psychologie 1).
- Wijsen, Louk M.P.T.: Intrinsic and Extrinsic Psychological Conflicts in Literature: Manifest in Kleist's "Michael Kohlhaas" and Hofmannsthal's "Chandos-Brief". In: B. Urban und W. Kudszus (Hrsg.): Psychoanalytische und psychopathologische Literaturinterpretation. Darmstadt 1981, 87-125.
- Wunberg, Gotthart: Der frühe Hofmannsthal. Schizophrenie als dichterische Struktur. Stuttgart 1965 (= Sprache und Literatur 25).

– Wunberg, Gotthart: Depersonalisation und Bewußtsein im Wien des frühen Hofmannsthal. In: W. Kudszus (Hrsg.): Literatur und Schizophrenie. München 1977, 69-104.

Huch, Friedrich

– Wucherpfennig, Wolf: Kindheitskult und Irrationalismus in der Literatur um 1900.
   Friedrich Huch und seine Zeit. München 1980.

Jean Paul

– Dettmering, Peter: Der Roman von den zwei Brüdern. Jean Pauls "Flegeljahre". In:
   P.D.: Dichtung und Psychoanalyse II. München 1974, 69-87.
– Dettmering, Peter: Literatur als Selbstbefreiungsversuch. Zu Jean Pauls "Titan". In:
   Psyche 37 (1983) 3, 254-268.
– Hörhammer, Dieter: Konzentrische Freudenkreise. Zum Charakter der Idylle bei Jean
   Paul. In: Der Deutschunterricht 35 (1983) 1, 91-109.
– Pietzcker, Carl: Das Kunstwerk als Phantasie. Eine einführende Interpretation. [Über
   Jean Paul, Rede des toten Christus] In: Zeitschr. für Literaturwissenschaft und Lin-
   guistik LiLi 6 (1976) 21, 45-62.
– Pietzcker, Carl: Narzißtisches Glück und Todesphantasie in Jean Pauls "Leben des
   vergnügten Schulmeisterlein Maria Wutz in Auenthal". In: K. Bohnen u.a. (Hrsg.):
   Literatur und Psychoanalyse. München 1981, 30-52.
– Pietzcker, Carl: "Mutter", sagt' er zu seiner Frau, "ich fress' mich aber noch vor Lie-
   be, Mutter!" Oder: Jean Paul bereitet uns mit seinem "Leben des vergnügten Schul-
   meisterlein Maria Wutz" ein bekömmliches Mahl. Wir dürfen uns selbst genießen. In:
   J. Cremerius (Hrsg.): Freiburger literaturpsychologische Gespräche. Zweite Folge.
   Frankfurt a.M. und Bern 1982, 49-99.

Kafka, Franz

– Anz, Heinrich: Umwege zum Tode. Zur Stellung der Psychoanalyse im Werk Franz
   Kafkas. In: K. Bohnen u.a. (Hrsg.): Literatur und Psychoanalyse. München 1981,
   211-230.
– Bartels, Martin: Der Kampf um den Freund. Die psychoanalytische Sinneinheit in
   Kafkas Erzählung "Das Urteil". In: Deutsche Vierteljahrsschrift für Literaturwissen-
   schaft und Geistesgeschichte 56 (1982) 2, 225-258.
– Curtius, Mechthild: Manifestationen der Einsamkeit bei Kafka. Zur Isolierung des
   Künstlers in sozialpsychologischer Sicht. In: Zeitschr. für Literaturwissenschaft und
   Linguistik LiLi 6 (1976) 21, 26-44.
– Dettmering, Peter: Ambivalenz und Ambitendenz in der Dichtung Franz Kafkas. In:
   Literatur und Kritik 140 (1979), 619-627. Auch in: P.D.: Psychoanalyse als Instru-
   ment der Literaturwissenschaft. Frankfurt a.M. 1981, 59-69.
– Fromm, Erich: Franz Kafka. In: W. Phillips (Ed.): Art and Psychoanalysis. New York
   1957, 136-145.
– Goeppert, Sebastian und Herma C. Goeppert: Der Interpret als Käfer. Zum psycho-
   analytischen Verständnis von Kafkas "Verwandlung". In: S.G. und H.C.G.: Psycho-
   analyse interdisziplinär. München 1981, 117-126.
– Hecht, M.B.: Uncanniness, Yearning and Franz Kafka's Works. In: American Imago 9
   (1952), 45-55.
– Hoffman, Frederick J.: Kafka and Mann. In: F.J.H.: Freudianism and the Literary
   Mind. New York 1957, 177-229.
– Holland, Norman N.: Realism and Unrealism. Kafka's "Metamorphosis". In: Modern
   Fiction Studies 4 (1958), 143-150.
– Lesser, Simon O.: Schuldgevoel en de oorsprong van schuld. – "Het proces" van
   Kafka. In: H.M. Ruitenbeek (Hrsg.): Psychoanalyse en literatuur. Amsterdam 1969,
   175-200.
– Marson, Eric und Leopold Keith: Kafka, Freud and "Ein Landarzt". In: German
   Quarterly 37 (1964), 146-160.

– Mecke, Günter: Der Jäger Gracchus: Kafkas Geheimnis. In: Psyche 35 (1981) 3, 209-236.
– Mitscherlich-Nielsen, Margarethe: Psychoanalytische Bemerkungen zu Franz Kafka. In: Psyche 31 (1977) 1, 60-83. Auch in: M.M.-N.: Das Ende der Vorbilder. Vom Nutzen und Nachteil der Idealisierung. München 1978.
– Neumann, Erich: Franz Kafka: Das Gericht – eine tiefenpsychologische Deutung. In: Zeitschr. für analytische Psychologie und ihre Grenzgebiete 5 (1974), 252-306.
– Politzer, Heinz: Franz Kafka der Künstler. Frankfurt a.M. 1962.
– Politzer, Heinz: Franz Kafkas vollendeter Roman. Zur Typologie seiner Briefe an Felice Bauer. In: H.P.: Hatte Ödipus einen Ödipus-Komplex? München 1974, 56-77. Auch in: W. Paulsen (Hrsg.): Das Nachleben der Romantik in der modernen deutschen Literatur. Heidelberg 1969, 192-211.
– Politzer, Heinz: Das entfremdete Selbst – ein Schlüssel zu Kafkas "Schloß"? In: H.P.: Hatte Ödipus einen Ödipus-Komplex? München 1974, 9-28.
– Politzer, Heinz: Kafkas Zärtlichkeiten. Kafka konnte geholfen werden. In: Merkur 29 (1975) 330, 1076-1079.
– Rochefort, R.: La culpabilité chez Kafka. In: Psyché 3 (1948), 483-495.
– Ryan, Lawrence: "Zum letztenmal Psychologie!" Zur psychologischen Deutbarkeit der Werke Franz Kafkas. In: W. Paulsen (Hrsg.): Psychologie in der Literaturwissenschaft. Heidelberg 1971, 157-174.
– Sautermeister, Gert: Die sozialkritische und sozialpsychologische Dimension in Franz Kafkas "Die Verwandlung". In: Der Deutschunterricht 26 (1974) 4, 99-109.
– Sautermeister, Gert: Sozialpsychologische Textanalyse. Franz Kafkas Erzählung "Das Urteil". In: G. Kimpel und B. Pinkerneil (Hrsg.): Methodische Praxis der Literaturwissenschaft. Kronberg/Ts. 1975, 179-222.
– Seyppel, J.H.: The Animal Theme and Totemism in Franz Kafka. In: Literature and Psychology 4 (1954), 49-63.
– Spilka, M.: Kafka and Dickens: The Country Sweetheart. In: American Imago 16 (1959), 367-378.
– Webster, P.D.: Franz Kafka's "Metamorphosis" as Death and Resurrection Phantasy. In: American Imago 16 (1959), 349-365.
– Wucherpfennig, Wolf: Die Verwandlung des masochistischen Angestellten. Psychoanalytische Texterklärung am Beispiel Franz Kafkas. In: Freiburger Universitätsblätter 58 (1977), 21-36.
Keller, Gottfried
– Muschg, Adolf: Gottfried Keller. München 1977 (= Kindlers literarische Porträts).
Kempowski, Walter
– Dierks, Manfred: Autor–Text–Leser: Walter Kempowski. Künstlerische Produktivität und Leserreaktionen – am Beispiel "Tadellöser & Wolff". München 1981 (= UTB 1125).
Kleist, Heinrich von
– Dettmering, Peter: Heinrich von Kleist. Zur Psychodynamik in seiner Dichtung. München 1975 (= sammlung dialog 74).
– Gallas, Helga: Das Begehren des "Michael Kohlhaas". Eine struktural-psychoanalytische Interpretation der Novelle von Heinrich von Kleist. In: K. Bohnen u.a. (Hrsg.): Literatur und Psychoanalyse. München 1981, 112-133.
– Gallas, Helga: Das Textbegehren des "Michael Kohlhaas". Die Sprache des Unbewußten und der Sinn der Literatur. Reinbek 1981 (= das neue buch 162).
– Hoffmann, Sven Olaf: Das Identitätsproblem in Heinrich von Kleists "Penthesilea". In: J. Cremerius (Hrsg.): Psychoanalytische Textinterpretation. Hamburg 1974, 172-180. Auch in: Jahrbuch der Psychoanalyse 8 (1975), 153-162.

– Politzer, Heinz: Auf der Suche nach Identität. Zu Heinrich von Kleists Würzburger Reise. In: H.P.: Hatte Ödipus einen Ödipus-Komplex? München 1974, 182-202. Auch in: Euphorion 61 (1967), 383-399.
– Politzer, Heinz: Kleists Trauerspiel vom Traum. "Prinz Friedrich von Homburg". In: H.P.: Hatte Ödipus einen Ödipus-Komplex? München 1974, 156-181. Auch in: Euphorion 64 (1970), 200-220.
– Wijsen, Louk M.P.T.: Intrinsic and Extrinsic Psychological Conflicts in Literature: Manifest in Kleist's "Michael Kohlhaas" and Hofmannsthal's "Chandos-Brief". In: B. Urban und W. Kudszus (Hrsg.): Psychoanalytische und psychopathologische Literaturinterpretation. Darmstadt 1981, 87-125.
– Wittels, Fritz: Heinrich von Kleist. Prussian Junker and Creative Genius. In: American Imago 11 (1954), 11-31.

Kraus, Karl
– Hartl, Edwin: Karl Kraus und die Psychoanalyse. In: Merkur 31 (1977) 345,144-162.
– Mitscherlich-Nielsen, Margarethe: Sittlichkeit und Kriminalität. Psychoanalytische Bemerkungen zu Karl Kraus. In: Psyche 29 (1975) 2, 131-153.
– Schneider, Manfred: Die Angst und das Paradies des Nörglers. Versuch über Karl Kraus. Frankfurt a.M. 1977.
– Schneider, Manfred: "Ich zahle für jeden Literarhistoriker dreizehn Heller...". Die Beziehung Autor–Leser als Medium der Interpretation – dargestellt am Beispiel Karl Kraus. In: F. Wyatt (Hrsg.): Freiburger literaturpsychologische Gespräche. Erste Folge. Frankfurt a.M. und Bern 1981, 117-130.

Kunert, Günter
– Schönau, Walter: Günter Kunerts "Tagträume". Zum Motiv der Versteinerung und dem Mechanismus der Umkehrung. In: F. Wyatt (Hrsg.): Freiburger literaturpsychologische Gespräche. Erste Folge. Frankfurt a.M. und Bern 1981, 131-149.

Lessing, Gotthold Ephraim
– Kittler, Friedrich A.: Erziehung ist Offenbarung. Zur Struktur der Familie in Lessings Drama. In: Jahrbuch der Deutschen Schillergesellschaft 21 (1977), 111-137.
– Reh, Albert M.: Die Rettung der Menschlichkeit. Lessings Dramen in literaturpsychologischer Sicht. Bern und München 1981.

Mann, Thomas
– Crick, Joyce: Psycho-analytical Elements in Thomas Mann's Novel "Lotte in Weimar". In: Literature and Psychology 10 (1960), 69-75.
– Curtius, Mechthild: Kreativität und Antizipation. Thomas Mann, Freud und das Schaffen des Künstlers. In: M.C. (Hrsg.): Seminar: Theorien der künstlerischen Produktivität. Frankfurt a.M. 1976, 388-429.
– Dettmering, Peter: Die Inzestproblematik im späteren Werk Thomas Manns. In: Psyche 20 (1966), 440-456.
– Dettmering, Peter: Suizid und Inzest im Werk Thomas Manns. In: P.D.: Dichtung und Psychoanalyse I. München 1969, 9-80.
– Dierks, Manfred: Thomas Manns psychoanalytischer Priester. Die Rolle der Psychoanalyse im "Zauberberg". In: G. Großklaus (Hrsg.): Geistesgeschichtliche Perspektiven. Für R. Fahrner zu seinem 65. Geburtstag. Bonn 1969, 226-240.
– Dierks, Manfred: Studien zu Mythos und Psychologie bei Thomas Mann. Bern und München 1972 (= Thomas-Mann-Studien 2).
– Finck, Jean: Thomas Mann und die Psychoanalyse. Paris 1973.
– Fischer, Gottfried und Friedrich A. Kittler: Zur Zergliederungsphantasie im Schneekapitel des "Zauberberg". In: S. Goeppert (Hrsg.): Perspektiven psychoanalytischer Literaturkritik. Freiburg 1978, 23-42.
– Kohut, Heinz: "Death in Venice" by Thomas Mann: a story about the desintegration of artistic sublimation. In: The Psychoanalytic Quarterly 26 (1957), 206ff. Niederl.

Übers.: "Der Tod in Venedig" van Thomas Mann. Een verhaal over de desintegratie van de artistieke sublimering. In: H.M. Ruitenbeek (Hrsg.): Psychoanalyse en literatuur. Amsterdam 1969, 278-304. Dt. Übers. in: A. Mitscherlich (Hrsg.): Psycho-Pathographien I. Frankfurt a.M. 1972, 142-168.

– Matt, Peter von: Zur Psychologie des deutschen Nationalschriftstellers. Die paradigmatische Bedeutung der Hinrichtung und Verklärung Goethes durch Thomas Mann. In: S. Goeppert (Hrsg.): Perspektiven psychoanalytischer Literaturkritik. Freiburg 1978, 82-100.

– McWilliams, J.R.: The Failure of a Repression: Thomas Mann's "Der Tod in Venedig". In: German Life and Letters 20 (1967), 233-241.

– Nelson, Donald F.: Portrait of the Artist as Hermes. A Study of Myth and Psychology in Thomas Mann's "Felix Krull". Chapel Hill 1973.

– Noble, C.A.M.: Krankheit, Verbrechen und künstlerisches Schaffen bei Thomas Mann. Bern 1970 (= Europ. Hochschulschriften. Reihe 1, 30).

– Pickard, P.M.: Thomas Mann's "Doktor Faustus". A psychological approach. In: German Life and Letters 4 (1950), 90-100.

– Scherg, Christian: Literatur als Lebenshilfe. Am Beispiel Thomas Manns. In: Psyche 36 (1982) 7, 630-661.

– Schiefele, Hannes: Freuds Bedeutung für die Kunstbetrachtung (Marcel Proust, James Joyce, Thomas Mann). In: F. Riemann (Hrsg.): Lebendige Psychoanalyse. München 1956, 136-159.

√ – Schulze, J.: Traumdeutung und Mythos. Über den Einfluß der Psychoanalyse auf Thomas Manns Josephsroman. In: Poetica 2 (1968), 501-520.

– Slochower, Harry: Thomas Mann's "Death in Venice". In: American Imago 26 (1969), 99-122.

– Székely, Lajos: Thomas Manns "Tod in Venedig". Mit Anmerkungen über psychoanalytische und marxistische Literaturinterpretation. In: Psyche 27 (1973) 7, 614-635.

– Wysling, Hans: "Mythos und Psychologie" bei Thomas Mann. Zürich 1969 (= Eidgen. Techn. Hochschule. Kultur und Staatswissensch. Schriften 130).

– Wysling, Hans: Narzißmus und illusionäre Existenzform. Zu den Bekenntnissen des Hochstaplers Felix Krull. Bern und München 1982 (= Thomas-Mann-Studien 5).

May, Karl

– Ohlmeier, Dieter: Karl May. Psychoanalytische Bemerkungen über kollektive Phantasietätigkeit. In: F. Wyatt (Hrsg.): Freiburger literaturpsychologische Gespräche. Erste Folge. Frankfurt a.M. und Bern 1981, 97-117.

– Schmidt, Arno: Sitara und der Weg dorthin. Frankfurt a.M. 1969 (= Fischer Bücherei 968).

– Strege, Hans-Georg: Psychoanalytische Kategorien bei der Untersuchung von Texten Karl Mays. In: Studien. Seminarberichte aus dem IPTS (Kiel) 17 (1974), 66-80.

Meyer, Conrad Ferdinand

– Kittler, Friedrich A.: Der Traum und die Rede. Eine Analyse der Kommunikationssituation C.F. Meyers. Bern 1977.

– Niederland, William G.: The First Application of Psychoanalysis to a Literary Work. In: The Psychoanalytic Quarterly 29 (1960), 228-235. [Über: Die Richterin]

– Niederland, William G.: Conrad Ferdinand Meyer. Eine tiefenpsychologische Studie. In: Carolinum 34 (1968/69) 51, 28ff. Auch in: A. Mitscherlich (Hrsg.): Psycho-Pathographien I. Frankfurt a.M. 1972, 128-142.

Mörike, Eduard

– Beland, Hermann: Hinterm Berg, hinterm Berg brennt's. Ein Beitrag zur Interpretation von Mörikes "Feuerreiter". In: Humanität und Technik in der Psychoanalyse.

Festschrift für G. Scheunert zum 75. Geburtstag. (Jahrbuch der Psychoanalyse. Beiheft Nr. 6) Bern, Stuttgart, Wien 1981, 217-236.

Moritz, Karl Philipp
- Neumann, Johannes: Karl Philipp Moritz, Anton Reiser. Ein psychologischer Roman. Studien zu einer tiefenpsychologischen Typenlehre. In: Psyche 1 (1947/48), 222-257 und 358-381.
- Wucherpfennig, Wolf: Versuch über einen aufgeklärten Melancholiker: Zum "Anton Reiser" von Karl Philipp Moritz. In: F. Wyatt (Hrsg.): Freiburger literaturpsychologische Gespräche. Erste Folge. Frankfurt a.M. und Bern 1981, 167-193.

Musil, Robert
- Cremerius, Johannes: Robert Musil. Das Dilemma eines Schriftstellers vom Typus "poeta doctus" nach Freud. In: Psyche 33 (1979) 8, 733-772.
- Dettmering, Peter: Die Doppelgänger-Phantasie in Robert Musils "Der Mann ohne Eigenschaften". In: Literatur und Kritik 148 (1980), 451-458. Auch in: P.D.: Psychoanalyse als Instrument der Literaturwissenschaft. Frankfurt a.M. 1981, 37-45.
- Dettmering, Peter: Narzißtische Konfigurationen in Robert Musils "Der Mann ohne Eigenschaften". In: Psyche 35 (1981) 12, 1122-1135. Auch in: J. Cremerius (Hrsg.): Freiburger literaturpsychologische Gespräche. Zweite Folge. Frankfurt a.M. und Bern 1982, 99-117.
- Henninger, Peter: Der Buchstabe und der Geist. Unbewußte Determinierung im Schreiben Robert Musils. Frankfurt a.M. und Bern 1980 (= Literatur und Psychologie 4).
- Henninger, Peter: Der Text als Kompromiß. Versuch einer psychoanalytischen Textanalyse von Musils Erzählung "Tonka" mit Rücksicht auf Jacques Lacan. In: B. Urban und W. Kudszus (Hrsg.): Psychoanalytische und psychopathologische Literaturinterpretation. Darmstadt 1981, 398-421.
- Krotz, Frederik W.: Robert Musils "Die Amsel". Novellistische Gestaltung einer Psychose. In: Modern Austrian Literature 3 (1970), 7-38.
- Mauser, Wolfram: "Es hat sich eben alles so ereignet...". Zu Musils Erzählung "Die Amsel". In: S. Goeppert (Hrsg.): Perspektiven psychoanalytischer Literaturkritik. Freiburg 1978, 101-124.
- Wucherpfennig, Wolf: "Tonka" oder die Angst vor Erkenntnis. In: S. Goeppert (Hrsg.): Perspektiven psychoanalytischer Literaturkritik. Freiburg 1978, 233-260.

Novalis
- Kittler, Friedrich A.: Die Irrwege des Eros und die "absolute Familie". Psychoanalytischer und diskursanalytischer Kommentar zu Klingsors Märchen in Novalis' "Heinrich von Ofterdingen". In: B. Urban und W. Kudszus (Hrsg.): Psychoanalytische und psychopathologische Literaturinterpretation. Darmstadt 1981, 421-471.

Raabe, Wilhelm
- Derks, Paul: Raabe-Studien. Beiträge zur Anwendung psychoanalytischer Interpretationsmodelle: "Stopfkuchen" und "Das Odfeld". Bonn 1976 (= Abh. z. Kunst-, Musik- und Lit.wiss. 203).

Rilke, Rainer Maria
- Adolf, Helen: Wrestling with the angel: Rilke's "Gazing Eye" and the Archetype. In: J. Strelka (Ed.): Perspectives in Literary Symbolism. University Park und London 1968 (= Yearbook of comparative criticism I), 29-40.
- Becker-Grüll, Sibylle: Vokabeln der Not. Kunst als Selbst-Rettung bei Rainer Maria Rilke. Bonn 1978 (= Studien zur Literatur der Moderne 7).
- Dettmering, Peter: Rilkes "Engel", psychologisch gesehen. In: P.D.: Dichtung und Psychoanalyse. München 1969, 81-154.
- Dettmering, Peter: "Engel" und "Puppe" in der Dichtung Rilkes. In: J. Cremerius (Hrsg.): Psychoanalytische Textinterpretation. Hamburg 1974, 128-147.

– Dieckmann, Adolf: Die Einstellung Rilkes zu den Eltern-imagines. In: Zeitschr. für psychosomatische Medizin 4 (1957), 51-57.
– Mason, Eudo C.: Rainer Maria Rilke. Sein Leben und sein Werk. Göttingen 1964.
– Meng, Heinrich: Rainer Maria Rilke als Problem der Tiefenpsychologie. In: Zeitschr. für Psychotherapie 1 (1958), 66-68.
– Pfeifer, Erich: Rilke und die Psychoanalyse. In: Literaturwissenschaftliches Jahrbuch 17 (1976), 247-320.
– Simenauer, Erich: Rainer Maria Rilke. Legende und Mythos. Bern 1949.
– Simenauer, Erich: "Pregnancy Envy" in Rainer Maria Rilke. In: American Imago 11 (1954), 235-248.
– Simenauer, Erich: Der Traum bei R.M. Rilke. Bern und Stuttgart 1976.
– Simenauer, Erich: Rainer Maria Rilke in psychoanalytischer Sicht. In: Psyche 30 (1976) 12, 1081-1112.

Roth, Joseph
– Curling, Maud: Joseph Roths "Radetzkymarsch". Eine psychosoziologische Interpretation. Frankfurt a.M. und Bern 1981 (= Literatur und Psychologie 5).

Schmidt, Arno
– Boenicke, Otfried: Mythos und Psychoanalyse in "Abend mit Goldrand". München 1980.
– Drews, Jörg: Caliban Casts Out Ariel. Das Verhältnis von Mythos und Psychoanalyse in Arno Schmidts Erzählung "Caliban über Setebos". In: Protokolle 2 (1981), 145-160.
– Drews, Jörg: Ein Kratersturz ins Unbewußte. Zur Konstruktion von Traum und Tagtraum in Arno Schmidts Roman "Kaff auch Mare Crisium" (1960). In: Psyche 35 (1981) 12, 1103-1121.
– Goerdten, U.: Symbolisches im Genitalgelände. Arno Schmidts "Windmühlen" als Traumtext gelesen. In: Protokolle 1 (1980), 3-28.

Schnitzler, Arthur
– Beharriell, Frederick J.: Schnitzler's anticipation of Freud's dream theory. In: Monatshefte für deutschen Unterricht 45 (1953) 2, 81-89.
– Beharriell, Frederick J.: Freud's Debts to Literature. In: T. Reik (Ed.): Psychoanalysis and the Future. New York 1957, 18-27. [Über Schnitzler]
– Beharriell, Frederick J.: Freud's Double: Arthur Schnitzler. In: Journal of the American Psychoanalytical Association 10 (1962) 4, 722-730. Dt. Übers.: Schnitzler, Freuds Doppelgänger. In: Literatur und Kritik 19 (1967), 546-555.
– Berlin, Jeffrey B. und E.J. Levy: On the letters of Theodor Reik to Arthur Schnitzler. In: The Psychoanalytic Review 65 (1978) 1, 109-130.
– Couch, Lotte S.: Der Reigen. Schnitzler und Sigmund Freud. In: Österreich in Geschichte und Literatur 16 (1972), 217-227.
– Hausner, Henry: Die Beziehungen zwischen Arthur Schnitzler und Sigmund Freud. In: Modern Austrian Literature 3 (1970) 2, 48-61.
– Kupper, Herbert J. und Hilda Rollmann-Brauch: Freud und Schnitzler – Doppelgänger. In: Journal of the American Psychoanalytic Association 7 (1955), 109-126.
– Nehring, Wolfgang: Schnitzler, Freud's Alter Ego? In: Modern Austrian Literature 10 (1977) 3/4, 179-194.
– Oswald, Victor A. Jr und Veronica Pinter Mindess: Schnitzler's "Fräulein Else" and the Psychoanalytic Theory of Neuroses. In: Germanic Review 26 (1951) 4, 279-288.
– Politzer, Heinz: Diagnose und Dichtung. Zum Werk Arthur Schnitzlers. In: H.P.: Das Schweigen der Sirenen. Studien zur deutschen österreichischen Literatur. Stuttgart 1968, 110-141.
– Russel, P.: Schnitzler's "Blumen": the treatment of a neurosis. In: Forum for modern language studies 13 (1977), 289-302.

- Sachs, Hanns: Die Motivgestaltung bei Schnitzler. In: Imago 2 (1913), 302-318. Auch in: J.M. Fischer (Hrsg.): Psychoanalytische Literaturinterpretation. München 1980, 85-103.
- Segar, Kenneth: Determinism and Character: Arthur Schnitzler's "Traumnovelle" and his Unpublished Critique of Psychoanalysis. In: Oxford German Studies 8 (1973), 114-127.
- Sherman, Murray H.: Reik, Schnitzler, Freud and "The Murderer". The Limits of Insight in Psychoanalysis. In: Modern Austrian Literature 10 (1977) 3/4, 195-216. Auch in: The Psychoanalytic Review 65 (1978) 1, 68-94.
- Tarnowski-Seidel, Heide: Arthur Schnitzler: Flucht in die Finsternis. Eine produktionsästhetische Untersuchung. München 1983.
- Urban, Bernd: Arthur Schnitzler und Sigmund Freud. Aus den Anfängen des "Doppelgängers". Zur Differenzierung dichterischer Intuition und Umgebung der frühen Hysterieforschung. In: Germanisch-Romanische Monatsschrift 24 (1974), 193-223.
- Weiss, Robert O.: The Psychoses in the Works of Arthur Schnitzler. In: German Quarterly 41 (1968), 377-400.

Seidel, Ina
- Klüglein, Heinrich: Über die Romane Ina Seidels. In: Imago 12 (1926), 490-499.

Spitteler, Carl
- Hermand, Jost: Spittelers "Imago". Über das Verhältnis von Dichtung und Psychoanalyse. In: Germanisch-Romanische Monatsschrift 36 (1955), 223-234.

Stifter, Adalbert
- Dettmering, Peter: Das Dämonische in Adalbert Stifters "Der Hochwald". In: Stifter-Symposion Linz 1978. Hrsg. von der Linzer Veranstaltungsgesellschaft und vom Adalbert-Stifter-Institut des Landes Oberösterreich. Linz 1979.
- Dettmering, Peter: Eine Aura der Lautlosigkeit. Zum Bilde Adalbert Stifters. In: Literatur und Kritik 167/8 (1982), 68-72.
- Kaiser, Michael: Adalbert Stifter. Eine literaturpsychologische Untersuchung seiner Erzählungen. Bonn 1971 (= Abh. z. Kunst-, Musik- und Lit.wiss. 103).
- Winterstein, Alfred von: Adalbert Stifter. Persönlichkeit und Werk. Eine tiefenpsychologische Studie. Wien 1946.

Storm, Theodor
- Artiss, David: Theodor Storm: Studies in Ambivalence. Symbol and Myth in his Narrative Fiction. Amsterdam 1978 (= German Language and Literature Monographs 5).
- Kaiser, Gerhard: Aquis submersus – versunkene Kindheit. Ein literaturpsychologischer Versuch über Theodor Storm. In: G.K.: Bilder lesen. Studien zu Literatur und bildender Kunst. München 1981, 52-75.

Tieck, Ludwig
- Böhme, Hartmut: Romantische Adoleszenzkrisen. Zur Psychodynamik der Venuskult-Novellen von Tieck, Eichendorff und E.T.A. Hoffmann. In: K. Bohnen u.a. (Hrsg.): Literatur und Psychoanalyse. München 1981, 133-177.

Toller, Ernst
- Altenhofer, Rosemarie: Wotans Erwachen in Deutschland. Eine massenpsychologische Untersuchung zu Tollers Groteske "Der entfesselte Wotan". In: B. Urban und W. Kudszus (Hrsg.): Psychoanalytische und psychopathologische Literaturinterpretation. Darmstadt 1981, 233-256.

Trakl, Georg
- Goldmann, Heinrich: Katabasis. Eine tiefenpsychologische Studie zur Symbolik der Dichtungen Georg Trakls. Salzburg 1957.

Tucholsky, Kurt
— Cremerius, Johannes: Kurt Tucholsky über die Psychoanalyse. Eine historische Notiz.
In: Psyche 29 (1975) 4, 355-359.

Vesper, Bernward
— Grütter, Emil: Faschistoide Sozialisation und Gesellschaftskritik in Bernward Vespers
Autobiographie "Die Reise". In: F. Wyatt (Hrsg.): Freiburger literaturpsychologische
Gespräche. Erste Folge. Frankfurt a.M. und Bern 1981, 63-79.

Wagner, Richard
— Dettmering, Peter: Das Erlösungsmotiv im Musikdrama Richard Wagners. In: P.D.:
Dichtung und Psychoanalyse. München 1969, 155-212.
— Moloney, James Clark und L.A. Rockelein: An Insight into Richard Wagner and his
Works. A Psychoanalytical Fragment. In: American Imago 5 (1948), 202-212.

Weiß, Peter
— Pietzcker, Carl: Individualistische Befreiung als Kunstprinzip. "Das Duell" von Peter
Weiß. In: J. Cremerius (Hrsg.): Psychoanalytische Textinterpretation. Hamburg 1974,
208-246.

Werfel, Franz
— Urban, Bernd: Franz Werfel, Freud und die Psychoanalyse. In: Deutsche Vierteljahrsschrift für Literaturwissenschaft und Geistesgeschichte 47 (1973) 2, 267-286.

Wieland, Christoph Martin
— Paulsen, Wolfgang: Christoph Martin Wieland. Der Mensch und sein Werk in psychologischen Perspektiven. München 1975.

Zweig, Arnold
— Cremerius, Johannes: Arnold Zweig — Sigmund Freud. Das Schicksal einer agierten
Übertragungsliebe. In: Psyche 27 (1973) 7, 658-668.
— Schönau, Walter: Vater Freud und Meister Arnold. Zu Sigmund Freuds Briefwechsel
mit Arnold Zweig. In: Duitse Kroniek 22 (1970) 1, 39-45.

Zweig, Stefan
— Cremerius, Johannes: Stefan Zweigs Beziehung zu Sigmund Freud, "eine heroische
Identifizierung". In: Jahrbuch der Psychoanalyse 8 (1975), 49-90.

Namen- und Werkregister

AMSTERDAMER BEITRÄGE ZUR NEUEREN GERMANISTIK

herausgegeben von GERD LABROISSE

Band 1 – 1972 Hfl. 40,–

Horst Steinmetz: Aufklärung und Tragödie. Lessings Tragödien vor dem Hintergrund des Trauerspielmodells der Aufklärung. **Ferdinand van Ingen**: Tugend bei Lessing. Bemerkungen zu *Miss Sara Sampson*. **Gerd Labroisse**: Zum Gestaltungsprinzip von Lessings *Miß Sara Sampson*. **Klaus F. Gille**: Das astrologische Motiv in Schillers *Wallenstein*. **Luc Lamberechts**: Zur Struktur von Büchners *Woyzeck*. Mit einer Darstellung des dramaturgischen Verhältnisses Büchner – Brecht. **Alexander von Bormann**: "Wohltönend, aber dumm"? Die Stimme der Kultur im Widerstand. **Sjaak Onderdelinden**: Fiktion und Dokument. Zum Dokumentarischen Drama. **Kees Houtman**: Notizen zu Horváths *Gebrauchsanweisung*. Caprius: Wenn zwei dasselbe tun. . .

Band 2 – 1973 Hfl. 40,–

Manfred E. Keune: Das Amerikabild in Theodor Fontanes Romanwerk. **Joris Duytschaever**: Eine Pionierleistung des Expressionismus: Alfred Döblins Erzählung *Die Ermordung einer Butterblume*. **Walter Schönau**: In medias res: Zur Aktualisierung des unvermittelten Anfangs moderner Erzähltexte. **Ferdinand van Ingen**: Max Frischs *Homo faber* zwischen Technik und Mythologie. **Harold D. Dickerson, Jr.**: Sixty-Six Voices from Germany: A Thematic Approach. **Erwin Koller**: Beobachtungen eines *Zauberberg*-Lesers zu Thomas Bernhards Roman *Frost*. **Dieter Hensing**: Die Position von Peter Weiss in den Jahren 1947-1965 und der Prosatext *Der Schatten des Körpers des Kutschers*. **Gerd Labroisse**: Bild und Funktion Westdeutschlands in Anna Seghers' Romanen *Die Entscheidung* und *Das Vertrauen*. **Ingeborg Goessl**: Der Engel und die Grenzsituation. Studie zu einer Leitfigur H. E. Nossacks. Caprius: Gänge zur Mutter.

Band 3 – 1974: REZEPTION – INTERPRETATION Hfl. 40,–

Elrud Kunne-Ibsch: Rezeptionsforschung: Konstanten und Varianten eines literaturwissenschaftlichen Konzepts in Theorie und Praxis. **Horst Steinmetz**: Rezeption und Interpretation. Versuch einer Abgrenzung. **Ferdinand van Ingen**: Die Revolte des Lesers oder Rezeption versus Interpretation. Zu Fragen der Interpretation und der Rezeptionsästhetik. **Gerd Labroisse**: Überlegungen zu einem Interpretations-Modell. **Edmund Licher**: Kommunikationstheoretische Aspekte der Analyse einiger Gedichte Bertolt Brechts. Caprius: Die Wirte der Literaturhistorie.

Band 4 – 1975 Hfl. 40,–

Roland Duhamel: Schnitzler und Nietzsche. **Marianne Burkhard**: Hofmannsthals *Reitergeschichte* – ein Gegenstück zum Chandosbrief. **Elke Emrich**: Heinrich Manns Roman *Lidice*: eine verschlüsselte Demaskierung faschistischer Strukturen. **G. Richard Dimler, S.J.**: Simplicius Simplicissimus and Oskar Matzerath as Alienated Heroes: Comparison and Contrast. **Carl O. Ender-stein**: Zahnsymbolik und ihre Bedeutung in Günter Grass' Werken. **Gerd Labroisse**: Überlegungen zur Interpretationsproblematik von DDR-Literatur an Hand von Plenzdorfs *Die neuen Leiden des jungen W.* **Hans Ester**: 'Ah, les beaux esprits se rencontrent' − Zur Bedeutung eines Satzes in Fontanes *Irrungen, Wirrungen.* Caprius: Mein Lieblingsheinrich.

Band 5 − 1976   Hfl. 60,−
Reinhard Hennig: Grabbes *Napoleon* und Venturinis *Chronik von 1815.* Ein Vergleich. **Leif Ludwig Albertsen**: Was Strittmatters *Katzgraben* will und nicht will. Bemerkungen zur Ästhetik des Dramas im sozialistischen Realismus. **Rainer Sell**: Kasper und Moritat: Form und Perspektive in den Dramen von Peter Weiss.
Texte und Textbehandlung in Bernd Alois Zimmermans Lingual *Requiem für einen jungen Dichter*: **Gerd Labroisse**: Einleitung. **Elisabeth J. Bik**: Zur Textbehandlung im Lingual. **Kees Mercks**: Die Majakowskij-Texte im *Requiem.* **Marinus van Hattum**: Der Pound-Text im *Requiem.* **Elisabeth J. Bik**: Die Textstruktur: I) Erläuterungen zur Textstruktur. II) Textstruktur (**Beilagebogen**). Caprius: Fragliche Antworten.

Band 6 − 1977: ZUR DEUTSCHEN EXILLITERATUR IN DEN NIEDERLAN-DEN 1933-1940. Hrsg. von Hans Würzner   Vergriffen
Hans Würzner: Zur Exilforschung in den Niederlanden. **David Luschnat**: "Amsterdam, April 1933". **David Ruben**: Luschnats Erlebnis. **Elisabeth Augustin**: Eine Grenzüberschreitung und kein Heimweh. **Gerd Roloff**: Irmgard Keun − Vorläufiges zu Leben und Werk. **Joris Duytschaever**: Zur Asylpraxis in Holland und Belgien: Der Fall Hans Bendgens-Henner (1892-1942). **Ludwig Kunz**: Propheten, Philosophen, Parteigründer − eine Erinnerung an Richard Oehring und seinen Kreis. **Hans Keilson**: Gedichte. **Thomas A. Kamla**: Die Sprache der Verbannung. Bemerkungen zu dem Exilschriftsteller Konrad. Merz. **Konrad Merz über sich selbst. Konrad Merz**: 'Kolonne Käse' (aus "Generation ohne Väter"). **Carlos Tindemans**: Transit − Exiltheater und Rezeption in Antwerpen 1933-1940. **Cor de Back**: Die Zeitschrift *Het Fundament* und die deutsche Exilliteratur. **Hans Würzner**: Menno ter Braak als Kritiker der deutschen Emigrantenliteratur. − *Kleine Beiträge.*

Band 7 − 1978: ZUR LITERATUR UND LITERATURWISSENSCHAFT DER DDR. Hrsg. von Gerd Labroisse   Hfl. 60,−
Gerd Labroisse: DDR-Literatur als literaturwissenschaftliches Problem. **Jos Hoogeveen**: Prolegomena zu einer funktionsgerechten Betrachtung von DDR-Literatur. **Adolf Endler**: DDR-Lyrik Mitte der Siebziger. Fragment einer Rezension. **Gregor Laschen**: Das Gedicht als Wahrheit der Geschichte. Überlegungen zum Verhältnis von Geschichte und Gedicht im Werk Erich Arendts. **Ton Naaijkens**: Maskenmundiges Sprechen − Zu Erich Arendts Metaphern in *Ägäis.* **Sigfrid Hoefert**: Die Faust-Problematik in Volker Brauns *Hinze und Kunze*: Zur Erbeaneignung in der DDR. **Gerhard Kluge**: Plenzdorfs neuer Werther − ein Schelm? **I.A.** und **J.J. White**: Wahrheit und Lüge in Jurek

Beckers Roman *Jakob der Lügner*. **Werner Krogmann**: Moralischer Realismus
– ein Versuch über Christa Wolf. **Johannes Maassen**: Der Preis der Macht. Zu
Günter Kunerts Fortsetzung von Georg Christoph Lichtenbergs *Ausführlicher
Erklärung* der Kupferstiche *Industry and Idleness (Fleiß und Faulheit)* von
William Hogarth. **Gregor Laschen**: Von der Richtung der Märchen. Zwei No-
tate zum Werk Franz Fühmanns.

Band 8 – 1979: GRUNDFRAGEN DER TEXTWISSENSCHAFT. Linguistische
und literaturwissenschaftliche Aspekte. Hrsg. von Wolfgang Frier und Gerd
Labroisse   Hfl. 60,–
Wolfgang Frier: Linguistische Aspekte des Textsortenproblems. **Werner Kall-
meyer**: Kritische Momente. Zur Konversationsanalyse von Interaktionsstörun-
gen. **Roland Harweg**: Inhaltsentwurf, Erzählung, Inhaltswiedergabe. **Werner
Abraham**: Zur literarischen Analysediskussion. Kritisches und Konstruktives
anhand dreier Kafka-Erzählungen. **Ursula Oomen**: Modelle der linguistischen
Poetik. **Jos Hoogeveen**: Text und Kontext. Die Infragestellung eines problematischen Verhältnisses. **Jens F. Ihwe**: Sprachphilosophie, Literaturwissenschaft und Ethik: Anregungen zur Diskussion des Fiktionsbegriffs. **Elrud
Ibsch**: Das Thema als ästhetische Kategorie. **Siegfried J. Schmidt**: "Bekämpfen
Sie das häßliche Laster der Interpretation!/ Bekämpfen Sie das noch häß-
lichere Laster der richtigen Interpretation!" (Hans Magnus Enzensberger).
Gerd Labroisse: Interpretation als Entwurf.

Band 9 – 1979: ZUR LITERATUR DER DEUTSCHSPRACHIGEN SCHWEIZ.
Hrsg. von Marianne Burkhard und Gerd Labroisse   Hfl. 60,–
Ernst Halter: Auf der Suche nach Solidarität: die Moderne. **Irmengard Rauch**:
First-Language Syntax in the New High German of Swiss Authors. **Hans Poser**:
Spiegel, das Kätzchen – Bürgerliche Welt im Spiegel des Märchens. **Wolfgang
Wittkowski**: Erfüllung im Entsagen. Keller: *Der Landvogt vom Greifensee*.
Manfred R. Jacobson: *Jürg Jenatsch*: The Narration of History. **Sjaak Onder-
delinden**: "Er äußerte sich mit behutsamen Worten: '...' ". Zur Erzähltechnik
Conrad Ferdinand Meyers. **Marianne Burkhard**: Blick in die Tiefe: Spittelers
Epos *Prometheus und Epimetheus*. **Madeleine Rietra**: Rezeption und Inter-
pretation von Robert Walsers Roman *Der Gehülfe*. **Rolf Kieser**: Jakob Schaff-
ner. **Cegienas de Groot**: Bildnis, Selbstbildnis und Identität in Max Frischs
Romanen *Stiller, Homo faber* und *Mein Name sei Gantenbein*. Ein Vergleich.
Luc Lamberechts: Das Groteske und das Absurde in Dürrenmatts Dramen.
Johannes Maassen: Ein hoffnungsvoller Pessimist. Zur Kurz- und Kürzestprosa
Heinrich Wiesners. **Rainer Sell**: Stagnation und Aufbruch in Bichsels *Milch-
mann-* und *Kindergeschichten*.

Band 10 – 1980: GESTALTET UND GESTALTEND. FRAUEN IN DER DEUT-
SCHEN LITERATUR. Hrsg. von Marianne Burkhard   Hfl. 70,–
Ruth B. Bottigheimer: The Transformed Queen: A Search for the Origins of
Negative Female Archetypes in Grimms' Fairy Tales. **Ruth P. Dawson**: The Fe-
minist Manifesto of Theodor Gottlieb von Hippel (1741-96). **Susan L. Coca-
lis**: Der Vormund will Vormund sein: Zur Problematik der weiblichen Un-

mündigkeit im 18. Jahrhundert. **Lilian Hoverland**: Heinrich von Kleist and Luce Irigaray: Visions of the Feminine. **Elke Frederiksen**: Die Frau als Autorin zur Zeit der Romantik: Anfänge einer weiblichen literarischen Tradition. **Gertrud Bauer Pickar**: Annette von Droste-Hülshoff's "Reich der goldnen Phantasie". **Kay Goodman**: The Impact of Rahel Varnhagen on Women in the Nineteenth Century. **Dagmar C.G. Lorenz**: Weibliche Rollenmodelle bei Autoren des "Jungen Deutschland" und des "Biedermeier". **Cegienas de Groot**: Das Bild der Frau in Gottfried Kellers Prosa. **Alexander von Bormann**: Glücksanspruch und Glücksverzicht. Zu einigen Frauengestalten Fontanes. **Richard L. Johnson**: Men's Power over Women in Gabriele Reuter's *Aus guter Familie*. **Ruth-Ellen Boetcher Joeres**: The Ambiguous World of Hedwig Dohm. **Ritta Jo Horsley**: Ingeborg Bachmann's "Ein Schritt nach Gomorrha": A Feminist Appreciation and Critique. **Mona Knapp**: Zwischen den Fronten: Zur Entwicklung der Frauengestalten in Erzähltexten von Gabriele Wohmann. **Jeanette Clausen**: The Difficulty of Saying 'I' as Theme and Narrative Technique in the Works of Christa Wolf.

Band 11/12 – 1981: DDR-ROMAN UND LITERATURGESELLSCHAFT. Hrsg. von Jos Hoogeveen und Gerd Labroisse   Hfl. 100,–
Heinrich Küntzel: Von *Abschied* bis *Atemnot*. Über die Poetik des Romans, insbesondere des Bildungs- und Entwicklungsromans, in der DDR. **Karl-Heinz Hartmann**: Die Darstellung der antifaschistischen Opposition in der frühen DDR-Prosa. **Jay Rosellini**: Zur Funktionsbestimmung des historischen Romans in der DDR-Literatur. **Jochen Staadt**: Zur Entwicklung des Schriftstellers Karl-Heinz Jakobs – am Beispiel der Darstellung von Karrieren und Jugendlichen. **Horst Domdey**: Probleme mit der Vergangenheitsbewältigung. Beobachtungen an zwei Romanen von Karl-Heinz Jakobs, *Beschreibung eines Sommers* und *Wilhelmsburg*. **Marleen Parigger** und **Stef Pinxt**: Zur Unterhaltungsfunktion von Literatur. Der Zusammenhang von ästhetischer Theoriebildung und ideologischen Prämissen. **Jos Hoogeveen**: Satire als Rezeptionskategorie. Hermann Kants *Aula* in der Diskussion zwischen Ost und West. **Patricia Herminghouse**: Die Wiederentdeckung der Romantik: Zur Funktion der Dichterfiguren in der neueren DDR-Literatur. **Bernhard Greiner**: "Sentimentaler Stoff und fantastische Form". Zur Erneuerung frühromantischer Tradition im Roman der DDR (Christa Wolf, Fritz Rudolf Fries, Johannes Bobrowski). **Margret Eifler**: Erik Neutsch: Die Rezeption seines Romanwerkes. **Marieluise de Waijer-Wilke**: Günter Kunerts Roman *Im Namen der Hüte* – untersucht im Werk- und Kommunikationszusammenhang. **Manfred Jäger**: Bemerkungen zu Brigitte Reimanns *Franziska Linkerhand*. **Ingeborg Nordmann**: Die halbierte Geschichtsfähigkeit der Frau. Zu Irmtraud Morgners Roman *Leben und Abenteuer der Trobadora Beatriz nach Zeugnissen ihrer Spielfrau Laura*. **Gerd Labroisse**: Überlegungen zu Dieter Nolls Roman *Kippenberg*.

Band 13 – 1981: PRAGMATIK. THEORIE UND PRAXIS. Hrsg. von Wolfgang Frier   Hfl. 100,–
Klaus-Peter Lange: Über Referenzzeichen (bisher bekannt unter den Namen "Pronomen" und "Artikel"). **Gijsbertha F. Bos**: Kommunikation und Syntax. **Wolfgang Frier**: Zur linguistischen Beschreibung von Frage-Antwort-Zusammenhängen. **Stef Pinxt**: Zur Theorie des linguistischen Interaktionismus. **Manfred Beetz**: Komplimentierverhalten im Barock. Aspekte linguistischer Pragmatik an einem literaturhistorischen Gegenstandsbereich. **Dietrich Boueke/Wolfgang Klein**: Alltagsgespräche von Kindern als "Interaktionsspiele". **Hans Hannappel/Hartmut Melenk**: Pragmatik der Wertbegriffe. **Paul-Ludwig Völzing**: Metakommunikation und Argumentation. Oder: die Kunst, einen Drachen zu finden. **Werner Holly**: Der doppelte Boden in Verhören. Sprachliche Strategien von Verhörenden. **Werner Nothdurft**: "Ich komme nicht zu Wort". Austausch-Eigenschaften als Ausschluß-Mechanismen des Patienten in Krankenhaus-Visiten. **Michael Giesecke/Kornelia Rappe**: Rekonstruktionen von Bedeutungszuschreibungen mithilfe der Normalformanalyse. **Konrad Ehlich**: Zur Analyse der Textart "Exzerpt". **Gerd Antos**: Formulieren als sprachliches Handeln. Ein Plädoyer für eine produktionsorientierte Textpragmatik. **Christoph Sauer/Ans van Berkel**: Diskursanalyse und die Fremdsprachenlehr/lernsituation. **Karl Sornig**: Pragmadidaktische Ansätze im Fremdsprachenunterricht. Oder: Threshold Levels Reconsidered.

Band 14 – 1982: STUDIEN ZUR ÖSTERREICHISCHEN ERZÄHLLITERATUR DER GEGENWART. Hrsg. von Herbert Zeman   Hfl. 60.–
Klaus Weissenberger: Sprache als Wirklichkeitsgestaltung. Franz Tumlers Transparenz der epischen Fiktion von *Ein Schloß in Österreich* bis *Pia Faller*. **Joseph P. Strelka**: Humorist des Absurden: Der Erzähler Peter Marginter. **Ferdinand van Ingen**: Denk-Übungen. Zum Prosawerk Thomas Bernhards. **Gudrun B. Mauch**: Thomas Bernhards Roman *Korrektur*. Zum autobiographisch fundierten Pessimismus Thomas Bernhards. **Peter Pütz**: Kontinuität und Wandlung in Peter Handkes Prosa. **Zsusza Széll**: Langsame Heimkehr – wohin? **Edda Zimmermann**: DER FERNE KLANG – Ein Klang der Ferne. Zu Gert Jonkes neueren Texten. **Alexander von Bormann**: "Es ist, als wenn etwas wäre." Überlegungen zu Peter Roseis Prosa. **Ingrid Cella**: 'Das Rätsel Weib' und die Literatur. Feminismus, feministische Ästhetik und die Neue Frauenliteratur in Österreich. **Waltraut Schwarz**: Barbara Frischmuth – Rebellion und Rückkehr. **Wolfgang Neuber**: Fremderfahrungen. Von den kleinen Herrscherfiguren der Väter. **Werner M. Bauer**: Exempel und Realität. Überlegungen zum biographischen Roman in der österreichischen Gegenwartsliteratur. **Hans Heinz Hahnl**: Als Autor in Österreich. **Peter Marginter**: Zur Situation des österreichischen Schriftstellers.